经济法精品著作系列丛书

本书曾荣获：
教育部第五届高等学校科学研究优秀成果奖（人文社会科学）
中国法学会首届中国法学优秀成果奖
北京市第九届哲学社会科学优秀成果奖

财税法疏议（第二版）

CAISHUIFA SHUYI

张守文 ⊙著

北京大学出版社
PEKING UNIVERSITY PRESS

图书在版编目(CIP)数据

财税法疏议/张守文著. —2版. —北京:北京大学出版社,2016.9
(经济法精品著作系列丛书)
ISBN 978-7-301-27545-0

Ⅰ. ①财… Ⅱ. ①张… Ⅲ. ①财政法—研究—中国 ②税法—研究—中国 Ⅳ. ①D922.204 ②D922.220.4

中国版本图书馆 CIP 数据核字(2016)第 219509 号

书　　　　名	财税法疏议(第二版)
	CAISHUIFA SHUYI
著作责任者	张守文　著
责 任 编 辑	冯益娜
标 准 书 号	ISBN 978-7-301-27545-0
出 版 发 行	北京大学出版社
地　　　　址	北京市海淀区成府路 205 号　100871
网　　　　址	http://www.pup.cn
电 子 信 箱	law@pup.pku.edu.cn
新 浪 微 博	@北京大学出版社　@北大出版社法律图书
电　　　　话	邮购部 62752015　发行部 62750672　编辑部 62752027
印 刷 者	北京大学印刷厂
经 销 者	新华书店
	650 毫米×980 毫米　16 开本　20.75 印张　340 千字
	2005 年 5 月第 1 版
	2016 年 9 月第 2 版　2016 年 9 月第 1 次印刷
定　　　　价	42.00 元

未经许可,不得以任何方式复制或抄袭本书之部分或全部内容。
版权所有,侵权必究
举报电话:010-62752024　电子信箱:fd@pup.pku.edu.cn
图书如有印装质量问题,请与出版部联系,电话:010-62756370

经济法精品著作系列丛书
编 委 会

主　编　张守文

副主编　杨立范

委　员　(按姓氏笔画为序)：

　　　　王全兴　　王晓晔　　杨立范

　　　　肖江平　　张守文　　邹记东

　　　　顾功耘　　徐孟洲

第二版前言

拙著《财税法疏议》自初版以来,转瞬十余年。随着全面深化改革和全面依法治国的推进,财税法制度亦变化万千,其重要地位日益凸显。为了体现这些新发展,有必要对拙著修订再版。

此次再版,在保留相关财税法原理基本架构的同时,融入了财税法制度以及相关领域立法的最新变迁,并由此加强了对相关原理的论证;同时,增加了有关举债权配置的探讨,以及国际税法协调等方面的内容;此外,还对全书的文字作出了校订。

尽管财税法理论和制度又历经十余年发展,但本书所关注的两大问题非但没有完全解决,有些方面反而更加突出。特别是财税体制的法治化、税收法定原则的落实、具体财税制度的完善,与应然的目标都还相距甚远。未来十年,是中国实现财税法治现代化的关键时期,若不能从根本上有较大突破,则与十余年前甚至二十余年前相比,都可能乏善可陈。因此,我国的财税法理论研究和制度建设,都确实任重而道远。

在此,非常感谢北京大学出版社冯益娜编审所做的编辑工作,以及邹记东主任对本书出版所给予的一贯支持。

对于本书可能存在的各种疏失缺漏,诚望读者方家多予补正。

张守文

2016 年 8 月 9 日

于北大法学院科研楼

《疏议》之"疏议"(代序)

财税法的生长与繁荣,乃经济、社会发展使然。财税法之伸展,已触及到法律调整的诸多领域,并带来了相关法学领域里的新问题,由此亦会推动相关法学学科乃至整个法学的发展。

财税法所涉领域十分广阔,相关的财税法问题也比比皆是。对于如此众多的问题要密述详论,恐当世尚无人力所能及,因而只能择其要端,简陈疏议,于是便有了这本《财税法疏议》。

《财税法疏议》,当然不敢效仿《唐律疏议》,它并非着重对现有财税法条文予以解析注释。称之为"疏议",主要有以下几个考虑:

其一,如前所述,财税法领域问题太多,波及方方面面,以至于法学领域的相关学科,以及经济学、政治学、社会学等诸多外围学科,都要考虑到财税法的因素,因而对于诸多财税法问题,只能依据一定的需要,甄别取舍,而无法面面俱到,一一详察细考,即只能是"疏散"之议,或称"散论"。

其二,虽然"疏议"是一种"散论",但应当有助于疏通或疏导财税法上盘根错节的各类关键问题,力求"形散而神不散"。就本书而言,集中关注的财税法问题只有两类,一类是财税宪政问题,一类是财税法制度的完善问题。这两类问题,彼此相依,与各类现实的财税法问题均有直接或间接的牵连,因而至少是解析相关财税法问题的重要线索。同样,对于这两类问题的关注,也应当贯穿于本书的始终,以疏导或疏通相关问题的讨论。因此,从目标上说,"疏议"又应当是一种"疏导"之议或"疏通"之议。

其三,既然是一种"疏议",当然同时也是"疏放"之议,即在内容安排上并不想受到一般选题的拘束,尤其不想受到一般的教材或者教材式作品的影响,而恰恰希望"任思绪在晚风中飞扬"。如果上达宏观,下至微观,经纬纵横之处,错综肯綮之罅,都能够游刃有余、酣畅淋漓地"疏议"一番,则虽然有时可能空阔失当,却也是一种境界,同时还可能触及到过去不曾论及的议题。

其四,上述各种"疏议"的结果,可能就是"疏漏"之议。本书对于诸多问题的讨论,跨度相对较大,驾驭不易,加之某些方面无前人成说可鉴,各种疏漏、疏失、疏忽、疏阔,都可能出现。而恰恰是这些疏漏、疏失、疏忽、疏阔，可能价值更大，它们减少了同仁共同"试错"征途上的颠簸和艰辛。

基于上述考虑，本书从财政危机和具体税案等现实问题出发，提出人们普遍关注的两类财税法问题，即财税宪政问题和财税法具体制度的完善问题。在这两类问题中，体现着财税法领域应当关注的三大主义，即两权分离主义、税收法定主义和财政联邦主义；上述问题和主义在财税法的制度变迁过程中，体现得尤为突出，为此，有必要在税法领域提出连接问题与主义的"可税性理论"，以指导具体的制度建设；而在具体的制度建设过程中，则应当关注各类主体的权利配置，以及对各类主体及其行为的规制问题。本书着重以在财税法中居于重要地位的税法为例，探讨了税权的具体分配，以及对各类主体及其行为的税法规制问题。

以上就是本书的主要内容，它们决定了本书的结构安排。本书共分为六章，每章既相互独立，又彼此联系，各章均涉及财税法研究的两大核心问题，即财税宪政问题和财税法具体制度的完善问题；同时，每章又有若干个相对独立又彼此相关的"小问题"，在每个问题的讨论之后，都有"小结"来做简要总结，以期方便读者把握其要旨。

总之，从形式上看，本书是"疏散"之议；从目标上看，本书是"疏通"之议；从选材上看，本书是"疏放"之议；从缺失上看，本书可能是"疏漏"之议。对于《疏议》中的各类疏失，还望方家加密补足。

张守文

2005 年 3 月 9 日

于北大法学院

目 录

第一章 现实问题中的财税法问题	1
一、引言	1
二、财政危机中的财税宪政问题	2
三、具体"税案"中的财税法问题	18
四、本书所关注的两类财税法问题	30

第二章 解决财税法问题的相关主义	33
一、两权分离主义的提出	33
二、税收法定主义的重申	46
三、财政联邦主义的引入	63

第三章 财税法制度变迁中的重要问题	82
一、财税法制度的稳定性与变易性	82
二、财税法制度变迁中的普适性问题	99
三、财税法的制度变迁与私法调整的协调	117
四、"费改税":财税法制度的内部协调	126

第四章 连接问题与主义的"可税性理论"	135
一、问题与主义的理论连接	135
二、对可税性理论的一般认识	136
三、收益的可税性分析	148
四、税收收入中的可税性问题	161
五、非税收入及其可税性	170

第五章　财税法制度中的权利配置与保护　178
一、对国家税收权利的强调与保护　179
二、税收优先权的适当定位　191
三、从退税权看纳税人权利的保护　204
四、人本理念与纳税人权利　215
五、政府举债权的配置问题　220

第六章　税法规制问题的典型探讨　234
一、对税收逃避行为的规制　234
二、对欠税行为的税法规制　248
三、内部交易行为的税法规制　258
四、对营利性组织的税法规制　271
五、对非营利性组织的税法规制　278
六、税法规制的博弈分析　290

主要参考书目　312
索引　315
后记　320

第一章 现实问题中的财税法问题

一、引　　言

财税法的调整,直接关涉国家与国民的利益,会影响到各类主体的行为选择,因此,法学、经济学、政治学等相关学科的学者,都非常重视财税法问题的研究,并提出了各种各样的理论,以求解释和解决层出不穷的现实问题。

其实,即使在法学领域,法学的各分支学科或领域,也都不同程度地开始关注财税法问题。无论是法理学还是部门法学,无论是国内法领域还是国际法领域,无论是传统法领域还是现代法领域,也无论是私法领域抑或公法领域,都开始对财税法问题产生兴趣,应当说,这是经济和社会发展,以及法制和法学进步的重要体现。

纷繁复杂的财政法问题,历来蕴涵于丰富多彩的现实问题之中。事实上,在各类现实问题中,可能会存在不同的法律问题,这就需要对各类现实问题作出分析取舍,找到那些与财税法联系至为密切的现实问题,以便更好地研究财税法问题。随着研究的日益深入,人们越来越认识到,只有全面地分析和把握与财税法直接相关的现实问题,"从问题出发",对所选取的具有典型意义的现实问题进行多角度的扫描透视,才能详察财税法领域的问题,并予以有效破解。

由此可见,现实问题的选取是非常重要的,从现实问题中发掘财税法问题,对于财税法研究同样也非常重要。由于各个研究者对财税法乃至整个法律的把握都各不相同,所关注的现实问题各异,因而在所欲研究的现实问题的选择上,也都不尽相同。考虑到财税法是经济与法律结合得非常密切的领域,因此,本章所选取的现实问题,是社会公众普遍关注的两个问题:一个是财政危机问题,一个是具体税案问题。这两个问题是已经发生或可能发生的问题,而且与经济、法律等领域都直接相关,既有突出的经济性,也有突出的法律性,因而在财税法研究方面具有典型性。

本章的主要任务,是透过财税危机和已经发生的税案等现实问题,来发掘其中蕴涵的财税法原理,从而为诸多现实问题的解决提供一般性的应对之策。这本身也是财税法研究的重要任务。

二、财政危机中的财税宪政问题

财政乃"国之大事",关乎"国家经济命脉"。如何确保财源茂盛,防止财政危机及其引致的"治乱循环"[①],以实现长治久安,历来是各国政府的不懈追求,也是政治学、经济学、历史学等领域长期关注的重要问题。

由于传统研究领域的局限等诸多原因,我国法学界对此类问题研究甚微,对与财政危机有关的许多法律问题,往往熟视无睹。[②] 考虑到宪政问题与财政危机的产生和解决直接相关,在此有必要提出并着重探讨非常基本的一个问题,即财政危机中的财税宪政问题。具体线索是首先归纳人们对财政危机问题的共识,在此基础上,再探讨导致财政危机潜滋暗长的主要法律原因,并分析其中蕴涵的宪政问题,从而揭示宪政精神对于解决财政危机的重要性。

(一) 有关财政危机问题的共识

赤字问题及其引发的债务风险或财政危机问题,近年来备受瞩目。特别是在 2008 年全球性金融危机发生后出现的欧债危机、美国的财政悬崖等问题,都曾引起广泛关注。由于这些问题对于一国的经济发展、社会进步和政治稳定影响巨大,因此,许多国家为了解决赤字问题,以防止发生财政危机,保障经济和社会的健康发展,不仅在经济等领域采取了大量措施,而且还强化相关的财税立法,或通过缔结专门条约来进行协调。例如,美国为了解决延续多年的赤字问题,曾专门于 1985 年通过了《格拉

---

① 治与乱作为一对矛盾,在人类历史上,尤其在中国历史上体现得非常突出。事实上,一国的财政状况,是影响一国政权稳固和长治久安的重要因素,但在财政等许多制度的改革上,却经常出现乱而治、治而乱的周而复始的循环,此即所谓"治乱循环"。

著名经济学家熊彼特、希克斯、诺斯等通过对经济史的深入研究,都认为财政的压力是产生社会变革的直接原因。他们的观点被概括为"熊彼特—希克斯—诺斯命题";而历史上的诸多"治乱循环",都直接或间接地与财政压力或财政危机有关。参见何帆:《为市场经济立宪:当代中国的财政问题》,今日中国出版社 1998 年版,第 34—39 页。

② 事实上,法律本身就是国家提供的公共物品,如果法律制度的制定和实施不当,就会降低社会的总体福利,加大发生财政风险和财政危机的可能性,因此应当有效地解决法制建设的直接投入和间接投入问题。此外,从财政或财政危机的视角,也有助于研究所谓独立审判、法律执行、部门立法等诸多法律问题。

第一章　现实问题中的财税法问题

姆—鲁特曼—霍林斯法》,目标是在 1991 年消灭联邦预算赤字①;而欧盟为了解决成员国的赤字问题,还专门缔结了《稳定与增长公约》,要求各国赤字都应保持在 GDP 的 3% 以内,以免高赤字影响经济的稳定增长。② 由于各国对"赤字财政"的有限积极作用与消极作用的认识也已日益清晰,因此,一般都强调力图通过经济、法律等各种手段,来避免财政危机的发生。

事实上,中国自实行改革开放政策以来,有关财政危机问题的讨论一直未歇。有人认为,改革开放政策的推行,本身就是财政压力的要求;而之所以要实行市场经济,进行大规模的财税体制改革,实际上都是对巨大的财政压力的回应。特别是近些年来,为了减缓金融风暴冲击,解决通货紧缩、内需不足等问题,国家一直在推行"积极的"(即扩张性的)财政政策,从而使财政支出大涨,赤字与国债规模激增③。对于是否会由此产生财政危机,以及危机是否深重,人们往往是透过国债规模及其结构的合理性来做出判断。通常,评价一国财政运行状况的指标,主要是债务依存度、偿债率、国债负担率,以及财政赤字占 GDP 的比重等。通过这些指标的变化轨迹,能够较为直观地反映一国的财政运行是良性状态还是危机状态,以及这些状态的转化趋势。但是,中国学者的研究结果,却未尽一致,并形成了悲观论、乐观论和中立论等不同观点。④

财政风险的大小,在很大程度上取决于政府负债的多少和偿债能力的强弱。因此,如果政府的负债过多,就会加大发生财政危机的可能性。

---

① 但是,该法的实施,并没有真正完全消除财政赤字,直到 1998 年美国国会又通过了克林顿政府提出的平衡预算的法案以后,才出现了财政盈余。对于该立法,布坎南还进行过专门的研究,参见〔美〕布坎南:《公共财政》,赵锡军等译,中国财政经济出版社 1991 年版,第 199—201 页。

② 从订立《马斯特里赫特条约》开始,很多国家都在努力实现这个目标,并认为它关系到欧元的地位和能否真正推行,从而影响到整个欧盟的未来发展。

③ 例如,我国 2016 年的财政赤字为 2.18 万亿,已占 GDP 的 3%,创历史新高,政府债务总额也由此进一步加大。此外,我国全国人大批准的 2016 年地方政府一般债务余额限额 107072.4 亿元,专项债务余额限额 64801.9 亿元,合计超过 17 万亿(比 2015 年多 1 万亿),如果加上地方政府或有债务(2014 年已达 8.6 万亿),则地方政府显然存在较大的债务风险。

④ 中央财政债务依存度作为一个重要指标,反映的是中央财政支出中有多少是依靠借债。以中国全面推行积极的财政政策之前的 1997 年为例,学者对于中央财政的债务依存度的研究就大相径庭,如丛树海认为这个比例可达 95.92%,而世界银行则认为这个比例仅为 19%;此外,高培勇则认为仅为 55.77%。研究的结论不同,对于是否会存在发行国债的空间,是否可能发生财政危机,是否应当增税或减税,就会有乐观、悲观、中立等不同的看法。

近几年来，我国的财政赤字规模一直很大①。我国在实施积极的财政政策的最初 5 年，累计发行的长期建设国债就已达 6600 亿元，国债发行总额累计已经达到 2.56 万亿元。这只是最为直观的政府负担的国家公债的数额。有些学者正是以此作为计算债务依存度、国债负担率等指标的依据。

除了上述以发行的国债数量作为衡量政府负债的依据以外，还有人提出了其他的测度方法。例如，较为重要的是把政府负债分为四类，即显性负债、隐性负债、直接负债、或然负债。② 因此，上述的国债发行规模，只是一种显性的负债或直接的负债，如果从其他的角度去考虑政府的负债，则政府的债务负担应当更重。例如，国有企业的债务、社会保障的负担、银行的不良资产、大量拖欠的工资、公共卫生（如 SARS 的防治）等问题的解决，主要需要国家来承担经济责任，或者最终承担责任，国家的这些"实质上的债务"，都是导致财政危机的重要因素。正是在这个意义上，财政危机比金融危机更值得关注，因为金融危机也会转化为财政危机，并最终由政府财政来"买单"。

由此看来，无论对影响财政风险或财政危机的指标如何确定，也不管对政府的负债如何量化，人们可以达成共识的是：国家的债务负担已相当沉重；大量债务负担的积聚，至少已构成发生财政危机的潜在可能性。由此产生了一系列需要研究的法律问题，如国家不断增加财政赤字、增发国债的做法，是否会产生"财政幻觉"并影响到"代际公平"？是否具有合理性和合法性？是否合乎法治的要求和宪政的精神？等等。而要回答这些问题，则需要探讨产生财政危机的法律原因。

（二）财政危机潜滋暗长的法律原因

基于财税学大师马斯格雷夫的卓越贡献，财政今天已被普遍看做是一种"公共经济"，而"公共经济"同样需要经营。如果经管不善，同样会出现亏损甚至破产。因此，只要稍有不慎，财政危机就会潜滋暗长。对于财政危机的发生，人们往往更加关注从经济上找原因，有时也会探寻政治或

---

① 我国赤字规模近年来持续呈现连年递增的态势。赤字规模的不断扩大，已经引起了相关方面的关注。因此，加强赤字的法律控制，已经成为非常重大的现实问题。
② "隐性负债"是指并非基于法定或约定的原因，而是基于公众期望或政治压力，必须由政府承担道义责任或预期责任的负债（如对社会保障，特别是养老金的欠账所应承担的责任）。"或然负债"是指政府在某些情况下可能发生的支出。目前，主要集中在应对金融风险所产生的不确定性的支出，如对于银行不良资产的最终化解，还必须由政府财政负担。

第一章 现实问题中的财税法问题

历史传统、社会文化等方面的根源,但却很少去研究其法律上的原因,这确实是一个缺憾。

由于专业分工等诸多原因,传统的法律学者往往对财政问题少有问津,但财税领域恰恰是体现近现代法治精神的重要园地。从历史上看,如果没有财政危机,如果没有财税方面的分权及具体制度安排,就没有近代意义上的宪法,就没有议会与政府的真正分立,也就不可能存在以有效分权为基础的宪政。① 可见,财政危机作为财政运行的一种极端状态,作为一国政府所必须面对的危急情势,同宪法、宪政也有着密切的关联。

事实上,财政直接涉及公权力的行使,以及国民基本权利的保护,这本身就是一个宪法问题。宪法的实质是分权,即在国家与国民之间,在国家机关相互之间进行分权。其中,财权,即占有或分配社会财富的权利或权力,是分权的重要对象。在广义的财权体系中,基于提供公共物品的需要,国家享有财政权(包括财政收入权和财政支出权),而国民则享有基本的财产权。为了有效地保护国家的财政权和国民的财产权,就必须实行"法定原则",并应当在宪法上对其做出明确界定,这是实行宪政的基础。与此同时,还应当在相关法律中对财政权和财产权做出具体的保护性的规定,以有效地平衡和协调国家的财政权与国民的财产权的冲突。这些法律精神,应当贯穿于相关的财政法、税法、民法等领域的具体立法之中。

上述的法律精神,实际上也就是一种法治精神,一种宪政精神,即通过有效的、具有合法性的分权,综合协调、平衡各类主体利益,以实现其良性互动的精神。如果不能有效地贯彻这种精神,就不仅会侵害国民的财产权,也会使财政权的行使受到损害,并可能导致财政危机。从现实的情况来看,导致财政危机潜滋暗长的具体法律原因,都是与上述的宪政精神相背离的,最为显见的至少应当包括以下几个方面:

1.《预算法》形同虚设

由于我国《宪法》是在特定背景下形成和发展的,其经济性和法律性特征相对较弱,因而对预算的规定十分匮乏。② 这些不足本需《预算法》弥

---

① 如英国1215年的《大宪章》所确定的"无代表则无税"的原则,不仅形成了税收法定原则的雏形,也为后世的许多法定原则、议会保留原则或法律保留原则奠定了基础,同时,也确立了现代宪法分权的基础。

② 我国的现行宪法,仅在预算的审批权和编制执行权方面做了不能再简短的规定,这同一些国家(如德国、芬兰等)宪法中对预算、税收、国债等公共经济问题单独设篇或单独设章做大量规定的情况是很不同的。

补,但1994年《预算法》的规定却较为原则和空泛,可操作性较差,以致许多现实财政收支管理活动都曾游离于《预算法》规定之外,严重影响了《预算法》的权威性。极而言之,我国《预算法》在2014年修改前已形同虚设,亟待改造或重构。

本来,从法理上说,一国的财政收支都应当纳入预算,许多国家的宪法对此都有明确规定①,并具体规定于具体的预算法中,但在我国,这一原则却长期未能体现在具体的制度规定中,致使在"预算资金"之外,又形成了所谓的"预算外资金",甚至在"预算外资金"之外,还积聚了许多违法的"制度外资金",从而导致国家分配秩序的极度混乱,财政活动失序、失范的问题大量存在,使正当的财政收入受到了很大的侵蚀,赤字规模由此不断扩大,而财政危机也由此潜滋暗长②。

此外,财政的收支平衡是各国预算法的基本原则③,甚至在许多国家的宪法上都有规定。如果能够实现这种平衡,就不会产生大量的赤字,也就不会产生财政危机的问题。在一国预算法刚性不足、形同虚设的情况下,收支平衡的原则往往很难被实际执行,这同样是导致财政危机的一个重要原因。

在收支平衡的问题上,与变化万千的经济生活一样,经济学家的主张往往是多变的,这与法律的相对稳定形成了鲜明的对比。在凯恩斯主义强势时期,许多经济学家往往倾向于搞"赤字经济"④,鼓吹赤字财政政策;即使主张财政的收支平衡,也往往强调"周期平衡",而不要求年度平衡。如果这些主张成为官方的主张并影响到具体的预算活动,则会在一定的时期,形成与预算法所要求的收支平衡原则的背离,从而必然会生成大量赤字,埋下引发财政危机的种子。这也是许多国家长期处于"赤字膨胀"状态的重要原因。

---

① 如印度、希腊、芬兰等国的宪法,都曾有类似的规定。
② 正因如此,我国2014年修订的《预算法》第4条特别规定:"预算由预算收入和预算支出组成。政府的全部收入和支出都应当纳入预算。"只有强调预算的完整性,解决大量的预算外资金和制度外资金游离于法律监管之外的问题,才可能更好地防范财政危机。
③ 我国2014年修订前的《预算法》的第3条就曾规定,各级预算应当做到收支平衡。这应当是一个基本的原则。
④ 既然被称为"赤字经济",就必然会涉及具体的财政、税收、金融、贸易等诸多方面。关于相关领域的问题的探讨,在20世纪的80年代曾经很受关注。可参见〔美〕菲力普·凯甘主编:《赤字经济》,谭本源等译,中国经济出版社1988年版;吴俊培:《赤字引出的思考》,中国社会科学出版社1992年版。

第一章　现实问题中的财税法问题

从前些年的情况来看,随着一些国家自由主义思潮的复兴,单纯的"赤字财政"已风光不再,收支平衡原则得到了实质上的重申。压缩赤字,防杜财政危机的发展,又成为各国的重要目标。伴随着经济周期、政治周期和法律周期的不断变易①,赤字规模的变动亦呈现出周期性,表现为随着经济、社会变迁和法律调整而出现赤字先增高后降低的运行轨迹,从而形成一系列"倒 U"曲线。对于这种尚待未来发展检验的推测,可以称之为赤字的"倒 U 假设"②。

同著名经济学家库兹涅兹所提出的关于收入分配的"倒 U 假设"类似,赤字的"倒 U 假设"表明,财政赤字并不是无限趋大的,当赤字达到一定规模的时候,无论是基于解决财政危机的压力,还是迫于合法性的压力,甚至是由于经济崩溃或政府更迭等原因的出现,都会导致赤字规模的下降。这种"倒 U"曲线,类似于正弦曲线或波浪线(可能连续,也可能断裂),在总体上还是要趋向于一种平衡。而这种平衡,实际上就是收支平衡的一种状态,只有达到这种平衡,才能化解财政危机。

当然,国家公共经济的经营是很复杂的,在实践中,收支未必能恰好相抵,因而预算法一般也允许在资本性预算中列赤字,但在经常性预算中不得列赤字。这实际上仍是对传统的收支平衡原则的重申,因为传统的预算,主要是经常性的预算。无论是强调"量入为出",还是主张"量出为入",落实到预算法上都是强调收支均衡,以充分发挥财政收入的价值,确保纳税人的权益。

然而,预算法的执行总是不够严格的。赤字的发生和扩展,往往是在预算执行中追加支出造成的。为什么支出一般会超过收入,为什么政府总是入不敷出?为什么"一年预算",要"预算一年"?政府的各种投入(特别是经济建设的投入),是否都是为纳税人谋福,是否都在为社会提供公共物品?如果不是,则多增加的支出,或者赤字的生成,是否还具有合法性,是否违背宪政精神?这些问题都很值得研究。

事实上,在一国虽有预算法,但却不去认真执行,以至于使其形同虚设的情况下;在一国只注重短期的政策调整,而不注重长期博弈以形成稳定预期,从而也使预算法形同虚设的情况下,财政危机的滋生是不可避免

---

① 这些周期之间也存在着内在关联。可参见张守文:《宏观调控法的周期变易》,载《中外法学》2002 年第 6 期。

② 这种"倒 U 假设"的形成,同体现类似"治乱循环"意蕴的"黄宗羲定律"也有关联。

的。只有全面贯彻预算法的原则,真正做到"预算法定",全面实现收支平衡,才有可能避免财政支出机构的挥霍无度,才能遏制大量不该发生的赤字,有效地解决财政危机问题。

从我国的具体实践来看,无论是实质上的"预算外资金"及"制度外资金"的存在,还是违反财政收支平衡原则的行为,严格说来,都是置预算法的精神与规定于不顾,使其形同虚设的结果和表现,它们加大了滋生财政危机的可能性,危害十分巨大。在预算法上,类似的问题还非常多,如分税制的财政体制的非法律化①、国库收付制度的不严格遵行②,对预算收入征收的随意性所导致的收入流失③,对预算支出的失控甚至凭长官意志所进行的非法支出,等等,都是无视预算法规定的重要现实问题,都是将预算法束之高阁,使其形同虚设的问题,也都是衍生财政危机的重要问题。

需要提及的问题是,以往的法学研究,往往只注意法律上的权利配置和权力分配,其实,这些分配最终都会在经济上或利益上有所体现,单纯地在法律上进行一般的权利配置是不够的。在公法领域,至少还应当考虑如何从预算的角度,从财政收支的角度来对公权力的行使进行限制,这才是真正的"限权",也才是非常直接的约束。在现代市场经济与现代"税收国家"的时代背景下,这非常有助于政府转变职能,真正按照国民缴纳的税收去提供公共物品。因此,解决赤字、财政危机等问题,涉及广泛的权力分配及其制度安排,具有非常普遍的法律意义。

2. 国债法尚付阙如

财政危机直接体现为大量的显性赤字或隐性赤字,而要弥补赤字,则可以有发行国债、增发货币、增加税收等多种途径。但其中危害较小的和最常用的,则是发行国债。发行国债是以国家信用作为担保的,尽管是

---

① 在我国,甚至连一部真正对分税制财政体制做出具体规定的行政法规都没有。因此,无论是税源的分配、税种的分配还是收入的分配,都呈现出极度的非制度化和不确定性,不仅增加了中央与地方政府的博弈成本,而且其间也严重地违反了税收法定原则,违反了基本的宪政精神。

② 我国虽已建立了国库的集中收付制度,但国库制度的立法层次很低,如何增强国库收付制度在执行上的刚性,仍然是一个问题。

③ 许多现实的情况表明,虽然国家一再强调要依法治税,但征税中的随意性仍然很大,甚至在一些情况下连基本的"依率计征"都很难做到。因此,违法的税收协议、包税、弃税等现象都不鲜见,这反映了总体上的征税能力的欠缺和课税努力的不足,尤其体现了税法意识的淡薄和税法执行刚性的不足。

第一章 现实问题中的财税法问题

债,但毕竟是"公"债,因而也具有很强的公法属性。它要求国债的发行规模、结构、利率、偿还等很多方面,都必须要严格地遵守法律的规定,因而发行国债的一个重要前提是要有"法"可依。

但是,我国目前国债立法还相当薄弱,尚无专门的国债法对相关基本问题做系统规定。尽管国债法的立法曾被列入立法规划,但始终步履维艰。直到目前为止,除了在国库券等方面有行政法规级次简约的规定以外[1],其他大量的有关国债的具体规定,都是财政部、国家税务总局、中央银行、国家发改委、中国证监会等机构单独或联合下发的部门规章级次的文件,而整体性的国债法至今仍然尚付阙如。

尽管《预算法》等法律也有关于国债的零星规定[2],但相关规范的不系统、不配套,也会加大财政危机的潜在可能性。在缺少专门的国债法的情况下,有关国债的一些基本规范主要是体现在《预算法》的一些原则性规定之中。

例如,在我国发行国债的法律依据方面,由于1994年《预算法》强调中央政府的公共预算不列赤字,且地方各级预算也应当按照量入为出、收支平衡的原则编制,不列赤字,因此,在理论上就不存在通过发行国债的手段来弥补上述赤字的问题。相应地,在这些领域,就不应当发生赤字问题、国债问题和财政危机问题。否则,就说明没有贯彻上述的规定,在预算编制和执行过程中也没有做到收支平衡。

事实上,不仅是中央政府,许多地方政府都发生了赤字,而且欠债规模还十分巨大。按照2014年修订前的《预算法》的形式规定,各级地方政府都不具有发行国债的权力。如何弥补财政漏洞?是通过收费的形式,还是通过其他的形式?问题已经突出地摆在各级政府的面前,这也是事关如何化解不同级次政府的财政危机的重要问题。

正是为了解决各类赤字问题,在当时法律规定地方政府没有举债权的情况下,地方政府为了解决财政困难,只能另辟蹊径,于是,通过出让土地来获取财政收入,便成了一个非常重要的选择,由此使"土地财政"问题非常突出。基于出让土地存在不可持续性,以及国家限制不断增多,如何

---

[1] 马寅初认为,"国库券与公债,不能视为一物",只不过在中国,"两者并无大别"。参见马寅初:《财政学与中国财政:理论与现实》,商务印书馆2001年版,第583页。

[2] 如根据我国2014年修订前的《预算法》第28条的规定,除法律和国务院另有规定外,地方政府不得发行地方政府债券。据此,过去对于地方政府的国债发行权一直是严格限制的。只是在特别需要的情况下,才由中央政府代为发行。

解决地方的财政困难,如何完善分税制的财政体制,如何给地方政府更多的财权,其中包括税权、举债权等,已成为无法回避的重要问题。这也是我国在修订的《预算法》中,对地方政府举债权作出有限规定的重要原因。

此外,从过去的预算制度明确给出的合法依据来看,只是在中央预算所必需的建设投资出现资金缺口时,才可以"通过举借国内和国外债务等方式筹措,但是借债应当有合理的规模和结构"①。然而,对于借债的合理规模和结构,却缺少明确的规定,因而才带来了前述学者对债务依存度等问题的诸多不同看法。要解决好这些可能导致财政危机的重要问题,就不能仅靠学者的争论,还应当在充分吸纳各国经验和尊重经济规律基础上,结合我国的发债基础,有效地进行立法并认真执行。

国债的发行规模和结构,是国债法应当规定的重要问题。在目前没有专门国债法的情况下,《预算法》应作出更多的规定;同时,各级人大及其常委会应当作出专门决定,加强政府债务的限额管理,强化预算监督,防止政府部门通过不规范的"预算调整"来增加举债的数额,并应依《预算法》行使改变权或撤销权,切实追究相关人员的法律责任。②

尽管如此,由于没有专门的国债法来全面、明确地规定国债的发行规模、结构等问题,因此,权力机关的全面监督有时还是会缺少直接的法律依据。这也会在一定程度上放纵国债的发行,从而增加发生财政危机的可能性。

3. 税法刚性不足

从总体上看,在与财政危机相关的各类法律规范中,税法规范的数量最多。在税收法定原则的基本要求之下,我国虽然没有完全贯彻"法律保留原则"和"议会保留原则",但仍然还是做到了最基本的"一税一法"原则(当然,这里的"法"还只是广义上的),从而使现在开征的各类税收,基本上都能有至少相当于国务院行政法规级次的立法与之相对应。③ 由于大量税收立法主要都采取了行政法规而非"法律"的形式,税收立法层次相

---

① 参见我国 2014 年修订前的《预算法》第 27 条。
② 我国 2014 年修订前的《预算法》第 55 条、第 73 条有相关的规定,强调各级人大及其常委会对违法进行的预算调整的改变权和撤销权,同时也规定了在不当增加政府债务的情况下,相关人员所应当承担的法律责任。
③ 之所以称为"基本上",是因为在牧业税(目前已废止)或城市维护建设税、教育费附加等小税种或附加税的征收上,甚至还缺少行政法规级次的立法对应。由此可见税收立法级次之低下和税收法定原则贯彻之不彻底。

对较为低下，在执法过程中有法不依的问题突出，因而税法的刚性明显不足。

税法的刚性不足，使得税法的执行弹性较大。其具体体现是既存在"征收过度"的现象（如各种"过头税"），也存在"应征未征"的问题。而应征未征，则既可能是放弃国家的税收债权（如通常所说的"人情税"），也可能是应征的税款无法征收或无力征收。"地下经济"、税收逃避的普遍存在，必然会导致国家税收的大量流失，从而降低国家的财政支出能力，加大发生财政危机的可能性。

税法的刚性不足，与我国税收优惠的规定过多过滥有关。大量的税收优惠规定，以及实践中更大量的超越税法规定增加的税收优惠，使得"税式支出"的规模十分巨大，从而人为地减少了应入库的财政收入，影响了财政赤字的弥补，这同样会加大发生财政危机的可能性。

不仅如此，税法的刚性不足，还与某些国家机关对法定课税要素的非法变动有关。例如，法定的税率、税收减免范围，甚至纳税主体，都可能在未经立法程序的情况下被篡改。税收法治现状如斯，其对依法稳定获取财政收入的负面影响就无须多言了。

可见，税法刚性不足的体现和原因可能是多方面的。但缺少税收基本法，税收立法层次低，违反《立法法》的规定和税收法定原则的要求，以及在实践中不依法办事，则是导致税法刚性不足的重要原因。因此，全面提高立法层次，贯彻税收法定原则，切实在执行中做到有"法"可依，对于防范财政风险尤其重要。

综上所述，导致财政危机潜滋暗长的法律原因是多方面的，以上只是选择了与财政危机的形成密切相关的预算、国债和税收等几个领域来进行探讨。从中不难发现，这些领域存在的许多立法和执法问题，直接影响着国家的财政状况。如果这些问题不解决，则即使经济再发展，也不能有效地化解财政危机。应当说，经济发展只是解决财政危机的一个重要的基础性条件，但它并不必然地、自动地解决财政危机的问题。事实上，我国前些年经济往往号称"一枝独秀"，但赤字、国债的规模和增长速度，也都是"神速"的。因此，探讨和解决财政危机问题，不应仅从经济学角度，还应从法学等角度进行研究。为此，除了要找到导致财政危机的具体法律原因以外，还应在更高的层面上探索其中的宪政问题。

(三) 宪法缺失：法律原因的进一步归结

在探讨导致财政危机的法律原因的过程中，实际上已多次涉及宪法的缺失。事实上，财政权和财产权，对于国家和国民是至为重要的。对国家而言，"无财则无政"；对国民而言，"有恒产者有恒心"。因此，财政权和财产权作为国家的基本权力和国民的基本权利，是应当在宪法中作出明确的界分并予以保护的，唯有如此，才能使国家有效地向社会公众提供公共物品，才能使国民有生存和发展的基础。这也是一个国家是否繁荣、进步的重要制度安排。①

上述预算法、国债法、税法的重要宗旨，都是保障国家的财政权，而其立法依据，则应当是国家的宪法。一国的宪法应当不仅在国家与国民之间界分财政权与财产权，还应当在相关的国家机关之间进一步界分其财政权。正因如此，世界许多国家的宪法，才对预算、税收、国债等许多问题作出大量甚至很细致的规定，实际上是对财政权在宪法层面的配置，这些规定不仅为相关立法提供了重要的宪法依据，而且有些还具有一定的可操作性。

然而，我国《宪法》的相关规定却十分简约，直接规定"预算"的条款微乎其微，主要是明确了各级立法机关在预算方面的审批权，以及国家行政机关的预算编制权；在税收方面，直接规定"税收"的不过一条（第56条），即"中华人民共和国公民有依照法律纳税的义务"；而对于国债，则更是未作任何规定。可见，我国《宪法》对于与财政相关的预算、税收和国债的事项，存在着许多规定上的缺失。这不仅影响了相关的立法（使其宪法依据不足），而且也会出现不仅无具体法律可依，也无宪法可依的情形。

宪法是宪政的基础，没有宪法也就不可能有宪政。即使有好的宪法条文，都未必能够在现实中有效地实现，更何况在宪法中缺少相关规定的情况下。因此，要实现宪政，就需要完善宪法，弥补宪法的缺失。

可见，对财政危机影响至深的法律原因，不仅体现为预算法、税法和国债法等具体规定的缺失，也体现为宪法、宪政上的缺失。而具体法律的缺失，则根源于宪法的制定与实施的缺失。

宪法的要义在于分权，并在分权的同时进行限权，从而实现"定分止

---

① 诺斯的研究已经多次地说明了这一点，而且已经为人类历史的发展所证实并将继续证实。可参见〔美〕诺斯、托马斯：《西方世界的兴起》，厉以平、蔡磊译，华夏出版社1999年版，等等。

第一章 现实问题中的财税法问题

争"。对于财政权也是如此。如果不能够对财政权进行有效分配,则财政秩序必然混乱,财政危机就会潜滋暗长。我国《宪法》虽在某些方面已有一些分权规定,但仍有些方面或语焉不详,或存而不论,这就会影响宪政精神的实现,并会带来发生财政危机的可能性。

为此,应当分别不同的情况来区别对待:凡是宪法规定存在不足的,就应当补足;凡是宪法中已有规定的,就应当有效落实。这样,才能真正体现宪政精神,从而避免和化解财政风险和财政危机。依循这样的思路,下面就宪法领域存在的问题及其解决作简略探讨。

1. 宪法规定的不足与补足

宪法的缺失,首先体现为宪法规定的不足。由于历史局限等多方面的原因,我国现行《宪法》尚有许多欠缺。尽管近年来通过若干宪法修正案的形式来试图予以弥补,但在财政权的分配方面,仍然还有相当大的空白,需要通过适时修宪来予以补足。

在修宪方面,应当体现出宪法的时代精神,体现出宪法在分权方面的国际共通性,体现出一种基本的制度文明。在经济全球化的时代,宪法的时代特征也尤其应当体现在经济性方面,这也是我国宪法长期欠缺并力图弥补的重要方面。[①] 同时,宪法中所规定的公共经济领域的问题,都直接涉及国民的基本权利,从而也会牵涉宪法其他层面的问题,如对公权与私权的保护问题,等等。事实上,宪法同样首先建立在一个基本的"公私二元结构"[②]之上,这也是确立法治精神或宪政精神的基础。

在"二元结构"的框架中,财政权作为国家主权的重要组成部分,是典型的公权力,其确立和行使都必须贯彻一系列的法定原则,包括具体的预算法定原则、国债法定原则和税收法定原则。这些原则,应当在我国《宪法》的修改过程中有所体现。因为这些原则,不仅是保护国家财政权的重要原则,同时,更是保护国民财产权的重要原则。要贯彻上述原则,就必须有效地确立和执行"议会保留原则"和"法律保留原则",必须满足我国

[①] 事实上,我国近些年来进行的几次修宪,都主要是在经济领域,这也体现了宪法的时代特征,而对这一特征,似乎学界并未给予更多的重视。

[②] "公私二元结构"假设,是具有普遍意义的理论—认知层面的基本假设,它对许多法学问题的基础性分析都有助益。相关思考可参见张守文:《经济法学的基本假设》,载《现代法学》2001年第6期。

《立法法》相关规定的要求①。

要有效分配财政权,就必须使其专属于特定的立法机关和执法机关。如预算的审批权、监督权,以及预算的编制权、执行权等预算权,就应当在议会和政府之间进行有效的、具体的界分;而税收的立法权、征管权和入库权等税权,就应当在立法机关和执法机关进行明确的分配,等等。只有在宪法中大量规定有关财政的内容,只有具体地规定预算、税收、国债等领域的权限划分等问题,我们的宪法才有可能日臻完备,也才有具体的宪政可言。

分权是宪法的核心。能否有效分权,并由此来进行限权,直接涉及能否有效地实现宪政,以及实践中诸多具体问题的有效解决。只有在分权所体现的民主中及对各类主体权利的保护中,才能有效地体现宪政精神,才能更好地促进各类具体问题的解决,其中当然也包括赤字、债务和财政危机等问题的解决。

2. 宪法规定的空置与落实

宪法的缺失,不仅表现为宪法制定上的不足,也表现在既有规定被空置而未被落实,从而直接地体现为宪政缺失。其中,有些规定不能落实,实际上是导致赤字、债务或财政危机之类的问题的重要原因。

例如,对于监督权,我国《宪法》已经规定,各级人大有权监督各类国家机关,而各级人大则应当对人民负责,受人民监督,从而体现"一切权力属于人民"的基本精神②。应当说,各级人大近些年来在行使宪法赋予的监督权方面也做了许多努力。但是,从总体上说,由于诸多因素的影响,对于财政的监督仍很不够。尽管全国人大设有专门的财经委员会及其预算工作委员会,但仍未能卓有成效地对预算支出等实施监督,从而导致监督权有时被空置,预算支出缺乏有效监管和约束,赤字规模不断扩大。

无论是人大的监督权,还是人民的监督权,都是宪法赋予的,其不能充分行使的一个重要原因,就是我国《宪法》缺乏对知情权的规定和保障。事实上,行使监督权的前提是真正享有充分的知情权,这是一种重要的信息权。如果人民或其代表,对预算的编制、执行,对具体的财政收支等情况缺乏了解,自然很难去进行有效监督。因此,要解决宪法规定空置的问

---

① 相关探讨可参见张守文:《经济法基本原则的确立》,载《北京大学学报(哲社版)》2003年第2期。

② 参见我国《宪法》第2条、第3条。

第一章 现实问题中的财税法问题

题,就必须落实相关的权力或权利保障问题。

要落实人大的监督权,必须进行预算编制、审批制度的改革,尤其应细化部门预算,加强对政府采购和转移支付等财政支出形式的监督,防杜"豆腐渣工程"、文山会海和公款吃喝、公车消费等所造成的巨大浪费。[①] 只有不断加强监督,有效地保护纳税人的权利,解决不断追加支出、扩大赤字或债务规模的问题,才有可能不断提高政府的合法化能力,更好地防止财政危机的发生。

要落实人民的监督权,就必须使其真正享有知情权。知情权本来就是纳税人的一项重要权利,同时也是每个公民都应拥有的宪法性权利。据此,纳税人应当有权知道税收的征收依据和如何征收,知晓税款的去向,以及国家是否为自己提供了品质与数量相应的公共物品;有权知道自己的国家承受的负债是多少,是否潜伏着财政危机,等等。这样,才能更好地对政府的预算行为、税收行为、发债行为等进行监督,真正落实宪法赋予的监督权。反之,如果人民不能充分行使其知情权和监督权,不清楚税款的用途,就有可能对政府的征税行为、支出行为和举债行为的合法性产生怀疑,同时,也可能有人会因此从事税收逃避的行为,以及其他不遵守法律的行为,而这些行为,都会进一步地加剧财政状况的恶化,并会形成一种恶性循环的"取予关系",进而可能诱发财政危机。

综上所述,导致财政危机潜滋暗长的预算法、国债法和税法等方面的问题,可以进一步归结为宪法上的缺失,从而也可以归结为宪政的缺失。这是引发财政危机问题的更深层次的制度根源。为此,应当补足宪法在内容规定上的缺欠,并使宪法上已有的规定得到切实落实,只有这样,才能较好地实现宪政,更好地在解决财政危机时体现宪政精神。

揭示宪法制定和实施上的不足,可以进一步透视整个宪政的缺失。而这种宪政上的缺失,会直接或间接地影响到相关的财税立法,使预算、国债、税收法律制度,因不能彰显宪政精神而得不到健全和发展,从而会具体影响赤字、债务和财政危机等问题的解决。因此,在明确上述缺失的基础上,应当在具体的财税立法中,充分体现宪政精神。由于宪政精神可

[①] 根据一些研究者的保守估计,前些年仅这些方面的浪费每年至少达 3000 亿元,相当于我国当时一年的财政赤字的规模。因此,如果解决了这些问题,也就基本上可以实现年度的收支平衡。正因如此,国家近些年来大力推进反腐败,使过去存在的巨大浪费在很大程度上得到了遏制。

以超越并引导宪法修改,因此,也可以先通过具体立法来对其加以体现。

(四)宪政精神在具体立法中的体现

导致赤字膨胀、诱发财政危机的深层次法律原因,是宪法以及宪政精神的缺失;而具体和显见的法律原因,则是财税法制建设的缺失。如果近期无法通过修宪来解决这些问题,则应当考虑如何在具体的财税立法中全面体现宪政精神。这也是在实质上解决问题的一种办法。

宪政精神在财税立法中的重要体现,就是通过"有效分权"来进行"限权",使不同的主体各得其所,在各类主体之间形成的一种"纳什均衡",以有效地"定分止争"。如果一个国家的宪法在分权上缺少合理性和合法性,就不可能有真正的宪政,在实践中就可能有大量违反宪法的情况存在(由此涉及对违宪的认定以及有关"良性违宪"问题的讨论)。我国近些年来非常突出的问题,就是财政分权问题。

财政分权在各个国家都是非常重要的。要进行财政分权,首先要明确政府的职能和边界,在国家与国民、政府与市场之间进行分权、划界,把基本权利真正归还国民,凡是国民能够自行解决的问题,都应当由其自行解决,而不应由政府越俎代庖[①]。事实上,政府的核心职能,仍然是各类公共物品的提供。如果政府由此真正转变职能,变"万能政府"为真正承担有限责任的"有限政府",则财政开支就会大幅减少[②],许多赤字和债务问题可能就不会发生。因此,要真正解决"瓦格纳定律"和"帕金森定律"所带来的负面影响,就必须通过立宪来进行适度的分权。

除了上述的"国民二元结构"之下的分权外,还需要在政府内部进行横向和纵向的财政分权。其中,横向分权,主要涉及在相同级次国家机关之间的财政权的划分,尤其是财税立法权、预算审批权、国债发行权的划分;而纵向分权,则主要涉及不同级次国家机关之间的财政权划分,在形式上尤以财税收益权的争夺令人瞩目。事实上,在中央和地方的关系上,

---

[①] 从法律的角度来界定政府与市场的关系是非常重要的,相关探讨可参见张守文:《政府与市场关系的法律调整》,载《中国法学》2014年第5期。

[②] 多届政府力图进行的机构改革、简政放权,实际上考虑的就是切实转变政府职能,以解决"十羊九牧""尸位素餐",普遍"吃财政饭"的问题。当然,只有这种改革真正落实到位,才能彻底解决问题,否则,还可能出现机构改革上的"黄宗羲定律"(也有人认为该定律在宋朝时就已经提出),即每改一次之后,反而会有较大的反弹,从而使机构更加臃肿,财政开支更大,赤字问题也随之更加突出。

主要问题就是财政权的纵向划分,只有在财税体制上依法对此予以有效界定,并限定其各自权力的行使,充分地体现宪政精神,才能更好地解决财政收支的问题。例如,只有给地方一定的税权,特别是税收立法权和税收收益权,充分照顾到地方的利益,使其各得其所,不断发展,才能充分调动地方的积极性,也才能更有效地通过合法的途径,解决本级政府的财政赤字问题。

上述的宪政精神,只有完整地体现在具体的财税立法中,才能改进现行立法的不足,弥补宪法未作规定或实施不力的缺失,从而更好地解决财政赤字和财政危机等问题。

(五) 小结

财政赤字、公共债务以及由此可能引发的财政危机,是各国都关注的重要现实问题,其中蕴涵着大量的财税法问题。我国应当从各个方面分清利弊,未雨绸缪。目前,对于赤字规模、债务风险及其是否可能引发财政危机等问题,虽然尚有不同认识,但对于赤字和债务规模已经较大,从而加大了发生财政风险和财政危机的可能性,则已经达成了基本的共识。在此基础上,如何找到引发危机的经济、社会、法律等原因并提出应对之策,非常重要。从法律的角度来看,引发财政危机的法律原因,既有具体的财税法制方面的原因,如《预算法》形同虚设、国债法尚付阙如、税法刚性不足等,也有更深层次的宪法层面的原因,主要体现为宪法缺少相关规定或已有规定落实不到位,以及在总体上体现出的宪政精神或宪政秩序上的缺失。

可见,在财税危机所涉及的诸多财税法问题中,有两个问题非常重要,即财税宪政问题,以及财税法的制度建设问题。事实上,在财政危机问题中,蕴涵着大量宪政问题。有效地解决财政问题,有助于更好地实现宪政;同时,如果在具体的财税法制建设中,更好地体现宪政的精神,并进一步形成宪政秩序,则有利于更好地解决财政危机等问题。

透过对财政危机中所蕴涵的宪政问题的分析,可以认为,所谓宪政精神,实际上就是在分权的基础上进行限权的精神,是综合考虑各类主体的不同利益,使其充分行使各种权力或权利,以各得其所,并通过具有约束力的契约,来实现"定分止争"的精神。只有充分体现宪政精神,做到既有分权,又有限权;既有自由,又有约束,才能体现民主与法治的精髓,实现对"合理性"与"合法性"的追求。在财税法制中,要体现宪政精神,形成宪政秩序,就要真正通过法律的全面制定和有效实施,来形成良性的"取予关系"。而只有在这样的良性互动中,才能真正解决财政赤字、债务风险和财政危机等问题,实现国泰民安。

财政危机中的宪政问题,在许多法制较为健全的国家也会程度不同地存在。近年来许多西方国家发生的赤字问题或债务问题,往往都与前述的法律原因有关,因而是一个具有普遍意义的问题。世界各国只有不断地反思和总结,不断地用宪政精神去影响相关的法制建设,在"良法"所形成的法治环境下,依法理财,依法治税,依法举债,才有可能跳出"治乱循环"的各种"定律",形成良好的公共经济秩序,更好地推进国家和社会的稳定发展。

三、具体"税案"中的财税法问题

从实践的角度看,现实中的税案不可谓不多。由于商品税与所得税是我国财政收入的最主要来源,且两个税类覆盖范围非常广阔,因而所涉税案甚多。特别是在增值税、企业所得税领域,更是税案频现。但无论是哪类税案,从制度的角度来看,其发生往往都有一些共性原因,因此,有必要选取相关的典型税案,进行典型性研究,以探寻其中的一些共通性的问题。

自我国1994年税制改革以来,增值税的特殊地位人所共知,涉及增值税的税案也是不胜枚举的——曾经震惊全国的税案,就有金华税案、南宫税案、潮汕税案、蓟县税案,等等。随着经济活动的频仍,税法约束作用的凸显,税案的数量和涉税金额越来越多,影响也越来越大。在个别年份,由于诸多原因,还可能有集中发生的情况。

例如,在多灾多难的1998年,在经历了惊心动魄的百年不遇的特大洪灾之后,举国震惊的"三大税案"也相继浮出水面[①],这使得人们在关注如何通过财税手段支持灾后重建等问题的同时[②],也要关注"三大税案"的发生和处理、税案的成因和防杜、财政危机发生的可能性,以及相关的财

[①] 所谓1998年的"三大税案",就是各大媒体争相报导的"金华税案""恩威税案"和"南宫税案"。三大税案所涉金额均十分巨大,令人震惊。

[②] 为了支持灾后恢复重建,保障国民经济8%的增长速度,国家当时采取了积极的财政政策,发行国债1000亿元人民币,同时强调依法治税,强化税收征管,以提高国家的宏观调控能力。

第一章　现实问题中的财税法问题

税领域的法制建设等问题。鉴于在"三大税案"中,金华税案最具典型性,且被称为新中国的"第一税案",下面着重以该税案为例,来分析其中暴露出的问题、我国财税法存在的相关缺失及如何弥补等问题。

（一）"金华税案"的简要案情及其所暴露的问题

所谓"金华税案",是一起虚开增值税发票的犯罪案件,因其发案时间之长、波及范围之广、犯罪金额之大、造成危害之大[①],全国罕见,而且是自中华人民共和国成立以来全国第一大税案,故通称"第一税案";同时,因其发生在浙江省金华县,故又称"金华税案"。

众所周知,我国在1994年进行了规模空前的税制改革,并获得了很大的成功。在税制改革中,增值税是最为引人注目的。因为它作为一个"中性"税种,具有"道道课征,税不重征"的特点,因而它既不会导致对纳税主体重复征税,又可以使国家获得大量的、稳定的财政收入。正因如此,增值税被认为是财税史上的非常绝妙的制度发明,并被迅速推广到全球的一百多个国家。我国每年的增值税收入,已达整个税收收入的50%左右；其覆盖面之广和对于国家财政之重要,使其实际上成为我国商品税（或称流转税）的核心,而且在整个税制中成为真正的主体税种。事实上,我国对于增值税一直非常重视,每年都强调要确保以增值税为主的"两税"收入[②],并努力确保增值税收入的实现。

增值税之所以被公认为"良税",是因为它有自己独特的一套原理。在税额计算方面,各国通行的是"扣税法",即用销项税额去扣减进项税额。要进行扣税,就必须使用增值税的专用发票（因为进项税额体现在专用发票上）,从而使整个商品流转的链条连续不断,并起到计算简便、相互监督等作用。实际上,增值税的专用发票不仅是销售方的计缴税款的依据,也是购货方用以抵扣税款的凭证。正因如此,专用发票的真实性、准确性、合法性就直接关系到购销双方的利益,同时,也直接关系到国家的税收利益。如果存在虚开、代开发票等违法犯罪行为,就会使国家的税收

[①] 从1994年5月到1997年4月,共有218家企业参与虚开增值税专用发票的犯罪活动,受票单位分布在全国30个省级行政区,6个计划单列市。已抓获的犯罪嫌疑人89人,其中包括县委、财税局等单位的主要负责人。仅罪犯胡银锋（已执行）一人的案卷摞起来就有11米高；公安机关先期移送的63名犯罪嫌疑人的案卷共有1400多卷,重达1500公斤。

[②] 国家强调确保的"两税",是指增值税和消费税,包括海关在进口环节代征的增值税和消费税。

大量流失。因此,许多人是将增值税专用发票视同货币来对待的。

然而,在"金华税案"中,问题恰恰就出在国家三令五申禁止的虚开增值税专用发票方面。一个仅有56万人口(其中农业人口占95%)的金华县,在1994年至1997年的3年期间,共有218家企业参与虚开增值税发票,共虚开发票65536份,价税合计63.1亿元,其中税额9.2亿元,涉及30个省级行政区,给国家造成税收损失7.5亿元。①

"金华税案"中的犯罪分子已被绳之以法,其中也包括国家机关的工作人员。应当说,教训是非常深刻的,值得研究的问题也是很多的。从主体的角度说,"金华税案"的发生,固然有犯罪分子利令智昏,贪得无厌,不惜铤而走险、以身试法等方面的原因,但是,也有地方政府及其征税机关自身的原因。而后者是更值得重视和研究的,因为它涉及财税法制建设方面的许多问题,并且,这些问题直接关系到国家能否实现长治久安。

从法制建设的角度看,"金华税案"之所以波及范围广,社会危害大,涉案人数多,发案时间长,查处成本高,有如下诸多方面的深层次原因:

(1) 税法意识十分淡薄。在我国的政权级次中,自古及今,县级都是非常重要的一级,直接关系到广大民众的生活和国家的统治。在金华税案发生的过程中,当时县里的某些领导为了"造福一方",不是集中精力去发展经济,而是置国家税法于不顾,错误地提出"引进税源",搞"上有政策,下有对策",不但没有严格实行"以票管税",反而鼓励违反税法的"以票引税"(即以虚开票引外地税)。由于虚开发票等违反税法的行为能在一定程度上起到"引税"的作用,因此,县领导对于税收违法行为也就放任自流,任其扩散。

(2) 地方保护主义严重。当时的县领导之所以违法出台一些"税收优惠政策",真实的目的就是同周边市县争夺税源,以保护所谓的地方利益,弥补本县的财政缺口。这种"低税竞争"实际上是地方保护主义在财税领域的突出体现,也是在我国这样一个各个方面发展不平衡的大国必须有效解决的问题。

(3) 有法不依管理混乱。依据税法规定,增值税的纳税人分为一般纳

---

① 关于"金华税案"的具体案情及处理,可参见:《以身试法法不容——全国第一大税案警示录》,载《人民日报》1998年11月6日第2版;《第一税案始末》,载《北京青年报》1998年11月11日第1版;王祺宝:《第一税案如何水落石出》,载《北京青年报》1998年11月11日第3版;钱风元:《增值税:带刺的玫瑰》,载《经济日报》1998年11月10日第1版,等等。

第一章　现实问题中的财税法问题

税人和小规模纳税人,而小规模纳税人是不能使用专用发票的。但是,当时的县财税局领导违法改变一般纳税人的认定条件,提出了"先上车,后买票"的做法,但在实际执行中却变成了"上了车,不买票",对于一般纳税人应具备的条件没有认真审查,致使许多不合格的"皮包公司"等混入其中;同时,一些财税所还违反规定,私自"送票上门",根本不按照发票要"验旧换新,限量限额,审核报批"的规定办理,从而为发票犯罪埋下了隐患。

(4)只看小利不顾大局。县里的有关部门在当时提出了无视国家税法的"优惠政策",即凡在县工业小区办企业者,增值税前三年全免,后三年减半。这种典型的"低税竞争"在遭到批评后被迫停止。① 但是,县财税局依旧实行所谓"保底征收",指示下属的财税所对外地的企业要"政策上放宽","可以适当地打点擦边球"。这不仅给全县的财税系统造成了严重的思想混乱,而且也给国家的税收收入带来了巨大的损失,是典型的只看小利、不顾大局的行为。

(5)公然违法包庇犯罪。在金华县虚开发票的犯罪活动日益猖獗的情况下,在全国人大常委会对虚开发票已作出专门决定的情况下②,在外地办案人员已追查到金华县是虚开发票的源头的情况下,县财税局的领导仍然采取"就事论事,就地消化"的原则,设法争管辖,大事化小,以补代罚,以罚代刑。

(6)以权谋私腐败严重。金华税案中虚开发票犯罪分子之所以能长期逍遥法外,还与执法、司法机关的有关人员的严重腐败密切相关。县财税局稽查大队、县检察院等均有直接的重要负责人以权谋私,徇私舞弊,助纣为虐,不仅为犯罪分子大开"绿灯",甚至还多次直接筹划、教唆虚开发票。

上述问题,集中起来就是法律意识问题、地方保护主义问题、中央与

---

① 低税竞争是税收领域典型的不正当竞争行为,在相关国家之间、一个国家内部的不同地区之间,都可能会发生低税竞争的问题。目前,一些国家,如欧盟等已经认识到低税竞争的危害,并通过国际税收协调来解决各国税收政策上的差异问题。此外,我国也采取了很多措施,力图避免不同地区之间的低税竞争。

② 第八届全国人民代表大会常务委员会第十六次会议曾于 1995 年 10 月 30 日通过了《关于惩治虚开、伪造和非法出售增值税专用发票犯罪的决定》,该《决定》对于打击当时十分猖獗的增值税专用发票犯罪起到了重要的作用。目前,该《决定》中有关行政处罚和行政措施的规定继续有效,有关刑事责任的规定已纳入 1997 年修订的《中华人民共和国刑法》之中,2011 年《刑法修正案八》又修改了 1997 年修订的《刑法》中虚开增值税专用发票罪的条文内容。

地方的关系问题、执法问题、腐败问题等,这些问题的解决当然需要进行综合治理,但也确实在相当程度上与财税法有关。要有效地解决上述问题,就需要财税法领域的法制建设的强化。为此,有必要从财税法的角度,来分析上述问题的发生和解决。

(二) 从"金华税案"看财税法制建设存在的缺失

"依法治国"早已被写进了宪法修正案,中共中央也于2014年专门作出了《关于全面推进依法治国若干重大问题的决定》。在这样的大背景下,建设真正的法治国家,已渐成崇尚法治的人们的共同愿望。而要真正实现法治,就必须至少在各个重要领域都要有法可依,因而在关乎国泰民安的财税领域,加强法制建设尤为必要。事实上,我国的财税法制建设虽然较过去有了很大进步,但仍存在着许多缺失和不足,"金华税案"中暴露出的诸多问题即与此直接相关。"金华税案"在形式上是一个刑事案件,但其暴露出的上述问题,却非常具有典型性、普遍性,在其他地区同样有发生类似"税案"的可能性。而这些问题的存在,恰恰是由于在财税领域的立法、执法、法律监督等方面存在着诸多的缺失,两者之间存在着一定的因果关系。为此,有必要结合"税案"中暴露出的问题,来探讨我国财税法制建设的缺失。

(1) 关于中央与地方的关系问题。财政领域的中央与地方的关系,主要体现为利益分配关系,它主要由财政体制法和税收体制法来调整。但我国现行的财税体制法非常不完善,不仅没有一部专门的法律,而且在各类立法上都几近空白,特别是分税制、转移支付制度等尚无专门的法律或行政法规来加以确立,更是一个非常突出的问题。事实上,中央与地方的关系在古今中外都是至为重要的,它直接关系到国家的长治久安,关系到民族的兴衰荣辱,如此重要的关系不通过法律来加以调整,显然是一个重大的缺失。这也许是因为中国法律更倾向于所谓的"政治法律规则"模式。[①]对于中央与地方关系这个重要的问题,后面还将作重点分析。

(2) 关于财税法律意识淡薄的问题。加强财税法制建设,是提高人

---

① 美国学者马太(Ugo Mattei)在其论文《三种法律模式:世界上法律制度的分类学与变化》中,将法律模式分为职业法律规则、政治法律规则和传统法律规则三种,并认为中国虽然属于传统法律规则模式,但是更倾向于政治法律规则模式。参见沈宗灵先生对该文的评介,载《中外法学》1999年第1期。

第一章 现实问题中的财税法问题

们财税法律意识的重要途径。如果国家缺少重要的财税立法,或者仅靠一些行政法规、部门规章来支撑,就不仅不合乎至为基本的"税收法定原则""法律保留原则"等方面的要求①,从而可能构成对国民财产权利的侵犯,而且也不利于人们去认识、了解、掌握、运用财税法,当然无助于提高其财税法律意识;如果有法不依,执法不严,使财税法律形同虚设,缺乏作为公法、强行法应有的刚性,则会使人们对财税法律作出不良的评价,当然也无助于法律的遵从,会使守法的意识更加淡薄。可以说,财税领域的立法和执法是目前最为突出的问题,是财税法制建设最为重要的两个环节,但目前恰恰是立法不足,执法不严的问题十分突出。例如,在财政法方面,只有一部有待于进一步完善的《预算法》,而在国债法、转移支付法等领域,甚至连一部作出全面规定的行政法规都没有;在税法方面,仅有三部法律,而大量的都是国务院制定的《暂行条例》,严格说来,这是有悖于公认的税收法定原则的。至于执法方面,问题就更为突出和普遍,这就是下面要谈到的依法办事的问题。因此,如何大力加强财税法制建设,尤其是加强立法、严格执法,使财税领域真正实现法治,使财税活动真正深入人心而不是令人"内心逆反",从而全面提高财税法律意识,还仍然是一个需要长期努力的目标。

(3)关于依法办事的问题。我国目前突出地存在着分配秩序混乱的问题,这种混乱主要是导因于财税领域的"失范"和"失序"。例如,国家的财税法极易被地方性的"土政策"或者"领导的意见"所取代,或者被以其他方式扭曲执行;地方政府长于"搭车收费",或者随意减免等,这都是不争的事实。在这种"财税环境"下,公众的财税法律意识也就可想而知了。不能够严格按照财税法的有关规定办事,有法不依,执法不严,违法不究,这是现行财税法制建设的突出的缺失。此类问题必须通过各类配套的改革措施的实施、各类法律的综合调整等,才能得到全面解决。

(4)关于腐败问题。财税法制建设虽然不是解决腐败问题的唯一途径,但却是一个十分重要的途径。当前腐败问题的突出存在,同某些领域里的财政投入不足、财税法制不健全、监督不力等有着密切的关系。因此,除了应重视从人自身的角度,从根本上去解决"内生性"的腐败问

---

① 参见〔日〕金子宏:《日本税法原理》,刘多田等译,中国财政经济出版社1989年版;张守文:《论税收法定主义》,载《法学研究》1996年第6期。

题以外①,也应注意从财税法制建设、加大财税投入、保障基层所需的基本的财政资金等方面,从外部去促进腐败问题的解决。但是,目前的财税法律建设显然不能适应这一要求。

以上结合"金华税案"所暴露出的问题,探讨了现行的财税法制建设所存在的缺失。② 这些问题实际上是财税法应当解决的一般性问题。如前所述,从"问题定位"的角度来寻找法制建设本身存在的问题,是分析问题的一个路径。解剖"金华税案"这只麻雀,有助于分析财税法制建设的一般问题,而这些问题在以往的法制建设和法学研究方面往往是不受重视的。为此,基于上述财税法解决的一般性问题,有必要进一步分析财税法制建设的各类缺失的弥补问题。

(三) 财税法制建设的缺失的弥补

财税法制建设需要弥补的缺失甚多,在此仅着重谈两个问题:一个是财税法对于中央与地方之间的关系(即财税体制关系)的法律调整问题,一个是完善财税法制所需要的系统观念的问题。

1. 解决中央与地方关系问题对财税法制建设的要求

中央与地方的关系问题,是一个一直都存在的问题,但也是过去在许多部门法学中都鲜有研究的问题。实际上,这个问题应当在宪法、财税法等领域进行深入研究。需要指出的是,在中央与地方的关系中存在着一种博弈关系,以往普遍存在的"上有政策,下有对策",就是这种关系的典型描述和体现。按照博弈论的原理,在相关的财税立法上,同样会存在中央与地方"讨价还价"式的利益分配或利益之争,表现为地方同中央分权、分税等。③ 在中央与地方的关系中,中央应当是居于主导地位的,这也是一个国家有效地实施宏观调控所必需的。而国家要有效地进行宏观调控,就必须手中握有大量的财政收入,尤其是要能够掌握大量的税收收

---

① 其实,全面提升人类的道德水平,特别是官员的道德水平是非常重要的。法律是最低水平的道德,如果法律都不能得到有效的遵守,则更高层次的道德水平就更是无从谈起。因此,不断地提高人们的道德水平,使人们靠一种内在的驱动力去防杜腐败,可能比一般性的政治教育和法制宣传都重要。

② 财税法制建设的缺失及由此而带来的诸多问题,大大地增加了监督的成本,这仅从"金华税案"的处理所支出的人力、物力、财力上就能够感受到。

③ 有关"中央与地方的博弈"的论述,参见王绍光、胡鞍钢:《中国国家能力报告》,辽宁人民出版社 1993 年版,第 170 页以下;有关"中央政府与地方政府的博弈关系和规则"的论述,参见何帆:《为市场经济立宪:当代中国的财政问题》,今日中国出版社 1998 年版,第 172 页以下。

第一章 现实问题中的财税法问题

入。同时,如同中央政府要提供全国性的公共物品一样,地方同样也要提供地方性的公共物品,因而同样需要有相应的财政收入。为此,中央和地方进行事权、财权、税权方面的划分,就是非常必要的。① 实行分税制也就是势在必行的。从国家的角度说,当然应当在中央一级集中更多的收入;从地方的角度说,也应当有足够的收入。现在的矛盾就是有限的资源应当如何在中央与地方之间进行公平、有效的分配。因此,需要有相应的财政体制法和税收体制法来从法律上解决上述的分权问题。事实上,我国现在的分税制尚不彻底,同时,在宪法上和财政法上又都缺少有关分配中央与地方的权益的明确、具体的立法,从而带来了实践中的许多问题。要有效地解决这些问题,就必须着力建立和完善财政体制法。

在"金华税案"中,中央与地方的关系问题是值得重视的。金华县为了保护本地的利益和促进本地的"发展",不惜牺牲国家税收利益,公然违反税法搞"低税竞争"和"以票引税",这实际上是地方保护主义在财税领域的重要体现。除此以外,不容忽视的一个问题是,金华县之所以搞"以票引税""低税竞争"等,一个重要的考虑是要同周边地区争夺税源,以弥补本地的财政缺口。也就是说,财政收入的不足或财政支出的缺口是导致地方政府从事税收违法行为的一个重要动因。事实上,在许多地方,财政缺口是存在的。导致财政缺口的原因是多个方面的,如政府职能不清、机构臃肿、人浮于事所导致的"吃饭财政";管理不善、腐败堕落、执法不严、违法不究所导致的税收收入流失;竭泽而渔、以费挤税、滥征滥罚、侵蚀税本所导致的税源枯竭,等等。由于这些原因是普遍存在的,因此,只有明晰因果,对症下药,才能解决好财政收入问题。

根据著名的"瓦格纳定律"②,政府的开支规模总是呈现扩大的趋势,这已经为各国的实践所不断证明。既然随着政府权力的日益膨胀,财政

---

① 关于财政分权问题,有许多著名的经济学家都曾经进行过深入的研究。例如,诺贝尔经济学奖得主施蒂格勒(G. Stiglel)对于政府存在的合理性的研究、布坎南(J. Buchnan)的分权"俱乐部"理论以及奥茨(W. Oates)对于财政联邦主义的研究等。可参见平新乔:《财政原理与比较财政制度》,上海三联书店等1995年版,第338—343页。

② 从长期来看,国家财政支出呈现不断上升趋势,这一现象由19世纪德国著名的经济学家瓦格纳(A. Wagner)最先提出,被称为"瓦格纳定律"。瓦格纳根据实证的研究发现,随着人均收入的增长,公共部门的相当规模也将扩大,政府的支出必然要不断增长。此后,一些经济学家进一步用计量方法检验了这一假说的有效性。对于"瓦格纳定律",许多财政领域的著述均有介绍,可参见美国当代财税大师马斯格雷夫(R. A. Musgrave)的《比较财政分析》,上海人民出版社1996年版,董勤发译,第71—72页,等等。

支出也相应地不断扩张,因而在财政收入受到经济发展水平约束的情况下,如何解决财政缺口问题是各级政府都关心的问题。在我国,由于预算内的收入占整个GDP的比重在20世纪90年代曾多年徘徊在10%左右[1],中央的财政收入占整个财政收入的比重亦相对较低,因此,"两个比重"过低的问题曾引起广泛重视,以至于国家提出了"振兴国家财政"的口号。[2] 为此,当然要开源节流,并努力避免上述导致财政缺口的各种现象。事实上,为了解决财政收入相对不足的问题,我国一直在进行各种制度创新。例如,各级政府机构的精简、人员的分流、政府职能的重新厘定等,都是为了解决"吃饭财政"的问题;"费改税"的改革等,是为了解决预算内收入不足、预算外和制度外收入过于膨胀的问题,实际上是为了解决财政收入的规范化问题;深化"分税制"改革,是为了解决中央与地方的收入分配等问题;强调"依法治税"、反腐倡廉、加强征管,是为了获得更多的税收收入,等等。可见,上述各个方面的改革,都是为了使各级政府获得充分的履行其职能所必需的财政资金,都是在财税法的完善方面具有重要意义的制度创新。如果改革能够真正到位,则财税的问题就能在很大程度上得到解决。

从法制建设的角度说,在目前尚不能通过修宪来规定中央与地方的关系的情况下,可以考虑通过完善财政体制法,来解决中央和地方的财权分配问题;通过完善税收体制法,来解决中央和地方的各自的税收收入来源和分配问题;通过加强和完善预算法和转移支付法领域的法制建设,来解决各级政府之间广泛存在的财政横向失衡和纵向失衡的问题。上述领域的财税法制建设,对于解决中央与地方关系方面存在的诸多问题,具有十分重要的作用。

基于上述考虑,在立法上应当与相关的体制改革相配套,尽快制定财政体制法、税收体制法,或者在现有的法律框架之内增加这些方面的法律规范,以解决目前中央与地方的博弈几乎无法可依的状况,从而也能更好地保障各级政府应得的权益,以更好地提供相应级次的公共物品,实现各级政府应有的职能。

---

[1] 进入21世纪以后,随着我国税收收入的连年增长,预算内收入占GDP的比重也在不断提高,但许多学者认为,即使到了2004年年底,这个比重也不超过20%。

[2] 中共十五大报告,提出了提高财政的"两个比重"的问题,并认识到改革开放以来,始终是社会财富向非公有制经济、向个人倾斜,从而使国家的财政状况不尽如人意,因此,应当"振兴国家财政"。

第一章 现实问题中的财税法问题

在提供公共物品、实现财政的各项职能方面,中央政府和地方政府各有其优势,因而许多学者都认为应当在两者之间形成适当的分工,使其各司其职,以实现效率的最大化。上述思想被称为"财政联邦主义"。基于这种思想,世界上的绝大多数国家在一定程度上实行的都是财政联邦制。① 实行财政联邦制的关键是分权,以及对分权的结果在法律上加以确定,使其成为财税体制法的重要内容,这是我国在完善分税制立法方面应着重解决的一个问题。

2. 弥补财税法制建设的缺失是一个系统工程

弥补财税法制建设的缺失,不仅要实现财税法体系内部的协调、配套,而且也要使财税法体系同其他法律或制度相配套,因此,这种补缺在总体上是一个系统工程。之所以如此,是因为财税与财税法极端重要,以及财税、财税法同其他领域的密不可分的关系。事实上,从一定意义上说,现代国家已被称为"税收国家"。"税收是喂养政府的奶娘","财政是庶政之母",国家离开了税收或者整个财政,就须臾不能生存。因此,财政已被认为是"国家治理的基础和重要支柱"。不仅如此,在国家能力(国家将自己的意志转化为现实的能力)中,汲取财政的能力是最重要的,其他的国家能力,如宏观调控能力、合法化能力以及强制执行能力,都离不开汲取财政的能力。② 中央政府的宏观调控能力相对较弱,往往与中央财政收入所占比重的相对较低直接相关。

要研究财税制度的重要性,就必须从财税制度对国家、社会变革的重要作用入手。从历史上看,财税问题始终是影响国家存续的十分重要的因素。著名的经济学家熊彼特、希克斯、诺思(或译为诺斯)等都曾进行过深入研究。例如,熊彼特认为,从国家财政入手,对于研究社会发展的转折点十分重要,并且,社会的转折总是包含着原有的财政政策的危机。③该观点表明,财政政策的危机是同社会的转折联系在一起的。希克斯指出,近代民族国家的兴起就是由于财政原因,西欧国家因战争所导致的财

---

① 这是经济学意义上的联邦制,并不是政治或其他意义上的联邦制。
② 参见王绍光、胡鞍纲:《中国国家能力报告》,辽宁人民出版社1993年版,第3页。
③ 这是熊彼特在1918年发表的著名论文《税收国家的危机》中所阐述的观点。他认为,研究财政的历史能使人们洞悉社会存在和社会变化的规律,认识到国家命运的推动力量。他强调,财税与现代国家有着密不可分的关系,以至于可以把现代国家称为"税收国家"。财税不仅有助于国家的产生,而且还有助于其发展。它使国家可以渗透到私人经济中,并扩大对私人经济的管辖权。

政压力催生了现代税制和金融体系的建立。① 而诺思的研究则表明,国家解决财政压力的对策,将决定一国经济的兴衰。上述学者研究的综合性的结论是,财政压力决定改革的起因和路径,凡是重大的改革,都有财政压力的背景。

上述观点已被学者概括为"熊彼特—希克斯—诺思命题",其基本逻辑是,如果说国家为了实现其长治久安的目标,必然要追求合法性(legitimacy,或译为"义理性")的最大化,而财政则是影响合法化水平的重要约束条件,并会反映合法化水平;因此,当财政面临压力时,就会导致合法化水平下降,国家为了保持其合法化水平,就只能主动调整政策,进行财政改革。② 这种认识对于完善财税法制是非常有意义的。

我国不同级次的政府或者某些地区的政府正不同程度地面临着财政的压力,这些压力会推动制度变迁。事实上,我国正是基于当时的数字背后的财政压力,才实行了举世瞩目的改革开放,并由此推动了整个市场经济体制以及与此相配套的法律体系的建立;财政压力可以推动制度变迁,但诚如上述诺思的研究,对于财政压力必须采取正确的对策,不同的政策会产生影响深远的截然不同的后果("金华税案"的发生使金华县的经济元气大伤即为例证)。因此,国家在应对财政压力时,必须考虑如何制定正确的财政政策,完善相应的财税法制,进行"良性"的制度变迁,形成能够把国家和民族引向繁荣昌盛的"善法",这应当是财税法制建设的重要目标③。

上述关于财税以及相应的财税法的极端重要性表明,财税法制建设是整个法制建设的十分重要的一环,它与各个相关的领域存在着密切的关系。同时还应注意:财税法制建设的补缺,不仅是财税法体系内部的诸多漏洞的弥补,缺弊的匡正,而且还应是财税法体系同法律体系的其他部分的协调互补,同其他制度、体制改革以及政策的制定的衔接和协调。事实上,在"金华税案"中存在的诸如地方保护主义、有法不依、法律意识淡

---

① 这是希克斯在其 1969 年出版的《经济史理论》中所提出的观点。该书的中译本已于 1987 年由商务印书馆出版。
② 参见何帆:《为市场经济立宪:当代中国的财政问题》,今日中国出版社 1998 年版,第 2 页。
③ 我国当前面临着财政和民生的"双重压力",要解决这些压力,就必须不断完善财税法治乃至整体的经济法治。相关探讨可参见张守文:《缓释"双重压力"的经济法路径》,载《北京大学学报(哲社版)》2012 年第 5 期。

薄、腐败严重等问题，并不是单靠财税法等任何一种法律所能够解决的，甚至并不是单靠法律所能解决的。因此，在解决上述问题以及其他现实的财税问题方面，既要看到财税法制建设的重要性，也要看到它的局限性。上述诸多问题是需要包括财税法在内的诸多法律的综合调整才可能解决的问题，它需要相关法律之间有磨合和调试，财税法制的完善可能也会同时牵连到其他法律的完善，因此，是一个系统工程。

此外，财税法制的补缺和完善，在一定意义上还有赖于财税政策以及其他经济政策、经济体制和政治体制的进一步完善。因为财税政策等毕竟是财税法的重要立法前提。事实上，财税政策以及其他经济政策在现实的经济生活中恰恰起着直接的重要的作用。同时，这些政策能否有效发挥作用，同与之相配套的各类体制的约束程度密切相关。

（四）小结

以上仅是以号称共和国"第一税案"的"金华税案"为例，来分析具体税案中所蕴涵的财税法问题。当然，随着时代的发展，各个方面的情况的变化，税案也越来越复杂，影响也越来越大。例如，"金华税案"在发生之时，人们无不惊诧于涉税金额之大，牵涉人员之多，波及地域之广，故而称之为共和国"第一税案"。但从后续税案的发展情况来看，超过"金华税案"的已不鲜见。例如，在"潮汕税案"中，广东省汕头、普宁两地犯罪分子伪造、虚开增值税专用发票17.2万份，虚开金额约323亿元，涉税金额是"金华税案"的6倍！面对不断出现的惊天大案，必须考虑如何从制度上解决问题。

其实，尽管税案在数量、规模上有不断增加的趋势，具体情况也各不相同，但税案发生的根本原因，是有其共性的。事实上，上述在探讨金华税案的过程中所涉及的诸多财税法问题，在其他税案上也都是存在的，因此，有必要对这些财税法问题作出进一步的提炼。

在探讨具体税案的过程中，首先会涉及具体的财税法制度建设的问题。如何完善财税法的具体制度，如何做到"疏而不漏"，如何真正地用完善的制度去引导、约束和保护相关的市场主体，如何有效地界分政府的职能并从财税的角度有效地去规范各级政府的行为，都是非常重要的制度建设方面的问题。在具体税案中，所涉及的具体问题较多，因而就必须考虑如何用具体的制度，去解决这些具体问题。

此外，尽管在各个具体税案中，首先涉及财税法的制度建设问题，但如果进一步深入挖掘的话,就会发现这些具体的制度建设问题,都不同程度地同宪法和宪政问题有关。例如,前面谈到的中央与地方关系的问题,既涉及具体的制度建设问题,也涉及整体上的宪法架构和宪政问题。此外,其他的一些问题,看似一般的制度配套或系统工程建设的问题,但从深层次上说,都涉及宪法和宪政的问题。

可见,如果从具体税案中提炼财税法问题,则也可以将其分成两大类:一类是财税法的具体制度完善问题,一类是整体上的宪法和宪政问题。这两类问题,在具体税案中各有侧重,在形式上涉及制度建设的问题,在实质上则要体现基本的宪政精神。

四、本书所关注的两类财税法问题

(一) 两类重要问题的提出及其展开

通过前面对财政危机以及具体"税案"的研讨,不难发现,虽然所探讨的问题各异,如有的侧重于经济,有的侧重于法律;有的更侧重于宏观,而有的更侧重于微观,等等,但其中所涉及的基本财税法问题,却具有一定的共通性。通过上述两类问题的探讨,可以认为,在财税法领域,有两个方面的基本问题需要特别关注,一个是财税宪政问题,一个是财税法的具体制度完善问题。这两个问题贯穿于整个财税法领域,是财税法的法学研究和制度建设应当把握的关键,因而也是本书所特别关注的问题。

前面在对财政危机的问题进行分析的过程中,着重探讨了有关宪法与宪政的问题,但同时也涉及了财税法的具体制度完善问题;在探讨具体"税案"(特别是"金华税案")过程中所蕴涵的财税法的问题时,着重探讨了财税法制度建设的缺失问题,但实际上也涉及了很多的宪政问题。因此,财税宪政问题与财税法的制度完善问题,很具有普遍性,其研究对于财税法理论发展与制度建设都有着重要的价值。

此外,财税宪政问题与财税法的制度完善问题是密切相关的,从一定的意义上说,财税宪政问题更多地涉及理念、宗旨、原则等价值或精神层面的问题,它需要通过具体的财税法制度体现出来;没有相关的财税法制度建设,财税宪政的精神就只能是空中楼阁。与此同时,财税法的制度完善,也离不开财税宪政的基本精神的导引;缺少财税宪政的基本价值、理念,具体的财政制度建设就可能会迷失方向,并可能产生多方面的负的外部效应。

　　财税宪政作为整个宪政的一个重要内容,当然也是有关宪政研究和宪政建设的重要方面,但同时,因其对于财税法的研究和制度建设尤为重要,因而在财税法研究和制度建设上应作为一个根本的方面来予以关注和把握。事实上,无论是财税法领域的哪个具体领域,如预算法、国债法、税法、转移支付法,等等,都离不开相关的财权或税权的确认、分配、保护等问题,都涉及对各类主体的具体权益的保护。为此,就必须强调法治,贯彻税收法定原则,就必须注意财税活动的合理性与合法性,关注税法上的可税性;同时,征税不仅要关注国家与各类国民之间在税收权利上的分配,而且也要关注在中央与地方之间,各级政府之间的权益分配。因此,在强调税收法定主义的同时,也要强调财政联邦主义,这样才能更好地解决税收体制法上的问题。

　　为了贯彻上述财税宪政的精神,在具体的财税法的制度建设方面,就需要体现两权分离主义、税收法定主义、财政联邦主义、可税性原理等方面的基本要求,解决在财税制度变迁过程中的各类制度性问题,特别是制度缺失的补缺与补漏的问题;在此基础上,要解决在具体的财税制度中有关主体的权利配置问题,以更好地保护相关主体的合法权益,实现相关主体(特别是国家与国民)之间在财税利益方面的有效平衡;同时,还要着重对一些重要领域进行有效的税法规制,以解决国家税收权益受损或国民利益受害的问题,以在各类主体之间建立一种良性的财税关系。

(二)本书的基本线索和架构

　　基于上述考虑,本书着重关注的就是两类基本而重要的财税法问题,一个是财税宪政问题,一个是财税法的具体制度完善问题。这两类问题会忽明忽暗、若隐若现地贯穿于相关问题的讨论之中,形成本书研讨问题的基本线索。

　　依循这条线索,本书将先着重探讨体现财税宪政精神的"三大主义",即两权分离主义、税收法定主义、财政联邦主义,并依据三大主义的要求,在相对宏观的层面探讨财税制度变迁过程中的相关问题;此后,再结合相关问题,提出既体现宪政精神,又能够直接指导具体制度完善的重要原理,即可税性原理,着重探讨征税的合理性与合法性、可行性与可能性的问题,从而为宪政精神导入具体财税制度提供一个桥梁和管道,并展开对具体的财税法制度建设的研讨。

在具体的财税法制度完善方面,非常重要的是在相关主体之间有效地界定职权与职责、权利与义务,以在权义结构上形成多种有效的均衡。因此,无论是国家的税收权利,还是国民的税收权利,都应当依法作出明确界定。同样,体现国家权益的税收优先权,以及体现纳税人权益的退还请求权等,都应当作出适度、有效的界分。此外,在对各类主体的权义与权益作出明确界分和保护的基础上,应当关注相关主体及其税法规制,这样,才能既防止国家财税收益的流失,又能够确保各类市场主体之间的财税法上获得平等的保护,促进其公平竞争。

通过上述内容,可以看到本书的基本架构,以及本书的延展研讨的顺序。而在这些问题的讨论过程中,始终是围绕着前述的两类基本的财税法问题来展开的。因此,尽管是"疏"议,但还是希望其有一定的思考路径线索;尽管在"疏"议中很难面面俱到,疏而不漏,但还是力求举其荦荦大端,纲举目张。

基于上述考虑,后面各章将分别探讨解决财税法问题的相关主义、财税法制度变迁中的重要问题、连接问题与主义的"可税性理论"、财税法制度中的权利配置与保护,以及税法规制问题的典型探讨等问题。

第二章 解决财税法问题的相关主义

如前所述,财税宪政问题和财税法的具体制度完善问题,是两类非常重要的财税法问题。为了有效解决这些问题,人们提出了许多重要的、系统的理论主张,形成了若干"主义"。其中,有三类"主义"非常重要,它们是两权分离主义、税收法定主义和财政联邦主义。

上述的三大主义同本书着重探讨的两类重要财税法问题直接相关。其中,两权分离主义同财税宪政问题联系更为直接,也更为密切,对于整个的财税法理论研究和财税法的制度建设来说,两权分离主义具有重要的基础性、前提性价值。

税收法定主义地位也非常重要,它既与财税宪政问题直接相连,也与具体的财税法制度建设直接相接,因而也可以看做是从宪政精神到具体制度构建的一个重要的桥梁。另外,财政联邦主义同两权分离主义和税收法定主义内在相通,同时,与财税宪政与财税法的具体制度建设也联系密切。因此,财政联邦主义也是连接宪政精神与具体财税法制度的一座重要桥梁。

鉴于上述三大主义同本书特别关注的财税宪政问题以及财税法制度完善问题均密切相关,因而下面将分别进行简要探讨。

一、两权分离主义的提出

(一) 引论

随着中国市场经济的迅猛发展,财税法制建设已日益成为人们关注的焦点。各类税法如何制定,税率如何调整,《预算法》如何修改,国债制度如何完善,等等,都为人们所津津乐道。[①] 由于现代国家多被认为是"税

[①] 前几年我国有许多人关注《预算法》的修改,以及《税收基本法》的制定等,这本身就说明财税法制建设已经得到了充分的重视。但在讨论上述问题的过程中,恐怕都离不开一些基本的前提,如预算边界、税收边界等,其中,也会隐含"两权分离"之类的问题的探讨,因为它们会直接影响到预算权、税权等方面的规定。

收国家""给付国家"①,国家与国民之间的财富分配关系,主要由财税法来调整,因而财税法的影响亦与日俱增,并使财税法学渐成显学。

财税法和财税法学越是重要,其存在的问题就越需要关注。事实上,我国的财税法制建设虽然初具规模,但整个大厦的基础还需进一步夯实;在结构上,一些较为重要的法律,如《税收基本法》《国债法》等亦尚付阙如;已有的一些立法尚需进一步完善,如《预算法》的修改仍不够理想,许多税收暂行条例尚待上升为法律,等等,因而在制度建设上还不容乐观;此外,在财税法理论领域,一些对制度建设和法学研究有重大影响的基本问题,亦尚未提出或尚待解决。

事实上,任何法的产生、发展,都要有自己的前提和基础,只有弄清这些前提和基础,才能更好地进行相关的立法和执法等制度实践,同时,也才能更好地进行相关的法学研究。中国的财税法学起步相对较晚,许多基本问题还未及深究,甚至对于诸如财税法的基本前提之类的问题,也缺少系统的探讨。尽管对于此类艰深的问题,需要在财税法理论和制度以及相关学科有了一定的发展之后,才可能有更为深入的研究,但鉴于研究的重要性和必要性,还是应当寻找可行的突破口。

在突破口的选择方面,人们的关注点往往不尽相同。考虑到历史与现实、宏观与微观的结合,考虑到法学研究的"基本面",下面拟从权利/权力基础的角度,从法益保护的角度,来提出财税宪政与财税法制度建设的一个基本前提——"两权分离",其理论提炼即"两权分离主义"。

两权分离主义,就其核心思想而言,实际上由来已久。作为一种重要的理论主张,两权分离主义在许多国家的法律发展进程中,曾经和正在发挥着重要的推进作用。由于两权分离主义的基本思想是强调"两权分离",因此,在探讨两权分离主义的相关问题时,应当紧密围绕"两权分离"来展开。

所谓"两权分离",在此只是借用了人们熟知的一个用语,它并不是指曾经引发过热烈讨论的所有权与经营权的分离,而是指国家财政权与国民财产权的分离,或称公共财产权与私人财产权的分离。②

---

① 从财税法的角度来看,"税收国家"的概念更侧重于财政收入的问题,而"给付国家"的提法更多地涉及财政支出或者公共物品提供的问题,因此,这两个侧重于国家形态的概念大体上反映了财税法调整的基本领域。

② 我国宪法修正案中已有保护"私有财产权"的明确规定,此处使用"私人财产权"的概念,是因为从财产权的主体分类的角度看,称"私人财产权"可能更好。

第二章 解决财税法问题的相关主义

从"两权分离"的基本内涵来看,它同宪政关联密切,尤其是财税宪政的重要前提。事实上,"两权分离"会直接带来"两权分立",在"两权"分别得到独自确立的情况下,基于法律保护的需要,会在公法法域和私法法域进一步形成相关部门法的细分,从而使法律体系在结构上发生相应的变化,并使主体的行为边界更为明晰,这对于落实相关主体的宪法权利,促进财税法以及其他部门法的制度建设,都是很重要的。

对于在宪法、财税法等领域具有重要价值的"两权分离"问题,在财税法领域尚缺少深入的探讨。为此,有必要在理论层面提出两权分离主义,并对其基本主张展开探讨。具体思路是:先对"两权"作出界分,分析"两权"所构成的二元结构,并探讨"两权分离"的基础,特别是其法律基础,在此基础上,再进一步说明,为什么"两权分离"对于财税法的研究和财税法制度建设具有重要的基础性、前提性意义,为什么"两权分离"既是财税法产生和发展(与财税宪政直接相关)的基本前提,也是财税法制建设和财税法学研究的重要前提。

在探讨上述问题的过程中,通过两权分离主义的理论展开,本章试图说明:没有"两权分离",就没有财税法的产生和发展,就没有财税宪政;没有"两权分离",财税法就没有自己明确的法益保护目标,就没有存在的合法性;没有"两权分离",也就没有具体立法、执法活动的边界,就可能带来权力/权利的滥用,就可能带来财税法制度建设方面的许多问题,从而说明"两权分离"或者两权分离主义对于财税法的制度建设和财税法学研究所具有重要的基础性、前提性价值。

(二)"两权"的界定及其分离基础

1. 对"两权"的一般界定

社会财富如何有效分配,是各国在各个历史时期都必须特别重视的问题,它对许多方面都会产生非常深远的影响。在现代国家,分割和衡量社会财富的工具有很多,但从法律上说,分割和衡量社会财富的根据,主要是国家财政权和国民财产权(在一定意义上,也可称为公共财产权与私人财产权),简称"两权",由此形成了两权分立的"二元结构"。

对于国家财政权和国民财产权所构成的"二元结构",学界尚缺少深入的"结构分析",综合的系统研究也较为鲜见。究其原因,一方面可能是以往对于财政权的研究相对不够,使得"双元"被虚化为"单元";另一方面,即使是对于财产权的研究,也大都局限于私法领域,而私法学者一般对于财政权更是缺少足够关注,甚至对财政权存在着天然的敌视。也正因如此,通常人们很少把"两权"放在一起来研究,自然也就缺少从"二元结构"的角度,来对"两权"加以界分,尽管这种界分恰恰是非常重要的。

一般说来,国家财政权,是国家(或广义的政府)获取财政收入、进行财政支出的权力。据此,财政权又可以分为财政收入权和财政支出权。在财政权自身的"二元结构"中,财政收入权包括征税权、收费权等;财政支出权包括政府采购权、转移支付权等。财政权作为公法性权力,是国家从国民手中获取财富的权力依据,它对于国家的存续和发展,对于满足公共需要的资财的获取,都是甚为重要的,因而在另一个层面,有时也被称为公共财产权。

财产权作为一个较为广义的概念,它可以包括传统的私人财产权,也可以包括日益引起关注的公共财产权。尽管学者对于财产权以及私人财产权所包括的内容尚存歧见,但在总体认识上是日渐趋同的。特别是当人们把财政权与财产权相并列的时候,财产权往往已经被狭义地界定为私人的财产权,或者国民的财产权。作为针对国家享有的财产权,它也被看做是一种防御权。[①]

从财富的形成时序来看,在理论上,人们一般认为国民的财产权生成在先,因为社会财富是国民(私人主体或市场主体)创造的(在某些情况下,国家也可能通过经济权利来直接形成自己的财富,如国有资产收益等[②])。但是,这些社会财富,并非国民可以最终据为己有,只有经由国家依据其财政收入权进行"财政榨取"或"财政提成"后所形成的"剩余利益",才可能形成国民的剩余财产和相应的财产权。从这个过程中,人们亦不难发现"两权"之间的密切关联。

其实,国家财政权对于国民财产权的影响至少体现为两个方面:一方面,从获取收入的角度看,国家的财政收入权可能会构成对国民财产权的负面影响;另一方面,从财政收入的使用的角度看,由于财政是"取之于民,用之于民",因此,财政支出权的行使,对于国民财产权的形成也会产生影响,尤其对社会财富的再分配会产生重要影响。但人们往往还是更

[①] 参见林来梵:《针对国家享有的财产权——从比较法角度的一个考察》,载《法商研究》2003年第1期。

[②] 但此时的国家是否属于通常意义上的国家,是否同私人具有同等的地位,在学界的认识还并不一致。

第二章 解决财税法问题的相关主义

多地从财富形成,或者获取财富的角度,来关注财政权与财产权的冲突问题,这通常也是研究"两权分离"问题所关注的核心问题。

2."两权分离"的基础

为什么会形成"两权"的二元结构?"两权分离"的理论基础、经济基础、社会基础、法律基础是什么?诸如此类的问题也都很值得研究。只有深入研究"两权分离"的基础,特别是法律基础,才能更好地研究"两权"的区别与联系,从而有助于从"二元结构"的角度,更为全面地分析相关的法律问题。

从总体上说,财政权与财产权所构成的"二元结构",同整个理论—认知层面的公私二元结构是一致的。① 这种公私二元结构,从根本上说,可以追溯到人类的心理层面。从人类欲望的角度来看,人类存在着公共欲望和私人欲望。其中,公共欲望对应的是公共经济、公共物品,对应的是公法、公益和公权力,以及国家的财政权;而私人欲望则对应于私人经济、私人物品,对应的是私法、私益、私权利,以及国民的财产权。由于公共欲望和私人欲望都是人类的欲望,都是应当满足的,因此,公共经济与私人经济、公共物品与私人物品,也都是人类不可或缺的,它们之间应当是互补的关系。同理,公法与私法也是各个社会都需要的,两类法律应当相互协调,综合施力,以实现对公权力(包括国家财政权)与私权利(包括国民财产权)、公益与私益的全面保护。

由于应对于人类的不同需求所产生的国家财政权和国民财产权,都需要在法律上加以规定和保护,因而就会形成相关法律上的"两权分离"或"两权分立"。这在宪法上体现得尤为突出。事实上,宪法作为分权的法,它首先要在国家与国民之间进行分权,其中,国家财政权与国民财产权的分割与配置,是非常重要的内容。社会财富如何分配和再分配,历来都属于重大问题,在各国宪法上,虽然未必会明确对其作出具体规定,但在宪法的具体条款中,必定会隐含着一定的回应。我国《宪法》在不断修改和完善的过程中,对此类问题也多有涉及。其中,最为引人注目的,就是有关私人财产权保护与公共财产权保护的规定。② 它们回答了国家与国民如何各自依法取得财富,以及如何依据相关的权利或权力来确认和

---

① 相关分析可参见张守文:《经济法理论的重构》,人民出版社2004年版,第33—37页。
② 特别是对私有财产权的保护问题,曾经是长期悬而未决的问题。但如果从人类的需求或基本人权的角度看,如果从"两权分离"所形成的"二元结构"来看,这些问题也许并不成问题。

保护其财产权的问题。从各国的情况来看,这种宪法上的界分非常重要,实际上是确立了"两权分离"的宪法基础。

宪法上的规定固然非常基本,也非常重要,但毕竟相对抽象,还需要有具体的法律、法规的规定来配合,才能得到有效执行,才能更好地确定和夯实"两权分离"的法律基础。因此,在相关的法律中,对于财政权和财产权的界分,也是一个重要的内容。例如,在民法领域,非常重要的一个问题就是财产权问题,以至于长期以来许多民法学者的研究最为关注物权、债权等财产权;而在公法领域,从法学研究上看,则必须关注如何有效保护国民的财产权。事实上,在一些学者那里,有效地限制国家的公权力,防止公权力对私权利的侵害,始终是其重要的依循和目标。

可见,对于"两权",至少可以从一般定义、所属领域、法律规定等方面作出界分。即使是在法律界分方面,也不仅要关注宪法上的界分,而且还要关注具体法律(如具体的民商法,以及具体的财政法,特别是税法等领域)的界分。这些法律上的界分,确定了"两权分离"的法律基础,而在此基础上所形成的"两权分离",则为财税法和财税法学的产生和发展提供了重要的前提。

(三)"两权分离"是财税法产生和发展的前提

法律非常基本的功用是定分止争,财税法作为典型的分配法,其定分止争的功用更显重要,它直接涉及相关权力/权利以及利益的分配。而分配的基础和前提,则是由于权利/权力分离所产生的不同利益主体的不同权利主张和利益需求。

众所周知,体现法治精神的近现代财税法,其产生是与宪法同步的。学界一般认为,预算法定、税收法定的思想萌芽和制度实践,均起源于英国,随着上述思想和制度规范的发展,英国的不成文宪法也逐渐形成。因此,从宏观上说,财税法与宪法的产生至少是同步的,甚至某些规范要先于宪法的总体形成。而上述的预算法定或税收法定的思想萌芽及其制度实践,则导源于国家财政权与国民财产权的分离需求;只有在相关的财税法或宪法上体现这一需求,才能有效化解相关的经济矛盾和社会矛盾。因此,"两权分离"的需求,推动了制度的创新和法律的发展。从这个意义上说,没有"两权分离"的需求的推动,就没有宪法以及财税法的产生;没有"两权分离"及"两权权重"的不断调整,宪法和财税法也就失去了非常核心的内容。

第二章 解决财税法问题的相关主义

事实上,"两权分离"的直接结果是两权分立,这是财税法产生和发展的重要前提。如果"两权"不分,如果私人财产权不独立,也就不需要在财税法上对财政收入权作出限定;如果国家财政权不独立,也不需要通过专门的财税法来加以保护。可以说,如果没有"两权分离"的要求,就不会产生财税法;如果没有"两权分离"的制度构想,财税法也就缺少了基本的内容。

根据诺斯的研究,国家的存在既是经济增长的关键,又是经济衰退的根源;国家既要界定和保护产权,又要不断增加自己的收入,其目标存在着内在的矛盾。这通常被称为"诺斯悖论"。该悖论揭示了一个重要的现实问题,即各国在获取财政收入上都有很大的动力,这与"瓦格纳定律"中所揭示的国家财政支出膨胀的普遍性是一致的。国家不断增加收入,会产生两方面的效应:一方面,可以更好地向国民提供公共物品,另一方面,如果增收过多,超出国民的承受能力,影响私人产权的界定和保护,则会造成突出的负面影响。① 因此,应当努力把该负面影响降到最低。从"诺斯悖论"来看,国家要界定和保护产权,就应当对国家的财政收入权作出法律上的限定;同时,由于国家还要增加自己的收入,因此,也需要在相关法律上有效地保护国家的财政权,由此促进了财税法的产生和发展。可见,在"诺斯悖论"中蕴涵着"两权",如果"两权"不能分离,不能分立,则不可能分别得到有效的保护;而保护"两权"的客观需求,则是财税法和私法产生的重要前提。

从历史上看,在"两权"不分、产权不清的情况下,最有可能受到伤害的是国民的利益。在封建王朝的"家天下"格局之下,国王、皇帝的财产同国家的财产混沌一体,国家的财政只能是"王室财政"或"家计财政"。由于国家的财政权不能独立,因而不可能有对国王的财政监督和制约;同时,由于没有通过预算形成的分权,因而不可能有宪法以及相关的监督和限制,也不可能有现代的法制和法治。从这个意义上说,整个现代法治的形成,都是以财政权和财产权的分离为基础和前提的。没有财政权和财产权的分离和分立,也就不可能有所谓立法权、行政权的分离或者多权分立。

由此可见,"两权分离"有着非常重要的价值,它不仅带来了国家财政

---

① 诺斯的经济史研究的一个重要结论,就是认为国家对私人财产权的保护状况,会直接影响到国家的兴衰。因此,人们对于私人财产权的保护问题往往多有关注。

权和国民财产权的分立,而且也相应地带来了国家权力的分立与制衡,从而为近现代的宪法乃至整个法制的形成和发展奠定了重要基础,尤其是为财税法的产生和发展提供了重要前提。事实上,基于"两权分离"所产生的"两权冲突"以及对两权的保护,恰恰是法制发展的基本脉络,同时,也是推动财税宪政和财税法制度发展的重要动力。"两权分离"所产生的诸多问题解决得如何,从一定意义上说,也是检验一国法治状况的重要标尺。

把"两权分离"作为财税法产生和发展的重要前提,不仅是历史分析的结果,而且也是现实状况的回应。从现实的情况来看,各国均基于"两权分离"的现状,通过大量的公法和私法方面的规定,分别对"两权"予以保护,以缓解"两权冲突"。随着国民权利意识的日益增强,在财产权等基本权利的保护方面,各国不仅在宪法上予以基本保障,而且还在财税法领域对国家财政权作出必要的限制,以更直接地保护国民财产权;同时,对重要的国家财政权亦施以有效保护,以更完整地保障社会公益和基本人权。各国在法制建设方面的上述做法,都是以"两权分离"为前提的,而且是对"两权分离"的合理性与合法性的重要肯认。

(四)"两权分离"是财税法制建设的前提

财税法的立法、执法等法制建设的各个环节,都是以"两权分离"为前提的。没有"两权分离",没有国家财政权与国民财产权的独立,就没有进行财税立法、执法等法制建设活动的必要,也就不需要有财税法。正是"两权分离",使国家的财政权真正"独立"出来,并且,这种"独立"本身就是对国家财政权的一种限定。正是这种限定,才使得财税法有了自己的法益保护目标和独立存在的价值;同时,也使得国家财政权与国民财产权的界限更为清晰,从而有助于更好地保护"两权",避免滥用保护国家财政权的名义去侵害国民财产权的行为,或是相反。

由于上述的法益保护目标和防止权力/权利滥用的问题非常重要,因而有必要着重从这两个方面来说明"两权分离"为什么是财税法制建设的重要前提。

1. "两权分离"是确立财税法的法益保护目标的前提

要进行财税法制建设,就应先明确财税法的法益保护目标,这样,才能明确财税立法的宗旨,才能以此为依循,更好地进行财税执法等活动。为此,需要首先明确财税法所要保护的权力/权利是什么,所要保护的主

第二章 解决财税法问题的相关主义

体利益是什么。如果没有"两权分离",就无法明确上述的各个方面。因此,"两权分离",是确立财税法法益保护目标的重要前提。

如前所述,"两权分离"会带来"两权冲突",只有明确界定其边界,才能更好地缓解"两权冲突",并对"两权"给予全面保护。于是,如何把"两权"分别独立出来并依法加以界定,就成了人们较为关注的问题。相对说来,人们通常比较重视的是国民的财产权,因为国民往往被作为弱者来看待,而且在现实生活中侵害国民财产权的事例确实比比皆是,屡见不鲜。从这个意义上说,对于私人财产权在法律上作出明确规定,甚至在宪法层面上作出明确规定[1],确有其必要。但还应注意的是,基于公共物品的性质,国家的财政权往往易于被忽视,因而有时也会受到很多侵害。可见,财政权的行使对于国民获取公共物品是非常重要的,它同样需要大力保护,否则,国民公共欲望的满足就可能受到很大影响。

既然财产权同样需要得到更有力的法律保护,就需要有专门的财税法来履行这一职能,由此也就确立了财税法的法益保护目标。一般说来,财税法所要保护的法益,就是财产权及其带来的利益[2],并且,在具体的财税法领域,所保护的法益也更为具体。例如,财政收入权主要是税法等相关部门法的法益保护目标;而财政支出权,则是转移支付法等部门法更为直接的法益保护目标。整个财税法,就是围绕着各类具体的财政权如何限定,如何行使,如何缓解与其他权利/权力的冲突,如何在国际层面与国内层面对其予以保护等目标和问题,而产生和发展起来的。如果没有"两权分离",没有专门的、独立的财政权,便没有财税法专门的法益保护目标,也就不可能产生独立的财税法。

对于财税法的法益保护目标,以往的研讨尚不够系统。由于长期以来,人们对于财税法体系的认识不尽相同,因而对于财税法的各个部门法的法益保护目标的综合研究也还很不够。近些年来,随着人们对于财税法体系认识的日益趋同,集中研究财税法的法益保护目标的时机已经较为成熟。

---

[1] 例如,2004年3月14日第十届全国人大第二次会议通过的我国《宪法修正案》第22条规定:"公民的合法的私有财产不受侵犯。""国家依照法律规定保护公民的私有财产权和继承权。""国家为了公共利益的需要,可以依照法律规定对公民的私有财产实行征收或者征用并给予补偿。"上述保障私有财产权的规定,往往被认为是2004年"甲申修宪"的一个"亮点"。

[2] 关于在法益理论中的权利与利益的区别,可参见张明楷:《法益初论》,中国政法大学出版社2000年版,第167—172页。

2. "两权分离"是财税法制度运行的重要前提

在财税法的法益保护目标明确以后,非常重要的问题就是财税法制度的构建和实施,即广义的财税法制度运行的问题。而要有效地构建和实施财税法制度,实现财税法制度的有效运行,就必须明确相关主体的职权与职责、权利与义务等问题,在权义结构上作出适当的安排①,以有效地规范相关主体的行为。

"两权分离"作为一个重要假设,揭示了基本权力与基本权利之间的冲突、互动与互赖以及它们之间的协调,它是财税法制度运行的重要前提。事实上,财政权作为国家的基本权力,对于确保国家存续,实现国家能力,维持国家国格至为重要,它尤其是解决国家的财政汲取能力、宏观调控能力、合法化能力、强制执行能力的重要因素。因此,在财税法的制度建设方面,必须有效地确立和保障国家的财政权,这是财税法制度运行的核心问题。

但与此同时,由于私人财产权是国民的基本权利,是维持国民存续和人格尊严的重要支撑,也是实现国民的权利能力、行为能力,以及责任能力、诉讼能力、纳税能力、竞争能力等诸多能力的重要保障,因此,从法律的基本精神上说,也必须对私人财产权予以有效保护。事实上,在社会财富分配方面,既然社会财富的总量一定,则国家财政权与国民财产权之间必然会存在一定的冲突(从某种意义上说,是一种公权力与私权利的冲突)。正是两者之间此消彼长、此起彼伏的动态运行,推动着法律制度的不断发展。

"两权分离"所产生的"两权冲突",是需要通过财税法的制度构建和实施来不断地加以解决的。在这方面,不仅要看到"两权"之间的冲突,还要看到"两权"之间的互赖与互动,还要努力实现"两权"之间的协调。在现代国家,"两权"都是实现社会财富分配的重要工具,都是保障基本人权的重要渠道,并且,缺少"两权"中的任何一个,都是不完整的。因此,基于"两权"之间的互赖与互动,需要在不同时段的制度构建上,不断进行各种利益的有效调整,建立一种相互制衡的关系,以形成一种均势。其实,如何化解或缓解冲突,如何对"两权"进行有效的均衡保护,如何变国家与国民在财富分配上的"零和博弈"为"正和博弈",建立和谐的良性的"取予关

---

① 财税法上的权义结构,同经济法上的权义结构是一致的。相关讨论可参见张守文:《经济法原理》,北京大学出版社2013年版,第169—180页。

系",实现双赢,的确是法制建设上的一种"艺术"。

基于"两权分离"这一前提,在进行财税立法时,尤应考虑国家财政权与国民财产权的独立性和特殊性,在制度构建上要审时度势,努力化解或缓解两者之间的冲突,在权利/权力配置上,充分考虑各类主体的利益;在财税执法方面,同样要贯彻相应的立法宗旨,体现法益保护目标,以使不同主体的利益能够得到有效保护,从而实现财政收支的良性运行,实现"两权"的有效保护。

如前所述,强调"两权分离"的前提,对于防止易发的权力滥用或权利滥用,对于真正有效地、适当地保护国家财政权和国民财产权,都是很重要的。在片面强调"国库主义"的情况下,国家财政权极易被滥用并使国民财产权遭到侵害,如征收"过头税"等等;在片面强调"自由主义"的情况下,则恰好相反,国家财政权易受到侵蚀,如滥用私法权利而违法进行税收逃避,等等。因此,基于两权分离的前提,在进行制度构建时全面考虑"两权"的保护,对于有效地解决滥用权利或权力的问题,推进财税法的发展,都大有裨益。

(五)"两权分离"是财税法研究的重要前提

上述的分析表明,"两权分离"不仅是财税法产生和发展的前提,而且也是财税法制建设的重要前提。正因如此,它在财税法的理论研究方面也具有重要的前提地位。

其实,以上探讨的诸多问题,本身就是财税法学研究的重要内容。从法学研究的角度来探讨"两权分离"的前提地位,是对前述探讨的一个延伸。限于篇幅,现仅从如下几个方面来简要探讨:

1. 两权分离是提炼财税法学基本范畴的前提

财税法学基本范畴的提炼,是财税法学研究成熟的重要体现。随着财税法学的发展,人们对于基本范畴的提炼也越来越重视,并提出了一系列重要的观点。例如,在税法上,至少可能有几个基本范畴值得重视,包括税权、税收行为和税收利益[1],等等。当然,对于财政法学总体上的基本范畴的提炼,则还需要作进一步的研究。

对于广义的财政法(或称财税法),即包含了税法的财政法,需要进行

---

[1] 相关具体分析可参见张守文:《税收行为范畴的提炼及其价值》,载《税务研究》2003年第7期。

综合性的研究,才能超越各个具体部门法,提炼出整体上的基本范畴。从法学范畴的一般理论来说,许多人都认为权力/权利是法学的基本范畴,相应地,在财政法学领域,也可以把财政权作为其基本范畴。只不过在广义的财税法学中,财政权是广义上的,它包含了前述的财政收入权(如征税权、收费权)和财政支出权(如转移支付权);同时,上述财政权的主体是国家,它与国民的财产权恰好形成一个"二元结构"。

同税法学上的一些基本范畴,如税权、税收行为、税收利益等一样,在财政法学上,也可以有财政权、财政行为、财政利益等基本范畴,这些范畴同样可以贯穿于财政法的各个部门法的研究,同样可以成为财政法研究的主线。其实,没有财政权的独立,就没有相应的财政行为的独立,也就不可能有同财政权、财政行为密切相连的财政利益。无论是哪个基本范畴,都离不开"两权分离"及由此产生的财政权独立这一重要前提。同时,无论是财政行为还是对财政利益的追求、保护,都是围绕着财政权的实现展开的。因此,"两权分离"为财政法学的各类基本范畴的提炼奠定了重要的基础。

2. "两权分离"是研究财政法体系的重要前提

财政法体系的确立,主要取决于财政法的调整领域及所保护的法益。在财政法等各个部门法领域,所保护的核心权利或法益,直接影响着调整对象的确立,是确定该部门法的体系的重要因素。事实上,财政权的各种具体类型,恰恰是同财政法的各个具体部门法相对应的。因为各个部门法就是解决各类财政权的配置、保护、救济等问题的。例如,预算权或税权如何配置,如何保护,如何救济,就需要有预算法或税法的调整,等等。从这个意义上说,是各类财政权的配置、保护、救济的需要,决定了相关制度的产生和发展。因此,没有"两权分离",没有财政权的独立,没有各类具体财政权的分化,也就没有具体的财政法或者财政法的各个部门法。而没有这些相互联系、协调共处的部门法,也就无法形成财政法体系。

可见,财政权的独立,以及财政权自身的体系化发展,是研究财政法体系的重要前提。没有"两权分离",没有财政权的独立发展,就不可能形成现代的财政法体系。因此,研究财政法的体系,离不开"两权分离"的前提;同时,从财政权的角度入手,有利于更好地研究财政法的体系问题,这是未来深入研究财政法体系问题的一个重要思路。

3. "两权分离"是研究财税法原则的重要前提

经济法的基本原则可以分为三类,即调制法定原则、调制适度原则和调制绩效原则。① 财政法作为经济法的重要部门法,同样也适用于这些原则,因而在财政法领域,同样也要重视三大原则,即法定原则、适度原则和绩效原则。在这些原则中,同样体现和蕴涵着公平、效率、秩序等价值目标。

首先,从法定原则来看,既然要强调"两权分离",就必须从法律上界分"两权",就要"法定"。"法定"的目的,并非只是保护私人财产权;只要是权利,包括公共财产权,都要依法保护。因此,需要通过"法定"来"定分止争"。② 对于"法定",许多研究者主要是从分权,从具体的私人权利保护的角度来考虑的,但还可以进一步,从权利的均衡保护的角度来考虑,这与"两权分离"的精神也是内在一致的。

其次,既然是"两权分离"且要保护"两权",就不能单纯地只考虑一个方面,对"两权"的规定和保护都要适度,由此形成了财税法上的适度原则。事实上,只有考虑到私人财产权的保护,适度获取财政收入,财政才是可持续的;只有财政调控适度,调控才会有效果,才能在此基础上建立稳定的经济和社会秩序。因此,适度原则非常重要,其中融合了基本的公平和效率方面的价值追求。

再次,"两权分离",内含着对各类主体的近期利益和长远利益的综合考虑,因此,当然要考虑绩效。从财政的角度来看,无论是财政收入还是财政支出,都应当考虑效率和效益,都应当考虑综合的效果。国家作为非营利组织,要提供公共物品,就应当"取之于民,用之于民",关注国民经济的总体上的和长远的效益,关注国民长远的利益。

可见,将"两权分离"作为一个基本前提和重要视角,有助于财税法原则的提炼,尤其有助于解释和检验已经提炼出的原则。这样,就可以在国内外学者已有研究成果的基础上,进一步推进财税法原则问题的研究。

(六)小结

以上着重探讨了国家财政权与国民财产权的"两权分离"问题,在对"两权"作出界定,并对两权分离的法律基础作出简要探讨的基础上,揭示了两权分离主义的基本原理和主张;通过分析"两权分离"对财税法制度

---

① 参见张守文:《经济法基本原则的确立》,载《北京大学学报(哲社版)》2003年第2期。
② 在财税法上,已经形成了多种法定原则,如税收法定原则、预算法定原则、国债法定原则,等等。这些法定原则是财税法的各个部门法至为重要的基本原则。

的形成和发展、创立与实施的影响,可以认为,作为两权分离主义的核心,"两权分离"既是财政法产生和发展的基本前提,同时,也是财政法的法制建设和法学研究的基本前提。明确这一基本前提,对于财政法的制度建设和理论发展,甚至对于国家的宪政发展,都非常重要。

从两权分离主义的要求来看,无论是国家财政权,还是国民财产权,都应当是"法定"的,都是应当依法加以保护的。因此,不能片面地只强调一个方面。这对于解决财税法实践中的一些现实问题,澄清研究中的一些错误认识,都会有其助益。其实,片面的"国库主义"、片面的"自由主义",都是有失偏颇的。[①] 上述的"两种主义"之争,会带来人们认识上的许多分歧,只有站在更高的位阶,从权利/权力的有效配置和均衡保护的角度,才可能有效地判断是非,解决现实问题。

"两权分离"或两权分离主义,作为财政法的制度建设和法学研究的一个基本前提,具有重要的基础性、前提性价值(或称"平台价值"),它尤其有助于增进财政法理论和制度建设方面的共识。此外,由于"两权分离"所产生的各类问题的不断解决,一直有力地推动着财税法制度和财税法学研究的发展,因此,"两权分离"不仅是财税法的理论和制度的一个基本前提,而且也是其发展的重要动力。

二、税收法定主义的重申

在公法领域,"法定原则"历来被认为是非常基本的原则,如罪刑法定原则、税收法定原则等。这些"法定原则"的确立,是源于保护国民权益,限制政府恣意行权的思想,而这些思想即法定主义的思想。在财税法领域,由于直接关系到国家与国民以及其他相关主体之间的利益分配,因而法定主义的思想源远流长。如同在探讨两权分离主义时所谈到的,财税领域的法定主义思想,实际上同宪法和宪政的产生直接关联。正是在这种思想的影响下,产生了财政法上的"法定原则"。

在财税法领域,有预算法定原则、税收法定原则、国债法定原则等多

[①] 对此,一些学者曾经作过相关的探讨。例如,金子宏就曾经在税法解释方面探讨过国库主义与纳税人主义之间的不同观点。参见〔日〕金子宏:《日本税法》,战宪斌等译,法律出版社2004年版,第89页。其实,"两种主义"之争,不仅体现在相关的财税法解释方面;对于各国学者的不同观点,尚需客观分析,这对于理解"两权分离"问题以及相应的财税法制建设,尤为重要。

项"法定原则"。相对说来,税收法定原则的影响更大,因为它源自税收法定主义的思想,与近代法制的产生是同步的,并且是推动近代民主法制的重要肇端。

对于税收法定主义或税收法定原则,自20世纪90年代中期以来,随着中国财税法学的深入发展,国内学者也给予了较大的关注,相关著述逐渐增多。尽管如此,对于税收法定主义的研究还有待于进一步深化,并且,在解决本书提出的两大类财税法问题方面,仍然有必要不断重申税收法定主义,强化税收法定原则的贯彻。

一般认为,税收法定原则作为税法至为重要的基本原则,或称税法的最高法律原则[①],是民主原则和法治原则等现代宪法原则在税法上的体现,对于保障人权、维护国家利益和社会公益可谓举足轻重,不可或缺。此外,税收法定主义作为公认学说,其基本精神在各国立法上亦多有体现。由于它与宪法及其他相关部门法均密切相关,且涉及许多日益突出的现实问题,因而多加研讨定会有助于税制乃至整个法制的完善以及法学研究的深入。

有鉴于此,下面将在重申对税收法定主义的一般认识的基础上,探讨税收法定主义对于完善我国宪法和宪政的价值,并着重揭示税收法定主义的基本内容以及与其他相关法律原则的关系,提出我国在财税法的制度建设方面存在的有悖于税收法定主义的现实问题,强调税收法定原则对于推进税收法治的重要现实意义。

(一)对税收法定主义的一般认识

税收法定主义,或称租税法律主义[②]、税捐法定主义[③],学者对其概念的认识尚未尽一致,但大略可概括如下:税收法定主义,是指税法主体的权利义务必须由法律加以规定,税法的各类构成要素皆必须且只能由法律予以明确规定;征纳主体的权利义务只以法律规定为依据,没有法律依据,任何主体不得征税或减免税收。

税收通常被认为是国家或称公法人团体对符合法定课税要素的主体

[①] 〔日〕中川一郎:《税法学体系总论》,第83页。转引自《当代公法理论》,台湾月旦出版公司1993年版,第607页。

[②] 〔日〕金子宏:《日本税法原理》,刘多田等译,中国财政经济出版社1989年版,第47页。

[③] 陈清秀:《税捐法定主义》,载《当代公法理论》,台湾月旦出版公司1993年版,第589页。

无偿课征资财以获取财政收入的活动,它是将私人经济主体(企业和个人)的部分财富转为国有的手段,是加在人民身上的负担。正因如此,调整税收关系的税法通常被视为侵权规范,是侵害人民权利的法律;为了使人民的财产权免遭非法侵害,就必须要求税收的核课与征收有法律依据,从而形成了税法上至为重要的原则——税收法定原则,其基本思想主张即税收法定主义[①]。

没有法律依据国家就不能课赋和征税,国民也不得被要求缴纳税款,这一直是税收法定主义的核心。依据民主原则和法治原则,国家征税所依据的法律,仅是指人民行使权力的议会制定的法律或议会授权制定的法规。但最主要、最大量的应是议会制定的法律。由人民通过其代表在议会上自己决定要负担什么税收,并通过议会制定的法律加以确定,这样的法律才是符合和体现民意的;人民交纳其自愿负担的税款,才是合法的。正因如此,行政机关不应有自己决定征税的权力,而只能有执行法律的权力,这也符合一般的公法原理。

税收法定主义因其集中地体现了民主原则与法治原则等宪法原则,因此各国宪法一般也多对其加以规定。事实上,人类争取人权,要求建立现代民主宪政的历史,一直是与税收法定主义的确立和发展密切相关的。为此,有必要从宪法的角度来进一步认识税收法定主义。

(二) 税收法定主义与我国宪法的完善

税收法定主义同前述财税宪政问题关联十分直接,税收法定主义的确立,与市民阶级反对封建君主恣意征税的运动不可分割。在"无代表则无税"的思潮之下,形成了征税须经国民同意,如不以国民代表议会制定的法律为根据,则不能行使征税权的宪法原则。税收法定主义对法治主义的确立乃至宪法的出现,均产生了极为重要的影响。[②]

税收法定主义肇始于英国。1215 年的英国《大宪章》已初露税收法定主义的萌芽;1627 年的《权利请愿书》曾规定,非经国会同意,不宜强迫任何人征收或缴付任何租税或类此负担,从而在早期的不成文宪法中正式确立了税收法定主义。

[①] 参见〔日〕金子宏:《日本税法原理》,刘多田等译,中国财政经济出版社 1989 年版,第 47 页;陈清秀《税捐法定主义》,载《当代公法理论》,台湾月旦出版公司 1993 年版,第 589 页。

[②] 〔日〕金子宏:《日本税法原理》,刘多田等译,中国财政经济出版社 1989 年版,第 48 页。

第二章　解决财税法问题的相关主义

此后，各国亦纷纷将税收法定主义作为宪法原则加以确认，尤其是倡导法治的国家，无论其发达程度、地理位置、社会制度、气候条件、历史传统如何，多注重在其宪法中有关财税制度的部分，或在有关国家机构、权力分配、公民权利和义务的规定中，对税收法定主义予以明确规定。例如，《科威特国宪法》规定，非有法律规定，一般不得征收新税、修改或废除旧税。非有法律规定，任何人不得全部免除或部分免除应缴的该项税款。除法律的范围以外，不得要求任何人支付其他税款、费用或承受其他负担。[①] 不难看出，该国宪法要求税收的开征、变更、停征、减免均必须有法律依据，纳税人的负担仅以法律规定的范围为限，这与前述对税收法定主义的概括是较为一致的。

又如，《阿拉伯埃及共和国永久宪法》规定，只有通过法律才能设置、修改或取消公共税捐；除法律规定的情况外，任何人均不得免交税捐；只有在法律规定的范围内，才可以责成人们交纳其他形式的赋税。[②] 这些规定力图说明和强调的是，征税主体必须且只能依法开征、变更、停征或免除税收，纳税主体也只有在法律规定的范围内才有纳税义务。可见，这些规定与前述对税收法定主义的概括也是较为一致的。此外，美国、日本、法国、德国的宪法也在有关税收立法权的规定方面，体现了税收法定主义的精神。[③]

上述立法例表明，前述对税收法定主义的概括，不仅是对学者一般观点的总结，而且也与通常较为完备的宪法规定是一致的。各国宪法在确立税收法定主义时，大略都是从征税主体的征税权与纳税主体的纳税义务这两方面加以规定的。并尤其强调征税权的行使必须限定在法律规定的范围内，确定征纳双方的权利义务必须以法律规定的税法构成要素为依据，任何主体行使权利或履行义务均不得超越法律的规定，从而使当代通行的税收法定主义具有了宪法原则的位阶。

税收法定主义在我国《宪法》上规定并不明确。我国《宪法》既未对财税制度作专门规定，也未对税收立法权作专门的规定，仅是在公民的基本义务方面规定"公民有依照法律纳税的义务"[④]，有学者认为这一规定即揭

[①] 参见《科威特国宪法》（1962 年公布）第 134 条。
[②] 参见《阿拉伯埃及共和国永久宪法》（1971 年通过）第 119 条。
[③] 参见《美利坚合众国宪法》第 1 条第 8 款、《日本国宪法》第 84 条、《法兰西共和国宪法》第 43 条、《德意志联邦共和国基本法》第 105 条。
[④] 参见我国《宪法》第 56 条。

示了税收法定主义的意旨①，但这种观点略显牵强。因为该规定仅能说明公民的纳税义务要依照法律产生和履行，并未说明更重要的方面，即征税主体应依照法律的规定征税，因而该规定无法全面体现税收法定主义的精神。

我国《宪法》虽然几经修正，但至今仍未对税收法定主义作出具体、全面、明确的规定，这确为缺失或不完善之处。国家立法机关为弥补此不足，在《税收征收管理法》中规定，税收的开征、停征以及减税、免税、退税、补税，依照法律的规定执行，任何机关、单位和个人不得违反。② 这一规定非常重要。它使得税收法定主义在一个税收法律中而不是在《宪法》上得到了确立。

《宪法》的缺失固需弥补，但上述弥补却未必恰当，其效力、效益深受局限。为使《宪法》乃至整个法制更趋完善，在《宪法》上全面确立税收法定主义便甚为必要。尽管《宪法》上的相关规定亦未必能达到应有的实效，但它毕竟统领诸法，使税收法定主义能够在相关法律中得以贯彻，从而能够有助于税收法制的完善，进而能够促进法治昌明，推动经济与社会的良性运行和协调发展。可见，把税收法定主义规定在《宪法》中，其效力或效益会迥然不同。有鉴于此，可以通过《宪法修正案》的方式补进体现税收法定主义的规定，以使我国《宪法》更加完善。③

（三）税收法定主义的内容及其相关问题

依据上述对税收法定主义的认识，综合学者的不同观点，可以把税收法定主义的内容概括为三个原则，即课税要素法定原则、课税要素明确原则和依法稽征原则或称程序合法原则。前两个原则侧重于实体方面，而后一个原则侧重于程序方面，它们都是税收法定主义不可分割的组成部分和具体体现。

1. 课税要素法定原则

课税要素是税收实体法要素，是确定纳税人的纳税义务的必备要件。对于课税要素究竟应包括哪些，学者认识历来不尽相同，但通常认为应包

---

① 参见陈清秀：《税捐法定主义》，载《当代公法理论》，台湾月旦出版公司1993年版。
② 参见我国《税收征收管理法》第3条。
③ 在2004年我国《宪法》修改的过程中，曾经有一些学者提出要把税收法定原则或税收法定主义的精神写入宪法，但由于种种原因，这类很重要的建议至今仍然没有被采纳。

括税法主体、征税客体、计税依据、税率、税收优惠等。① 由于课税要素直接关系到纳税人的纳税义务是否成立以及义务的大小,与个人、企业乃至国家的利益攸关,因此它必须由法律加以规定,从而形成税收法定主义中的课税要素法定原则。

课税要素法定原则要求课税要素必须且只能由议会在法律中加以规定,即只能由狭义上的法律来规定税收的构成要件,并依此确定主体纳税义务的有无及大小。在税收立法方面,议会依据宪法的授权而保留着自己专属的立法权力,除非它愿意授权其他机关立法,任何主体均不得与其分享立法权力。可见,与课税要素法定原则直接联系着的是"议会保留原则"或称"法律保留原则"。由于议会保留着制定法律以及在法律中规定课税要素的权力,因而未经授权的行政机关不得在行政法规中对课税要素作出规定。至于部委规章、法院判决、习惯法等自亦不应觊觎课税要素的确定。

立法机关之所以严格保留课税要素的立法权,是因为税法同刑法一样,均关系到对相关主体的自由和财产权利的限制。税收法定主义与刑法上的罪刑法定主义的法理是一致的,凡涉及可能不利于国民或加重其负担的规范,均应严格由代表民意的议会来制定,而不应由政府决定。因此,课税要素的全部内容与税收的课赋及征收程序等均必须由法律加以规定。②

2. 课税要素明确原则

依据税收法定主义的要求,课税要素及与之密切相关的征税程序不仅要由法律作出专门规定,而且还必须尽量明确,以避免出现歧义。亦即有关创设税收权利义务的规范在内容、宗旨、范围方面必须确定,从而使纳税义务人可以预测其税收负担。这就是课税要素明确原则。

依据上述原则,有关课税要素的法律规定不应是模糊的一般条款,否则会形成行政机关确定课税要素的自由裁量权。当然,课税要素的"明确"也是相对的,为了实现税法上的公平和正义,在一定程度上使用不确定的概念是不可避免的和允许的,如"在必要时""认为不适当""基于正当的理由""按照合理的方法核定或调整",等等。这类相对不确定的概念在

---

① 有人认为还包括"税收客体的归属"。参见〔日〕金子宏:《日本税法原理》,刘多田等译,中国财政经济出版社 1989 年版,第 93 页。

② 参见同上书,第 50 页。

各国税法的规定中也是较为普遍的。但是,不确定概念的使用应做到依据法律的宗旨可以明确其意义,而不能是内容太过于一般,过于空洞的"空白文句",否则,税法的解释便只能依凭行政机关自由裁断,因而极易导致公权力的恣意滥用。

3. 依法稽征原则

如前所述,依据税收法定主义的要求,课税要素及与其密切相关的、关涉纳税人权利义务的程序法要素均必须由法律予以明确规定。在这一前提下,税收行政机关必须严格依据法律的规定稽核征收,而无权变动法定课税要素和法定征收程序,这就是依法稽征原则,也称程序合法原则。依据该原则,没有法律依据,税收行政机关自无权开征、停征,也无权减免、退补,依法征税既是其职权,也是其职责,它无权超越法律决定是否征税以及何时征税,因而不能适用便宜原则。在是否征纳税的问题上,税收行政机关与纳税人一样均无选择权,均必须严格按税法的实体法要素和程序法要素执行。同时,也不允许征纳双方或纳税义务人之间达成变更课税要素或征税程序的税收协议,以排除强行法的适用为目的的一切税收协议都是无效的。

尽管如此,为了保障公平正义,依法稽征原则的适用在如下几种特殊情况下应受到限制:(1)对于纳税人有利的减免税的行政先例法成立时,应适用该先例法;(2)税收行政机关已通常广泛地作出的有利于纳税人的解释,在相同情况下对每个特定的纳税人均应适用;(3)在税法上亦承认诚实信用原则和禁止反悔的法理,以进行个别救济,因而在个别情况下,诚信原则应优先适用。[①]

税收法定主义的上述三个具体原则,在理论和实践上均具有重要意义,对于中国的税收法制建设乃至整个法律建设尤其具有现实的指导意义。因此,有必要从税收法定主义的角度,研讨税收法制中的现存问题。

(四)我国有悖于税收法定主义的主要问题

由于我国的财税法制建设长期未受到应有的重视,因而在实践中存在着大量的有悖于税收法定主义要求的问题,这些问题对于财税宪政的建立,对于财税法具体制度的完善,对于基本人权的保护以及相关主体的合法权益的保护,均贻害甚巨。对于许多有悖于税收法定主义精神的具

---

① 参见陈清秀:《税捐法定主义》,载《当代公法理论》,台湾月旦出版公司1993年版。

第二章 解决财税法问题的相关主义

体问题,在本书的相关部分还会多有涉及,下面仅从税收法定主义的基本内容的角度,提出在实践中存在的几个主要问题。

1. 课税要素法定原则与立法机关的"法律保留"

依据课税要素法定原则,我国的全国人大及其常委会应保留税收立法权,并对各类税法的构成要素作出规定。然而,我国虽多次进行税制改革,但由立法机关制定的税收法律并不多,且主要集中在原来的所得税法和税收征管领域,如《企业所得税法》《个人所得税法》《税收征收管理法》等,而真正关系到绝大多数纳税主体的权利义务的税法规范,却体现在由国务院通过的一系列暂行条例之中(目前仅是财产税领域的《车船税暂行条例》已上升为《车船税法》),亦即行政机关成了规定课税要素的重要主体,这种状况与课税要素法定原则及法律保留原则的要求无疑是背道而驰的。其成因在于我国宪法没有严格确立税收法定主义,没有明确税收立法的专有权,在立法实践中也没有严格依循课税要素法定原则。要改变这种"越权"或"越位"的现状,真正走向法治,就必须在宪法和法律上确立课税要素法定原则,并在实践中严格落实这一原则,这对于我们这个单一制的、法治与市场经济均尚相对不够发达的国家尤为必要。

此外,尽管课税要素法定原则有时被认为是立法形式或程序上的要求,是实现税收正义的一种形式手段[①],但坚持这一原则无疑会更有助于在实质上和实体上界定征纳双方的权利,划分税法的立法权和执行权,也便于立法机关监督政府执行税法的活动,使之依法征税,真正做到取之于民,用之于民,为纳税人提供更多更好的公共服务。因此,必须严格执行课税要素法定原则,国家立法机关亦应积极行使宪法赋予的制定法律的权力,其中当然包括制定税收法律的权力,而不应使立法权旁落。

2. 课税要素法定原则与立法机关的"授权立法"

在现代市场经济条件下,市场主体的经济活动日趋复杂,各国均注重运用税收手段加强宏观调控。为了使某些税法规范能及时地、灵活地调整某些领域里复杂多变的经济关系,一些国家也存在税法方面的委任立法或称授权立法的情况。尽管如此,在学说上和立法实践中,各国仍多坚持由议会保留课税要素的立法权,同时,议会亦可授权行政机关在某些方面加以具体化,制定实施细则之类的行政法规。

[①] 田中二郎的《租税法》、新井隆一的《租税法基础理论》等均持此见解。其具体分析可参见陈清秀:《税捐法定主义》,载《当代公法理论》,台湾月旦出版公司1993年版。

授权立法虽然发展很快,其利弊亦令人瞩目。为此,许多学者尤其认为,在税法领域,议会在授权行政机关制定相关的从属性法规时,在授权的法律中必须就授权的内容、目的及范围等作出具体规定,使人民可以从法律本身预测其税收负担。[①] 此外,从课税要素法定主义的宗旨出发,授权立法仅能限于具体的、个别的事项,一般的、空白的授权是无效的,依据此类授权所制定的行政法规自然亦无效。

我国行政机关的实际立法权限甚为广泛,其利弊得失亦不难得见。在税收实体法方面,除所得税法外,其他税种的立法大都由行政机关完成,这虽然有助于推动新税制大规模地迅速确立,以应时之需,但国务院制定的大量税收行政法规中对课税要素作直接、全面的规定,则与课税要素法定原则不甚相合。基于课税要素法定原则和法律保留原则,有关创设或加重人民税收负担的构成要素的重大事宜,应由立法机关来决定,而不应授权政府来规定。因此,立法机关不应授权行政机关对各类课税要素作广泛规定。

我国在 1984 年进行工商税制改革时,国务院曾向全国人大常委会提出了请求授权其发布试行有关税收条例(草案)的议案,指出鉴于经济形势发展很快,税收条例(草案)尚需在实践中逐步完善,因此请求授权其以草案的形式发布试行,待执行一段时间后,再根据试行的经验加以修订,正式提请全国人大常委会审议,完成立法手续。[②] 据此议案,全国人大常委会作出了授权决定,授权国务院在改革工商税制的过程中拟定有关税收条例(不包括外商投资企业的税收立法),以草案形式发布试行,再根据试行的经验加以修订,提请全国人大常委会审议。[③]

上述的授权立法,虽然依严格的税收法定主义来衡量尚不尽如人意,但仍可认为税收法定主义在一定程度上得到了坚持,对此亦应予以肯定。国务院基于课税要素法定原则,认为课税要素的立法应保留在全国人大及其常委会,若由国务院依据经济发展情况制定探索性的、试验性的条例(草案),则必须经由全国人大或其常委会授权;而在草案试行成熟后,仍应由全国人大常委会审议,完成立法手续。这些思想与税收法定主义无

---

① 参见陈清秀:《税捐法定主义》,载《当代公法理论》,台湾月旦出版公司 1993 年版。
② 参见国务院《关于提请授权国务院改革工商税制和发布试行有关税收条例(草案)的议案》(1984 年 9 月 7 日)。
③ 参见全国人大常委会《关于授权国务院改革工商税制和发布有关税收条例(草案)的决定》(1984 年 9 月 18 日通过)。

第二章　解决财税法问题的相关主义

疑是相符合的;此外,上述授权法在授权的目的、范围等方面,也是较为明确的。

然而,在经济、社会及法律得到了较大发展的十年后,在1994年施行的由国务院制定的一系列新的税收暂行条例中,却未见有立法依据的规定。因为这些条例的制定既不是根据全国人大或其常委会颁行的相关法律,也不是依据国家立法机关专门的授权决定;同时,这次税改又是新中国建立以来规模最大、最广泛、最深刻的,当然也不能牵强地套用1984年的授权决定。因此,若严格依税收法定主义原则或课税要素法定原则,则可以认为此次税改中制定的各类税收暂行条例是无法律依据的。即使说全国人大及其常委会是默许授权,也只能说这种授权是一种一般的空白授权,是不生效力的。当然,此次税改并非毫无依据,因为1985年全国人大对国务院作出了一次更为宽泛的授权(即全国人大《关于授权国务院在经济体制改革和对外开放方面可以制定暂行的规定或者条例的决定》),可以此为税改依据。但是,由于1985年的立法授权更加近于空白授权,因而受到了广泛诟病,并普遍建议应将其废除。此外,也有人认为税改的依据是中共十四届三中全会《关于建立社会主义市场经济体制若干问题的决定》。[①] 但政治决策只是立法的重要考量因素,并不能作为法律依据,立法必须要遵循严格的立法程序,要以合法的立法权为基础。为此,必须加快完善税收法律、法规的立法程序,逐步建立税收立法、司法和执法相互独立、相互制约的机制[②],而为达此目的,则必须坚持税收法定主义,依法明确界定税收立法权、解释权、征管权和调整权等,使相关权力得到有效配置。

课税要素法定原则的被忽视,行政权力的膨胀,已经越来越为人们所重视。有的学者认为国务院的税收立法数量要比国家立法机关的税收立法数量多得多,而且有的已明显越权。[③] 此外,授权立法不能没有标准和节制,被授予的权力不能再转授,这是公认的法律原则[④],但国务院税收暂行条例中的某些课税要素却是由财政部或国家税务总局加以具体化的,这种具体化有的是经过了行政法规的授权,有的是"经国务院批准",即其

---

① 参见金鑫:《社会主义市场经济的税收新体制》,载《中国税务》1994年第3期。
② 参见国家税务总局《工商税制改革实施方案》(1993年12月11日)。
③ 参见李诚等:《略论我国当前立法中存在的问题》,载《中外法学》1996年第2期。
④ 〔美〕伯纳德·施瓦茨著:《行政法》,徐炳译,群众出版社1986年版,第31页。

基础是国务院的再授权。依据课税要素法定原则和被授予的权力不能再转授原则，国务院再授权部、局对课税要素加以具体化的做法应当是无效的。事实上，财政部、国家税务总局为协调不同部门、不同行业、不同主体的利益而发出的层出不穷、千变万化的各类"通知"，已使税收法定主义本有的保持法律稳定性和当事人可预测性的机能受到重创，导致纳税人无法进行合理预期，从而严重影响了经济主体的自由和理性的选择，加大了税收成本和市场交易成本，同时也使税法的宏观调控职能难以充分有效地发挥。

可见，课税要素法定原则仍必须坚持。关系到全体国民财产利益的税种，其课税要素的立法权必须由全国人大及其常委会保留，国务院依法可以制定实施细则；涉及课税要素的变动时，也必须由全国人大或其常委会履行立法手续，这与预算须经议会审批、监督实为同理。此外，全国人大常委会适时修改和解释法律，通过严格的立法程序对法律作适当调整，既有利于维护法的严肃性、权威性、保护纳税人的合法权益，也有利于维护税法的稳定性和纳税人的可预测性，从而能够更好地运用税法进行宏观调控，实现税法配置资源和保障稳定的职能。此外，任何法律都不是一成不变的，国务院颁布的税收暂行条例已积累了一些经验，但无论其"法律"效力抑或"暂行"问题，均有悖于税收法定主义，因而应尽快由国家立法机关制定相应的法律以取代之。然后再依客观实际需要作相应调整，这样才能使我国的税收立法与税收法定主义保持一致。

3. 课税要素明确原则与依法稽征原则的相关问题

限于篇幅，这方面的问题在此仅略加述评，不作更多研讨。应当指出，课税要素明确原则是甚为重要的，但现行法律、法规中对课税要素规定不明确之处屡见，并因而扩大了税务行政机关不应有的那部分裁量权，同时也使避税活动及与腐败相联系的"寻租"活动更加猖獗，导致征收成本和执行费用加大，不利于提高经济效率和保障社会公平。为此，今后在坚持课税要素法定原则的同时，必须注意提高立法技术，合理划分对课税要素的解释权以及征收管理方面的解释权，使课税要素明确原则能更好地发挥作用。

此外，坚持依法稽征原则虽是一贯的要求，但现实中违法稽征、擅自减免税或增加纳税人负担等情况却大量存在，有法不依、执法不严等现象亦不少见，并造成了多方面的危害。这些问题同样是导因于法律上权力界定不清，现实中行政裁量权过大等，与未能坚持税收法定主义直接相

第二章　解决财税法问题的相关主义

关。真正做到依法稽征需要具备多方面的条件,但在法律上确立依法稽征原则并严格要求税务行政机关予以执行无疑是至为重要的。

(五) 税收法定主义与税法适用原则的关系

税收法定主义的至尊地位,使得体现税收法定主义精神的税收法定原则,也成为了税法领域最重要的基本原则。但与此同时,税法的有效实施,还需要坚持税法的适用原则,包括诚实信用原则、实质课税原则、禁止类推适用原则、禁止溯及课税原则等。由于多种类型的税法原则并存,因而需要厘清一类重要的关系,即税收法定原则同税法适用原则的关系,也有人称之为税收法定主义与税法适用原则的关系。现择要简略探讨如下:

1. 税收法定原则与诚实信用原则的关系

诚实信用原则并非仅是民法或者私法上的原则,而是公法与私法共通的一项基本原则,因而同样可以适用于税收法律关系。① 诚实信用原则是一种内在与法律规范的法理,是为排除税收法定的形式上的适用所产生的不合理性,以谋求"具体的妥当性"的实现法的正义的手段。②

税收法定主义要求必须坚持依法稽征原则或称合法性原则,对于税收行政机关作出的减轻纳税义务的错误表示,如果纳税义务人已形成信赖,则究竟应当在形式上坚持合法性原则,还是应当坚持保护信赖的原则,便存在争议。考虑到合法性和法的稳定性都是税收法定主义应兼顾的目标,同时也基于信赖、诚信及正义的考虑,学者越来越多地倾向于坚持保护信赖的原则。即税收行政机关所作出的承诺,亦应受诚信原则拘束。③

诚信原则作为税收法定主义的形式上的适用的补充,其适用亦严格受限,必须满足下列要素:(1) 税收行政机关对纳税人表示了构成信赖对象的正式主张;(2) 纳税人的信赖值得保护;(3) 纳税人已信赖税收行政

---

① 此为德、日通说。参见〔日〕金子宏:《日本税法原理》,刘多田等译,中国财政经济出版社1989年版,第4页。
② 〔日〕松泽智:《租税法基本原理》,第153页;德国学者 Kruse 亦持此见。转引自陈清秀:《税捐法定主义》,载《当代公法理论》,台湾月旦出版公司1993年版。
③ 参见同上。

机关的表示并据此已为某种行为。① 在具备上述要素的情况下,税收行政机关应履行有利于纳税义务人的承诺。

与诚信原则的适用相联系,民法上的"可以表现为一般法律思想"的其他通用制度,也可以被用来填补税法规定上的漏洞,如禁止权利滥用,担保、抵销制度等。其中有的已被规定在税收实体法中,成为了税法上的概念和制度。

2. 税收法定原则与实质课税原则的关系

税法的解释适用应当注重经济目的与经济生活的实质,以求根据实际的负担公平课税,此即实质课税原则或称"经济观察法"。但若适用这一原则,必然会与税收法定主义发生冲突,因而需要摆正两者的关系。学者对此的看法不一,存在着税收法定主义优先适用说、实质课税原则优先适用说和折中说三种学说。目前,折中说已日渐占上风,它认为税收法定主义与税负公平原则分别是实现税收正义的形式手段与实质手段。税法的解释不应拘泥于个别条文的形式表现,而应作出合于法律目的与经济意义的解释,因此实质课税原则可以在税法解释上加以适用,以填补依据税收法定主义所造成的税法上的欠缺,从而可以防杜对于法律规定的固定的、形式的理解而给量能课税造成损害。税收法定主义应以形式课税原则为基础,以实质课税原则为目的和补充。②

尽管如此,实质课税原则的补缺作用仍深受局限:它不能补正有关税法构成要素规定的缺失,而且偏重于经济目的的解释也不得超越可能的文义,更不能滥用该原则来规避法律的适用。依据相关的判例学说,除法律另有规定或其解释有利于纳税人的以外,不得以实质课税原则进行类推适用,以致创设或加重纳税人的税负;但在税收规避的情况下,则可根据法律的目的、相关规定及可能的文义,适用实质课税原则进行课税,从而既不超越法律,又与经济实际相一致。唯有如此,才能摆正税收法定主义的根本的、基本原则的地位,才更符合法律的精神。

3. 税收法定原则与禁止类推适用原则的关系

凡税法皆有漏洞,是否可以适用类推以弥补漏洞,学者亦存不同见解。多数学者认为,依据税收法定主义,应禁止类推适用。税法作为侵权

---

① 参见〔日〕金子宏:《日本税法原理》,刘多田等译,中国财政经济出版社1989年版,第86页。

② 这是日本学者田中二郎、松泽智和新井隆一所持的观点。

第二章　解决财税法问题的相关主义

规范,必须保持其稳定性,因而应依文义解释,或参照立法目的进行解释,而不许作任意的扩张或类推解释;同时,类推也未必合于立法原意,立法的过失、缺欠应由立法机关解决,而不得以满足财政需要、税负公平或公共福祉为理由,使类推适用正当化,否则有悖于税收法定主义。①

尽管如此,也有学者认为类推适用可增进课税平等与正义,因而在税法上亦应适用,无需禁止,但应限制。在符合法律保留原则或课税要素法定原则的情形下,在法律允许的范围内,可以进行法律内的补漏,但不得超越法律进行创制性的补充。②

其实,上述两类不同观点在很大程度上是一致的,即都主张依据税收法定主义,坚持课税要素法定原则或法律保留原则。只不过多数学者认为类推适用应绝对禁止,少数学者则认为可以在法律允许的范围内作限制性的类推适用,实际上也是把税收法定主义视为基本原则,而把类推适用作为例外来看待的。但应当承认,无论在实践中抑或学说上,把禁止类推适用作为一项原则加以确立,更合于法律的精神和意旨,更有助于保障税法的稳定性和可预测性,也有利于防杜权力的滥用及其给纳税人造成损害。我国目前尤其应严禁类推适用,这更有利于税收法定主义的确立和巩固。

我国税收立法尚很不完善,税法实施的问题也较多,法律实效未如法意。在贯彻税收法定主义的同时,如何正确适用其他相关原则以为补充,便甚为重要。尤其是如何协调诚信原则等上述三个原则的适用,仍是值得深究的问题。至于税收法定主义的其他相关问题,尚需学者多加深入研讨。

(六) 税收法定原则与税收法治

税收法定原则对于税收法治的实现可谓至关重要。自古及今,税收作为财政的支柱,始终是国家与国民关系的焦点。自英国《大宪章》以降,各国不断强化对征税权的限制,由此不仅推动了立法权与行政权的分离,以及国家财政权与国民财产权的分立,也促进了民主与法治的发展。

---

① 金子宏、颜庆章、中川一郎等持此观点。参见〔日〕金子宏:《日本税法原理》,刘多田等译,中国财政经济出版社1989年版,第76页及陈清秀:《税捐法定主义》,载《当代公法理论》,台湾月旦出版公司1993年版。

② 参见葛克昌:《人民有依法纳税之义务》,载台湾《台大法学论丛》第19卷第2期,第149页以下。

税收法治对政治安定、经济繁荣、社会团结影响甚巨,对整体法治建设尤其有标志性意义。在新的历史时期,在推进"法治中国"建设的进程中,须解决影响税收法治的各类突出问题,其中最为急迫和首要的,是真正落实税收法定原则。①

1. 税收法定原则对于推进税收法治的重要作用

影响中国税收法治的因素虽然纷繁复杂,但首先应当解决税收"法定"方面的缺失,以"法定"作为推进税收法治的先导。从"法定"二字来看,无"法"则征税无据,纳税无凭,权义皆无依归,根本谈不上法治;无"定"则无法"定分",极易人为恣意定税,导致税收"不确定",人民无法预期,自然与法治要求相去甚远。因此,唯有经由正当程序,将各类课税要素在法律中明确规定,所有主体皆依法奉行,才可能形成良好的税收法治。

强调税收法定原则,还因为现实的税收立法相当滞后。立法是实现法治的重要基础,我国的立法体系虽已告形成,但许多重要的税收立法却尚付阙如。税收法定原则要求"一税一法",而我国多数税种却尚无法律与之相应②,不仅有悖于严格的"法定"要求,亦有违《立法法》的明确规定。③

上述立法问题虽是多因之果,但改革初期的"授权立法"无疑是其要因。④ 当时的授权决定存在的空白授权弊端,使中央政府及其职能部门承担了主要的立法职责,直接阻滞了税收法律的制定,对此各界已诟病多年,但至今仍未有效解决。无论此类授权在当年多么必要,但其违背法治精神的负面影响日益凸现,必须彻底解决。

税收立法背离税收法定原则要求的问题,已见诸多个税种领域。例如,增值税虽为我国第一大税种,但该领域至今仍未制定法律,且各类"试

---

① 正是由于税收法定原则至关重要,我国在2013年的中共中央《关于全面深化改革若干重大问题的决定》中,明确提出"落实税收法定原则",这是在国家的最高政治决策中首次提出税收法定原则,并由此带动了国家的税收法治建设。

② 目前我国仅在企业所得税、个人所得税、车船税三个税种领域制定了法律,其他十几个税种主要仍依据行政法规征收。

③ 为了落实税收法定原则,我国专门对《立法法》第8条作出了修改,该条特别规定只能制定为法律的事项包括:"(六)税种的设立、税率的确定和税收征收管理等税收基本制度",尽管这一规定与严格的税收法定原则仍然有差距,但比过去已经有了很大的进步。

④ 如前所述,影响最大的是1984年全国人大常委会和1985年全国人大分别对国务院作出的授权立法决定。尽管1984年的授权决定已经废止,但1985年的授权更为宽泛,因而要求全国人大收回授权的呼声日益高涨。

点"一直未停;房产税作为极其重要的财产税,直接涉及国民的财产权,但该领域不仅没有制定相应法律,而且仍在多地进行着不同模式的"试点"。诸如此类的"试点"凝聚而成的我国税收立法的"试点模式",不仅使税法制度变动不居,难以全面"法定",也会影响税法的统一和公平适用,因而有悖于法治精神。①

税收"法定"的缺失,直接影响税权配置的法治化,进而影响对国家与国民、中央与地方关系的有效调整。由于"法定"的不足,在税收立法权与税收征管权的配置方面,都存在着"主体错配"的问题,这是推进税收法治必须解决的基础性问题。此外,在税收收益权的配置方面,由于缺少"法定"规则,中央与地方在税收分享上的主从博弈框架,已演变成以中央为主导的"共享型"分税制②,并在一定程度上导致地方财力偏紧、债务过多或"土地财政"等突出问题。如何使各级政权的收入权力与支出责任有效对应,使各级政府的职责履行与财力支持相互匹配,需在落实税收法定原则方面着重考虑。

2. 税收法定原则缺失的立法弥补

为了在立法领域"落实税收法定原则"③,贯彻"法律保留"原则,国家在立法规划中已将"税收征收管理法(修改)""增值税法等若干单行税法"列入"一类项目"④,这体现了国家对税收法定原则的重视,以及国家法治建设重点与国家整体改革规划的"一致性"。

虽然立法规划已经明确,但要有效实现税收"法定",尚需关注特殊的"中国问题"。例如,税法调整所依存的"中国时空",体现为中国的特殊历史发展阶段以及地域上的不平衡,由此形成的时空维度的复杂性,以及税法主体多层面的差异性,不仅影响税法的普适性或法治的统一性⑤,也会影响对"法定"的范围、程度的认识,这些都要在立法中予以特别考虑。

---

① 相关具体探讨可参见张守文:《我国税收立法的"试点模式"——以增值税"试点"为例》,载《法学》2013年第4期。

② 相关具体探讨可参见张守文:《论"共享型"分税制及其法律改进》,载《税务研究》2014年第1期。

③ "落实税收法定原则"和财税领域要"完善立法",在2013年中共中央《关于全面深化改革若干重大问题的决定》中被明确提出,可谓史无前例。这虽然不像某些国家(如委内瑞拉)那样将"税收法定原则"规定于宪法之中,但也体现了执政主体的重要共识。

④ 参见《十二届全国人大常委会立法规划》。

⑤ 相关问题的讨论可参见张守文:《税法的普适性及其局限》,载《中外法学》2001年第5期。

又如,在中央与地方关系方面,中国的集权传统与分权现实之间存在的紧张,也影响对"法定"层次的理解和把握。尤其在宏观调控领域,还直接涉及政策性与法律性之间的平衡,可能涉及对"法定"的动态理解,并会影响税收立法的内容。

与上述的"中国问题"相关联,完善各类治理体系均需关注的系统性和协调性,对于税收立法亦非常重要。事实上,我国的整体法律体系以及具体的税法体系,都不同程度地欠缺系统性和协调性,严格说来尚未形成真正的完整"体系"。这与多元立法主体、多元利益诉求背景下的"法定"缺失直接相关。

因此,必须增强"税法意识"而不是"税收意识",必须从法治的角度加强顶层设计,构建科学合理的税法体系,而不应罔顾税收法定原则、税收公平原则和税收效率原则的要求,轻视税收立法应有的系统性和协调性,单纯追求税收收入的获取,否则,长此以往,定会严重危害经济社会的发展。

我国税收立法的系统性和协调性不足,已影响相关税种的立法,导致一些重要税种至今仍处于变动之中,难以有效"法定"。[①] 例如,正在进行的"营改增",最终会导致增值税对营业税的"吸收合并";而环境税、遗产税等新税种是否开征,则尚处于"待定"状态。此外,既有税法制度中的课税要素如何调整,如对个人自住房屋是否以及如何征收房产税,土地税、资源税、消费税、个人所得税等制度如何完善,依然悬而未决。而无论是上述的税种"法定",抑或课税要素"法定",都要关注整体税收立法的系统性和协调性。

要提升税收立法的系统性,增进税法制度之间的协调性,就必须遵循财政税收的基本规律、基本原理,尽快确立相对稳定的财政体制和税收体制,不断提升立法质量。例如,《增值税法》的制定,就应充分体现增值税的原理,不应人为中断抵扣链条;同时,必须通过加快完善财税体制,来构建合理的分税制,以免现时的分税制持续影响"法定"的进程。事实上,当初"营改增"立法未能及时推出,就与现时分税制框架下地方担心税收利益受损有关。只要分税制领域的"法定"缺失,就不仅会导致税收收益归属的频繁变动,也会影响地方税制度体系的建设。

---

① 有的国家甚至在宪法中对税种的类型、征税范围、适用税率的原则等亦有规定。参见《巴西联邦共和国宪法》第六编"税收和预算",第153—156条。

总之,在"法治中国"建设的进程中,税收法治是重点;而要推进税收法治,则首先应全面落实税收法定原则,尤其应结合在税收立法领域存在的"中国问题",不断提升税收立法质量,从而为税法的有效实施奠定坚实基础。

(七) 小结

税收法定主义作为两权分离主义的延伸,与财税宪政问题直接相关,同时,对于完善财税法的具体制度,解决相关财税法问题,也具有重要价值。作为税法至为重要的原则,税收法定原则同样具有宪法原则的位阶,必须严格坚持,这样才能更好地解决诸如立法权的分配、授予及法律解释、适用等许多相关问题。

对于税收法定主义,还有一些问题值得进一步研究。例如,"法定"所涉及的"法"究竟应如何理解,其渊源(包括制定机关)有哪些,这里的"法"是形式意义的法还是实质意义的法,是否包括有利于纳税人的不成文法,法定的内容有哪些,可否通过税收协议、税收计划来变通,"法定"是否包括执法层面,"法定"的效力有多大,违反"法定"的效果如何,等等。随着时代的发展,有关经济、法律、政治等相关领域问题的研究也日益深入,对于税收法定主义是否要做灵活的理解,是否要考虑到不同时期以及不同地域的特殊情况,是否要考虑到各个国家在不同历史阶段的经济、社会、法律的发展水平,等等,都很值得研究。

应当强调,在市场经济条件下,不仅需要发达的私法及其理论,而且同样也需要发达的公法及其理论,不应顾此失彼。税收法定主义及其相关问题具有一定的普遍性,相信若能对其进行广泛深入的研讨以不断解决现实问题,则对于政治稳定、经济发展、社会进步和法治昌明,均将大有裨益。

三、财政联邦主义的引入

无论是前述的两权分离主义,还是税收法定主义,所要解决的主要问题,还是国家与国民之间的利益分配问题,而对于国家机关内部的利益分配,则考虑得不够。对于国家机关内部的利益分配问题,人们关注得比较多的,是不同级次的国家机关在财税利益上的纵向划分。而在纵向划分方面,则存在着两种重要的主张:一种是财政集权主义,一种是财政联邦主义(fiscal federalism)。

我国是一个单一制的大国,受到历史和现实的诸多因素的影响,在许多领域比较强调集中和集权,在财税领域,也曾经存在过比较突出的集权倾向。随着市场经济的进一步发展,以及政府职能的转变,人们普遍认识到,在财税领域,不能单纯地只是考虑集权,还必须考虑适度的分权,为此应引入财政联邦主义。

要引入财政联邦主义,必须先引入公共物品理论,然后才能较好地理解财政联邦主义理论。而要把财政联邦主义理论贯彻下去,就必须进一步引入税权理论。因此,有关财政联邦主义的探讨,实际上涉及公共物品理论、财政联邦主义理论以及税权理论的探讨。考虑到与主题关联的紧密性,下面将先引入财政联邦主义的一般理论,并在其中加入公共物品理论的探讨,然后重点探讨财政联邦主义的核心——税权划分问题,从税权理论的角度,来探讨税权的类型与配置等问题。

(一) 对财政联邦主义的一般认识

1. 问题的提出

如前所述,根据著名的"瓦格纳定律",随着政府职能的膨胀,财政支出将随之呈现上升趋势①。从公共物品的理论来说,由于政府最主要的职能是提供公共物品,而公共物品是有层次的。从效率的角度说,应当由中央政府和地方政府分别提供不同层次的公共物品,这已为经济学理论和相关国家的制度实践所证明。② 因此,从这个角度说,对税权进行有效的配置,合理界定各级政府的税权,实行财政联邦主义所要求的适度分权,确有其必要。正是在这样的背景下,人们对财政联邦主义开始给予了更多的关注。

财政联邦主义所关注的,是财税领域中央与地方的关系问题。对于中央与地方的关系问题,亚里士多德在《政治学》中曾经告诫到:"我们还

---

① 德国著名的经济学家瓦格纳(A. Wagner)考察了19世纪欧美等国家的公共支出的增长情况,根据大量的统计资料,得出了公共支出不断增长的结论。对于瓦格纳定律人们存在着不同的认识。例如,当代财税大师马斯格雷夫就认为,瓦格纳定律只是表明,随着人均收入的提高,公共部门的支出也会相应地提高。

② 在这方面,施蒂格勒(G. Stigler)、奥茨(W. Oates)、布坎南(J. Buchanan)等著名的经济学家都曾作过重要的研究。此外,美国等许多国家的分权制度,也作出了很好的诠释。对于有关的分权理论,可参见平新乔:《财政原理与比较财政制度》,上海三联书店等1995年版,第338—356页。

第二章　解决财税法问题的相关主义

要注意,哪些事情应在各处就地设置职官,哪些事情应由一个集中的职司管辖全境"①,对于这个问题,政治学、法学、经济学等学科的研究者一直在从不同的角度研究,其中,有一些学者提出或赞同实行"联邦制",并由此形成了各类联邦主义的观点。

对于政治学、法学领域所提出的联邦制,人们已经有了许多研究。应当说明的是,经济学上所说的联邦制,同政治学、法学上的联邦制并不相同。从经济学的角度来看,只要公共财政的职能并非由中央政府或地方政府独自承担,而是由它们相互分工、鼎力合作去完成,就属于财政联邦制。因此,从这个意义上说,世界上的绝大多数国家实行的都是财政联邦制,以更好地发挥中央和地方政府的各自的比较优势。② 而主张实行财政联邦制的观点,也可以总称为财政联邦主义。

上述的公共财政职能,是应当由政府提供的公共物品。对于此类公共物品以及其他公共物品应当由哪级政府提供,或者说哪级政府有权提供,财政联邦主义的倡导者也有自己的看法。这是研究财税分权理论的重要基础。

2. 财政联邦主义对公共物品提供的看法

财税的存在价值是提供公共物品,国家的公共财政职能的履行、国家所实行的财税法制度等,都是国家提供的公共物品。无论是哪类公共物品的提供,归根结底,都离不开相应的财权,包括财政收入权与财政支出权,而财政收入权,特别是税权又特别重要,因此,从研究公共物品应当由哪级政府提供的角度,也可以研究应当由哪级政府享有相应的财权或税权,或者说,有助于研究财权或税权在各级政府之间如何分配,而这个问题,恰恰是财政联邦主义的一个核心问题。由此使财政联邦主义同公共物品理论产生了内在的关联。

自从萨缪尔森明确提出公共物品(或称公共产品)的概念以来,公共物品理论便成了解释财政和税收存在的必要性的重要理论。其实,公共物品是福利经济学研究的外部性问题的极端表现。如前所述,由于公共物品本身所具有的消费的非排他性和非竞争性的特征,使得它不可能像私人物品那样具有产权的独占性、排他性和可转让性。因此,在公共物品

---

① 〔古希腊〕亚里士多德:《政治学》,吴寿彭译,商务印书馆1965年版,第223页。
② 参见何帆:《为市场经济立宪:当代中国的财政问题》,今日中国出版社1998年版,第197—199页。

领域不可避免地会出现"搭便车"的问题,导致公共物品成为大家都需要,但每个市场主体又都不愿意投资提供的领域。在这种情况下,为了满足社会公众的公共欲望,必须有一个在利益上处于超然地位的主体承担提供公共物品的重任,并且,这个主体需要具备两个重要的条件,既要不以营利为目的,又要具有强大的经济实力。

从社会组织的结构来看,满足第一个条件的,即不以营利为目的,应当是市场主体以外的其他主体,如国家和第三部门。[①] 其中,第三部门作为非营利性的、非政府性的社会团体,数量众多,但因其不掌握国家机器,因而其动员能力以及其他各个方面的实力均无法同国家相比。从第二个条件来看,国家和第三部门作为非营利的组织体,从理论上说,其本身是不创造利润的,因而缺少提供公共物品应有的财力。在这种情况下,考虑到国家在各个方面的特殊地位,特别是社会公众对公共物品的迫切需要,必须赋予国家以特殊的垄断权力——征税权,国民也必须作出让步,将自己的财产权的一部分让渡给国家,以使其具有强大的经济实力,从而积聚提供公共物品所需要的资财。

可见,公共物品理论有助于说明,人们为什么需要公共物品,为什么需要赋予非营利的国家以征税权,并通过征税来为社会公众提供公共物品等。可以说,对于公共物品的需求和公共物品本身的特点,是国家税权得以形成的重要原因。

此外,不管是基于经济的、政治的、社会的还是法律的考虑,都需要在确定国家税权的同时,相应确定国民的税权;在确定一类主体的税权的同时,要确定其他相关主体的税权。可见,人们对公共物品的需求所产生的国家职能,导致了相应的税权的产生;而国家税权的产生,又需要有国民的税权与之相对立,由此又衍生出征税主体与纳税主体的税权的对立,等等。正是在这些税权的对立中,才形成了前述的两权分离主义与税收法定主义的理论;正是在税权如何分割、如何配置的思考中,形成了财政联邦主义的理论。

3. 财政联邦主义的重要理论观点

财政联邦主义的代表人物主要是美国学者施蒂格勒、奥茨、布坎南

[①] "第三部门"(the third sector)这个概念,是美国学者 Levitt 最先使用的。在美国以外的国家,也有一些与"第三部门"大同小异的概念,如"非营利组织""慈善组织""免税组织""非政府组织"等。参见王绍光:《多元与统一:第三部门国际比较研究》,浙江人民出版社 1999 年版,第6页。

等,他们提出了有关税权划分的一系列理论。下面就选择其中重要的分权理论作简要说明。

施蒂格勒(G. Stigler)认为,由中央和地方政府分别来提供公共物品是必要的。这是因为:(1)地方政府比中央政府更接近于自己的公众,更了解所辖区域的选民的需求;(2)人们有投票选择公共物品的自由,不同的地区应有权选择公共物品的种类和数量。基于上述两个方面,为了实现资源配置的有效性和分配的公平性,决策应当在最低级次的政府部门进行。但中央政府在解决全国性的分配不平等、地区之间的税收竞争以及经济摩擦等方面,是更有效率的。

奥茨(W. Oates)认为,如果中央政府在全国范围内等量地分配公共物品,并且该公共物品的单位提供成本与地方政府的提供成本相同,那么,由地方政府来向其选民提供将是更有效的。

布坎南(J. Buchanan)认为,一个社区(地方)好比是一个俱乐部,如果有新成员加入,则一方面会使原来的俱乐部成本得到分担,另一方面也会使俱乐部更加拥挤。他认为,一个俱乐部的最佳规模——地方分权的最佳规模,就是新成员加入所产生的拥挤成本等于分担运转成本这个点上。该"俱乐部理论"实际上提出了税收收益权的界限问题。

蒂布特(Tiebout)认为,人们可能基于某种偏好,特别是基于对地方政府所提供的公共物品与所征税收的比较,来选择所居住的区域,即"以足投票"。因此,由地方政府来提供公共物品是更有效率的。

上述各种理论观点都从一定的侧面说明了公共物品应当由哪级政府提供、如何提供、提供多少等问题,而要提供公共物品(事权),则需要一定的财政收入(财权,特别是税权),因此,在明确相关的事权的同时,还需要对相应的财权(特别是税权)作出分配。上述的各类重要理论观点,揭示了分权的必要性以及分权的限度。由于这些理论都主张财权(特别是税权)与事权应当在中央政府与地方政府之间进行分配,因而都是典型的财政联邦主义的观点。

尽管税权分配非常重要,但财政联邦主义也关注税收收入如何支出的问题、收入和支出如何结合的问题,即同样关注整体上的财权分配问题。在财政支出方面,与前述的公共物品理论等相联系,也有人提出了关于划分支出的原则。例如,英国学者巴斯太保(C. Bastable,或译为巴斯塔布尔)就曾经提出了以下几个原则:(1)受益原则。即如果政府提供公共物品的受益对象是全体国民,则该公共物品应由中央政府提供,反之则应由地方政府提供。(2) 行动原则。即公共物品的提供需要采取统一的规划和行动的领域,应由中央政府负责支出;反之,需要因地制宜的,则由地方政府支出。(3) 难度原则。如果政府提供的公共物品规模巨大,技术含量高,因而难度较大的,应由中央政府提供,反之,则应由地方政府提供。

上述原则虽然是侧重于支出的角度,但实际上对于收入的划分也是适用的。由于公共物品客观上存在着提供主体、层次、数量、质量、规模、难度、地域等方面的差别,因而巴斯太保的几项原则也可视为对前述财政联邦主义的重要观点的进一步肯认和补充。

可见,从财政联邦主义的角度来看,如何在中央与地方之间对财权,特别是税权作出适当的划分,是非常重要的。通常,税权应如何配置,是全部由一类主体独享,还是进行适度的分权,自然要取决于各国的具体情况。依据财政联邦主义的要求,国家应根据各种公共物品的不同特点,确定不同级次政府应提供的公共物品,以及所需要的资金收入和支出,从而确立现代的分税制。分税制作为一种分享税制,其核心是分税权。只有像明晰产权一样来明确税权的分配,才能进而有效地分税种、分机构、分收支。因此,财政联邦主义与分税制有着内在的联系,并且,前者是后者的重要理论基础。

(二) 税权的分配是财政联邦主义的核心问题

如前所述,财政联邦主义非常关注事权与财权的划分,并且,税权的分配是其尤为关注的核心问题。要研究税权分配的问题,有必要先明确何谓税权,为什么要研究税权,税权有哪些类别等,在此基础上,才能更好地进一步研究税权的分配模式、分配原则等问题。

1. 税权的提出及其研究价值

税权是税法学上的一个至为重要的范畴,是税法理论界和实务界广泛使用的一个概念。自税权的称谓提出以来,人们往往在不同的意义上来使用,从而形成了税权一词的多重含义。对于税权诸多不同层面的含义予以概括明晰,是在研究税权分配问题时首先需要面对的问题。

第二章　解决财税法问题的相关主义

应当说,与法学的其他分支学科相比,税法学上的概念更为复杂①。"税权"一词近些年来使用频率颇高,体现了人们对税权的重视,也反映了税权问题的重要性。由于税权十分重要,而人们的认识又不尽相同,并在一定程度上影响了相关的制度建设和学术研究,因而对其确有深入探讨并使之更加明确的必要。

尽管对于何谓税权,人们目前尚无完全一致的认识,但一般说来,人们大都认为,税权是税法主体依法享有的与税收有关的权力或权利。在这样的一个基本共识之下,从财政联邦主义的角度去展开相关的研究,探讨税权的分类与分配,就有了一个基本的平台。

税法的重要任务,是有效、均衡地在国家以及其他各类主体之间分配税收利益。而税收利益实际上是隐含在税权之后的利益。国家依据其税权而享有的利益,就是国家的税收利益;市场主体基于其税权,而享有的国家依法征税之后的剩余利益,就是市场主体的税收利益。要有效地衡量税收利益的质与量,实现税法的任务和宗旨,就必须对各类主体的税权首先做出合理的界定,这当然需要加强税收法制建设,同时,还尤其需要税权理论的完善。

从一定意义上说,税权是整个税法研究的核心。事实上,税法学上的许多问题,都可以解释为各类不同意义上的税权如何有效配置的问题——这也正是财政联邦主义所关注的核心问题。因此,深入研究税权这个核心问题,将会进一步增进对税法的认识;同时,对财政法乃至整个经济法、公法的发展,也颇有助益。此外,从经济学的角度,也有助于全面认识财政联邦主义理论。

可见,税权是非常重要的范畴,加强对税权的研究具有多方面的价值。为此,有必要进一步探讨税权的类别,以及各种类型的税权如何分配的问题。

2. 税权的不同类型

权力或权利是在与其他的权力或权利的比较中存在的。从法律的维度上看,税权可能存在于不同的层面,包括国际法层面与国内法层面、国家层面与国民层面、立法层面与执法层面等,从而构成了多种类型的税

---

①　这可能主要是因为税法学是一个发展晚近的新兴学科,专业性很强,且借用概念较多,而固有概念较少。不仅如此,从经济学或财政学、税收学中借用的一些概念本身仍在发展,仍存在争议,这更加剧了税法学上的概念的纷乱和复杂。

权。下面将从宏观到微观的各个层面逐层进行简要分析。

（1）国际法上的税权

在国际层面上，税权的存在是与国家的主权联系在一起的，并且，其本身就是国家主权的重要组成部分和体现，从而形成了一国税权同他国税权的平等并立。如同其他的权力一样，一国的税权恰恰是在同他国税权的比较中存在的，因此，在世界各国（包括独立的税收管辖区[①]）的诸多独立的税权所构成的参照系中，一国的税权应当有其特定的位置。

从国际法上看，国家不可或缺的基本权利主要有四项，即独立权、平等权、自保权和管辖权，这是一国主权的具体体现。其中的管辖权，是一国对其领域内的一切人和物行使国家主权的表现[②]，因而当然包括一国对税收事务的管辖权，即税收管辖权。

税收管辖权作为国家或政府在税收方面所拥有的各类权力的总称，是国家主权在税收领域的体现。税收管辖权具有独立性和排他性，它意味着一个国家在征税方面行使权力的完全自主性，以及在处理本国事务时所享有的不受外来干涉和控制的权力。[③] 经济学界的一些学者也认为，税收管辖权就是一国政府自行决定对哪些人征税、征收哪些税以及征收多少税的权力。[④]

可见，在国际层面上，国际法上的税权就是通常学者所称的税收管辖权。在主权包含的独立权、平等权等所构成的参照系中，税权是属于管辖权的重要组成部分，由于它与国家的存续密切相关，因而居于主权性权力的位阶。

事实上，由于税收管辖权被公认为国家主权的一个重要组成部分，因此，目前世界上还没有任何一个国际公约对各个主权国家的税收管辖权加以约束。由此可以认为，税收管辖权是主权国家在征税方面所拥有的不受约束的权力。当然，各国在具体行使税权时，也还必须遵循经济规律，以及国际通行的惯例，并不是说政府在行使税权方面就可以随意地确

[①] 某些特殊的地区，如我国的香港、澳门由于实行一国两制，因而实行自己原来的税制，从而成为不同于中国内地的独立的税收管辖区。在其他一些国家的某些特殊区域，也存在着一些实行着特殊的税收制度的独立税收管辖区。

[②] 参见王铁崖主编：《国际法》，法律出版社1981年版，第92—94页。

[③] 参见杨志清：《国际税收理论与实践》，北京出版社1998年版，第32—34页。

[④] 可参见王传纶、朱青编著：《国际税收》（修订版），中国人民大学出版社1997年版，第31页；杨志清：《国际税收理论与实践》，北京出版社1998年版，第33页。

定课税要素。

(2) 国内法上的税权

在国内法层面,税权因其参照系的不同,有着更为复杂的表现形式,可以分为广义的税权和狭义的税权两类。现分述如下。

第一,广义的税权。

税权属于哪个主体?从法律上说,可以作为税权的主体是较为广泛的。而税权主体的不同,又会影响到税权的客体和内容。因此,下面仍有必要从不同的层面展开分析。

在国家与国民层面,国家与国民均可成为税权的主体。其中,国家的税权包括税收权力与税收权利。前者是国家的征税权,后者是国家的税收债权,并且,前者的行使是后者的保障。与此同时,国民也享有税权。从理论上说,在现代民主国家,一切权力属于人民,税权自然也不例外;并且,国家的税权也不过是代表人民来行使的。因此,这里所说的人民的税权或称国民的税权,是指国民整体所享有的一项权力,并不是国民个人所能独享的权力。当然,国民个人同样也可以享有税权,即有关税收的权利,如税收知情权、税收筹划权等。可见,国民的税权也同样包括权力和权利。并且,在把国民的概念推广到自然人以外的法人、非法人组织体的情况下,有些方面也是适用的。对于这些税权,也有人称为"纳税人共有的权利"。

与上述情况相类似,在具体的税收征纳过程中,税权的主体还可以是征税主体与纳税主体。由于税收的具体征收是由税务机关、海关等职能部门代表国家或政府来行使的,因此,它们是税权的重要主体。与此同时,纳税主体因其享有一定的税收权利,因而也是税权的主体。由于这里的主体已被特定化于征纳过程中,与上述的国家主体、国民主体不尽相同,故其税权的内容也存在差异。其中,征税主体的税权主要是税收征管权和税收入库权;而纳税主体则不仅享有上述一般国民所享有的税权,而且还享有税收减免权、退税请求权等作为具体的纳税人才能享有的税法权利。

上述的征税主体如果作广义的理解,则不仅包括上述负责税款征收的主体,而且还包括有权作出征税决策的主体,即税收立法机关,它们都是税权的主体,只不过行使的税权各不相同。其中,税收立法机关的税权是税收立法权,而税收执法机关的税权就是上述的征税主体的税权。

第二,狭义的税权。

狭义的税权,实际上已经体现在上述广义的税权之中,它就是国家或政府的征税权(课税权)或称税收管辖权。作为一种公权力,它是专属于国家或政府的权力。把税权理解为"国家的征税权",是人们通常的理解。

尽管人们通常往往是在狭义上来使用税权的概念,但是,人们对于税权内容的认识却并不一致。这恰恰是需要深入探讨的问题。

根据前述对广义税权的分析,狭义税权的主体应当是国家或政府,其具体内容包括税收立法权、税收征管权和税收收益权(或称税收入库权)。其中,税收立法权是基本的、原创性的权力;税收征管权是最大量、最经常行使的税权;税收受益权是税收征管权的一项附随性的权力。

税收立法权主要包括税法的初创权、税法的修改权和解释权、税法的废止权。其中尤为重要的是税种的开征权与停征权、税目的确定权和税率的调整权、税收优惠的确定权等。依据税收法定主义的要求,税收立法权应主要由立法机关直接行使。目前,税法领域存在的大量问题,在很大程度上是税收立法权的确定及其保障的问题,是如何贯彻税收法定原则及其他税法原则的问题。

税收征管权包括税收征收权和税收管理权,这些权力对于有效地保障税款的实现,保障资源从私人部门向公共部门的转移,有着重要的作用。税收收益权,也称税收入库权或税收分配权,是税收征管权的一项附随性的权利,是因税收征管权的实现而产生的。税收收益权说明,谁有权获取税收利益和谁有权将其缴入哪个国库等问题。从法律经济学以及公共选择的理论来说,国家或政府同样要考虑成本与效益,同样要进行"本益分析",因而对其投入应当有收益权,这是近些年来对国家以及国家与纳税人之间关系的新认识。从另一个角度说,征收的税款作为收益,应如何确定其归属,如何入库,如何分配,同样也是一项重要的税权,它涉及对国家及各级政府的税收利益的保障。在上述三类税权中,税收立法权和税收收益权主要是相关国家机关之间的分权问题,而税收征管权则主要涉及征税主体同纳税主体的关系。上述对税权的分类及其所涉及的主体的认识,有助于更好地认识税法的调整对象,以及税法的体系、税法同其他部门法的关系等。

总之,依据不同的标准可以把税权分为多种类型,如国际法上的税权与国内法上的税权、国家的税权与国民的税权、征税主体的税权与纳税主体的税权、广义的税权与狭义的税权,等等。在对税权作出明确分类的基

第二章 解决财税法问题的相关主义

础上,就可以从财政联邦主义的角度,探讨税权分配的模式和原则等问题。

狭义的税权通常是学者较为关注的问题,它对税收法制建设有着重要的意义。其实,广义的税权也同样是非常重要的,但这涉及在更广泛背景上的探讨。不管是哪个层面的税权,都涉及应在哪些主体之间进行分配,以及在分配中所需遵循的原则等问题,下面就集中探讨这些问题。

3. 税权的分配模式

在上述各类税权分类中,狭义的税权是财政联邦主义理论最为关注的,因为狭义的税权,即国家机关所享有的立法权、征管权和收益权,需要在中央政权与地方政权进行分配。有鉴于此,下面主要探讨国家税权的分配模式问题,这对于税收体制法的完善特别重要。至于广义上的税权分配,如国家之间的税收竞争与税收协调,国内与国际层面的税收管辖权的冲突,征税主体与纳税主体的税权配置等问题,在后面的相关部分还将涉及。

所谓国家税权的分配,是指国家税权在相关国家机关之间的分割与配置。税权作为十分重要的资源,必须进行有效的配置,以实现良好的税收效益。通常,国家税权的分配有两个向度,一个是横向分配,一个是纵向分配。

所谓税权的横向分配,是指税权在相同级次的不同国家机关之间的分割与配置。例如,在中央级次,税权至少要在议会与中央政府之间进行分配。所谓税权的纵向分配,是指不同级次的同类国家机关之间在税权方面的分割与配置。例如,税收立法权可能会在中央立法机关和地方立法机关之间进行分配。

在税权的横向分配方面,有两种模式,一种是独享模式,一种是共享模式,或称分享模式。由于税收征管权和税收收益权一般是由行政机关及其职能部门来专门行使,因此,税收立法权的横向分配更令人关注。在独享模式下,往往更强调严格的税收法定原则,由立法机关独享税收立法权,当然,它也可能依法授权行政机关适量地行使税收立法权。此外,在共享模式下,税收立法权可能会被立法机关和行政机关共享,甚至法院都可能分享广义上的税收立法权。从各国的实践来看,许多国家都在采行独享模式,而美国、日本等国家则实行共享模式。

在税权的纵向分配方面,也有两种模式,即集权模式和分权模式。它主要涉及中央与地方的关系。其中,集权模式强调税收立法权要高度集中于中央政权;而分权模式则强调应按照分权的原则,将税收立法权在各级政权之间进行分配。从各国的实践来看,采用集权模式的主要有英国、法国等国家;而采用分权模式的则主要有美国、德国等国家。

集权与分权历来是一个重要问题。著名法学家凯尔森曾经指出,集权与分权的程度,以法律秩序里中央规范与地方规范的多少与轻重的相对比例而定。全部的集权与全部的分权只是理想的两极,因为法律社会里有一个集权的最低限度与一个分权的最高限度,国家才不致有瓦解的危险。① 这是很有道理的。事实上,无论是强调集权的国家,还是强调分权的国家,其集权与分权都是相对的。因此,集权模式也只能说是偏重于集权的模式,分权模式也只能说是偏重于分权的模式。这也正是财政联邦制观点的重要体现。

税权分配问题是税收体制法中最核心、最重要的内容。各国都是根据政治体制、法治水平及历史文化等具体国情来确定本国的税权分配模式,因而税收体制不可能完全相同。因此,一国在税法上规定有关税权分配的内容时,既要看到某些国家税权分配成功的一面,也要看到其税权分配的具体背景,以综合考虑影响税权分配的各种因素,发挥整个税制的整体效益。

4. 税权分配的原则

税权分配的原则,即在税权分配方面应当遵循的基本准则,其如何确定,直接决定一国是否实行财政联邦制,决定一国分权的程度及其合理性。从总体上看,税权分配应当遵循一系列的基本原则,如法治原则、经济原则和社会原则等。为此,税权分配必须有法可依,依法进行;同时,也必须考虑各级财政收入、经济调控的需要,以及社会政策的需要等。此外,在税权分配方面,还必须遵循一系列具体的原则,例如,美国著名的财税学家塞利格曼(R. A. Seligman)和迪尤(J. F. Due)都曾经提出过著名的税权划分原则,其后的一些学者也曾对相关税权的具体划分提出过自己的看法,这些原则虽然主要侧重于税收收入权的划分,但对于确保税权整体的恰当分配是有一定的指导意义的。

依据塞利格曼的观点,税权的划分应注意三个原则,即效率(efficiency)、适应(suitability)和恰当(adequacy)三原则。

所谓效率原则,就是税权的划分应依征税效率的高低为标准。例如,

---

① 参见〔奥〕凯尔森:《法律与国家》,雷崧生译,台湾正中书局1974年版,第378页。

第二章 解决财税法问题的相关主义

课税对象易于变动的所得税等税种,如果由地方立法和征税,就可能存在税负不公与征收困难等问题,而课税对象不易变动的土地税则不存在降低效率的问题。因此,土地税适宜作为地方税征收,而所得税则适宜作为中央税来征收。

所谓适应原则,就是强调税基应与统治权相适应。以税基的广狭为划分标准,税基广阔的归中央政府,而税基狭窄的归地方政府。如个人所得税的税基较宽,其收入即应归中央政府;而房产税则局限于特定的区域,税基较窄,因而应归地方政府。

所谓恰当原则,就是税收负担的分配必须恰当、公平。例如,所得税是为全国居民公平负担税收而设立的,如果由地方政府征收,就很难实现该目标。因而如何在各类主体之间恰当、公允地分配税收负担,应是考虑的一个重要方面。[①]

除了塞利格曼的上述原则以外,迪尤还在效率原则的基础上,提出了经济利益原则。该原则强调要以增进经济利益为标准。例如,商品税划归中央,有利于商品在全国范围内货畅其流,有利于在总体上提高经济利益;反之,如果划归地方,则会因地方保护主义而严重影响商品的流通,从而在总体上影响经济效益。

其实,上述学者所概括的原则可大略进一步概括为两大原则,即效率原则与公平原则。只不过对效率原则有时侧重更多一些。基于上述原则,在各类税权的具体划分方面,一般认为应注意以下几个方面:

(1)在税收立法权的分配方面,以下几类税种应由中央行使税收立法权:第一,涉及国民基本生活条件、经济秩序的统一性、竞争的公平性的税种。例如,德国《基本法》第72条第2项即规定,基于维持法律秩序与经济秩序的统一性,特别是为了维持超过一个邦的地区的生活条件的统一性,而存在依联邦法律加以规定的必要时,联邦即享有税收立法权。第二,课税对象具有高度流动性的税种。如所得税、商品税等,即存在此种情况。如果由地方进行立法,而各地税率又不统一,则会产生各地税负不统一,甚至通过转移定价进行税收规避的情况,与第1条的精神相违背。第三,课税对象跨越多个行政区域的税种。例如,商品的流转可能涉及多个税收区域,如果各个区域所定税率不同,则会产生增值税的抵扣困难,因此由中央进行统一的税收立法更加合适。可见,统一性、流动性和广泛

---

① 参见平新乔:《财政原理与比较财政制度》,上海三联书店等1995年版,第363页。

性都是影响因素。

此外，还应看到，地方的税收立法权也往往与中央的税收立法权存在紧密的关联。例如，在中央立法的允许范围内，地方可以确定适用于本地区的具体征收率；可以在法定范围内征收一定额度的附加税；可以依法决定是否开征或停征若干小税种或税目等。

（2）在税收征管权的分配方面，尤其应考虑税收的经济效率原则和行政效率原则。为了实现"中性原则"，确保法律秩序与经济秩序的统一，以维护征税的平等，保护公平竞争，应统一全国的征纳程序、救济程序；同时，在具体征管权的划分上应强调"两便原则"，即一方面，要便利于纳税人纳税，努力降低其奉行成本，减少征税给纳税人造成的额外负担；另一方面，也应便利于不同的征税机关征税。为此，涉及进出口的税收，应主要由海关来征收或代为征收；而其他税收则主要应由税务机关征收。在税务系统内部，为了使征税更加便利，征管权的划分也可以与税收收益权的划分不完全一致。例如，一些细小的、具有突出地方性特征的地方税，当然由地税机关征收更为合适；但一些税基广阔的共享税，则未必由地税机关征收，而是可以先由国税机关集中征收，而后再划分收入。我国目前就是采取这种方式。

（3）在税收收益权的划分方面，应强调公平与效率两个方面。其中，从公平的角度说，为了确保基本人权，也为了能使政府的事权与财权相适应，各级政府的税收收入应当与其所提供的公共物品支出相一致；从效率的角度说，收入的分配应起到满足需要、激励"良性取予"的作用。基于这些考虑，下列税种的收入，应归属于中央政府：第一，关系到国民经济稳定发展的税种，如所得税；第二，涉及社会财富再分配的税种，如所得税、遗产与赠与税等；第三，课税对象流动性大或分布不均，可能导致税收竞争（如所得税）或因区位优势而导致税负分配不公的税种（如资源税）。

上述各类税权的具体划分原则表明，在总体上坚持公平与效率原则是非常必要的。关键是如何找到"止于至善"的"黄金分割点"。特别是在考虑更为基本的法治原则、经济原则和社会原则的情况下，如何兼顾各个方面，便更加不易。诚如"鹅毛理论"所示：税权的划分不是一般的科学，它在很大程度上更是一门艺术。[①]

(三) 我国在贯彻财政联邦主义方面存在的问题

基于对公共物品理论和税权理论的认识,财政联邦主义强调一国的各个级次的政府在公共物品的提供方面,必须有适当的分工和分权,以最大限度地发挥各自的比较优势。为此,必须在明晰各级政府的事权的基础上,明确与其事权相对应的财权(特别是税权),这样才能使公共物品提供的质与量得到更好的保障。财政联邦主义的理论,作为许多国家实行分税制的重要理论基础,因其具有一定的合理性,因而绝大多数国家在实践中试图贯彻其基本思想。

我国是一个大国,自古及今,中央与地方的关系问题都备受瞩目。在财税领域,如何处理好中央与地方的关系,如何在财税方面处理好集权与分权的关系,一直是不同时期的治国者必须考虑的重大问题。我国在许多历史时期,虽然一再强调集权,但大国众民的客观情况,决定了实际上不可能有完全的集权,而必须给地方一定的财权。因而在事实上,也在实行着经济上的财政联邦制。如何引入财政联邦主义关于财权、税权分配的合理成分,解决在实践中存在的诸多问题,是非常值得研究的现实问题。

1. 我国在税权分配模式与分配原则上存在的问题

相对说来,我国的税权在纵向分配上属于集权模式,在横向分配上属于分享模式。在这两个方面都存在着一些问题,需要全面分析,并通过加强税收法制建设逐步予以解决。在税权分配方面,由于税收立法权是原初的权力,也是至为重要的权力,因此,下面就着重对税收立法权的分权问题略作说明。

(1) 集权模式及其问题

之所以说我国税权分配实行的是集权模式,是因为我国的税收立法权一直是高度上收中央政权。这当然同我国的国家结构、政治体制、财政压力、历史文化等都有密切的关系。正因如此,在我国的税法和税收政策中,反复强调的是税收管理权限要高度集中于中央。

[①] 国家征税应当适度,适度的征税曾被法国的科尔贝(Jean-Batiste Colbert)比喻为从鹅的身上拔毛,既要拔下一定数量的毛,又不至于让鹅大叫,因而"拔毛"要讲究"艺术",此即"鹅毛理论"。该理论在税权的划分上同样也是适用的。

实行集权模式,对于我国这样的实行单一制,并有着悠久的中央集权历史的国家,对于我国这样的存在着较大财政压力的发展中大国,当然是有其必要性的。特别是从提高国家能力(state capacity)的角度说,汲取财政的能力是最重要的国家能力,它是宏观调控能力、合法化能力和强制执行能力等国家能力的基础。① 而汲取财政的能力,主要体现为国家获取税收的能力。国家要有效地实施宏观调控,全面提高国家能力,就必须集中财力。可见,我国实行集权模式有其客观的需要和必要。

但是,值得注意的是,我国在税法和税收政策方面所实行的集权模式,同税权分散的现实是存在距离的。事实上,我国虽然长期强调集权,但是在实践中税权却被侵蚀和分解,这是导致财力分散的一个重要原因。

我国的经济和社会发展的现实表明,中国作为世界上最大的发展中国家,发展的不平衡是普遍规律。在这种情况下,中央政权集中财力,以进行有效的宏观调控,包括转移支付、调整经济结构等都是非常必要的,这样才能有效解决财政的纵向失衡和横向失衡问题,使各地政府都能够有效地履行自己的职责。可见,在我们这样一个经济社会发展不平衡的大国,需要中央政权统筹兼顾,因而需要集中税权;同时,也正由于发展不均衡,各地情况迥异,对不同层次的公共物品的偏好亦不相同,因此也确实存在着适当分权的必要。特别是地方财政困难的现实更加表明,分散本身也是一种客观需要。事实上,正是由于各级预算主体不能得到足额的财政投入,因而才会存在通过其他途径来参与社会财富分配的冲动。

总之,现行的集权模式的主要问题是,在集权与分权的合理性和合法性上存在矛盾:集中财力,解决分配秩序混乱和财力分散的问题,迫切要求实行集权模式;而地区发展的不平衡和保障公共物品的有效提供,以及各部门、单位的特殊性,则要求财力的相对分散。从总体上看,综合我国市场经济发展初期的各种因素,应在实行集权以后再实行适度分权,这在中国大概是一种较为适当的改进路径。

(2) 分享模式及其问题

在横向分权方面,我国的税收立法权实行的是分享模式或称共享模式,而且就立法的现实来说,恰恰是中央政府在大量地行使税收立法权。从严格的税收法定主义的角度说,这是违反"议会保留"原则或"法律保留"原则的。对此用"授权立法"的理论来解释是不够的。因为即使在实

---

① 参见王绍光、胡鞍钢:《中国国家能力报告》,辽宁人民出版社1993年版,第6—9页。

第二章 解决财税法问题的相关主义

行分享模式的情况下,也必须强调立法机关作为税收立法主体的地位,而不能由政府及其职能部门越俎代庖,否则至少在理论上会造成对国民财产权的侵犯,与依法治国或税收法治的精神大异其趣。

不容否认,政府立法有其可取的一面,但从立法权的保留来看,国家立法机关应当保留在税收等重要领域的立法权。我国的《立法法》已于2015年修改,从该法的规定及各国的通例来看,国家立法机关应当是重要的税收立法主体。有关税收的立法权力一般是立法机关保留的权力。

从立法权的纵向分割来看,可以分为以下四类,即中央政权专门的立法权、地方政权专门的立法权、中央与地方共有的立法权,以及剩余立法权。① 在共有立法权方面,一般实行中央优位原则,即中央已有立法的,地方不得重复立法;地方先立法,中央后立法的,应取消地方立法。从立法权的横向分割来看,既包括立法机关专门的立法权,也包括行政机关的立法权,以及作为两者之间的连接的委托立法权。其中,对授权立法必须加强限制。这已是人们的普遍共识。

从中国未来税收立法权的横向分配来看,由于宪法规定全国人大及其常委会、国务院均享有立法权,因而分享模式有一定的制度基础。但由于税收立法存在着特殊性,国家对落实税收法定原则有特别强调,因此,全国人大及其常委会应逐渐成为税收立法的最重要的主体,从而应当改变目前国务院及其职能部门作为税收立法的主要主体的局面,这既是税收法定主义的要求,也是依法治税的要求,尤其是未来一段时期需要继续努力的主要方向。

(3) 税权分配原则上的问题

如前所述,从财政联邦主义的角度来看,税权的分配,应当贯彻法治原则、经济原则和社会原则,并且,这些原则可以体现为法律上的公平原则和效率原则。我国税权的具体划分已在一定程度上体现出了上述的原则精神,但仍然存在很大的问题。我国没有《财政收支划分法》之类的法律,甚至连实行分税制这样大的制度变迁,都没有一个正规的行政法规来加以确认,因而我国的税权划分还没有充分体现法治原则,这也是整个税法领域非常普遍的问题。目前,我国只是在一些规范性文件中强调:关系到国计民生、宏观调控的税种归中央,而其他的不重要或者税源不够丰沛的税种则归地方,这考虑的当然主要是财政收入,强调的是经济原则和具

---

① 参见吴大英、任允正等著:《比较立法制度》,群众出版社1992年版,第275—279页。

体的效率原则。相信随着实践的发展,对于法治原则和社会原则也会有越来越多的考虑和关注。

2. 立法上的问题

狭义的国家税权作为一类宪法性的权力,其分配是一个应由宪法来解决的问题。也正因如此,许多国家都是在宪法上规定税权的分配问题。由于诸多原因,我国现行《宪法》未对税权的分配作出明确而全面的规定;虽几次修宪,但都未能解决税权的分配问题。这说明我国的税收体制改革还远未到位和成熟,立法者对于此类问题的重要性和解决的迫切性还缺乏足够的认识,特别是对影响社会分配的根本性法律问题还缺少深入的、全面的认识。

事实上,由于缺乏宪法上的根据,加之财税体制法制建设的滞后,我国的税权分配存在着诸多问题,并由此影响了依法治税的具体目标的实现。在近期修宪可能性极小的情况下,应考虑通过立法来解决税权分配的问题。应当看到,我国的财政体制法长期立法滞后,至今甚至连一部正式的行政法规都没有出台,这与依法治国的要求极不相称。因此,必须在理论上和立法上来解决这些问题,全面检视国家税权分配模式存在的问题。

从立法的角度来看,税权的分配,同样应遵循税法的三大基本原则,即税收法定原则、税收公平原则、税收效率原则。[①] 这些原则是法治精神、经济和社会政策等在税法领域的体现,是实现税法宗旨的重要保障。其中,税收法定原则作为税收法定主义的体现,是更为核心、更为基本的原则,它是税权存续和分配的重要法律前提。

依据税收法定主义的基本要求,在税权领域,无论是国际层面的税收管辖权还是国内层面的税权,无论是广义的税权,还是狭义的税权,其存续和分配都需要依法来确立、保障。应当说,税收法定原则是确定广义税权的存续和分配的重要原则。包括国家税权的确立、分配,国家与国民之间、征税主体与纳税主体之间的税权配置,都应当有法律上的依据,都应当具有合理性和合法性。因此,应当依循税收法定主义的精神来确立和分配税权,并注意从税收法定主义与财政联邦主义相结合的角度来研究税权。

[①] 对于税法的基本原则,也有人作出了其他概括,但对于这三大原则一般都予以承认。参见张守文:《税法原理》(第六版),北京大学出版社 2012 年版,第 35—36 页。

第二章　解决财税法问题的相关主义

在制度层面,基于税收法定主义的精神,除了在宪法领域需要对税权分配问题作出规定外,在《立法法》《税收基本法》等法律中,也需要对有关税权的确立和分配问题加以明确和具体化,这正是上述法律存在的重要理由和价值所在。

例如,根据我国2015年3月15日修订的《立法法》第8条的规定,下列事项只能制定法律:"(六)税种的设立、税率的确定和税收征收管理等税收基本制度"。该规定是国家立法机关落实税收法定原则的一个具体体现。据此,税收基本制度必须严格执行"法律保留"原则,这无疑有利于我国税收法制建设的完善。

此外,我国还曾经考虑制定《税收基本法》(或称《税法通则》),以确定税收方面的一系列基本制度。这对于弥补宪法有关分权规定的不足,是很有好处的。应当说,规定各类税权的分配问题,是该法的重要内容,这同时也是税收法定主义的基本要求。

可见,从税权理论上看,《立法法》和《税收基本法》对于确保税权的依法分配,对于税收法定原则的实现,都有着重要的意义,从而对于国家以及其他相关主体的利益分配也都有着重要的保障作用。

(四) 小结

对于如何有效地提供公共物品,财政联邦主义具有一定的解释力。事实上,世界上的多数国家在各级政府的财权、税权的分配方面,都是实行财政联邦制,而不是绝对的集权或绝对的分权。对于如何进行分权,分权应当遵循哪些原则,财政联邦主义理论给出了自己的一些结论,这些理论观点对于解决我国在财税体制领域里存在的一些问题,具有一定的借鉴意义,因此,应当结合我国的具体实况,引入财政联邦主义,吸收其合理成分。

财政联邦主义同税收法定主义类似,都是既与财税宪政问题密切相关,又与具体的财税法制度建设密切关联,因而对于解决这两大类财税法问题具有重要的意义。在探讨财政联邦主义的相关问题的过程中,不难发现其与两权分离主义、税收法定主义的密切关联。事实上,在解决财税宪政问题和财税法具体制度建设问题的过程中,"三大主义"已经或隐或显地在发挥着重要作用。对此,在财税法的制度变迁或具体制度建设等方面,会有更为突出的体现。

第三章 财税法制度变迁中的重要问题

由于经济、社会和法律等诸多方面的原因,一国的财税法制变迁是不可避免的。在制度变迁的过程中,有许多重要问题值得关注,例如,财税法制度的稳定性问题、财税法制度的变易性问题、财税法制度的普适性问题、财税法制度变迁过程中的内外协调问题,等等。

本来,从一般的法理和法制的要求来说,财税法制度应当具有基本的稳定性,但财税法调整的特殊性,又使它具有突出的变易性,甚至其变易还会呈现出一定的周期性。此外,具有变易性的财税法制度,在其制度变迁的过程中,还涉及另外一个问题,即如何保持在适用上的普适性,其普适性会受到哪些方面的局限,这些局限是否具有合理性,等等,这些问题也都很值得研究。

财税法制度要具备一定的稳定性和普适性,又要具有一定的变易性,在此过程中,如何实现财税法制度与其他相关制度的协调,包括财税法制度与其外部的相关制度的协调,以及财税法体系内部相关制度的协调,也是非常重要的,它直接关系到具体的财税法制度的完善。为此,考虑到相关制度和问题的典型性,本章将选取财税法制度与私法制度的协调问题,以及"费改税"的问题,作简要的探讨。

值得注意的是,上述各类问题,是在许多制度变迁中都可能遇到的问题,但在法学领域,特别是在财税法学领域,目前则研究得还很不够。在上述问题中,渗透着前述的财税宪政问题和财税法制度的完善问题,也涉及前述的"三大主义",只有从宏观上、总体上展开研究,解决好财税宪政和财税法制度建设这两大财税法问题,有效地贯彻"三大主义",才能更好地实现财税法制度的有效变迁。

一、财税法制度的稳定性与变易性

财税法是在国家与国民之间分配社会财富的法,对于直接影响国民基本权利的法,必须要按照法治精神的要求,确保其稳定性和可预测性,这是殆无异议的。从传统的法理上就可以推导出这一结论。但与此同时,还应当注意的是,随着经济和社会的发展,法律正在发生着巨大的变化,法理也必须随之发生变化。在部门法领域,部门法的法理尤其能够体现这些变化。事实上,有许多同经济和社会变化联系非常密切的法,其职能已经日益多元化,即除了传统的定分止争的职能以外,又增加了许多新的职能。例如,在财税法的发展过程中,不仅保留了传统的保障分配的职能,还新增加了保障宏观调控的职能。而要保障宏观调控,就必须在财税法中加入宏观调控的规范,并使某些宏观调控规范在一定时期内能够变动,这样才能针对实际情况,有效地保障宏观调控,实现财税法的宗旨。由此便产生了一个重要的问题,即财税法的稳定性与变易性的冲突问题。

财税法的稳定性与变易性都是存在的,也都是必要的。财税法要具有稳定性,这是一般的法治原则的要求,无须作更多的说明;财税法要具有变易性,这是财税法的调控功能或规制功能所决定的,也不需作更多的论证。需要探讨的,不是财税法变易的必要性,而是财税法变易的规律性。这样,才能更好地认识财税法的稳定性与变易性之间的关系,并且在理论上作出进一步的解释,以指导相关的实践。

可见,需要集中论述的问题,是财税法变易的规律性。为此,本章主要提出和探讨财税法的周期变易问题,以求从一个侧面来解释和解决财税法的稳定性与变易性之间的冲突问题。

(一) 具体问题的提出

一般认为,法学的任务是研究法律的产生和发展规律,但对于相关规律的研究,特别是对于法的周期性规律的揭示,却甚为薄弱。这也许是因为认识规律不仅困难,且具有一定的"公共物品"属性,即发现规律难度大、风险高,而收益却相对较小。因此,对于较为"世俗"的法律,许多善于进行"理性计算"的法学家都认为,与其劳心费神地去探寻难觅的规律,还不如对较为实用的现行规范进行注释研究。① 这种情况在财税法领域也非常普遍。正因如此,对于财税法或其他法律是否存在"周期变易规律"

---

① 这并非否定注释的必要性和重要性,也并非否定法学家在制度形成和完善方面的重要作用,而只是想说明法学家决不能都去做一样的工作,而也应去做一些"费力"但未必"讨好"的基础性的、具有公益性的研究,因为后者同样是法学家的天职。

等问题,自然易被普遍忽视或漠视。①

事实上,对于财税法的变易性,人们已有所察觉;但对于这种变易是否存在周期性或规律性,则缺少探讨。由于财税法的变易性或称不稳定性的存在,直接影响对财税法稳定性的认识,从而可能导致一些论者以此来否定财税法的独特价值,并把它等同于财税政策;同时,在现代法理念尚未普遍确立的情况下,还可能在一定程度上困扰或阻碍财税法的研究和发展。② 只有进一步研究财税法的周期变易问题,才有可能逐渐发现财税法的周期变易规律,更好地理解财税法的稳定性问题,解决在理论和实践中存在的相关问题。

对于周期问题,在自然科学和社会科学研究中都已有所涉猎。如化学元素排列的周期问题、经济运行的周期问题③,等等。但本章主要探讨的论题,既非自然科学所研究的周期问题,也非社会科学中的经济学、政治学等领域所探讨的经济周期和政治周期等问题,而是从法学的角度探讨财税法的周期变易问题,实质上是探讨一种"法律周期"问题。

鉴此,下面将着重探讨以下几个问题:(1)财税法的周期变易的客观性以及主要影响因素;(2)财税法周期变易的现实表现,以及存在的问题;(3)周期研究所涉及的法律问题以及对法制建设和法学研究的启示。这些探讨试图说明:基于经济周期等因素的影响,财税法的周期变易亦客观存在;财税法的周期变易,对传统的、"静态"的法学理论和法制模式提出了新的挑战;这种周期变易,并不构成对传统法理的全盘否定,即并不否定财税法的稳定性,而是在继承传统法律某些特质的前提下发生的"变

---

① 对于"法律变化"之类的问题,梅因、涂尔干、帕森斯、塞尔兹尼克等都曾在宏观或微观层面上进行过讨论,其观点被总括为"法律演变理论"。由于其讨论主要限于传统的法律,且思考的角度也不同,因而对于周期变易规律未有明确揭示。参见〔美〕弗里德曼:《法律制度:从社会科学角度观察》,李琼英等译,中国政法大学出版社 1994 年版,第 327 页以下。

② 从一定意义上说,现代性是财税法或整个经济法区别于传统法的一个重要特征。因为如果不能合理地超越传统法,则对于财税法乃至整个经济法的独特价值和独立品位,可能就不会有充分的认识,因此,强调现代法的理念是很重要的。参见张守文:《论经济法的现代性》,载《中国法学》2000 年第 5 期。

③ 化学和经济学领域对周期律所作的众所周知的重要研究表明,在自然科学和社会科学领域,同样都要关注周期变易的问题。其中,与经济法关系密切的经济周期问题,被认为是困扰西方宏观经济学的首要问题。参见吴易风等著:《政府干预和市场经济》,商务印书馆 1998 年版,第 9 页。

第三章 财税法制度变迁中的重要问题

异"或"扬弃"①,它有助于增进对法律,特别是对财税法的更新、更全面的认识。

(二) 财税法周期变易的存在及其影响因素

何谓周期? 如果财税法的变易存在周期性,则主要受哪些因素影响? 只有对这些问题予以回答,才能初步说明财税法是否存在周期变易及其主要成因,从而有助于进一步说明财税法的现代性和特殊性。

周期,作为事物经过一定时期而做周而复始的循环变动的现象,其存在本是较为普遍的。但在许多法律研究者看来,法律的特点应是稳定,不宜变动,更不应"循环变动",这样才能使法律具备应有的保守性和可预见性,从而保护人民的信赖利益,这对于直接影响国民基本的财产权的财税法,也许是更重要的。从某些角度,如从传统法律的角度,或者从封闭的法律体系的角度来讲,这无疑是有道理的。但是,随着经济和社会的发展,法律(包括财税法)无论在"量"上还是在"质"上,都有了很大的变化,因为"世易时移,变法宜矣"——《吕氏春秋·察今》早已提出了这一思想。其实,古今中外难以计数的"变法"活动,都揭示了经济、社会发展所带来的法律变易。由于"历史总有惊人的相似之处",并且,类似的片段往往被一再"重演",因而某些法律精神甚至法律制度虽然在不断变易,但仍在一定程度上存在着循环往复,从而在较大的时空领域形成周期变易。这种法律的周期变易,可能产生于多种原因,例如,类似"古为今用,洋为中用"的立法实践,以及对经济规律的"螺旋式上升"的认识等②,都可能产生法律的周期变易,并由此产生"法律周期"问题,这在财税法领域体现得更为突出。

财税法的变动性,特别是某些调控规范的多变,因其显见而易察;但对于其立法或执法上的变动是否具有"周期性",则缺少揭示,并因而可能影响经济法理论和制度的成熟。其实,如果稍加细究,即不难发现,财税

---

① 各种"变易"都会对最终的"变异"产生影响,在法律领域也是如此。例如,原有法律系统内部的结构及相关功能的变易、法律规范性质的变易,都会为整个法律系统的变异奠定基础。特别是具有变易性的经济法系统,通过不断的成长和积累,今天已变易为不同于传统的法律子系统的新系统。

② 例如,我国过去也曾有过旨在与商品经济相适应的民法、商法等,但是,由于后来曾试图取消商品经济,因此民商法没有得到充分发育,只是在确立实行市场经济体制以后,基于对经济规律的认识的深化,民商法又得到了很大的发展,从而形成了一个法律的周期变易。

法变易的周期性是客观存在的。对于经济的周期波动,现代国家往往要采取"反周期"措施,即针对经济的周期波动,确立相应的防止或化解波动的经济政策(财税政策在这方面是非常重要的),通过进行逆向调控,来使调控效果与经济周期的状态在松紧、张弛等方面呈反向变化,从而使其反周期的具体目标和手段也体现出周期性的变化。由于上述的宏观调控关乎国计民生,关涉相关主体的基本权利,因而必须将其纳入法制化轨道,以使调控行为能够依法进行,这就需要具有周期性变化特质的调控目标、手段等都尽在法网约束之中,其中,非常重要的,是把具有周期性变化特质的财税政策予以法律化,从而使财税法的变易也体现出周期性。

可见,从较为广阔的时空来审视,或者至少从财税法领域来看,应当承认"法律周期"或者财税法的周期变易的客观存在。此外,由于法律本身非常复杂,其形成和发展乃"多因之果",因此,法律周期也要受到多种因素的影响,特别是要受到经济周期、社会周期和政治周期的影响。其中,就与经济直接相关的法律而言,经济周期的影响更大。因此,在研究财税法的周期时,有必要着重研究经济周期的影响。

对于经济周期问题的研究,在经济学领域已有百余年的历史,其核心是研究经济的周期波动问题。经济波动,作为经济运行过程中交替出现的扩张与收缩、繁荣与萧条、高涨与衰退的现象,在广义上包括了周期波动、季节波动和随机波动,而在狭义上则仅是指周期波动。通常,周期波动是经济周期理论的主要研究对象[1],因为只有研究经济的周期波动才更有意义。无论是著名的康德拉季耶夫周期(Kondratieff Cycles),还是朱格拉周期(Juglar Cycles)和基钦周期(Kitchin Cycles)等[2],都为人们进一步研究经济周期问题提供了重要的基础。例如,至今仍令欧美的一些人士不寒而栗的20世纪30年代的大危机,就被认为是上述三个周期的谷底的重合点。正是为了化解"大危机"这样的周期波动,许多现代国家都接受并走上了"干预市场"的道路。在凯恩斯理论得宠的岁月里,经济周期问题甚至几乎被认为"不成问题",因为政府可以通过各类反周期政策去"熨

---

[1] 郑家亨等著:《中国经济的波动与调整》,中国统计出版社1992年版,第4、182页。
[2] 对于这三个周期,学者普遍较为重视,因而其具体含义在许多著述中均有概括。可参见胡代光主编:《西方经济学说的演变及其影响》,北京大学出版社1998年版,第488—498页。此外,平均20年为一个周期的库兹涅茨周期(Kuznets Cycle),或称建筑周期,有时也被与上述三个周期相并列。参见董文泉等著:《经济周期波动的分析与预测方法》,吉林大学出版社1998年版,第53页。

第三章　财税法制度变迁中的重要问题

平"周期;但随着凯恩斯理论在一段时期的失势和金融危机等各类危机的不断爆发,经济波动、经济周期的问题也越来越引起了人们的关注①,并形成了两类不同的观点:一类观点认为经济波动主要来源于外部力量的影响,如不当的经济政策、政府干预等都可能导致波动;而另一类观点则认为,经济波动主要来源于经济系统内部的因素。② 这两类不同的"波动观",不仅直接影响到具体应对政策的采行,而且也会影响到相关的经济立法。

尽管人类的理性越来越被认为是有限的,但在现实中,由于种种原因,对于经济的周期波动,人们还是力图通过经济政策、法律等手段的运用,来实现反周期的目标,从而使那些为反周期而实施的各类经济政策及其周期变化的研究价值也随之增加。即使要研究"政策周期"和"法律周期"所构成的广义上的"制度周期",也仍然需要研究经济周期,因为它是引发制度周期的主要因素。

事实上,经济的冷热变化是有其内在规律的。由于供需总会出现失衡,因而经济运行的"非均衡"才是常态。相应地,经济的冷热变化规律也就要发生变化。为此,如何采取有效措施,避免经济患上"重感冒",特别是在经济全球化的形势下,如何避免发生波及深广的"流感",便非常重要。晚近的理论和实践都不断昭示:现实的经济与社会发展是"非均衡"的,波动总是存在的;在纷繁的波动中,周期性的波动更应关注,因为研究有规律的周期波动的成因和解决方法,才是更有意义的。对此,弗里德曼、熊彼特、庇古、杰文斯等一大批著名的经济学家都曾经作过研究③,其

---

① 虽然凯恩斯理论的缺陷被不断强调和突出,但自由主义理论仅仅只是在理论界较为受重视,对于政府的经济政策的形成,并未起到应有的作用。此外,近年来"萧条经济学"的"回归",也体现了人们对周期问题的重视。

② 经济周期可分为依赖外生冲击的经济周期和不依赖外生冲击的经济周期。前者如由于政府的经济政策、个体的预期等所产生的周期,它导因于系统的外部因素,尤其是政府的经济政策;而后者则强调经济的周期波动不是由外生力量所导致的,而是由经济系统的内部结构所决定的。为此,可以用非线性动力学理论,如分叉理论、突变理论、混沌理论等,来揭示周期波动问题。因为仅是静态的、确定性的经济理论,已经很难揭示经济中出现的许多突发波动问题。如"黑色星期一",等等。其实,每次大规模的波动往往都与一定的突发事件有关。参见〔德〕加比希等著:《经济周期理论:方法和概念通论》,薛玉炜等译,上海三联书店1993年版,译者的话。

③ 对于经济波动的成因,弗里德曼认为取决于银行货币和信用的扩张与收缩;熊彼特则归因于重要的发明创造的影响;庇古则认为是人们悲观或乐观的心理预期;杰文斯则认为是太阳黑子的周期波动带来的气候周期变化而对农业,并进而对工商业带来了周期波动的影响等。参见郑家亨等著:《中国经济的波动与调整》,中国统计出版社1992年版,第184页。

研究成果对于探讨财税法的周期成因,也有一定的助益。

许多学者的研究都表明,经济波动作为经济过程在"时间断面"上的体现,它是客观存在的,但其幅度和频率是可以调控的。① 人们可以通过分析影响经济波动的各个要素,从而找到相应的解决对策,使经济得以持续、稳定、协调发展。② 为此,在近几十年来,各国尤其注意运用财税政策等各类宏观经济政策以及相应的法律制度,来抑制或缓解周期波动,以使其给经济运行造成的损害降至最低。尽管有些学者怀疑政府调控的效果,但仍有许多学者强调政府在反萧条或反周期方面进行适度调控的必要性,并认为可以取得缓解周期波动的幅度,缩短萧条时间的"调控收益"。③

经济周期的存在,会影响到社会的动荡和政治的飘摇,这不仅在很多国家的历史上都已有过例证,而且在当代也体现得更加明显。2008年以来的全球性金融危机或经济危机,就给许多国家带来了多方面的巨大影响。中国历史上也曾出现过多次大的经济波动,仅是在1949年以后,就出现了20世纪50年代末的"大跃进"与60年代初的"大饥荒";10年"文革"停滞与其后的整顿改革;改革开放以后的经济过热与持续整顿、通货膨胀与通货紧缩等多次大的经济周期波动。④ 一些学者的研究表明,经济周期实际上会直接影响到社会周期和政治周期的形成。⑤ 而社会周期和政治周期对立法的影响,在现代的财税法上体现得更为明显。同时,经济周期还会直接影响到宏观调控的周期变化,从而会对财税法产生影响。美国20世纪80年代的财税立法,中国20世纪90年代的财税立法等,都

---

① 经济运行与经济波动被认为是经济过程中的两个断面。经济过程以空间为断面,表现为经济运行;以时间为断面,表现为经济波动。
② 参见郑家亨等著:《中国经济的波动与调整》,中国统计出版社1992年版,第74页。
③ 参见陈东琪:《新政府干预论》,首都经贸大学出版社2000年版,第24—28页。
④ 对于我国自1949年以来的经济波动,学者的总结未尽一致。如温铁军认为,中国曾发生过四次周期性的经济危机,四次经济危机的周期分别是1958—1968年、1978—1986年、1988—1994年,以及1994—1995年。参见温铁军:《周期性经济危机及对应政策分析》,at http://www.macrochina.com.cn,2001/6/12. 此外,也有学者主张其他的划分方法。如有的学者认为,自1956年以来,中国已经发生过9次经济危机,等等。
⑤ 由于政治周期与经济周期紧密地联系在一起,因而也可将其合称为政治经济周期。对此,著名经济学家诺德豪斯(Nordhaus,1975)曾经作出过重要研究。政治经济周期理论的重要命题是:经济活动往往围绕大选日期波动,政府一般在大选之前寻求有利的经济结果,而不把不利的经济结果拖延到大选之后。参见〔美〕杰克逊(P. M. Jackson)主编:《公共部门经济学前沿问题》,郭庆旺等译,中国税务出版社2000年版,第184页;〔德〕加比希等著:《经济周期理论:方法和概念通论》,薛玉炜等译,上海三联书店1993年版,第81—89页。

第三章 财税法制度变迁中的重要问题

说明了经济周期、社会周期、政治周期对财税立法的重要影响。①

由于经济周期以及深受其影响的社会周期和政治周期,都使财税法的立法和执法等受到影响,并形成其法制层面的周期变易,因此,从总体上说,经济周期以及与此相联系的社会周期和政治周期,是影响财税法周期变易的最主要因素,这可以从财税法周期变易的具体体现中得到进一步验证。

(三) 财税法周期变易的体现

财税法的周期变易,从总体上说,体现为财税法在制度形成和调整侧重点上的周期波动,体现为对现实的经济和社会周期波动的逆向调整。具体说来,财税法的变易周期可体现在多个方面。例如,在法制环节上可以表现为立法周期、执法周期等;在制度构建方面可以表现为具体的调控手段、调控目标上的工具周期、目标周期;在调控状态或效果上可以表现为松紧周期或张弛周期,等等。

上述不同类型的周期,都是财税法变易周期的体现,因而其间始终存在着密切的关联和具体的互动。例如,针对经济周期而形成的财税法规范,在立法上必然也会具有一定的周期性,而其立法周期又会直接带来执法周期;同时,由于立法和执法都会受到立法宗旨和调整手段的影响,因此,立法周期与执法周期也与其调整目标和调整手段的变动周期等有关。通常,调整目标和调整手段的周期变动,会具体体现在立法、执法等方面,从而使立法和执法等也体现为周期变动。

上述财税法的各类周期在我国现实中均有实例体现。例如,从调整目标和调整手段的周期变化来看,近几年来,随着我国财税法的调整目标从遏制经济过热向化解经济过冷的转变,从抑制通货膨胀向消释通货紧缩的转变,相应地,财税法中规定的调控手段也发生了周期变化。特别是预算支出手段、税率、税目、税收优惠措施、国债举债率等主要财税手段,作为重要的经济杠杆,一直在试图与总体上的调控目标的转变保持一致。例如,为了刺激经济增长,拉动内需,我国实行了积极的财政政策,扩大了

---

① 例如,美国在20世纪30年代大危机的冲击下,在逐渐接受凯恩斯理论的基础上,实施赤字财政政策;而在20世纪80年代里根政府时期,则接受供给学派理论,大幅度实施减税政策,进行财税立法。这是经济周期和政治周期的影响的体现。而在20世纪90年代的中国,由于经济体制转向市场体制,同时引起巨大的社会变迁,形成了新的经济和社会周期,为与之相适应,我国进行了大规模的财税变法。这是经济周期和社会周期影响立法的体现。

预算支出,提高了举债率,并适时地调整了相关领域的税率①;为了刺激出口,大面积地提高了出口退税率,同时,为了用好国内和国外的"两个市场",履行"入世"承诺,我国还大幅度地调低了关税税率②,等等。上述财税调控措施的变化,更为具体地体现了我国近年来促进经济由冷转热,推进经济增长的总体目标。③

调整目标的变化,在导致调整手段的变化的同时,也必将进一步带来相应立法和执法的变化。依据经济法的法理,财税法关乎国计民生和相关主体的基本权利,因而应实行"法定原则"④,并分别确立具体的预算法定原则、税收法定原则、国债法定原则等⑤,从而使调整目标和手段的变化,也都将体现在立法上。由于财税法的某些调整目标和调整手段是随着经济的周期波动而作相应的变化,因而在财税立法上的相应规范或制度的侧重点上,也必然会体现出相应的变化,从而形成财税立法上的周期变易。

例如,我国自1994年以来形成的税法框架是与当时的经济过热、抑制通货膨胀的调整目标相适应的,在具体的税法规定中有诸多规范,如关于固定资产、不动产的购置或买卖等方面的消极的税收规定,都体现了该调整目标。这也是财税法配置资源职能的体现。而在20世纪90年代末的经济过冷、通货紧缩的形势下,税法的一些规范不得不作出或准备作出相应的调整,如停征固定资产方向调节税,改"生产型增值税"为"消费型

---

① 例如,为了推动资本市场的发展,我国曾经多次调整证券交易印花税的税率;为了促进经济结构的调整,降低企业的税负,我国实行"结构性减税",推出了全面的"营改增",等等。

② 自2002年元旦起,我国开始了在加入WTO以后的降低关税税率的进程。尽管关税的总水平将逐渐下降,但关税作为税收,其本身所具有的宏观调控以及相应的反周期的职能,并未消失殆尽。

③ 类似的宏观调控措施,在号称经济高度自由的美国也大量存在。例如,近些年来,预算、税率、利率的调控作用凸显,为其他宏观调控措施的采行奠定了重要的基础。其中,美国为应对全球性金融危机所实施的大规模减税措施,以及量化宽松货币政策,都是阻止美国经济下滑的重要调控措施。这些措施都在实质上影响着其宏观调控法的变易。

④ 调控法定原则可以作为宏观调控法上的一个重要原则,其中包括预算、税收、国债、货币、计划等领域的多个"法定原则",这也是宏观调控法的合法性的基础。但目前除了税收法定原则以外,其他各项法定原则的研究还很欠缺。参见张守文:《宏观调控权的法律解析》,载《北京大学学报(哲社版)》2001年第3期。

⑤ 通过全国人大的立法权的行使,《立法法》的有效实施,以及权力机关的审批权的行使,上述各项法定原则已基本上或事实上得到了确立。但是,对于其中存在的问题还有待于进一步研究。

第三章 财税法制度变迁中的重要问题

增值税",等等,都是其具体体现。①

与此相关的一个问题是,预算、国债、税收等的确定和变动,本来都应贯彻"法定原则"(但法定原则贯彻得不够,恰恰是我国目前在财税领域存在的突出问题),因而其目标和手段的周期变化,都涉及立法问题,并形成立法上的周期,这是需要从一个较长时段来考察的问题。在现实中,只是由于财政法上的各类法定原则贯彻得很不够,行政权过于膨胀,才使人们容易把这些变动等同于行政行为,等同于行政的职能,从而也进一步混淆了行政法与财税法的区别,这已经影响到了理论和实践问题的认识和解决。

此外,在关注上述具体调控手段的周期变化的同时,还应注意总体上的国家预算、税收计划等领域的周期问题②,这既是财税法周期变易的体现,同时也是财税法领域久已存在但却易被忽视的问题。例如,年度预算不仅其自身存在周期问题,而且还要体现出经济本身的周期,特别是"冷热周期";同时,还要反映政府为反周期和实现周期内的预算平衡所作的努力。其实,在经济学中主张政府通过财政手段来发挥反经济周期作用的"周期预算理论",就是为了应对经济周期问题而提出的。③ 由于预算本身涉及立法和执法,因而预算的周期变化和调整,也体现了政治的周期和经济的周期。此外,与预算直接相关的国债增减的周期变化,也与经济周期密切相关。例如,在 20 世纪 90 年代末,我国政府本欲逐步实现预算收支的平衡④,但却因 1998 年大洪水,以及亚洲金融危机的冲击,内需不足等困扰,而不得不大量增发国债,这本身就是回应经济波动的体现。

---

① 当然,在财税法中所作出的政策性考虑是多方面的。有时除了经济政策的考虑以外,还有政治、社会等多方面的政策考虑。例如,在加入 WTO 以后,本来有许多人认为我国的税制将发生很大的变化,但是,国家基于稳定等多方面的考虑,作出了暂时稳定税制的决策,这对于本来要进行税法变革的一些领域,自然会产生很大的影响。增值税的转型问题,也就因此要再延后,直到 2004 年 9 月才开始在东北地区试点。

② 其实,预算也往往被认为是一种计划,它同税收计划、发债计划等一样,都与相关的经济周期、政治周期等相关,因而周期性也较为突出。事实上,国家的计划,特别是 5 年计划,里面就有对经济周期的考虑,同时,在计划中,要把经济的冷热变化包容和体现进去。可参见〔美〕莫里斯·博恩斯坦编:《东西方的经济计划》,朱泱等译,商务印书馆 1999 年版,第 4、17 页。

③ 周期预算平衡理论,被认为是大危机的产物,它主要强调,政府既要发挥财政手段在反周期方面的作用,同时也要实现在控制周期波动情况下的预算平衡。参见王传纶、高培勇:《当代西方财政经济理论》,商务印书馆 1998 年版,第 182—183 页。

④ 当时,美国、俄罗斯等许多国家,都已经或正在全力推进预算的收支平衡,这对于我国的财政管理,当然也会产生影响。基于国家的经济安全等方面的考虑,我国也必须尽快压缩财政赤字,逐步实现预算的平衡。

在上述财税法的诸多形态的变易周期中,最易于理解的,可能是调控目标和调控状态上的"冷热周期"或称"松紧周期",因为它与经济绩效直接相关。从这个意义上说,财税法所体现的周期,主要是广义上的规制周期[①],即法律调整上的介于自由与约束、放松与紧缩的周期。例如,在强调经济自由(如坚持"里根主义")时期,是强调减税,放松银根等,反之则可能相反。这些变化会直接影响到法律的调整。中国也有"双松"或"双紧"的政策组合等提法,力图通过各类政策的"协整"(cointegration)[②],来应对通货紧缩或通货膨胀。但是,财税调控政策一经法律化,就应具有相对稳定性,特别是法律的基本框架要"基本稳定",同时又要有一定的"应对弹性",以使调控性规范能够适时适度地作出变化。这样,在"变法"时,主要对"变量规范"作调整就可以了,而一般无须作全盘变动。这种技术,不仅在税率的调整方面,而且在预算支出、转移支付、税收优惠、赤字比例、债务依存度等"变量规范"的调整方面,都有应用价值。

从时间维度来看,在现代的具有宏观调控职能的财税法产生以前,经济性法律的周期变易就已有过体现。如在重商主义时期与自由放任时期,在大危机时期与高增长时期,相应的经济性法律都存在着与经济波动相适应的周期变易。如果把现代意义的财税法的产生定位在大危机时期或其以后,则财税法的周期变易便体现得更为明显。这主要表现在随着政府所奉行的经济理论的周期变化,财税法亦发生相应变易。如在盛倡凯恩斯理论时期,以及在货币学派、供给学派以及芝加哥学派等理论"得势"的时期,财税法的调整随之亦有紧缩或放松的不同变化。通常,由于官方的经济学会发生周期变易,因此,相应的财税政策和财税法的周期变易,也就会呈"递减性跟随"。

此外,财税法的变易既然主要受经济周期的直接影响,因此,一些重要的经济危机,如能源危机、金融危机、债务危机、粮食危机等的发生,都会不同程度地影响财税法的周期波动。例如,对预算支出规模的调整,对企业所得税税率的调整,对出口退税率的调整等,都是财税法随经济周期

[①] 学者对"规制"的理解不尽相同,可参见张守文:《市场经济与新经济法》,北京大学出版社1993年版,第70—71页;张守文:《略论第三部门的税法规制》,载《法学评论》2000年第6期。

[②] "协整"是20世纪80年代,由Granger提出的处理非平稳时间序列间长期均衡关系的概念和方法,是经济计量学的前沿领域,对于研究各类经济政策之间的协调整合尤其具有重要价值。参见王雪标等著:《财政政策、金融政策与协整分析》,东北财经大学出版社2001年版,第4页。

而变易的体现。同时,随着经济全球化的加速,对全球性经济周期加强法律防范的必要性日益凸显,为此,GATT/WTO、国际货币基金组织等重要的国际组织,都创设了一些新的制度,它们往往会转化为一国财税法的重要内容,从而直接或间接地使财税法的某些规范产生变易。① 而这些变易,归根结底,还是要受前述的经济、社会、政治的周期变易的影响。

(四) 相关的法律问题与启示

对财税法的周期变易的研究,涉及财税法乃至整个经济法领域的一系列理论问题和实践问题,现择要列示如下:

(1) 法律的形成机制问题。透过财税法的周期变易,可以再次看到,财税法乃至整个经济法制度的形成,受经济活动、经济波动、经济政策等方面的影响是直接而巨大的。经济和社会的发展,需要有效的经济政策和社会政策,同时,也离不开相应的经济法(包括财税法)和社会法的调整。经济政策(特别是其中的财税政策)和社会政策,需要随着经济和社会的周期性变化而作出相应的调整;同样,经济法和社会法,也要在一定程度上体现经济政策和社会政策的调整和变化,尽管这种变化体现在法律上是相对缓慢的。在这方面,不仅涉及政策与法律的关系、经济政策与经济法的关系、财税政策与财税法的关系等理论问题,而且还涉及对财税法律的形成机制,特别是相关影响因素的作用机理等问题。

(2) 法律的规范构成问题。经济法特别是财税法的规范构成,其突出特点就是既包括稳定的"内核性规范",又包括易变的"边缘性规范",从而既涉及财税法的"一般普适"和"局部普适"②,也涉及原则性和灵活性、稳定性与变易性等问题。上述的内核性规范,作为基本规范,构成了财税法的基本框架,应是相对稳定的;而边缘性规范,则主要是调控性规范或称变量规范,是需要随着经济和社会的发展而适时适度地变化的,且同样是非常重要的。其实,财税法的调整,正如水库对蓄水量的调节,关键在于有效地、适度地吞吐、收放,因而其某些规范就必须具有变易性。这对于研究财税法的普适性理论和周期理论是很重要的。

(3) 法律的职能实现问题。任何法律,都有其自身的重要职能,其职

---

① 例如,中国为加入 WTO 而在多个财年大幅度降低关税的税率,为防范金融危机,贯彻《巴塞尔协议》的要求,而对资本充足率进行调整等,都会对宏观调控法的变易产生影响。

② 对此在本章的相关部分有具体探讨。

能实现是法学研究的一个重要方面。财税法的重要职能是反周期,保障对经济周期的"熨平",因而需要在边缘性规范中安排"调控性规范",并使各类规范相协调。① 从稳定性来说,边缘性规范的离心力强,是随周围环境的变化而不断变动的部分。尽管如此,从重要性来说,无论在财税政策中,还是在财税法规范中,调控性的规范都是重要的,这是从质上而言的。同时,调控性规范作为开放的政策体系或法律体系中的变量,应具有与开放性要求相适应的适度的变易性。

通常,财税法的职能,可以比作稳压器、减震器、调制解调器②,其核心制度是可以"以不变应万变"的,它们体现为各类宏观调控制度都有的一些基本的实体与程序制度。此外,财税法制度中还必须同时包括一些易变的边缘性规范,用以进行应急性、强制性的调节。如前所述,在财税法规范中,应当预先留出松紧变化的空间,这样就能在不变动核心制度,保持法律基本稳定的前提下,通过各类参数、指标等变量的调节,或者通过对财税调控部门的适度授权,来实现法律的"自动调整"或"模糊控制",从而更好地实现财税法的职能。

(4) 法律的调整方式问题。从制度实践来看,我国为应对经济周期而多次实施的税率、利率、汇率的调整,体现的是经济法独特的"调控、规制"的调整方式,从而使经济法规范的周期性与规制性密切相关。透过经济法的规制性特征,可以更好地理解财税法的周期性;反之,对于财税法或整个经济法的周期性的揭示③,也有利于更全面地理解经济法或财税法的规制性。从各国的实践来看,都是时而放松规制,时而加强规制。对于这里的放松或加强"规制",人们一般是从狭义的"管制"来理解的。而经济法或财税法上的"规制",则是广义上的,它并非仅是国家干预,也并非仅是管制,而是依据需要来鼓励促进或限制禁止,是全面的"调制"。这样理解,也许有助于避免或扭转对经济法或财税法较为普遍的误解。从历史

---

① 要反周期,需要宏观经济调控政策的综合协调,同样,也需要相关宏观调控法规范的协调。事实上,德国的《经济稳定增长法》与我国经济法学者一直在推进的《宏观调控法》的立法,都是在为此而努力。关于政策的协调问题,可参见桂世镛等主编:《宏观经济调控政策协调研究》,经济管理出版社 2000 年版,第 19 页。

② 参见张守文:《略论经济法上的调制行为》,载《北京大学学报(哲社版)》2000 年第 5 期。

③ 除了本章论述的财税法乃至整个宏观调控法的周期变易问题以外,在市场规制法领域,同样存在周期变易问题。一方面,市场规制法的政策性较强,受政府加强规制或放松规制的政策的影响较大,从而会体现出一定的周期变易;另一方面,经济周期等周期因素对市场规制法本身也有一定的影响,如在反垄断法中,就有对危机卡特尔、出口卡特尔等方面的"除外规定"。

第三章　财税法制度变迁中的重要问题

上和总体上来看，为应对经济周期而作的偏向于自由或约束的取舍，自然会对财税法的制度形成和变迁，以及调制的宽严、张弛产生一定的影响，但未必妨碍财税法的基本框架的稳定，因为受到影响和发生影响的，主要是那些调控变量。由此可见，大量的"变量规范"的存在，是财税法乃至整个经济法与传统法的重要差别；而正是靠这些变量规范，财税法或经济法才能很好地对经济和社会的运行进行调控。因为从根本上说，财税法或经济法所面对的和所需解决的问题，已经同传统的法律有着很大的不同了。

研究财税法的周期变易及相关的上述法律问题，还能够给法制建设和法学研究带来一些新的启示。现仅从立法和理论研究的角度略作说明如下：

首先，从立法的角度来看，既然财税法中存在周期变易的往往是边缘性的、调控性的规范，那么，在进行财税法的框架设计时，就应使基本结构相对稳定，同时，预留出调控性规范的调整空间，这样对于兼顾财税法的稳定性与开放性、变动性都有裨益；同时，也有助于增进执法效益。特别是在给执法主体一定的授权性的"调控空间"的情况下，有助于财税调控主体在不违反法律规定的前提下，根据实际情况，创造性地运用财税调控的手段，来解决实践中变动不居的相关问题。①

这样，通过在设计变量规范时预留"调控空间"，来充分实现财税调控杠杆的机能，就能够在立法上更好地廓清一个问题，即如何兼顾法律基本结构的稳定与调控要素易变的问题。为此，对于财税调控杠杆所涉及的变量规范，只要经过议会的同意或批准，即可认为符合"法定原则"，一般无须对整个法律再作重复审查，这样与财税调控所需要的效率也能够协调起来，从而会大大降低立法成本和奉行费用。同时，在执法上，也有利于更好地树立依法办事的意识，避免调控主体借口"宏观调控"而随意变动相关变量规范的做法。

其实，强调变量规范的调整需要经过议会批准，是因为批准后的变量规范同样是法律的一部分，是具有法律效力的。由于财税杠杆的调整直

---

① 由于周期具有总体的规律性和具体的不规则性，有许多问题可能超出立法预期，因而留出适当的"调整空间"，可能更有效率。与此相关的值得研究的问题还有很多，如经济周期及相应的宏观调控的传导机制问题、调控的逆向选择以及调控时滞问题、调控的法律责任问题，等等。但限于篇幅和主题，在此对这些问题不作探讨。

接关系到各类主体的切身利益,因此必须慎重,要尽量贯彻"法律保留原则"和"议会保留原则",同时要贯彻"比例原则",这对于立法和执法都是很重要的。而只有坚持上述原则,才能更好地贯彻诚实信用原则和情势变更原则,兼顾形式正义与实质正义,确保市场主体的利益,避免目前在实践中容易产生的因财税调控而客观上侵害国民信赖利益或财产权利的情况。

此外,从财税法制的技术层面来看,把针对周期的调控性规范与其他基本规范分开,也有利于推动财税立法上的标准化、指数化和模型化。例如,如果有一些经济指标可以量化,当发生波动的时候,允许政府在多大的幅度内采取相应的应对行为,需要赋予政府一定的财税调控权。这样,通过授权性规范,允许财税调控机关适时进行相机抉择的调控,对于保持财税法律的总体稳定,避免频繁"变法",是很重要的,从而既能兼顾财税法律的稳定性和普适性,又可考量财税法律调整和财税立法的效率,因而比许多传统的法律要更有灵活性。这对于相关领域的法制建设应当是有启发意义的。

其次,从理论上看,研究财税法的周期变易问题,对于研究经济法理论的发展具有特殊的意义。如前所述,经济法的产生和发展是与经济周期直接相关的——正是20世纪30年代大危机这个重要周期的出现,才更有力地催生了现代意义的经济法制度;而经济法制度,也在反周期的过程中变成了一种"经常性"的制度,它并非仅在发生危机或萧条时才起作用,而是要在周期的各个阶段,经常地、持久地起到广义的规制作用,这已经越来越成为人们的共识。而这种共识,对于完整地理解经济法,发展经济法理论,无疑很重要。

与上述共识相联系,对于财税法的周期变易问题的研究,有利于进一步认识财税法乃至整个经济法的产生和发展规律,特别是有利于认识其产生和发展与相关的经济和社会发展或制度变迁之间的关系,认识财税法与财税政策、社会政策,以及经济法与经济政策、社会政策之间的关系,同时,也有助于认识财税法、经济法产生、发展的经济基础和社会基础,等等。这些都是财税法或经济法理论中的重要问题。从周期的角度来研究这些问题,有利于进一步认识财税法或经济法与传统法的不同之处,从而有助于进一步揭示财税法、经济法的现代性特征。

另外,在财税法或经济法理论中探讨周期问题,还有利于认识不同的体制对解决周期(或称危机)问题的价值。例如,许多人认为,西方的市场经济国家能够不断化解危机,在各类周期中实现稳定发展,在很大程度上仰赖于累进税制,得益于成熟的财税法制度。正是在这个意义上,人们一般会认为,很难说自由的制度或干预的制度哪个更好。因为从历史上看,确实是自由放任带来了西方的繁荣;但同时,也确实是自由放任带来了不能自拔的空前危机,而恰恰是国家干预缓解了危机。因此,不同的制度有不同的用处,关键是要"物尽其用",扬长避短。从理论走向上看,整个学界和实务界之所以一直存在两种思潮的斗争,与论者的价值观、方法论有关,也与不同的制度确实各有其利弊和功用有关。其实,人们都知道良药苦口,且可能会有副作用,但为了拯救某个肌体或生命,往往就必须"用药"。尽管"凡药三分毒",各种"有为"的对策都会不同程度地有其副作用,但人们在取舍时,总会有其理性的考虑,总会权衡利弊得失。这些考虑,无论是倾向于哪类利益,都与人们的认识和利益追求上的周期有关,并进而会影响财税法或经济法的周期变易。

上述两类思潮的长期存在表明,对于各类周期问题的解决,人们的看法并不相同,这同个体主义方法论与整体主义方法论之分野同样相关。就具体的法律制度的形成而言,自然演进与国家推进,都不可或缺,而且后者在财税法领域可能客观上更为重要。

其实,无论是哪种方法论,都应与财税法本身的特点相联系。财税法作为宏观调控法的重要组成部分,不仅具有经济法一般的经济性和规制性,而且还具有宏观性。为此,必须研究宏观的问题(其中包括在较为广阔的时空范围内来研究周期问题),必须改变对法律体系的静态的、封闭的看法,而代之以对法律系统的动态、开放的研究。从法律规范或制度的周期变易出发,动态地看待财税法和经济法的调整及其周期变易,对于更新传统的法学观念,无疑甚有裨益。

(五)小结

以上针对财税法的周期变易,探讨了其存在的客观性和主要影响因素,分析了其在现实制度中的体现及存在的问题,提出了研究周期变易方面所涉及的若干法律问题和相关启示。这些讨论所力图说明的是:伴随着经济、社会、政治周期的出现,与之密切相关的财税法也存在着周期变易[①],但这并非对法律稳定性、普适性原理的全盘否定,而恰恰是现代法调

---

① 关于我国税制变迁的周期问题的研讨,可参见张守文:《税制变迁与税收法治现代化》,载《中国社会科学》2015年第2期。

整方式的一种体现。财税法的周期变易,不仅具体影响到其规范构成、职能实现等问题,而且还涉及对整个经济法的理解,因而是一个重要的理论和实践问题。尽管如此,仍不应仅以周期变易为由,来完全否定财税法的稳定性、可预见性等特质,尤其不能通过财税立法或执法手段,以"合法"的名义,公然侵害相关主体的权益。因此,对于其中的核心规范,还必须保持其稳定,即使对于其中易变的调控性规范或称"变量规范",也要强调坚持"法定原则",以确保调控主体与受控主体都在法治的秩序下行事。

上述认识,也许有助于进一步分析经济法或财税法与传统法的差异,特别是前者的灵活规制在强调效率的现代社会的重要性;但同时,也要强调法治的基本理念在财税法领域的重要价值。唯有如此,财税法的调整才能真正体现经济法的宗旨,真正实现其应有的职能。

在这个大变革的年代,在"变法"普遍存在的今天,尤其需要处理好法的普适性和变动性的关系,探寻经济与法律的周期变易,并力争作出具体的分析,这对于现代的市场经济和财税法、经济法的发展,尤其具有重要意义,且会进一步促进相关理论的发展。其实,如同宏观经济学的产生和发展给整个经济学带来的变革一样,经济法学的产生和发展同样会带来整个法学研究的重大推进,因为它能够对传统的法学观念作出重要更新。凯恩斯曾经写下过"世界是被观念而不是由其他因素所统治的"这一名言,尽管其说略有偏颇,但诚如奥尔森等学者所认可的那样:"观念的作用确实不可忽视"[①]。其实,经济法学与传统法学的互动,在很大程度上是受到了观念的影响。无论是研究财税法的周期变易问题,还是经济法上的其他特殊问题,都既应看到财税法、经济法的特质,又应看到财税法、经济法同传统部门法的联系,而不应单纯地仅强调一个方面。因此,仅用传统法学的观念来裁量经济法理论,或者仅强调"唯新"而蔑视一切传统的观念,都不足取。为此,基于前面的探讨,在尊重传统法学的某些合理观念的基础上,用经济法理论中某些符合实际的现代观念,如动态调整、整体利益、局部普适等,去丰富法学理论和指导法制实践,尤为必要。这也是财税法学或整个经济法学对法学整体发展的一种贡献。

---

① 参见〔美〕曼库尔·奥尔森:《国家兴衰探源:经济增长、滞胀与社会僵化》,吕应中等译,商务印书馆 1999 年版,第 278 页。

二、财税法制度变迁中的普适性问题

现代社会的财富分配,常需仰赖于财税法的有效调整。中国作为最大的发展中国家,经济与社会的"二元结构"更为典型①,地区发展及社会分配不均衡的问题也较为突出。因此,如何通过财税法的制定和有效实施,如何通过推进有效的制度变迁,来使经济与社会发展更趋均衡,已成为财税法调整的重要目标。②

而要实现上述目标,则需立足现实,寻找产生发展不平衡或分配不均衡的根源,尤其要着重解决好中央与地方的财权与税权分配、国家与国民之间以及国民相互之间的产权分配等问题。③ 为此,就需要不断变革和完善财税法制度,以真正实现"依法理财"、"依法治税"。而根据通常的经验,在发展中国家要变革和完善财税法制度,则既应重视财税立法问题,也要特别关注财税法的实施问题。

由于财税法对于一国的政治、经济和社会发展实在太重要,因此,我国的改革开放的历程,在很大程度上也是财税法制度变迁的过程。在此过程中,一方面要根据各个方面的情况,综合考虑,进行财税法的制度设计,推进财税法的制度变革,另一方面,又要在各个方面的制度变迁过程中,不断实施这些制度。由此就产生了一个问题,即在财税法复杂的制度变迁过程中,财税法制度是否能够得到普遍适用?这是关系到法制目标能否有效实现的一个重要问题,即财税法的普适性(universality)问题。④

---

① 著名的经济学家、诺贝尔经济学奖获得者刘易斯(W. A. Lewis)曾提出著名的"二元经济结构"理论,指出在发展中国家普遍存在着突出的城乡二元结构,发展中国家要实现现代化,就必须实现二元结构的转化。事实上,在我国,二元结构问题在经济、社会等领域里都很突出,这是导致地域发展不平衡和收入分配不均衡的重要原因。

② 我国东部与中西部发展差距之大,已是有目共睹,并已成为国家实施西部大开发战略的重要理由;同时,由于近些年来基尼系数至少已达 0.47 以上,甚至有研究者认为已到 0.5 左右,这说明我国的社会分配已很不公平,因此,目前国家的有关部门已不再仅强调税法的保障财政收入的职能,而是同时强调其在宏观调控,特别是在调节社会分配方面的职能,从而使税法的调整目标也日渐多元化。

③ 由于财税法的调整关系到分配,因而必然会影响到相关主体的产权。为此,必须对各类主体的产权作出尽量明晰的界定,以使财税法的调整能够有效地保护国家和纳税人等各类主体的产权。

④ 对于法律的普适性问题,已有一些学者进行过相关研究,并对一些主张绝对普适的理念进行过批评,在此不再赘述。需要说明的是,在此并非强调所谓"绝对普适",而是更关注具体的税法在适用上是否应具有普遍性,以及能否做到普遍适用的问题。

财税法的普适性,作为财税法理论上的一个重要问题,其原理和原则对于评价和完善一国的财税法制,分析和解决财税法实践中的相关问题,具有重要价值。但财税法理论界和实务界对此还缺少基本的研究,在客观上已经对理论的发展和制度的完善产生了一定的负面影响。因此,对其进行探讨实有必要。

对于普适性,就像对现代性一样,人们的认识存在许多差异,既有一般的偏于否定的看法,也有具体的侧重于肯定的观点。这些认识上的差异,主要缘于人们对于"普适性"的理解的不同。根据该领域的研究现状,下面将着重探讨财税法普适性的法理基础及其现实体现,从而说明是否要区分"局部普适"和"一般普适"的问题,在此基础上,再进一步说明财税法的普适性存在哪些局限,并对这些局限作出分析和评判。

(一) 对财税法普适性的认识

一般认为,法律的普适性其实就是法治的基本要求。从制度经济学的研究来看,尽管绝对的普适性不存在,但一项有效的制度必须具备相对的普适性,这种普适性应具备三个方面的特征,即普遍性、确定性和开放性。其中,普遍性或称一般性,是指制度一般应普遍适用于不特定的主体和通常情况;而确定性,则强调制度必须是可以被认识的,是一般人容易清晰地认知和辨识的,因此各种秘而不宣的"内部文件"或含糊、多变的规定都不符合确定性的要求;此外,开放性是指制度应当具有较大的包容性,以使主体可以通过创新行动来对新环境作出反应和调适。[①] 普适性的上述三个方面的特征,实际上也是在保障制度的有效性方面应当遵循的准则。

在普适性的上述三个特征中,普遍性是最为基本的。从这个意义上说,普适性也可看做"普遍适用性"的简称,其核心要求是制度适用上的普遍性。而确定性和开放性更主要地是从制度的形成上而言的,或者说是从法律适用的角度对立法提出的要求。它们对于立法如何做到简明扼要、疏而不漏更重要,是对制度适用的普遍性的保障。因为制度只有在内容上是确定的,才能真正实现在实质上的普遍适用;制度只有是开放的,才能顺应时势的变化作出相应的调适,才能更广泛、更持久、更稳定地得

[①] 参见〔德〕柯武刚、史漫飞:《制度经济学:社会秩序与公共政策》,韩朝华译,商务印书馆2000年版,第148页。

第三章 财税法制度变迁中的重要问题

到普遍适用。

普适性之所以非常重要,是因为它直接关系到制度适用的公正性,关系到对相关主体的普遍和平等适用。如果违背普适性原理去确立各项准则,就会削弱人们对制度的遵从,从而会提高奉行费用,降低社会的整体福利,影响社会公共利益。也正因如此,才需要强调财税法的普适性及其重要价值。

普适性对于各类制度的形成和适用都有重要意义,这在财税法上体现得更为突出。但是,由于相关的探讨微乎其微,因而有必要先对财税法普适性产生的法理基础问题予以简要分析,并考察普适性原理在现实的财税法制度上的具体体现,这样,才能对财税法的普适性问题有一个基本的认识,以便进一步分析我国财税法在普适性方面存在的问题或局限。

1. 财税法普适性的法理基础

普适性对于各类制度都是很重要的,为什么对财税法更重要?这是研究财税法的普适性问题时首先要面对的问题。对此,有必要从财税法上的基本权利保护,以及由此而产生的各类基本原则的角度,来探寻财税法普适性存续的法理基础。

财税法关乎国民的财产权、工作权等基本权利[1],影响市场主体的理性选择和自由竞争,从而会在总体上影响经济和社会运行,以及公共利益和基本人权的保障等问题,故财税立法必须谨慎从事,力求周全,而不能随意和轻率。为此,许多国家都确立和坚持预算法定原则、税收法定原则等法定原则,并在具体的立法领域实行"法律保留"和"议会保留"原则[2],以力求确保财税法的安定性、妥当性和可预测性,确保国民的信赖利益和基本人权,同时,也确保基本的财税法制的统一。

在现代法治国家,法制的统一至为重要,因为它与市场主体的公平竞

---

[1] 例如,在税法领域,税款的征收主要通过税法的适用来实现,而征税本身则是对国民财产权的一种侵犯。此外,也有学者认为征税还会侵害国民的工作权,或者认为税款的征收关系到人民的生存权。这些观点都强调现代税法对私法主体的适用效应,以及从而产生对经济运行和社会运行的影响。

[2] 法律保留原则和议会保留原则,作为税收法定原则的体现和保障,是有其积极意义的。参见张守文:《论税收法定主义》,载《法学研究》1996年第6期。但是,随着现代经济和社会的飞速发展,政府在宏观调控方面的作用的加强,是否仍然要固守议会保留原则,又成了需要探讨的新问题。

争密切相关,直接关系到现代市场经济的形成和发展。① 诚如有的学者所指出的那样,当某个国家是一个政治上、社会上,尤其是经济上的整体时,它必定要求最低限度的法制统一。在一个法制支离破碎的国家,不可能形成现代经济。在美国,没有最低限度的法制统一,就不可能形成全国性的工商业。② 而在此过程中,统一的财税法制无疑要起过和起着重要作用。

从法制统一的要求来看,对于财税、金融等重大事项,不仅在立法上要保持其统一性,或者说要保持立法权力行使的"一元化",而且,在强调"法律的生命在于实施"这一"庞德命题"的情况下,法制的统一性本身就包括着执法的统一。而执法的统一,不仅包含有权适用法律的主体的统一,而且更是指对法定范围内的主体在适用法律方面的统一。这些对法制统一性的要求,与前述对法律的普遍适用性和确定性的要求是一致的,因而与普适性的要求也是一致的。

其实,从通常人们普遍关注的一个问题——财税法对主体的统一适用问题来看,其核心仍然是强调财税法的普适性,即对具备法律规范所假定条件的各类主体,原则上都应一体适用,一视同仁,而不应厚此薄彼,或分亲疏远近。为此,在财税法适用上就必须既要考虑形式公平和实质公平,又要考虑横向公平和纵向公平。

例如,在税法领域,按照税收公平原则的要求,要实现横向公平和纵向公平③,就必须真正做到普遍征税和平等征税,以真正实现"量能课税",这与税法普适性的内在价值是一致的。从这个意义上说,税法的普适性,不仅是前述的税收法定原则和法制统一原则的要求,而且也是税收公平原则的要求。这些基本原则及其相互之间的内在联系,构成了税法普适

---

① 在经济层面存在的国内经济与国外经济、内部经济与外部经济、公有经济与私有经济等多种二元结构,在客观上可能会带来法律适用的不统一,从而可能会影响市场主体的公平竞争。为此,必须通过法律(包括税法)的调整,来使其具备基本的公平竞争的外部条件(这是应由政府提供的重要公共物品)。其实,国际层面的 GATT 及 WTO 等已经为此作出了很多努力,一国政府更应为此而尽力。

② 参见马克斯·莱因斯坦在韦伯的《论经济与社会中的法律》一书中所写的导论第 32 页。该书由张乃根译,中国大百科全书出版社 1998 年出版。

③ 诺贝尔经济学奖获得者布坎南(J. M. Buchanan)曾经指出,(税收)纵向公平是横向公平的一个重要推论,而横向公平原则的根源则是法律面前人人平等的原则,并且,税收问题在本质上是法律问题。参见〔美〕布坎南:《公共财政》,赵锡军等译,中国财政经济出版社 1991 年版,第 57—59 页。由于法律面前人人平等的原则就是要求法律具有普适性,因而税收公平原则与普适性原理存在着内在的一致性。

性的法理基础。同样,法制统一原则、财政法上的各项基本原则及其相互之间的内在联系,也构成了财政法普适性的法理基础。

财税法普适性的法理基础,体现了一种应然状态。从这一法理基础出发,应当更多地强调财税法的普适性,以更好地实现其在保障基本人权、调控经济和社会运行、保障稳定等多个方面的价值和目标。[①] 这也是实现依法理财、依法治税,建立"法治的税收国家"所需要的。仅是在这个意义上,财税法的普适性也应当引起财税法研究者的特别注意。

对于确立财税法普适性的上述基础,虽然以往缺少探讨,但一般不会有太多的争议,因为它是可以从上述基本原则中推演出来的。但是,财税法普适性的应然状态与实然状态之间究竟有多大差距?财税法的普适性可否度量?它会受到哪些限制?要回答这些问题,则还需要对财税法普适性的现实体现作进一步考察。

2. 财税法普适性的现实体现

从一般法理来说,财税法的普适性主要可以通过财税法的制定和适用体现出来。由于在普适性中,普遍性是更为基本的,因此,下面有必要先着重探讨财税法适用的普遍性,然后再对确定性和开放性略作分析。

财税法适用的普遍性,具体体现在时、空、人三个维度上,或者说可以用时间、空间和主体三个标准来度量。从时间维度上说,财税法在其有效实施的期间内,应是普遍适用的;从空间维度上说,财税法在其有效实施的地域范围内,也应是普遍适用的。但是,由于时间是"均质"的,而地域则是存在千差万别的,因此,财税法在空间上的普遍性往往更易引发问题。

例如,在税法领域,从税法适用的空间维度来看,在国内法层面,税法的立法级次的差别,以及诸多原因导致的一些特殊的"税收管辖区",或者其他意义上的"特殊区域"的存在,使得各类不同渊源的税法规范在适用地域的普遍性上也多有不同。也就是说,税法适用的普遍性会在实际上存在"量的差别",这种差别主要是由于税法渊源的差别造成的。[②] 随着地

[①] 随着国家职能的日益扩大,现代财税法的价值和目标也是多元的,这不仅直接影响到财税法制度的形成,而且也会对财税法的适用范围产生影响。其实,这也是财税法上许多问题较为特殊的重要原因。

[②] 例如,由于法律渊源的不同以及由此而导致的具体法律制度上的差异,在我国存在着中国内地、香港、澳门、台湾等不同的税收管辖区,因而在我国并无统一适用于整个国土的税法存在。此外,在存在一些特区的情况下,由于在经济特区或实际上的"民族特区"(在一定意义上都是税收优惠区)也存在着一些特殊的税收制度,使得某些方面的税法规范也不同于特区以外的其他地区,因而在地域上这些税法规范并不具有普适性。

方获得税收立法权的可能性的增大,以及事实上地方握有的税收立法权的增加,在国内法层面的普适性被肢解的问题还将凸显,这是一个需要深度关注的现实问题。

此外,在国际法层面,由于涉及相关国家或地区之间的税法协调,以及相关规范的"国内化"问题,因此,国际层面的税法规范所适用的空间范围一般都会更广,从而使"税境"超越一国领域。从一国的立场上看,这样的税法规范的适用范围更为广阔,因而其在地域上也具有更大的普适性。① 另外,因特定主体及其行为而导致的"域外适用"问题,还形成了税法适用普遍性方面的特殊问题。

除了上述的时空维度以外,主体的维度也很重要。仍以税法为例,税法究竟具体地对哪些主体适用,是一个关系到实际征税范围的重要问题。由于许多国家都并施属人原则与属地原则,同时行使不同类型的税收管辖权,因而税法在主体上的适用更应具有普遍性。这不仅与所谓的主权等问题有关,而且还与国家利益的保护、政府的税收收益以及"国际税收竞争"等有关。当然,尽管上述相关因素会使国家存在扩大纳税主体的刚性和驱动力,但不同类型税法由于存在诸多不同,其对主体的普适性也不尽相同。

例如,如果把税法规范按照立法的级次,或法律渊源来划分,则立法级次较高的税法规范,对主体的适用一般也较为普遍,反之,立法级次不高的税法规范,在主体的适用范围上则较为狭隘。

又如,在把税法规范分为税收实体法规范和税收程序法规范的情况下,由于在税法程序上有统一性的要求,因而相对说来,税收程序法对各类主体更具有普适性;而税收实体法的适用范围,则因对各个税种的征税范围不同,特别是因对于各类主体具体规定的不同,而会有所不同。通常,税收实体法规范的普适性会相对受限。当然,如果把整个税收实体法作为一个整体来看,则其适用便会具有相当大的普遍性,可能会把具有可税性的领域都纳入其适用范围。②

此外,即使是在税收实体法领域,由于在实行"分税立法"模式的情况

---

① 如 WTO 所确立的相关税法规范,实际上适用的范围是非常大的,有时不仅存在着缔约方的守约性遵从,而且还存在着一些非缔约方的默契性遵从。此外,区域性国际组织所确立的税收方面的规范,也大大超过一国税境,而在多国生效。

② 关于可税性的条件或称影响因素,可参见张守文:《论税法上的可税性》,载《法学家》2000 年第 5 期。

下,各个税种所对应的税法各不相同,因此,各类实体税法规范适用的普遍性也不尽相同。例如,由于商品税和所得税课征广泛而普遍,并往往易被各国选为主体税种,因而相应的商品税法和所得税法的适用,自然也会有更突出的普遍性。另外,即使是在商品税或所得税内部,各个具体税种的适用范围也有很大的不同。例如,在商品税中,增值税为多环节课征,因而对主体和地域的适用范围都更广;而关税则仅在单一的进出口环节课征,因而适用领域较窄。与此相对应的各类税法的适用情况也是如此。又如,在所得税中,企业所得税和个人所得税都有其自身的适用范围,但企业所得税一般更主要适用于公司制企业;而个人所得税则一般不仅适用于自然人,而且也适用于个人独资企业和合伙企业。

上述列举的几类情形表明,税法适用的普遍性是相对的,切不可一概而论。由于税法的渊源是多元的,具体的适用范围不尽相同,因而不可能具有共同的普遍性;同时,由于税法规范的性质也各异其趣,具体调整的领域都未尽一致,因此,现实的税法普适性与理论上的要求肯定会存在距离。

其实,不仅在税法适用的普遍性方面存在上述问题,而且在普适性所要求的确定性和开放性方面,也同样存在类似的问题。例如,一般认为,税收具有固定性或明确性的特征,而税法上更是要求"课税要素法定"和"课税要素明确",并以此作为税收法定原则的重要内容。但是,由于短视和立法技术等多方面的原因,我国的税法存在着不够简明、不易掌握、不易为普通公众认知等诸多问题,甚至如业内"行话"所说——"内行说不清,外行搞不懂",这些无疑会严重地影响我国税法的确定性。特别是过多的"通知""批复"的存在,更是严重地侵蚀着税收法律、法规的规定①,影响着税法内容的确定性或称明确性,从而影响着税法的普适性。

又如,在开放性方面,税法同财政法的各个部门法一样,都具有突出的公法和强行法性质,一般更强调法定原则,从而留给法律主体具体调整的余地相对较小,因而不会体现出像私法制度那样的开放性。但是,财税法定得再严密,也会因其特点而产生"密而有漏"(而不是疏而不漏)的问

---

① 大量的"通知""批复"的存在,不仅可能存在违反税收法定原则的情况,而且也进一步增加了税法的模糊性,导致税法主体待遇的不平等,从而对于税收公平和税收效率都会带来影响,同时,它们也会对可税性带来侵蚀。参见张守文:《论税收法定主义》,载《法学研究》1996 年第 6 期;《论税法上的可税性》,载《法学家》2000 年第 5 期。

题,从而导致实际上存在的诸多罅隙。其实,财税法所调整的领域广阔,主体复杂,客观情况变化万千,财税法主体在遵循其基本宗旨和原则的前提下,必须(或必然)对制度作出适当的调适,推动制度的变迁,从而使财税法也具有一定的开放性,尽管这种开放性并非一定符合立法者之愿望。

以上简略列举了财税法的普适性在不同维度和不同层面上的现实体现,从中不难发现:实际上并不存在整个财税法规范统一的、无差别的普适性,亦即并不存在理想状态的普适性。由于财税法规范的形成和适用范围往往受制于多种因素,且某些制度还处于不断的变迁之中,从而使财税法的普适性受到影响,因此,普适性只能是相对的,需要对其作具体的考察。

上述探讨表明,从不同维度和不同层面的财税法适用的实践来看,现实的财税法普适性,主要是要求在符合财税法规定的时间、地域、主体范围内普遍适用,而并不要求它一定是永恒的、对全国乃至更大地域范围内的一切主体都适用。因此,对各种不同类型的财税法的普适性,应当有不同的要求。这样理解也许更全面一些,也才能把普适性的一般问题概括进去;同时,还体现了考察具体的现实问题对于检讨一般理论的重要性。

在上面的探讨中,还可以看到,从财税法的普适性的法理基础,特别是从公平原则和法制统一原则的要求出发,强调全面的、整体上的普适性是非常必要的,这样的普适性可称为"一般普适",它解决的是"整体上"的主体利益的"一般均衡"问题;但是,从财税法适用的时空维度和主体维度的现实来看,由于财税法自身的特点,特别是财税立法体制等诸多方面的问题,现实财税法的普适性同理想状态的普适性尚有很大距离。即现实中的财税法不仅有"一般普适"的情况,而且也有仅对财税法所规定的相对较小范围的特定时空、主体普遍适用的"局部普适"的情况,并且,后者解决的是利益分配的"局部均衡"问题。[①] 因此,如果提出"一般普适"和"局部普适"的概念,也许更有助于解释和说明财税法普适性的现实状况,并更有助于对普适性问题作出具体分析。

[①] 均衡是自然科学或社会科学的许多学科都要研究的核心问题甚或是理想状态,只不过在各个学科上的表现形式不尽相同。例如,法学上所追求的公平正义,无论是刑法上的罪刑相应,还是民法上的等价有偿、损害赔偿或恢复原状;无论是行政法上的"平衡论",还是经济法上的"协调论",都是在追求一种均衡。税法调整的重要目标,就是各类主体的税收利益的平衡。相关探讨可参见张守文:《税法的困境与挑战》,广州出版社 2000 年版。因此,这里提出的一般均衡和局部均衡,并不是经济学上的概念的简单套用,而是在更广泛的意义上来使用这一概念。

第三章 财税法制度变迁中的重要问题

一般普适的存在,表明财税法在现实中有符合其基本原则和法制统一原则的一面,也有在整个财税法适用领域确保公平和效率(税收公平原则和税收效率原则本身就是税法的基本原则)的一面;而局部普适的存在,表明税法虽然在总体上遵从普适性的一般原理和原则,但实则是对一般普适作出了变易和限制。为此,有必要研究对一般普适的变易和限制是否合理,特别是税法的普适性究竟有哪些局限性,其中的影响因素有哪些,等等。这样,才能对税法的普适性有更进一步的认识,才不至于片面地强调理论上的普适性,而忽视现实中的局限性,才能更好地解决应当如何看待和强调普适性的问题。

(二)财税法普适性的多重局限

如前所述,从一般原理和原则的要求来看,应当强调财税法的普适性;但从财税法普适性的现实体现来看,普适性只是相对的,与其法理基础的要求是有一定差距的,这体现了财税法普适性的现实局限。财税法普适性的现实局限体现在多个方面,例如,法律在其应有的效力范围内不能普遍、有效适用;财税法的不确定性突出,模糊和不易把握之处太多,人们无所适从;开放性不够,不能随经济和社会的巨大发展而作出相应的调整,等等。财税法普适性的局限,从法制的角度说,较为重要的是立法上的局限和执法上的局限。但限于篇幅和研究的需要,下面将着重从税收立法的角度,探讨其现行立法对税法适用的普遍性的局限,以及税收立法的不确定性对于普适性的局限。

1. 税收立法对税法普适性的局限

税法的普适性在很大程度上取决于税收立法。但在现实中,可能恰恰是税收立法本身,为税法的普适设置了障碍,并成为其限制性的因素。其中,立法体制和立法内容对普适性的局限是最大的。

例如,由于立法权限的不统一而带来的法律渊源的多元化,就是使普适性受到局限的重要原因。一方面,如果税收立法权的分配实行共享模式,则会使立法机关和行政机关都享有税收立法权;另一方面,在强调分税制,以及由此确立地方税收立法权的情况下,法律渊源的复杂性就更为突出。尤其在一国国内存在多个税收管辖区的情况下,税制和税法的适用,便更显复杂,由此不仅会严重影响税法的"一般普适",而且还会带来税法适用的"区际冲突"。因此,在一国内部存在不同的税收管辖区,或实行各级政权分享税收立法权的"财政联邦制"的情况下,对税法的适用必须进行有效协调,否则会严重影响税法整体的普遍适用。

上述立法体制因素,一般会通过具体的立法内容——即有关税法的构成要素的规定——来影响税法的普适性,这主要体现为税法主体、征税对象、税率、税收优惠等主要课税要素对普适性的限制。由于税法主体中的纳税主体与征税对象直接相关,同时与其他相关课税要素也都有一定关联,因而下面主要以税法主体为例,来探讨税法普适性的局限,以及局部普适的问题。

从征税主体的角度看,国际上较为通行的体制,是由税务机关和海关具体代表国家担当征税主体,分别行使税收征管权和入库权。这种国际通例带来的一个问题,就是两类机关分别适用不同的实体税法和程序税法,因而即使仅从这个意义上说,就不可能有完全一致的税法程序上的普适。[①]

在上述的征税主体之外,是纳税人及与其相关的一系列主体,如扣缴义务人、税收担保人、税务代理人等,这些主体的权利义务和责任等都不尽相同。因此,税法不可能对他们都一样适用,而是要区分对待。这同在私法上对于各类私法主体适用一致的基本规则是不同的。

从纳税主体的角度来看,税法的普适性通常强调的是普遍征税,实际上只是对符合法定课税要素的纳税主体才是适用的。而事实上,由于税法是与具体税种相联系的,而各个税种不可能对各类主体都适用。尽管就税法的总体而言,对主体有着较为广泛的适用性,但从具体的实体税法来看,往往在主体的适用上会受到许多局限。此外,税法主体可以是各类主体,但纳税主体在理论上却不能包括国家或政府。因为后者应当是受税者,而非纳税者,不具有可税性。[②] 即使是排除了国家机关甚至是第三部门的主体范围,也还会因诸如税收优惠或腐败等问题,而使实际上适用的主体范围受到进一步的局限。

此外,对于具体的纳税主体,税法的适用实际上也是有分别的,因而不同的主体在税法上的待遇可能是不同的。例如,增值税法中的一般纳税人和小规模纳税人,所得税法中的居民与非居民,在税法上的地位和待

[①] 《税收征收管理法》一般被认为是我国最重要的税收程序法,但它仅适用于税务机关对各类税收的征管,而不适用于海关税收的征管。通常,程序法往往更具有共通性和普适性,但在税法领域,程序法也并非统一适用的。由此可见税法普适性的相对性和局限性。

[②] 参见张守文:《论税法上的可税性》,载《法学家》2000年第5期。

第三章　财税法制度变迁中的重要问题

遇都是不同的。① 可见,税法的普适性是被分为多个层面的,只有在多个层面上来理解其普适性,只有对具备相同法定条件的主体谈普适性,才是有意义的。

另外,主体的"适用除外"制度,也是税法普适性的一个限制性因素。从纳税主体是否具有可税性的角度说,某些类别的主体无论从经济、社会还是政治意义上说,都不应成为纳税主体,因而有必要排除税法对它们的适用。这种除外适用,在具体的立法中,有的是通过不列入征税范围来体现,而有的则可能是通过免税的形式,或者通过国际条约的优惠安排来体现。由于这种适用除外直接影响到纳税主体这一课税要素的确立,因而必须在具体界定时予以明确。

在税法理论和实践领域,一般都认为对同时具有公益性和非营利性的主体不应征税,因而事实上对于不从事营利活动,同时又具有公益性的国家机关、事业单位、社会团体等,都是不征税或免税的②,这实际上是一种主体上的适用除外。当然,在有些情况下,即使这些主体违背其设立宗旨而从事营利活动,并成为纳税主体,也有可能因执法的不规范而获取税收的减免优惠。

再有,依据1961年《维也纳外交关系公约》等国际公约,对于外国的国家元首、外交使节等人是不能征税的③,这既是国际惯例的要求,更是国际公约规定的义务。我国在理论上也认为这些主体具有代表国家的特殊身份,不能成为纳税主体,因而在立法上也规定了上述主体及相关主体的税收豁免权。④

以上仅是从税法主体的角度,例证税收立法对于税法普适性的限制。其实,税收立法上影响税法的普遍适用的情况还有很多。这些立法例其实都一再说明:税法的普适性是受到多重限制的。

---

① 例如,增值税的一般纳税人可以使用增值税专用发票,因而可以用扣税法进行税款的抵扣;而小规模纳税人则因其无权使用专用发票,因而不能进行税款的抵扣;此外,居民纳税人要就环球所得纳税,而非居民纳税人则仅就源于收入来源国的所得纳税,等等。

② 对于这些主体的税收征免原理的探讨,可参见张守文:《第三部门的税法规制》,载《法学评论》2000年第6期;《论税法上的可税性》,载《法学家》2000年第5期。

③ 可参见1961年《维也纳外交关系公约》第23、28、34、36、37、39条;1963年《维也纳领事关系公约》第32、39、49、51、60、62条等以及我国的相关立法。

④ 根据我国立法的规定,使馆、领馆的馆舍免纳捐税,其办理公务所收规费和手续费亦免纳捐税;此外,对外交代表和相关人员的个人收入、财产等,也有一些税收豁免的规定。参见我国《外交特权与豁免条例》第5条、第16条、第18条、第23条;《领事特权与豁免条例》第5条、第17条、第19条等。

2. 税收立法上的不确定性对于普适性的局限

不确定性本身就会影响适用的普遍性。税收立法的不确定性在我国也有多方面的表现,如征税范围、税率、税收优惠制度的频繁调整等。为此,下面有必要以另一核心要素——税率为例,来说明不确定性对于普适性的局限。

从大的方面来说,由于我国的税制变革"一直在路上",至今仍未尘埃落定,因而必然会积聚很多不确定因素。如果说由于改制而造成的一些过渡性安排尚可理解的话,那么,此外的某些不确定因素就是不可理喻或不可容忍的了。

从实际情况来看,一些税率的不确定,与公然直接违反法律规定有关。例如,在市场经济中非常重要的银行业,其税率就一直很不确定,也很"与众不同"。在1994年税改后,其企业所得税税率,按规定本应统一降为33%,但却长期仍执行过去较高的55%;其营业税税率,按规定应为5%,但却因财政的需要,在未进行相关的正式修法活动的情况下,被直接调高为8%,其中新增的3%转归中央收入;而从2001年起,基于银行业参与国际竞争和加入WTO的需要,其营业税税率又要开始逐年降低,这些做法都是极不规范的。①

其实,不经过立法程序,而直接改变税率的情况比比皆是,甚至许多具体的税法规定中都有此类情况,如出口退税率的不断调整②、一些具体商品的增值税税率的频繁变化,以及烟酒消费税等税率的频繁变化,都说明了这个问题。至于关税税率的多次大幅度调整,虽是常事,但与上述情况尚有不同:尽管它也有加大法律的不确定的一面,但多认为这是关税本身的特点使然,因而它更是开放性的体现。此外,增值税的小规模纳税人的征收率的调整,也是一个问题。③ 另外,用证券交易印花税来代替证券

---

① 尽管许多人都认为银行业收益较高,因而为了国家的财政"宰它一刀"也应该,但从法律的角度来考虑的话,则不能不说上述看法带有很强的感情色彩。事实上,当年国有大中型企业的问题之所以很突出,过去过重的税收负担不能不说是一个重要原因。如果对银行业继续实行这种"重税榨取"政策,则其负面影响可能会很快显现。

② 1994年税制改革后出现的出口退税率的忽低忽高的频繁调整,是非常能够说明问题的。它带来了税收、外贸、金融、海关甚至外交等领域里的一系列问题,同时,也对纳税人的权利产生了重要影响。参见张守文:《略论纳税人的退还请求权》,载《法学评论》1997年第6期。

③ 小规模纳税人由于不能实行扣税法,因而采用销售额与征收率相乘的简易计算办法。本来,按照我国《增值税暂行条例》的规定,征收率一律为6%,但1998年7月1日起,商业企业小规模纳税人的征收率一律调减为4%,这样,不仅在小规模纳税人与一般纳税人之间存在着税负不公的问题,而且在小规模纳税人之间也形成了新的不公平。因此,目前对小规模纳税人统一适用3%的征收率。

第三章　财税法制度变迁中的重要问题

交易税,本来已是"问题",但即使如此,其税率还要频繁调整,就更是"问题"了。本来,按照严格的税收法定原则的要求,像税率这样的直接关系到国民财产权的核心要素,必须实行课税要素法定原则,甚至应当实行"法律保留"或"议会保留"原则,而在我国的现实中,不仅没有很好地实行议会保留原则,而且政府还在超常规地大量制定基本的税法规范,甚至就连政府的职能部门都能够在事实上影响税率,并通过大量的"通知"、"批复"来对税法制度的形成和实施发挥作用。这些其实是对税法确定性最大的影响,也是对国民的信赖利益和可预测性的最大"侵害",不仅严重限制了税法的普遍适用,而且会影响依法治税的实现。由此可见,遵循基本的立法程序是很重要的。布坎南曾经特别强调过立法程序对于保障普适性的重要价值[1],这是有道理的。在人类尚未找到更好的替代手段的情况下,形式上的程序还是需要的,因为即使仅仅是"形式上"的,也毕竟会形成一种制约。

其实,强调税法的普适性,并不是主张税率要僵化。恰恰相反,税率作为重要的调控杠杆,它需要适时适度地变动。例如,我国自20世纪90年代以来,曾多次大幅度调低进口关税税率,并取得了一定的积极效果。税率的适当变动无可非议,关键是变动一定要遵守法定的程序,应当在一定的秩序、一定的税权分配架构下进行。否则,不仅会严重影响税法的权威性和实效,而且也会加大税法的执行成本和市场主体的奉行成本,甚至可能还会以不规范的立法形式来侵害国民的财产权,或者导致主体之间税收利益的不均衡,从而影响市场主体的公平竞争,降低社会的总体福利。由此足见税法的"非普适"的危害之巨。

税率的不统一,也与我国的国土辽阔、地域千差万别有关,从而也同中央与地方的税收利益协调有关。作为协调中央与地方税收利益关系的重要制度——中央与地方的分税制,要求对地方的税收利益要适当兼顾,同时,也要给地方以适当的税收立法权。为此,尽管我国一直在强调"税

---

[1] 布坎南曾经强调,无论是中央政府还是地方政府,都不能以某种任意的和区别对待的方式对公民课税(这当然包括这里探讨的随意调整税率的情况)。他认为,政府必须符合普遍性的标准,以满足宪法规定的正当程序的要求,因为程序上的约束,尤其是特别多数的通过要求,能够更好地避免"财政榨取"。参见〔美〕布坎南:《公共财政》,赵锡军等译,中国财政经济出版社1991年版,第165页。

权要高度上收中央",但还是下放了若干税种的开征权和停征权。① 同时,通过在全国统一立法中规定幅度比例税率或地区差别比例税率的立法技巧,来把确定税率的重要权力,在事实上让渡给地方。例如,2006年以前的农业税,以及城镇土地使用税、耕地占用税、契税、对娱乐业征收的营业税、对车辆征收的车船使用税等,都实行幅度比例税率,其税率的实际确定权往往掌握在省级政府甚至更低级的地方政府。此外,对资源税的一些税目实行幅度税额,尽管其税率的确定权被下放给了有关职能部门,但最终也与地方的情况直接相关。这些税率确定权的下放,会对整体税法的普适性产生直接影响,从而也形成了对税法的普遍适用的限制。

以上主要分别以税法主体和税率的立法为例,来说明现实立法对于税法普适性的诸多限制问题。事实上,在征税范围、税收优惠制度等方面存在的立法的不确定性和随意性,对税法的普适性的限制更是非常突出的。不难想见,在较为严肃的立法环节,影响普适性的问题尚如此之多,那么,在整个税收法制环境欠佳的情势下,在执法等其他环节,限制或影响税法普适性,甚至公然违反税法的情况,就更是屡见不鲜的。多年前发生的人们耳熟能详的多宗惊天税案②,都足以说明这些问题,在此已无须赘述,因为更需要探讨的是那些易被人们忽视或漠视的问题。

当然,除了上述立法和执法上对税法普适性的局限以外,征纳双方的法律意识,以及法律监督机制等方面的局限也值得注意。但这些方面都与上述两类局限有直接的关联,因而在一定意义上也可归入其中。这样,就可以从法制的角度,来分析税法普适性的局限根源与增进对策,这与经济学家对于某个税种究竟应在全国范围内抑或局部地域范围内开征的分析,也有一定关联。③

上述诸多方面对税法的普适性所构成的多重局限,已经使理论上完

---

① 例如,自1994年税制改革后,曾陆续下放了屠宰税、筵席税、牧业税等税种(目前这些税种已被废止)的开征权与停征权,从而使地方政权可以根据本地的需要,来决定这些税的存废与多少。

② 如号称新中国第一税案的"金华税案",以及后浪推前浪的"远华税案""潮汕税案"等,影响之大、牵涉之广,都是世所罕见的。这些案件中所蕴涵的一些财税法问题,在前面的相关部分已经作过探讨。

③ 经济学家主要根据公共物品的受益范围,以及各级政府提供各类公共物品的效率、征收的效率、税种的流动性及其与整体经济的关系等,来确定某个税种的开征范围。例如,一般认为所得税就应当由国税机关征收并纳入中央收入;而财产税则应由地税机关征收并应纳入地方收入。

美的普适的税法被撕扯得支离破碎,面目全非。这样的税法不仅做不到完全的"一般普适",甚至有时连"局部普适"也可能无法企及。与上述着重探讨的税法普适性受到局限的情况类似,在预算法、国债法、转移支付法等财税法领域,立法还相当不完善,有法不依、执法不严等问题还十分突出,因而财政法的各个部门法的普适性受限的问题普遍存在。有鉴于此,对于上述财税法普适性多重受限的现状,还有必要作一些分析和评判。

(三) 对财税法普适性多重受限的分析和评判

无论是从前面对财税法普适性的现实体现的考察,还是从财税法普适性的局限的微观分析,都不难发现,财税法的普适性是多重受限的,这些限制来自多方面的因素,其中包括合理的或具有合法性的因素,但也有许多不合理的或不具有合法性的因素。而这些因素为什么能够鱼龙混杂,共栖共生,确实值得深思。

以税法为例,税法本身是一个非常复杂的系统,它不可能有完全的普适性,或者说,它不可能都是或总是"一般普适"的,而必然会存在诸多的"局部普适"的情况。其实,就税法而言,根据实际需要,真正做到"局部普适",往往可能就已经达到了普适性原理的一般要求。这是因为上述对税法普适性的限制,有些是合理的,因而还需要对各类限制作具体的分析。

从上面谈到的税法普适性的诸多限制来看,影响税法普适性的因素,主要包括但不限于税收立法体制、立法内容、立法程序、税收执法、税法意识等方面,其中有些限制是具有合理性的。例如,从税收立法体制的角度说,鉴于公共物品的受益范围以及不同级次政府的提供效率的不同,实行"财政联邦主义"多被认为是合理的,因而需要给地方以适当的税收立法权。而在地方行使税收立法权的情况下,由于法律渊源的不同,就必然会造成税法的普适性受到限制的问题,这种限制是不可避免的。但它同样要求实行"议会保留"原则,即地方税法应按照地方的立法程序来制定,这样才可能实现"局部普适"。因此,基于税法本身的特点,特别是全国性税法规范与地方性税法规范并存的特点,就不能要求全部的税法规范都在全国范围内普遍适用。此外,基于税法普适性所应有的开放性,不仅相关国际条约的义务应转化为国内税法规范,同时,国际上通行的惯例和税法原理的基本要求,也应体现在税法的规定之中,因此,上面诸如对外交代表之类的税收豁免,对非营利的国家机关或第三部门的免税,作为对纳税主体范围的限制,也都是合理的,因为这样一般并不存在主体上的不公平的问题,也不会降低经济效率。

研究财税法的普适性,不仅要关注哪些是对普适性的合理限制,从而保持这些制度的连续(这本身也是普适性的要求),而且更要找到哪些是不合理的限制,从而排除这些限制,提高财税法的普适度。由于从理论上说,强调财税法的普适性,不仅有助于保障公平,实际上也有助于提高效率,因此,在可能的情况下,扩大财税法的普适性是必要的。为此,就需要铲除影响财税法普适性的不良因素,以提高财税法的普适性和确定性。

目前影响财税法的普适性的主要因素,首先是各类主体的财税法意识的淡薄,以及由此而产生的财税立法的失范和失序,以及财税执法的随意和恣意。其实,无论从预算法定原则、税收法定原则等原则来看,还是从《立法法》等相关规定而言,对于财税立法等方面的要求是非常清晰的,但现实的立法却与此相距甚远,不仅"外行"的个人意志、部门利益等充斥其间,而且权限不清、越俎代庖普遍,从而才出现了那么多税率混乱的问题,才需要有数不清的"通知""批复"去作具体的指导。而这些与现代财税法制所要求的简明、易行、效率、公平的精神相去甚遥。如果不能解决这些问题,则即使是财税法的"局部普适"恐亦无法实现,更遑论"一般普适"。

上述诸多限制,又提出了许多新的理论问题和实践问题。例如,上述对税法普适性的合理限制,是否违反税收法定原则?对税收法定原则应如何理解,是否全部要素都要由法律加以规定?这些是目前学术界尚有争议的问题。从税法"一般普适"和"局部普适"的划分来看,税收法定原则中的"法",虽然主要是指狭义的法律,但也可以指按照"议会保留原则"所定之"法";适用于全国的课税要素,当然要实行狭义的"法律保留原则",但这种"保留"也主要限于狭义的课税要素,而未必包含税法的全部构成要素。如果这样理解,就能使税收法定原则,与对税法普适性的合理限制统一起来,从而能够形成内在统一的税法法理。

又如,在现代经济条件下,特别是在涉及宏观调控,以及地区发展不平衡的情况下,是否要给地方一定的选择空间,是否要保留地方执行财税法的弹性,在哪些方面坚持财税法的一些基本原则,等等,都是很重要的问题。如果仅坚持单一的"一般普适",就不能很好地说明这些问题;而如果从局部普适的角度来理解,就可能会有一定的解释力。因此,"一般普适"和"局部普适"的提出,至少有利于分析和解决理论和实践中的上述

第三章 财税法制度变迁中的重要问题

问题。

像其他的现代法一样,现代财税法在其理论和制度中也充满了一系列内在的矛盾。其中,理论上的普适性和制度的非普适性,就是一种矛盾的现象。而之所以存在这样的问题,与现代法的职能和宗旨有关。事实上,诸如经济法等现代法在制度构成上都包括"核心部分"与"边缘部分"。如前所述,该"核心部分"是相对稳定、不宜频繁变动的部分,因而也是适用范围较广、确定性较强,从而普适性也较为突出;而"边缘部分"则具有易变性,也是国家据以进行宏观调控,或者体现不同政策精神的部分,它有时不具有普遍的适用性,而只是局部普适。这种区分有助于认识税法乃至整个宏观调控法的规范构成,也有助于消释相关研究中的一些困惑。

前面的探讨表明,财税法并不像一般的民商法或刑法等传统的法律那样,更加"一般普适",其普适性要受到很多限制。这主要是因为传统法律的适用,是假设其所适用的主体无差别;而在财税法中,适用财税法的主体则是存在千差万别的。由于财税法的职能并非单一和单纯,它尤其具有特定的经济调控的职能,而不只是单一的损害赔偿或惩处犯罪的职能,因此,从一定意义上说,各种合理的限制,恰恰是财税法实现其宗旨和内在职能的需要,这些限制应该是具有"合法性"的。

此外,以上探讨的主要是财税法普适性的限缩。但同时还应当看到,财税法普适性不仅可能因受限而缩小,而且也可能有扩大的情形发生。例如,在经济全球化、一体化迅速发展的情况下,税境超过国境的情况已经很多[1],从而使税法的普适性有扩大化的倾向;同时,国际通行的规则和惯例,WTO 的入门条件等,也要求扩大税法适用的普遍性。[2] 因此,对税法的普适性及其局限都要有一个适当的估价。

从实践需要来看,强调财税法的普适性已有一定的现实压力。特别是随着经济全球化的迅速发展,国际通行的规则越来越多(WTO 及其他国际组织对此功不可没),这些被较为广泛地遵守的规则,对提高财税法

---

[1] 经济的全球化、一体化、信息化,都需要加强税收立法的国际协调,从而使相关税收立法的适用范围超越一国的疆界,这在关税同盟,以及税法的域外适用、重复征税等领域体现得尤为突出。参见张守文:《税法原理》(第六版),北京大学出版社 2012 年版,第 123—126 页。

[2] WTO 要求其缔约方全盘接受其规则,而不得对某些规则或条款作出保留,并且,强调WTO 规则要优于国内法,取消了 GATT 中的"祖父条款",等等,这些都要求在一定程度上扩大税法适用的普遍性。

的普适性提出了新的要求。① 为此,我国大范围地修改了税法,并在已实现商品税统一的基础上,进一步实现了所得税和财产税的各自统一,等等。② 而这些修改本身,则体现了普适性特征中的开放性,体现了对财税法制度的自觉调适。

(四) 小结

财税法的普适性,既是法制和时代的要求,也是公平、效率的要求,同时,还是财税法的基本原理和原则的要求。从普适性的法理基础来说,应当强调财税法上的普适性③;但从财税法普适性的现实体现来看,财税法的普适性却受到多重局限,使理想状态的普适受到严重肢解和抵消。因此,研究财税法普适性的限制性因素,将其中的不合理因素加以摒弃,对于完善财税法制,增进财税法的普适性,甚为重要。

基于对财税法复杂性的把握,有必要把财税法规范分为核心规范和边缘规范,其中,核心规范是相对稳定、明确,能够广泛普遍适用的规范;而边缘规范或称外延规范,则是相对易变、模糊,仅在相对较小的特定时空和主体范围内适用的规范。由于两类规范的普适程度有所不同,因而前者的适用称为"一般普适",后者的适用称为"局部普适",它们对于各类利益主体的整体利益平衡,分别起着"一般均衡"和"局部均衡"的作用。一般普适和局部普适的相对划分,主要是为了更好地认识普适性原理与现实的财税法制度状况的离散与交融,促进相关理论问题的解决。如果上述认识可以在一定程度上"一般化",则本章的探讨便有了有限的价值。

在某些领域里,财税法的一般普适是非常重要的。例如,在全国范围内开征的税种,与其相对应的税法通常就应当是一般普适的,这对于全国统一市场的形成和发展以及相关主体的公平竞争,都至为重要;同时,对

---

① 例如,WTO要求其缔约方在全部税境,要以统一、公正和合理的方式,来实施与贸易、服务、知识产权相关的法律、法规和其他措施。这实际上是对法律的普适性提出的要求。

② 随着税制的不断完善,我国不仅完成了企业所得税法的统一,也完成了房产税、车船税等税法制度的统一,从而改变了在这些领域长期存在的"内外有别"的两套税制,实现了这些税种领域的局部普适。

③ 强调税法的普适性,不仅涉及公平竞争或公平与效率等多方面的价值,而且还涉及与这些价值相关的具体的税收征收管理等问题。例如,当税法的普适性受到严重局限,从而在一国内部形成多种税负区域的情况下,一国境内的转让定价问题就会发生,而它所带来的问题又是多方面的。这个问题在我国事实上已经存在。参见张守文:《"内部市场"的税法规制》,载《现代法学》2001年第1期。

于提供全国性的公共物品也很重要。而对于那些不具有全国意义的地方性税种,与其相对应的税法当然可以局部普适。这样就可以实现税法功能、效力的有效分工,从而最大限度地实现其调整效益。

正视财税法普适性的价值及其局限性,既是高效率、标准化的现代法制的要求,也是追求法律调整的多元目标的现代法的要求。本章只是对税法的普适性及其局限方面的一些主要问题略作探讨,但还有一些问题尚未展开,更未在相关法律领域进行较多拓展,因此,对于一般普适和局部普适的划分在其他领域是否合适,是否具有一定的"一般化"价值等问题,还需要进一步的探索。

三、财税法的制度变迁与私法调整的协调

财税法的制度变迁,涉及与其他的诸多制度之间的关联,涉及诸多主体之间的利益分配。因而,历史上的一些重大财税法制度改革,往往被称为"变法",并直接影响着一个国家的一个时期的进程。在现代法治国家,要进行财税法的制度变革,就必须考虑到一系列非常基本的问题,尤其应从财税宪政的角度,考虑公权力与私权利的平衡问题,并在此前提下,去谋划财税法制度的具体完善问题。

在整个财税法的制度变迁过程中,涉及同许多重要制度的协调,从而使财税法的变革,同相关法律制度的调整能够有机地整合起来。在财税法同外部法律制度的协调方面,当然涉及同相关的宪法或其他公法制度的协调,但与此同时,人们关注较多的,还是如何实现财税法变革同私法调整之间的良性协调。

从某种意义上说,一个国家的历史,就是一部财税法制度变迁的历史。财税法制的变易与革新,或者迫于某种压力,或者源于某种动力,其对利益格局的重构,对于经济、社会和政治等各个领域,都会带来深远的影响和纷繁的问题,都会引发人们无尽的遐想、猜测与思考。

其实,财税法制变革所生发的问题,往往宏大而众多,只有将其细分、拆解,才可能作出更为深入的思考。在财税法制的变革中,税法变革历来备受关注——不仅古今中外的历次"变法",都直接或间接地与其相关,同时,它还会对私法秩序产生重要影响,从而使财税法变革与私法调整的冲突与协调问题,亦成为一个可持续研究的、有可掘度的重要问题。

尽管"财税法的制度变迁与私法调整的协调"之类的问题①，已是对财税法制变革所生发的诸多问题的一个限缩，但仍然是一个"大问题"。由于无论是税法变革，还是一般的私法调整，都同财产权的确立与保护直接相关，并可能由此而引发冲突；同时，由于在我国宪法的修改过程中，对财产权的保护问题虽多有讨论，但从财税法学或宪政的角度看，从公法调整与私法调整、公法秩序与私法秩序的协调来看，还有很多值得研究的问题，因此，下面拟着重从财产权保护的角度，来简要探讨财税法制度变迁与私法调整的协调问题。

（一）冲突的必然性与协调的必要性

财税法制度的运行，同私法制度的运行存在着交互影响。财税法作为高级法，其调整是以私法的调整为基础的。特别是在预算收入的获取，或者税收征纳方面，更是如此。例如，商品税的征收离不开商品的流转，而商品的流转首先是由私法来规范的；所得税的征收，离不开所得的确立，而所得额的确立及其多少，则首先是由私法来调整的。在财产税领域也是如此。可见，私法的调整，确立了具有"物化"特征的商品、所得和财产②，并且，也相应地确立了这些"物"的数量和范围，只不过私法调整所确立的"物"，还只是"潜在的"课税对象。真正的课税对象及其范围和数量，最终要经由税法上对课税要素的规定来确立。

事实上，私法上所确定的"物"③，同财税法上所确定的课税对象，并非一一映射，因为任何国家的财税法调整，都要有所取舍，从而形成了私法调整与财税法调整的差异。私法调整所确定的"物"，如果不属于课税对象，则财税法至少在形式上不能对其最终归属产生影响；反之，如果私法上所确立的"物"同时也是课税对象，则财税法的调整会对其最终命运产生直接影响。正是在这个意义上，私法调整所形成的私法秩序，往往可能并非稳定的"终局"或"均衡"，至少在"物"的最后归属上，还可能因财税法

---

① 这个题目是财税法学领域需要研究的一个重要问题。但这个题目较大，有时在表述上也会存在一定的困难，因此需要进一步限缩，并在具体语境中作具体的表述和分析。

② 商品、所得和财产，作为财富的动态和静态的表现形式，恰恰是通常的征税客体或称征税对象。参见张守文：《税法原理》（第六版），北京大学出版社2012年版，第54—55页。

③ 需要说明的是，在此探讨的"物"是从一般的法学研究（特别是包含了税法学研究）的角度展开的，因而是更为广义的；即使在谈到私法上的"物"的时候，也并不仅限于狭义的物权法上的"物"。

第三章　财税法制度变迁中的重要问题

的调整而受到影响（至少是一定数量上的变化）。因此，虽然私法的调整及由此形成的私法秩序是财税法调整的基础，但财税法作为"高层次的法"，其调整会对私法秩序的最终形成和稳定产生重要影响。两者之间的互动，随着市场经济的发展，会愈发显得重要。

私法调整所确立的"物"，其权利归属如何、是否"完整"，一般会被归结为财产权及其保护的问题。如何保护财产权，会直接影响到相关的私法秩序。而财税法的调整，恰恰被认为对私人财产权存在着一种"侵犯"，从而会形成财税法调整与私法调整、财税法秩序与私法秩序之间的一种冲突。两者之间的冲突，同财税法与私法的法益保护目标及其作用机理直接相关，因而是有其必然性的。[①]

由于私法调整涉及财富的形成，涉及私人财产权的确认和归属，而财税法的调整则可能对私人财产权的确认与归属产生"反向"的或"减量"的影响，因而一般会认为私法更侧重于保护私人的财产权，财税法则可能构成对私人财产权的"侵犯"，两者在私人财产权的保护上存在着一种内在的法律调整上的冲突。其中，隐含着国家与国民、政府与市场、公权力与私权利之间的冲突。上述冲突，如果不能有效解决，就会对经济和社会的稳定发展，对国家和国民生活的方方面面，产生诸多不利影响，甚至会影响国家的兴衰。这已经为许多学者的研究所证实。[②]正因为财税法调整与私法调整之间的冲突，影响非常巨大，因此，就必须对其冲突进行有效协调。事实上，对于上述冲突如何协调，如何缓冲，始终是一个常新的话题。

对于协调的必要性，人们多基于稳定、和谐的法律秩序对于经济、社会稳定发展的重要性来考虑。从历史上看，只有那些能够有效地保护私人的财产权，同时又能够有效地提供公共物品的国家，其经济和社会发展才会呈现良性运行的态势，其在国际竞争中也才能够处于优先地位。从法律的角度来看，财税法和私法都是整个法律系统中的重要子系统。尽管对这些子系统的描述还有诸多不同，但人们都会认为，它们都各有其功

[①] 如果进一步深究，这个问题还可以从所谓"诺斯悖论"的角度来认识。如前所述，诺斯曾经认为，国家的存在既是经济增长的关键，又是经济衰退的根源；国家既要界定和保护产权，又要不断增加自己的收入，其目标存在着内在的矛盾。其实，"诺斯悖论"中所体现出的矛盾，同税法与私法之间的矛盾是一致的，它有助于说明税法与私法冲突的必然性。

[②] 可参见〔美〕诺斯：《经济史中的结构与变迁》，陈郁等译，上海三联书店、上海人民出版社1994年版。

能,这些功能需要通过法律系统的有效整合,才能更好地发挥整个法律系统的整体功效。为此,法律系统必须内在地协调,不断缓解财税法与私法之间,以及它们与其他法律调整之间的冲突。可见,即使是从法律系统的完善的角度来看,也需要对财税法与私法的调整,以及财税法秩序与私法秩序进行有效协调。

作为一个开放的系统,法律系统的各个子系统都要随着经济和社会的发展以及其他方面的需求,而不断地作出调整和调适。财税法系统更是如此。由于财税法受经济政策、社会政策等公共政策的影响更大,某些调控性的规范变易更为频仍,因此,财税法的制度变革便会应需发生,甚至会呈现出一定的周期性①,从而必然会对私法调整产生影响。由此也会提出一系列问题,例如,财税法变革与私法调整之间的冲突,是否具有协调的可能性?协调的基础是什么?等等。诸如此类的问题,都需要作出进一步的探讨。

(二) "两权分离"的合理性与协调的可能性

基于前述的"两权分离主义"原理,所谓"两权分离",就是"私人财产权与公共财产权的分离",或者在把财产权仅仅狭义地理解为私人财产权的情况下,也可以称之为"财产权与财政权的分离"。

上述的"两权分离"的合理性,源于满足人类欲望的正当性。从基本人权的角度来看,人类的基本需要,应当通过相应的渠道来得到满足。从私人欲望与公共欲望的分类来看,私人欲望需要通过私人物品来满足,这就需要私法来确认私人的财产权;公共欲望,需要通过公共物品来满足,这就需要公法确认和保护公共财产权。由于两类欲望、两类物品,需要有两类不同的权利与之相对应,于是就形成了私人财产权与公共财产权的分离。②

在"朕即国家"的"家天下"时代,由于"普天之下,莫非王土",不存在现代意义上的"两权分离"的土壤,皇室或王室的财产与国库的财产不分,

---

① 相关探讨可参见张守文:《经济法理论的重构》,人民出版社 2004 年版,第 478 页以下。
② 斯密曾经指出,政治经济学有两个目标:一是给人民提供充足的收入或生计,一是给国家或社会提供充分的收入,两者可总称为"富国裕民"。参见〔英〕亚当·斯密:《国民财富的性质和原因的研究》(下卷),郭大力、王亚南译,商务印书馆 2003 年版,第 1 页。其实,富国裕民也是当今各国的至为重要的目标,而要"富国",则要确立公共财产权;而要"裕民",则要确立私人财产权,从而使两权分离亦有其现实正当性。

第三章 财税法制度变迁中的重要问题

皇帝或国王可以恣意征税,以满足自己的需要,社会公众的私人财产权自然很难得到长期、稳定的保护。从某种意义上说,预算法定、税收法定等原则的逐步确立,作为近现代法治精神的重要体现,是与"两权分离"与"两权法定"相一致的,并使财税法成为保护"两权"的重要制度。

  从以往的研究来看,人们在财产权是包括物权、债权还是包括其他更多的私权等方面,可能存在认识分歧,但在谈及财产权的保护时,往往更重视私人财产权。从私法的角度看,这固然很重要亦很必要。但从超越私法与公法的角度,从人类欲望的全面满足来看,尽管私人财产权非常基本也非常重要,但仅仅重视私人财产权的保护还是不够的,因为公共财产权的保护同样不可或缺。如果公共财产权得不到有效保护,公共物品的提供就会受到很大影响。历史和现实中此类教训可谓不胜枚举。

  依据法益保护的基本分工,人们一般会认为,私法侧重于私人财产权的保护,而公法特别是财税法,侧重于公共财产权的保护,并且,公共财产权的形成,在很大程度上又是建立在私人财产权的基础之上的,是私人财产权的部分让渡,因此,财税法的调整与私法的调整,必然会在私人财产权的保护方面形成一定的冲突。但由于"两权分离"是与公共欲望与私人欲望的满足相联系的,是与公共物品与私人物品的提供相对应的,并且是存在其内在的合理性的,因而与之相对应的公法(特别是财税法)与私法的冲突,也存在着协调的可能性。基于这种可能性,如何有效地保护私人财产权和公共财产权,缓解由于"两权分离"而产生的冲突,实现财税法调整与私法调整之间的协调,就是一个非常重要的问题。

  如前所述,私人财产权与公共财产权的"两权分离",首先会体现在宪法层面上。任何国家都必须特别关注财富的分配,并应当在财富上设定或区分出国民的财产权与国家的财政权。因此,"两权分离"在立宪过程中就要进行协调,并在一定时期形成一种"纳什均衡"。在宪法上,要规定对国民财产权的保护,同时,也要规定国家的财政权。对于"两权"的分割与配置,首先要在宪法上进行协调,并应当进一步体现在相关的法律与法规之中,从而形成两权分离与保护的法制基础。

  应当说,财税法调整与私法调整,都离不开上述的法制基础,它为财税法变革与私法调整的协调也提供了制度上的可能性。从整个法制系统来看,财税法与私法都是宪法的具体化,它们对于公共财产权和私人财产权都具有保护作用,只不过在某些制度上各有侧重而已。由于"两权分离"及对"两权"的保护都具有合理性,因此,当财税法与私法在相关规定上不协调的时候,应当从"两权"的综合保护的角度,从宪法规定和宪法精神的角度,来考虑如何进行协调。如果财税法或私法的调整,在"两权保护"方面存在冲突,有时还应考虑是否存在违宪的问题。

(三) 财税法变革的外部效应与制度协调

财税法是常维新的。财税法变革不仅会经常发生,有时还会形成周期变易。财税法变革对私人行为、私人利益、私法秩序所产生的影响,是财税法变革的一种外部效应。对于财税法变革所产生的负的外部效应,尤其应当关注,因为它直接涉及私人财产权的保护,涉及私人利益和私法秩序的稳定。当财税法的外部效应所产生的问题非常突出的时候,就需要进行相应的利益协调。

世界各国的财税法变革,通常可以体现为多个方面。例如,纳税主体、具体的税目、税率等各个课税要素的变化,开征、停征某个或某几个税种,预算收支范围的变化、财税体制的调整,等等,都是财税法变革的具体体现,它们都会对私法调整产生直接的影响。例如,我国1994年的税制改革,是一次规模宏大的财税法变革,在这次变法过程中,实行了分税制的财政管理体制,开征了一些新的税种(如消费税、土地增值税等),同时,调整了一些税种(如增值税、营业税等)的征税范围,合并了一些税种(如企业所得税、个人所得税等),这些财税法变革,都会对私法调整产生影响,特别会对相关的私法主体的市场行为及其经济结果产生外部效应。

众所周知,私法调整所形成的私法秩序,是需要相对稳定的。特别是在财产权方面,"有恒产者有恒心"[①],国家的法律只有对国民的产权提供全面、有效的保护,从而形成稳定的私法秩序,才能更好地推进经济和社会的发展。对此,诺斯等在制度经济学研究中已经作出了较有说服力的解释,从而使产权保护影响国家兴衰的轨迹在经济发展史上得到了愈发清晰的显现。有鉴于此,在财税法的变革过程中,必须很好地考虑与私法调整的协调问题,以免过多地干预和影响稳定的私法秩序的形成。事实上,私法秩序的最终形成,要考虑财税法的影响。特别是在财产权方面,往往要在经由财税法调整以后,才能形成较为稳定的私法秩序。

---

① 孟子曰:"无恒产而有恒心者,惟士为能。若民,则无恒产,因无恒心。苟无恒心,放辟邪侈,无不为已。"(《孟子·梁惠王章句上》)孟子的上述思想,在今天同样很有现实意义,并得到了广泛的认同。

第三章　财税法制度变迁中的重要问题

财税法变革是需要随着经济和社会的发展而不断作出的。人们所关注的财税法变革与私法调整的协调问题,其实在很大程度上是强调:财税法的变革要顾及私人主体的预期,要对其私人经济活动影响相对较小,也就是说,在那些特别强调市场调节的领域,还是要像马歇尔当年一样倡导"税收中性";而在那些特别强调宏观调控的领域,则应注意尽量不要增加私人主体的额外负担。为此,在可能的情况下,要尽量有效地分割社会财富,形成私人财产权与公共财产权的有效配置。

但是,在现实的经济生活中,私人财产权与公共财产权的冲突是一个永恒的问题,需要持续不断地去解决,而不可能一蹴而就。对此,我国的相关立法已经从过去的片面关注某一类权力或权利,逐渐转为关注各类权力与权利的协调保护。例如,我国的《税收征收管理法》,过去曾更多关注国库的利益,关注公共财产权的取得等问题,在具体的设计上,更侧重于规定纳税人的义务,而对其权利的规定相当不足。但在进入21世纪以后,《税收征收管理法》在其修改过程中,已经融入了大量的有关纳税人权利的规定,并在多项制度(包括过去比较强调国库利益的税收保全制度、强制执行制度等)中,都规定了纳税人的权利,且主要涉及私人的财产权。这无疑是一个很大的进步。但这些规定能否落实,能否在公共财产权与私人财产权之间,在财税法调整与私法调整之间实现有效的协调,则尚可存疑。

由于财税法所涉及的领域非常广阔,因而对于私法秩序的影响也会非常大。任何一次财税法变革,都会使原本平静的私法秩序荡起层层涟漪。事实上,每一次财税法变革,都可能改变私人的预期,影响着私人的行为和收益,从而会影响到整个私法秩序的稳定。

例如,我国的出口退税制度,曾经多次变革,每一次变革都会直接影响到公共财产权和私人财产权的分割与配置,甚至还会在不同层次的公共财产权(如中央政府的公共财产权与地方政府的公共财产权[1])之间,以

---

[1] 从2003年我国出口退税制度的变革来看,中央政府的公共财产权与地方政府的公共财产权的分野,已经越来越明晰,2015年,国务院发布了《完善出口退税负担机制有关问题的通知》,已明确出口退税(包括出口货物退增值税和营业税改征增值税出口退税)全部由中央财政负担。这也是财政体制法和税收体制法研究需要特别关注的问题。

及不同主体的私人财产权（如出口企业和非出口企业的私人财产权[①]）之间，产生不同的影响。对于这些问题，包括出口退税制度的历次变革的得失，学界已经有了很多的探讨，但其中一个非常核心的问题，从法律的角度来看，始终是纳税人退还请求权的保护问题，或者说国家获取公共收入应如何降低私人主体的额外经济负担、如何保护私人财产权的问题[②]，实际上也就是在私人财产权与公共财产权之间如何权衡的问题，同时也是财税法变革与私法调整如何协调的问题。

对于出口退税制度变革所产生的诸多问题，特别是对私人主体的经济预期、经济行为和经济收益所产生的影响，国家已高度关注，并在现阶段采取了一定的有效措施。但这些措施的未来实效如何，能否持续，还需进一步关注。与此同时，由于其他各类财税法制度变革所带来的私法调整受到影响的问题，则还有相当多未能得到有效解决。例如，为了解决"三农"问题，我国先后对农业税制度作出了较大的调整，在许多地区都大幅度地免征或减征农业税，直至 2006 年废止农业税。农业税制度的变革，大大提高了农民的生产积极性，许多有务农愿望的农民不再像贾谊当年在《论积贮疏》中所担心的那样"舍本逐末"，而是回归故里，重操旧业，并要求变更过去的土地承包合同，使自己有更多的土地可以耕种。这是财税法变革对私法调整发生重要影响的又一个实例。

对于财税法变革在私法领域的外部效应，应当有充分的估计，并相应地作出制度协调。这些协调有的要在财税法上或私法上予以安排，有的则还要有其他相关法律制度的配套。从总体上说，无论是哪类制度的协调，往往都不是单纯地通过单方面的财税法或私法制度安排来实现的。通常，宪法或其他法律的相关协调，特别是在权力或权利配置上的规定，往往会对解决财税法变革带来的私法秩序的不稳定等问题具有重要价值。

尽管财税法在总体上是处于经常不断的变革之中的，但由于财税法制度众多，涉及范围广泛，因此，就某类财税法制度而言，从保障私法秩序的稳定性的角度，从有效协调私人财产权与公共财产权的保护来看，则应

---

① 同非出口企业相比，出口企业由于退税不及时、不足额而带来的经济负担，或者说其私人财产权所受到的保护的不充分，始终是出口退税制度变革屡遭诟病的一个重要缘由，同时，也是政府不断完善该项制度的一个重要动力。

② 相关探讨可参见张守文：《略论纳税人的退还请求权》，载《法学评论》1997 年第 6 期。

第三章　财税法制度变迁中的重要问题

当保持相对稳定。事实上，虽然财税法具有重要的宏观调控或配置资源的功用，但"治大国若烹小鲜"，财税法的变革确实也应当慎重，不应当随意、频繁，这对于保障稳定的私法秩序是非常重要的，也体现了与私法秩序的一种"协调"。

此外，财税法的变革，有时是由于私法的调整不足以有效地保护公共财产权，甚至也不足以全面地保护各类主体的私人财产权。在这种情况下，也需要通过私法的变革，来与财税法的变革相协调。财税法与私法在制度上的协调不仅可以是单向的，也可以是双向的，甚至还可能体现在一些更高层次的共通的法理方面。例如，诚实信用原则，不仅是私法上的基本原则，也是财税法适用的重要原则，它是两者协调的一个重要桥梁。其实，私人之间依据诚实信用原则建立、发展、终止经济关系的活动，是国家征税的重要基础；同时，私人对于国家也应当诚实守信，当私人违法进行税收逃避的时候，国家同样可以通过对于法律上的真实情况的确认，来进行征税。另外，如果私人滥用私法上的权利，意图规避财税法的调整，则在财税法上可以否定其私法上的效力，进行实质课税。

其实，私法领域的主动协调，往往容易被忽视，但非常重要。例如，民法上规定违反法律的民事行为无效，则违反国家财税法的私人交易，当然亦无效。这对于稳定私法秩序，有效保护公共财产权和私人财产权，都有重要价值。从这个意义上看，虽然财税法与私法在保障公共财产权和私人财产权上有时各有侧重，但是作为法律，它们对于"两权"都有保护之功效，这也是两者能够协调的一个重要基础。

（四）小结

从财税法与私法调整的基本原理来看，财税法局部或整体变革，必然地会同私法的调整及由此形成的私法秩序形成冲突，从满足人类不同需求的角度来看，协调上述冲突不仅是必要的，而且也是可能的，这同私人财产权、公共财产权的分离直接相关。对于财税法变革所产生的外部效应，特别是对于私法秩序所产生的负的外部效应，尤其需要重视，并应通过具体的制度安排，分别从财税法或私法的角度，以及其他各类法律、法规的角度，来进行制度协调。

从两权分离主义的原理来看，公共财产权与私人财产权的分离，有其内在的合理性，财税法和私法对于保护"两权"，都有着重要的价值。因此，通过财税法、私法乃至宪法和其他法律方面的制度协调，来解决财税法变革产生的负的外部效应问题,特别是给私法秩序带来的负面影响问题,既有必要,也有可能,只是这些问题往往会此消彼长,因而需要持续不断地去解决。

四、"费改税":财税法制度的内部协调

在财税法制度变迁的过程中,不仅涉及与外部的相关制度的协调,而且也涉及其内部相关制度的协调问题,这种内部协调对于财税法制度整体功能的发挥,是非常重要的。

在财税法体系中,从财政收入的角度看,税收制度和收费制度最为重要。在我国,财税体制长期没有理顺,参与分配的主体多元,政府的收入来源复杂,其中,税收收入和收费收入最多。基于我国收费秩序长期混乱的现状,国家提出了"费改税"的设想,从而引出了财税制度内部的税收制度与收费制度的协调问题。

"费改税"是一个非常重要的问题,同时,也是至今仍悬而未决的棘手问题。例如,早年酝酿开征的燃油税、社会保险税等——曾被认为可以成为"费改税"的标志性成果,但最后仍未能开征,这本身就说明了"费改税"的"蜀道之难"。事实上,"费改税"涉及体制上的诸多问题,牵连到许多主体的利益,地方利益、部门利益、集团利益等充斥其间,可谓牵一发而动全身。如果解决得不好,就可能在某些领域产生"多米诺骨牌"效应,产生较大的"系统风险"。因此,在财税法制变革的过程中,必须注意从系统的角度解决问题,加强各个子系统之间的协调,降低系统风险,提高系统整体绩效。

税收与收费,是财政收入系统中的两个非常重要的子系统;税收制度与收费制度,当然也就是财政收入制度中的两个重要子系统。在税收规模与收费规模发生冲突的时候,就需要相应的制度协调。"费改税"因其涉及财税法制度内部的制度协调,因而其中同样蕴涵着多方面的问题。

(一) 问题的提出

在20世纪末期,"费改税"是一个非常重要的热门话题。[①] 对于为什

[①] "费改税"是国家分配体制中的一项重要改革,因其与政治、经济、社会等各领域均密切相关,因而学界(主要是经济学界)、各类传媒都对"费改税"的问题作了大量的研讨、宣传和介绍,同时,相关的国家机关也曾经在"燃油税"等领域力推"费改税"的制度建设。这些都使有关"费改税"的问题经常成为人们关注的热点和焦点。

么要进行"费改税",如何进行"费改税",已有许多论述,且仁者见仁,智者见智。其中的许多观点,是有建设性意义的。①但是,同时存在的一个问题是,似乎有许多文章或宣传报导,并未涉及一些在法律层面较为重要、较为根本的问题,而只是在重复着一些从不同角度谈到的"共识"。在一些基本问题上有共识是有利于提高研究的效率的,关键是在共识的基础上应该进一步前行。在"费改税"问题的研究上,可能也有一个如何再向前迈进的问题。

在"费改税"的问题上,许多人谈到了应该把哪些费改成税,应该把哪些费保留,应该把哪些费取缔等问题,这些当然都是非常有意义的。但与此同时,也有人对此类改革深表忧虑,担心"费改税"或称"税费归位""清费立税"之类的改革,会出现"前清后乱,边清边乱,越清越乱"的尴尬局面,甚至认为这种尴尬局面的出现是一种"规律"。然则,此类改革为什么会出现这样一种"失范"或"失序"的状态?为什么它会使人心存疑虑?为什么以往在从事类似的制度调整或"变法"的时候也有类似的状态?这实际上涉及一个非常根本的问题,即"费改税"的法律基点是什么,如何从根本上解决"费改税"所可能带来的恶性循环?

要解决"费改税"领域里可能出现的所谓"治乱循环",必须从整个"费改税"的基点入手。概括说来,整个"费改税"改革的基点,应当是国家的整个收入分配体制的改革,应当是收入分配权力的合理划分,以及由此而引起的法律制度的变革或曰制度变迁。其中,涉及诸多财税宪政问题和具体的财税法制度的完善问题。

由于"费改税"的改革是一个系统工程,关乎相关体制的改革,以及有关收入分配权力的配置及其立法,事关政府以及各类国家机关的职能的转变,以及各种收入形式,尤其是税与费的协调和配合,等等,因此,"费改税"不可能一蹴而就,必须在明确其基本目标、基本路径、基本手段、相邻关系等问题的基础上,才可能更为顺利地展开。如同其他各类改革和制度创新一样,"费改税"的基点主要也有两个,一个是体制或制度,一个是人或称主体。前者主要是法律层面的基点,后者主要是社会文化层面的基点。限于篇幅,下面主要对"费改税"的法律层面的基点作一些分析,因为这更有现实的意义。

---

① 这方面的论述已经相当多,如《税务研究》《财政研究》等期刊上的相关论文和调查报告;《人民日报》《经济日报》《法制日报》等各大报发表的相关文章等,都曾经有过较为深入的讨论。

(二)"费改税"在社会分配体系中的位置

"费改税"涉及整个社会分配体系的改革,研究"费改税"的法律基点问题,必须首先把它放到整个收入分配体系的大背景中来认识。一个国家、一个社会的分配体系是十分重要的,它直接影响到政治、经济、社会等许多领域的问题。在社会分配方面,非常重要的是公平问题。在市场经济条件下,市场机制的一次分配不能保障经济公平和社会公平,因此,必须通过国家干预来实现社会分配的公平。这是许多学者的基本看法。目前,也有人提出,中国的有效需求不足,在一定程度上是与收入分配的问题直接相关的。也就是说,近些年来政府动员个人消费拉动内需之所以收效甚微,与基尼系数的增大[①]、个人收入差距的拉大,存在着重要的关联。而与此同时,政府也存在着突出的财政失衡问题。[②] 这些问题都与整个收入分配体制的不合理,特别是税费比重、流向的失衡有关。

在整个社会的分配体系中,不仅各类主体的收入情况不同,而且各类收入的性质也不同。如前所述,美国著名的财税学家塞利格曼(E. Seligman)曾将社会收入分为三大类,即奉献性收入、契约性收入和强制性收入。[③] 其中,税收收入和罚没收入等,都是强制性收入。在我国现时的实际情况下,从当事人的主观意愿来看,许多人并不是自愿交费的。因此,费的收入,就不可能是上述的奉献性收入或契约性收入,因为这两类收入都要以当事人真实的意思表示为前提,都要有当事人的自愿。为此,只能把现时的人们不愿意缴纳、但各级国家机关或其他收费主体却在收取的费,基本上归入强制性收入之列(当然,有时强制性只是相对的,这种相对性甚至在税收领域也存在),从而使税与费都成为在整个国家的强制性收

[①] 基尼系数是衡量收入分配是否公平的重要指标,其大小在0—1之间,系数越大,越意味着收入分配的不公平。根据一些统计,我国的基尼系数比改革开放之初有了一定的提高,一般认为大约在0.47—0.5左右。对于分配差距的相关研讨,可参见张守文:《分配危机与经济法规制》,北京大学出版社2015年版,第45—46页。

[②] 财政失衡包括纵向失衡和横向失衡两个方面。前者主要是指财力在不同级次的政府之间的分配的不均衡,后者是指财力在同级次的政府之间的分配的不均衡。财政的失衡会直接影响不同级次的公共物品的提供,由此会带来很多的经济问题、社会问题甚至政治问题。

[③] 参见国家税务总局税收科学研究所编著:《西方税收理论》,中国财政经济出版社1997年版,第60—61页。

入体系中的不可缺少的组成部分,即国家分割国民财富"大蛋糕"的那部分。①

在分割蛋糕的过程中,蛋糕切在哪里,税与费所切的蛋糕各占多大的比例,是关系到税与费的关系、国家与国民的关系、企业与其他社会组织的关系以及这些主体之间的相互关系的重要问题。由于税与费都在国家分配体系中占有重要地位,它们对于收入分配的公平性影响最大,因此必须考虑国民的最高负担额,必须考虑税费的总体比重。

税与费所占的比重有多大,应当是同政府支出规模密切相关的。从某种意义上说,税收收入关系政府对公共物品的提供,不具有直接的返还性;而收费相对说来不影响公共物品的提供,它是具有直接的返还性的。尽管在税收依据理论中有"交换说"等学说,但是,在收费理论上,受益原则是更为基本的原则。可见,在收费方面,更能够贯彻市场经济中的"谁受益,谁付费"的原则。

对于税与费的区别,学者们曾有多种概括。不管怎样,税与费的产生背景、形成原则、职能、用途等,都是不同的。这些区别使得政府在税与费的获取数量和规模等方面,也要有所不同。事实上,人们现在探讨的问题,也主要是集中在税与费各自应有的数量和规模上。因为这种数量和规模不仅影响到国家的财政汲取能力,从而影响到国家的宏观调控能力和国家的竞争力,而且也直接影响到国民或居民的付出规模,影响到企业的持续发展力和国民的生活水平或生活质量。但是,税与费的规模,怎样才算合理,各自占 GDP 的比重如何界定,是否有一个公认的标准,是否在各国都要整齐划一,则还存在许多争论,还需要深入研讨。

(三)"费改税"与法律上的合理分权

"费改税"的问题,涉及哪些费应该改为税,哪些费应该保留或废止等诸多问题,这些当然也是现实的、迫切需要解决的问题。同一般的分配问题相比,"费改税"之类的改革,主要影响到相关国家机关之间或相关的收费主体与征税主体之间的关系等问题。为什么此类改革仍然不可能有效地解决清费后的反弹以及税收收入的不足等问题?有哪些方面关涉财政

---

① 依据经济学上的"蛋糕原理",蛋糕是社会财富的比喻,要想分得更多的蛋糕,就必须提高效率,发展经济,即必须把蛋糕做大。蛋糕的大小,涉及效率问题,是需要发展经济才能解决的问题;而蛋糕的分配的多少,则涉及公平问题,是法律需要解决的问题。

法定主义和财政联邦主义的问题?这确实值得深思。当然,这类问题需要从许多方面入手才能较为彻底地解决,其中更为根本的问题,则应当是"费改税"的基点问题。

如前所述,"费改税"的基点,主要是在法治的前提下进行收入分配体制的改革,在法律上进行合理分权。这里的体制改革不仅应是所谓的"税收体制的进一步完善",也不仅是一般的"收费的清理"或"收费方式改革"的问题,而应是涉及整个分配体制改革,进而影响各类相关体制改革的问题。改革必须是配套的,因为社会生活、政治制度的各个方面,本来就是普遍联系的,所以国家在2013年才作出了全面深化改革的重要决定。自改革开放以来,我国曾经历了"利改税""拨改贷"等多种由一个方面改为另一个方面的涉及不同体制、不同领域的改革。其实,无论是大改还是小改,都是一个系统工程,都需要综合的、配套的制度创新。

体制的改革直接影响到制度的变迁,而制度的变迁则涉及法律的变革。"费改税"也是一样。要进行"费改税",不是简单的几种费改为税的问题,不是简单的从政府的一个口袋进入另一个口袋的问题,而是应该从根本上改变一些旧有的影响社会分配的体制架构,强调进行配套的体制改革,以推动因实行市场经济体制所带来的经济转轨和社会转型,以及由此产生的制度变迁和社会变迁。而法律制度的变迁,不管是社会经济发展内在需求所引发的法制的变革,还是基于"建构主义"的国家参与所导致的强行推进的法律的除旧布新,都要放在整个国家和社会的政治、经济、社会、文化等发展的大背景之中来加以认识,都必须把它作为一个综合的、非线性的、非孤立的整体来对待。

"费改税"作为一个系统工程,并不只是一个或几个具有宏观调控职能的部委的简单汇总操作即可"毕其功于一役"[1],而是必须注意在分配体制上加强协调,以解决相关主体的收入分配权的问题。

值得指出的是,宪法作为一部"分权"的法,它对相关的国家机关的权力进行了基本的、原初的分配。在相关国家机关的诸多权力中,收入分配权是其中的一项较为重要的权力。而确定收入分配权力的划分的制度,则构成了一国的收入分配体制。收入分配体制涉及方方面面,因而对收入分配体制的调整事关重大。毋庸置疑,收入分配体制关系到各类有权

---

[1] "费改税"工作主要由财政部、国家税务总局等部委来具体承担。但是,这些部委在工作过程中必须注意加强综合协调,以免出现过分强调部门利益的情况。

第三章　财税法制度变迁中的重要问题

从私人经济部门获取收入的主体的利益,并且,这种利益分配的调整会直接对相关主体产生很大的影响和作用。事实上,自古以来,收入分配权的配置都是非常重要的,它可能会影响到政权的更迭,也可能会影响一国的"治乱循环"。这种重要性早已为各国所认识。正是基于这种认识,各国才纷纷在宪法中对相关主体的收入分配权作出规定。从历史上看,正是在收入分配权上的争执,才导致了近现代宪法的产生。例如,英国的《权利请愿书》,就是为了约束国王的征税及获取其他收入的权力而闻名于世的。至于其他的约束国家或政府获取收入的权力的法律,在各国当然就更多了。

从一般的法理上说,只要涉及国家或政府向国民征取收入的问题,就必然直接涉及对国民的财产权的侵犯问题,对待此类问题必须慎重,同时,从合法性和可执行性上考虑,要做到从近期或长远利益上,对广大的国民更加有利。为此,在有关获取收入的问题上,应当强调必须有国民代表的同意,即在法律基础上,应当有以国民利益为基础的"良法"的规定。只有在考虑和符合国民的长远利益的情况下,"良法"规定国民需缴纳自己的收入的一部分,才是国民应当采行和乐于接纳的。应当说,依据"无代表则无税"的思想,以及"议会保留"的精神,各国相继确立的税收法定原则[①]、预算法定原则等,即使从财税法的可执行性和合法性的角度来看,也是非常重要的。

基于上述考虑,在国家获取财政收入方面,无论是征税,还是收费,都应当强调"取之有道",这里的"道"就是法律上的依据,"取之有道"也就是强调要"依法获取"。如果政府取财无"道",违法地横征暴敛,就是对国民的大逆不道,不仅违反世俗法,也违反自然法。这样的政府就会失道寡助,失去合法性。

在强调法治精神的情况下,不仅要明确依法征税、依法收费(或称依法取费)的基本精神,而且还应该使整个收入分配体制建立在法治的基础上。尤其应明确谁有权收税,谁有权收费。这些都需要在法律上加以明确,以使获取收入的主体适格。

我国现实生活中之所以收费过多、过滥,"费大于税"或"费挤税",主要原因就是没有严格贯彻"依法取费"的原则,没有在法律上明确哪些主体有权收费,或者在现实生活中大量地默许无法律依据或法律依据不足

[①] 参见张守文:《论税收法定主义》,载《法学研究》1996年第6期。

的收费。在这种情况下,由于利益驱动,必然会导致各种主体纷纷巧立名目,巧取豪夺,使得收费项目和规模猛增,导致"民怨沸腾"。因此,在法律上明确有权收费的主体和有权征税的主体,非常必要。

上述主体收入分配权力不清或法律规定混乱的问题,直接导因于我国立法的不完善。例如,我国的收费主体,主要是广义上的政府[①],但是,政府享有哪些权限,尤其是享有哪些收费的权限,则缺少相关法律的规定。事实上,我国在相关的政府组织法中对这些问题尚无明确规定,在其他的税收实体法或税收程序法中亦无相应规定,也没有一部系统的规范收费活动的法律或法规。因此,从严格意义上说,目前并没有很好地贯彻"依法取费"的原则,有许多种类的费的收取,并无法律依据。

为了解决上述问题,从立法上看,应当在宪法的修正案、国家机关的组织法以及其他相关法律中,对于哪些主体有权征税,哪些主体有权收费作出明确规定,即首先从法律上,在收入分配权限上,对参与社会收入分配的主体予以控制,尤其要明确界定收费机关的级次及其收费的归属等问题。应当特别在行政法规中对有关收费的职能和项目作出明确限定,把有关行政收费的规定压抑到最低限度。因为依据中国社会的国情,即使是"上游"限制较严的事项,在向下贯彻的过程中,也会出现很大的偏差,即越往下端,贯彻得越宽松,从而出现法律效力或政策效力的衰减或称"衰变"的问题,并引发上级与下级等不同层次、不同主体之间的多种类型的博弈活动。而在这些博弈活动中,制定法的效力往往会被大量磨损,以至于很难得到适用和贯彻。这是在强化立法时必须要考虑的可能存在的与立法预期相反的"逆向操作"的问题。而在存在突出的利益驱动的情况下,上述问题在收费领域会体现得更为明显。

要防止和避免在收费领域里出现反弹的问题,必须注意在立法上不能仅仅采取"堵"的方式,还必须考虑如何"疏导"。事实上,收费的泛滥,尤其是政府收费权力的滥用,当然有不依法取费的问题,因而要注意对收费的规模加以限制;但强调限制收费规模,也并非要把政府的收费渠道完全堵死。政府之所以收费,有时也确实是应该的或迫不得已的。一方面,

---

[①] 广义上的政府,并不仅限于行政机关,而是还包括各类实际上行使行政权的机关、事业单位以及提供公共物品的其他组织。在我国,过去曾规定的有权收取预算外资金的主体就非常广泛,从一定的意义上说,这些主体都可能被归入广义的政府,因而预算外收入在理论上也都被认为属于财政性资金,属于政府的收入。

第三章　财税法制度变迁中的重要问题

可能是因为向国民提供了服务,从而根据受益原则,当然要收取一定的费用(这种收费一般是无可厚非的)。但另一方面,也可能是因为政府在向国民提供公共物品时,存在着财政收入不足的问题,为此,不得不采取变通的方法,通过收费的方式,来解决旧有体制所造成的收入不足、入不敷出等问题。为了解决这些问题,很重要的一点,仍然是要真正转变政府职能,简政放权,做到应该由政府管的事情必须管好(如公共物品的提供就是政府必须做好的事情,但是现在做得还很不够);同时,不该政府管的事情,就坚决不要去管,以真正发挥市场机制的功能①,真正发挥社会中介的作用。

为了使国家机关能够有效地行使其职能,就必须使其有能够充分提供公共物品的资财。而为了获取这些资财,就必须开源节流,真正使国家机关一方面能够获取足够的用于提供公共物品而不是提供私人物品或为小团体谋取私利的资财;另一方面,政府机关或其他国家机关也必须努力提高效率,减少运行成本,真正尊重纳税人的权利,保持廉洁、高效的形象。这对于国家和政府都是非常重要的。

在上述探讨中,还涉及一个问题,这就是如何使政府得到足够的收入。要解决这个问题,就必须明确政府收入的源泉主要是来源于税收,并应当对各级政府的税与费的收入比例有一个大致的规定,不得使税收收入低于本级 GDP 的一定百分比,也不得使收费收入高于本级 GDP 的一定百分比。这样,就可以使税收收入始终能够保持一定的水平,并随着经济的发展、税源的丰沛而增长。与此同时,必须通过税收收入的增加,使原来靠收费维持的政府开支得到弥补,使政府能够正常、有序地运行,而不因收入的不足影响公共物品的提供。

事实上,随着经济的发展,税源的涵养,GDP 绝对值的历年大幅度增长,税收收入的增长应当是没有问题的。② 而税收收入的增长之所以始终

---

①　政府和市场都是配置资源的重要系统,但政府主要是提供公共物品,市场主要是提供私人物品,两者作用的发挥需要法律的有效保障。相关探讨可参见张守文:《政府与市场关系的法律调整》,载《中国法学》2014 年第 5 期。

②　自 1994 年税制改革以来,特别是 1998 年以来,我国的税收收入每年持续递增 1000 亿元以上。在 2004 年,我国的年度税收收入已经达到 2.5 万多亿元,当年税收收入增收了 5000 多亿元,仅增收额就超过了 1993 年的全年收入额。

使政府感到不足,一方面是"瓦格纳定律"的体现①,另一方面也说明在税收征管方面还存在问题,即国家的"课税努力"不够,而不是"课税潜力"不足。因此,在清费、"费改税"、加强收入分配体制的改革和相关立法以后,一个重要的问题就是加强税收的征管,把该收的税收上来,真正做到"依法征收""应收尽收",以用于弥补由于国家机关不能大量收费所可能造成的公共开支的不足,从而形成税与费的良性循环,形成整个分配体制的良性循环。

(四) 小结

"费改税"的法律基点,是一个非常重要、同时又往往容易被隐含在具体改革事务中的一个问题,但它确实是一个非常根本的问题。它决定了改革的立足点,也决定了改革的出发点和归宿。对于这样一个问题,需要从不同的角度进行综合的全方位的探讨,并将其中的一些方面加以具体化,使其本身成为"费改税"改革中的应有之义。这对于推进我国的"费改税",推进有关收入分配体制的研究以及相关的法学研究,也许会更有积极的意义。

对于各类具体的"费改税",如早年提出的改征"养路费"等费用为征收"燃油税",改征收教育费附加为征收教育税,改征收社会保障费为征收社会保障税,等等,人们曾经寄予了很高的期望,但这些改革不仅事关一些需要破解的理论难题,还涉及非常关键的可操作、可推进的制度协调问题。

"费改税"涉及财税法制度的内部协调,包括税收体制法和收费体制法的协调,以及具体的税收征纳制度与具体的收费制度的协调。在具体的协调过程中,会牵涉对于各类法定主义(如税收法定主义等)以及财政联邦主义的理解,因而涉及一些财税宪政的问题,同时,也同财税法制度的具体完善直接相关。正由于"费改税"牵涉甚广,波及多种不同主体的利益,因而改制的难度也就相对较大,但同时也为财税法研究提供了重要的素材。

---

① "瓦格纳定律"表明,各国的政府支出,总是呈现出不断扩大的趋势。从行政法的角度说,这同国家干预的加强,以及政府行政权的膨胀是一致的。当然,同时也可能说明国民需要政府提供的公共物品也越来越多了。广义"瓦格纳定律"的经济学分析,可参见〔美〕马斯格雷夫:《比较财政分析》,董勤发译,上海人民出版社1996年版,第71页。

第四章 连接问题与主义的"可税性理论"

一、问题与主义的理论连接

在法学领域,对于究竟应当多研究一些问题,还是多探讨一些主义,一直有不同的看法。有人认为,法学的研究对象既然是法,就是应用学科,当然应当多研究"问题",只有有效地解决现实问题,法学才有生命力;此外,也有人认为,法学既然是一门学问,当然应当研究一些重要的理论主张,因而应当多关注一些重要的"主义"。类似的不同看法,在财税法学领域也都存在。

从制度层面来看,财税法制度可谓由来已久。人们至少会认为,它是与国家的产生相同步的。"财政是庶政之母""无财则无政",没有财政,国家或政府也就难以存续。正由于财税制度历史悠久,其影响领域广阔,且围绕财税产生的问题非常众多,因此,值得研究的问题也层出不穷,不胜枚举。在这个意义上,财税法学当然应当研究一些重要的财税法问题。如前所述,财税法领域有两类问题是非常重要的,一类是财税宪政问题,一类是具体的财税法制度的完善问题。在前面相关问题的探讨中,无不牵涉这两类问题;只有有效地解决好这两类问题,财税法制建设才有可能达到较高的水平。

例如,前面谈到了财税法制度变迁过程中所涉及的一些重要问题,如财税法制度的稳定性与变易性问题、具有变易性的财税法制度在变迁过程中的普适性问题、财税法制度在其变迁过程中同私法制度等外部制度的协调问题,以及在财税法内部的征税制度与收费制度的协调配套问题,等等。在这些问题中,都不同程度地涉及财税宪政的问题,以及某个具体领域的财税法制度的完善问题,只有有效地解决这两大类财税法问题,才能更好地解决在财税法制度变迁过程中涉及的一些重要问题。

无论是上述的两大类财税法问题,还是现实生活人们关注的财政危机问题、各类税案,以及在财税法制度变迁过程中发生的各类具体问题,都不同程度地与前面探讨的"三大主义"有关联。在解决财税法领域的理论问题或实践问题的过程中,一些重要的"主义"往往会起到重要的作用。

因此，在财税法学研究中，不仅应研究诸多的具体"问题"，而且也要研究相关的"主义"，并且要在相关的"问题"与"主义"之间，找到其相互连接的桥梁，发展出新的理论。只有不断地找到各类具体问题与相关主义之间的"理论连接"，才能不断地推进财税法理论的发展，更好地、更有针对性地去解决大量的现实问题。

基于不同法系的特点，在许多部门法领域，英美法系国家的学者往往更多地运用个体主义的方法论，更倾向于对具体问题的研究，对于各类"主义"的理论研究则相对较少；而大陆法系国家的学者则在研究一些具体问题的同时，基于体系化的需要和整体主义的方法论，也会关注各类"主义"之类的理论研究。在财税法领域，基于各种"法定原则"的要求，具体的财税立法主要以制定法形式出现，因而对个体意义和整体意义上的财税法问题都应当关注，不仅如此，还尤其应当找到"问题"与"主义"之间的理论连接，并不断地发展财税法理论，推动财税法的理论创新。

在连接"问题"与"主义"的理论中，可税性理论很有价值。因为该理论既与财税宪政及财税法的具体制度建设等"问题"相关，同时，又与两权分离主义、税收法定主义等"主义"相连。为此，有必要对可税性理论的基本问题展开探讨。

二、对可税性理论的一般认识

如前所述，税收在各国财政收入中的至尊地位，已使现代国家成为名副其实的"税收国家"[①]。由于国家征税直接影响到相关主体财产权的损益，关系到国家能力的强弱和国家行为的合法性[②]，甚至在一定时期会严重影响民生与国计，导致"治乱循环"，因而对征税不可不慎。

国家征税通常要考虑两个方面，一方面是经济上的可能性与可行性，这可称为"经济上的可税性"（经济学界已有人研究）；另一方面，是法律上

[①] 著名的经济学家熊彼特早在1918年就在《税收国家的危机》这一著名的论文中提出了"税收国家"的概念。由于各国的税收收入一般都在本国的财政收入中占90%左右（我国的这一比例甚至一度曾达95%左右），因而从收入的角度说，现代国家已经成为了名副其实的税收国家。

[②] 国家能力作为国家把自己的意志转化为现实的能力，主要包括汲取财政的能力、宏观调控的能力、合法化的能力和强制执行的能力。因此，它不同于国家的竞争力或综合国力之类的概念。国家能力的基础和核心是汲取财政的能力，舍此国家就很难有行为能力。参见王绍光、胡鞍钢：《中国国家能力报告》，辽宁人民出版社1993年版，第6—11页。

第四章　连接问题与主义的"可税性理论"

的合理性与合法性,这称为"法律上的可税性"。征税是否合理,不应仅看经济上的承受力,还应看征税是否平等、是否普遍等方面;同时,征税是否合法,不应仅看是否符合狭义上的制定法,而且更应看是否合宪、是否符合民意,是否符合公平正义的法律精神。这些本应是通识,但现实中却并未成为一种共识,甚至由此还产生了理论和实践上的许多问题和歧见,因而确有提出和正视此类问题并对其进行梳理之必要。

基于税法学理论的现有水准以及目前存在的一些现实问题,下面拟着重分析和研讨与税法上的可税性有关的如下问题,即可税性与征税权的行使问题、可税性与征税范围的确定要素问题、税收优惠对可税性的影响问题,以及可税性理论与相关问题的解决问题。

(一) 可税性与征税权的行使

一个主体可否实施征税行为,以及征税是否合理、合法,首先取决于该主体是否享有征税权。这是在探讨可税性问题时不容回避的一个首要问题。其实,征税权既是从主体角度判断某个主体是否可以征税的一个重要标准,同时也是纳税人维护自身权益的一个重要标准或武器。在征税权方面需要明确的问题主要是:谁可以享有征税权?对征税权应如何界定?政府的征税行为是否具有合理性和合法性?

从税法原理上看,征税权作为国家管辖权的一个重要方面,是国家主权的体现①,因而从理论上说,它只能由国家来享有。当然,国家可以委托其某些机关或职能部门来具体地行使征税权。从各国的实践来看,国家的征税权(或称税权),并不当然由政府全部享有,因为征税权的范围还是较为广泛的。如前所述,在把税权分解为税收立法权、税收征管权、税收收益权的情况下,税收立法权一般是不能由政府来享有的。而一旦要征税,则首先涉及由谁来制定税收法律,由谁来开征税种的问题,其次才是由谁来依据法律的规定具体征税及组织税款入库的问题。这实际上是不同层次的问题。因此,在判断某个主体是否可行使征税权力(即征税主体是否可税)时,首先应看它是否有税收立法权,以及其行使是否合法。

上述分析说明,即使是通常握有税收立法权的立法机关,同样也有其权力运用是否合理、是否合法的问题。自古以来,人们往往都认为缴纳

---

① 如前所述,从国际法的角度说,国家主权通常包括独立权、平等权、自卫权、管辖权等。税收管辖权作为国家重要的管辖权,自然也是主权的组成部分,具有主权的位阶。

"皇粮国税"是天经地义的,但在现代法治国家,可能在某些情况下就不是那么"天经地义"了。因为这要看税收立法权的行使是否合宪,是否符合民意。因此,必须在强调税收法定原则,从而提升立法机关的地位的同时,还要强调立法机关自身的行为也要合法、合理。只有既遵循通行的造法规则,又能真正体现民意;既注意法律的普适,又强调适用的公平,才可能使制定出来的税法在法律上是可靠的,在经济上是可行的,在社会上是可用的,从而才能真正确保"可税"。

立法机关存在是否可税的问题,行政机关就更是自不待言。对于行政机关来说,最基本的要求是严格依照税收法定原则行事(实践中最大的问题就是对该原则的频繁违反)。目前,如能认识到这一层面,就已算是税法意识方面的"有识之士"了。当然,在全民税法意识有较大提高之后,必然会进一步提出立法机关合法征税的问题,这也是现今盛倡"依法治税"口号的应有之义。

要解决立法机关与行政机关征税的合法性与合理性问题,需要明确其各自的权力。因此,税权的合理划分,税收体制法的完善等,对于尚需进一步完善税制的中国来说,就显得尤为重要和必要。我国的税收立法权从横向分配来看,是属于分享模式,并且,国家行政机关实际上享有很大的税收立法权,以至于税收立法级次普遍偏低[①],从而使"可税性问题"表现得更为突出。许多人都已注意到,自改革开放以来,我国虽开征了众多税种,但至今却仅制定了三部税收法律。[②] 要解决此类立法方面的问题,就必须努力贯彻税收法定原则,使国家立法机关真正成为国家税收立法的主体,并且,至少应在形式上和程序上使税收立法更具合法性,这在我国现阶段非常有现实意义。

(二) 可税性与征税范围的确定要素

在课税要素中,征税范围是一个核心要素。[③] 因为从狭义上说,它主

---

① 参见张守文:《税权的定位与分配》,载《法商研究》2000 年第 1 期。
② 在我国,自改革开放以来,经过不断调整,现有十八个税种,但制定的税种法律仅有三部,即《企业所得税法》《个人所得税法》和《车船税法》,而包括增值税、消费税等在内的一些十分重要的税种,都没有严格依据税收法定原则来进行立法,这也是导致税法实效欠佳的一个重要原因。
③ 一般认为,课税要素就是决定纳税人的纳税义务是否成立所必备的条件,是税收实体法必不可少的内容。其中,征税范围与税率一样,都是核心要素,并且,它具体地决定着广义的税基和狭义的税基。

第四章 连接问题与主义的"可税性理论"

要确定了征税客体,以及作为其具体化的税目和税基。这些都是决定具体税收征纳活动能否有效实现的重要因素。从广义上说,它决定了某类主体能否成为纳税主体,同时,也决定了其纳税范围有多大的问题。正因如此,征税范围实际上决定了某类主体能否进入具体的税收征纳法律关系,它是决定纳税义务能否成立,以及具体的税收征纳活动能否展开的前提(征税范围从纳税人的角度说就是纳税范围,包括纳税的主体和客体的范围),是决定对某个主体及其相关收益是否"可税"的关键。

既然征税范围的确定至关重要,那么,征税范围的确定需要考虑哪些要素呢?这是过去疏于研究的一个问题,而又恰恰是一个非常具有理论意义和实践价值的问题。根据国内外的立法实践,以及相关的税法理论,可以认为,在国家确定征税范围时,主要应考虑两个最基本的因素,即收益性和公益性(后面还将提及与它们密切相关的"营利性")。正是这两个因素,决定了国家对某个主体及其某个行为是否应当征税,也就是说,它们决定了某个课税对象是否具有可税性。

从各国税法在确定征税范围的共性方面,不难抽象出一个共同点,这就是收益性(它在很多情况下与"营利性"密切关联)。由于税收活动实际上是对社会财富的分配和再分配,因此,只有存在收益时,才存在收益的分配问题;同时,也只有存在收益,在理论上才可能有纳税能力。而只有在向有纳税能力的人课税时,这种课税才是合理的,同时,也才是合法的,从而也才是可税的。

主体的收益,包括诸如商品(包括劳务,下同)的销售收入、各类主体的所得、源于财产的收入或利益等三大方面。以上述收益作为征税对象,便形成了商品税、所得税和财产税这三大税收的划分。当然,各类收益还可作进一步的具体的划分。例如,销售收入还可分为商品的增值额、营业额等,从而有了增值税、营业税等商品税的划分[①];各类所得可以分为企业的所得和个人的所得等,从而又有了企业所得税、个人所得税的划分等。可见,对收益的分配,是现行的日显重要的分配制度的基础,同时,当然也是税收制度的基础。

在通常情况下,从纯经济理论上说,有收益就可以征税,而不管这种收益的来源、性质如何以及是否合法等。因此,不管是销售收入还是营业利润,不管是投资收入还是资本利得,不管是集体收入还是个人收入,都

---

① 我国已经全面实施了"营改增",但在理论上,对于营业税的研究仍然有重要意义。

是重要的税源①,依法都可以征税。

可见,收益性是确定可否征税的一个非常基础性的因素。但与此同时,还需要注意的是,国家征税并不只是单纯考虑获取财政收入,而是要全面实现税收的职能,以在分配收入、配置资源、保障稳定等各个方面②,发挥税收的杠杆作用。正因如此,国家在确定税收政策,制定税收法律时,就必须考虑经济、社会等其他一些因素,而并非仅是财政因素(当然,财政因素常常是困扰财政弱国实现其意志的至为重要的因素)。这样,就会导致在某些情况下,即使某些主体是有收益的,从理论上说也是应当征税的,但无论是事实上,还是法律规定上却都没有征税,从而使得"有收益即可征税"的说法受到了限制。

为什么有收益而不征税?对此人们往往会概而言之:这是政策上的考虑。但不应忘记的是,在具体确定政策或相关的立法时,国家考虑最多的还是主体及其行为是否具有公益性。通常,如果某主体的行为具有突出的公益性,是在为社会公众提供公共物品(public goods),则往往即使有收益,国家也不对其征税。因此,即使政府或其他国家机关有收益,则因其不以营利为目的,而将收益都用于公共物品的提供,因而对这些国家机关是不征税的。这也是税法理论上的"征税者不对自己征税"原则的体现和成因。

但是,如果国家机关等主要靠财政来供养的部门存在营利性活动,并由此有营业收益,则是否应对其收益征税(在此体现了公益性与营利性的冲突)?回答是肯定的。我国现行的规定也是如此。由此又在收益性、公益性的基础上,引出了营利性的问题。事实上,如果具有公益性的财政供给部门存在营利性的活动,就违背了公益性组织的"非营利性"假设,这时它已与营利性的组织(如企业)无异,在征税上当然应将其视同营利性组织对待。

可见,对于征税范围的确定,大体上可以依循这样一个思路:征税与

---

① 许多经济学家都认为,收益是最好的税收源泉,国家征税只能触及税源,但不能伤及税本。即不能对生产力,对经济发展的基础造成伤害。这对于研究税收立法问题以及税收的可税性问题是很有借鉴意义的。

② 对于税收的三大职能,学者的概括不尽相同。但一般都赞同税收的前两项职能,这与当代财税大师马斯格雷夫(R. A. Musgrave)的概括是一致的。此外,还有学者将其第三项职能概括为监督的职能。其实,在税收实现了上述的两项职能的基础上,就会有助于保障经济的稳定和社会的稳定,因而概括为保障稳定的职能也许更妥。

第四章 连接问题与主义的"可税性理论"

否,首先取决于是否有收益,这是征税的基础;如果有收益的主体是以营利为目的,其宗旨和活动具有突出的营利性,则应当征税;如果有收益的主体不是以营利为目的,且其宗旨和活动具有突出的公益性,则不应当对其征税;如果公益性的组织存在着营利性的收入,则对其营利性收入的部分,是应当征税的;同样,如果一个营利性的组织,其某些活动具有突出的公益性,则应考虑对其公益性的活动予以褒奖,即应给予一定的税收优惠。

上述区分表明,在税法上,对于收益不能一概而论,而应将其区分为营利性收益和非营利性收益;同时,相关的主体也应区分为营利性主体和公益性主体。对于营利性主体的营利性收益,一定是要征税的;对于公益性主体的非营利性收益,一定是不征税的。对于营利性主体的公益性活动和公益性主体的营利性活动,则要区别对待。但主要还是看行为本身的性质,而不是看该主体本身通常是属于哪一类的主体。这应当是一个基本原则。

从实证的角度来看,现行的制定法已经在总体上体现了上述原则,特别是在广义上的征税范围的确定方面,如在商品税中,往往是依据应税的营利活动的存在与否,来判断某类主体是否应列入纳税主体。[①] 可见,营利性的标准在商品税中是极为重要的。只要有营利活动,则不管是营利性主体还是公益性主体,都要就其收益,按照法定的标准纳税。事实上,在我国现行的几个商品税方面的制度规定中,国家机关、事业单位、社会团体等也都被列为纳税主体。同样,在所得税等领域中,是否有营利性活动及相关收益,是税法应否把这些主体列为纳税主体或是否对其征税的主要根据。

此外,从一定意义上说,虽然往往是主体决定行为,但在税法上也同样存在着行为决定主体的情况,即行为的性质及其经济结果会影响到某类主体在法律上的地位,会影响到纳税主体的范围。这是在研究税法的问题时需要注意的。

应当指出的是,建立在收益基础上的营利性固然重要,但在强调公益

[①] 例如,在我国的商品税制度中,凡是从事税法规定的应税行为的企业、事业单位、社会团体、军事单位等,都应当依法缴纳相关的商品税,而并非仅是从事生产、经营的企业才缴纳商品税。同样的情况在所得税领域里表现得更为突出;企业所得税虽然貌似只对"企业"才征税,但实际上,这里的企业包括"依照中国法律、行政法规在中国境内成立的企业、事业单位、社会团体以及其他取得收入的组织"。

性的情况下,也会存在例外。这种例外主要表现在,一方面,公益性主体可能根本不会被列入纳税主体;另一方面,公益性主体的一些收益可能会被给予免税待遇。这两个方面可能导致税法所确定的征税范围以及实际的征税领域,会大大小于理论上可以征税的领域。因此,对这两个方面的问题,还需要再进一步地予以说明。

另外,上述的公益性,与政治性、社会性的因素密切相关。大略说来,是否具有收益性或营利性,主要是从经济性的角度所作出的界定;而是否具有公益性,则更多的是从经济性以外,特别是从政治性、社会性等方面所作出的权衡。事实上,税法之所以会具有在收入分配、宏观调控以及社会稳定等方面的保障职能,与在确定可税性方面需要考虑的收益性、公益性、营利性等是一致的。正由于有收益性,因而才可以有效地实施分配;正由于有营利性,因而才可以充分运用税收杠杆,来有效地配置资源,进行宏观调控;正由于有公益性,因而才能更好地保障经济和社会的稳定,保障社会公共利益和基本人权。

收益性、公益性与营利性,存在着紧密的联系,对此前面已从不同侧面有所涉及。除此之外,仍应注意的是,在三者之间还存在着一种后者是前者的特例或是对前者的"否定"关系。例如,收益性是征税的基础,而公益性的存在却可能是对收益征税的否定因素;同样,虽然公益性的存在是征税的否定因素,但营利性的存在,却又是公益性这一"否定征税因素"的否定因素。

上面谈到的在确定征税范围时所需要考虑的三个要素,是在依据税收法定原则进行税收立法时必须充分予以注意的。但上述三个要素主要是确定"抽象的征税范围"时所需要思量的。至于具体的征税范围,特别是实际上的征税范围,则还可能受到其他因素的"侵蚀",其中既包括合法的因素,如法定的税收优惠;也包括非法的因素,如违法的税收逃避,以及大量存在的地下经济等。① 由于非法因素的侵蚀是另外一个层面的问题,因此,基于可税性的考虑,在此仍侧重于探讨合法因素对法定征税范围的具体变易,因为这些变易是符合立法原意的。

---

① 对于地下经济,在第二次世界大战期间曾出现过研究高潮,并且,在20世纪70年代以后,这一领域的研究更加引起了发达国家学者的重视,并形成了地下经济学。对此美国学者法伊格(Edgarl L. Feige)等曾在其《地下经济学》中作过专门的研究。可参见〔美〕法伊格编著:《地下经济学》,郑介甫等译,上海三联书店等1994年版。

（三）税收优惠对可税性的影响

本来，在法定征税范围之内的人和物，依法都是可税的，即都具有可税性，但由于存在着诸多政策性的考虑，特别是经济效率、社会公平、政治稳定等方面的考虑，国家在具体征税时，又往往会牺牲一部分税收利益，让利于其他主体，以求相关主体之间的税收利益能够得到均衡配置。也正因如此，在具体的征税活动中，依据上述三个要素所确定的抽象的征税范围，可能在某些领域会被某些税收优惠制度侵蚀，从而使某些原本具有可税性的课税对象不具有"实际上的可税性"。

纵观我国现行税法，因税收优惠而否定一般可税性的情况比比皆是。这主要是我国税法与经济政策、社会政策等的联系十分密切，且在税收立法上对相关政策多有回应和体现的缘故，从而使一般的税收原理和税法原理有了一定的例外。事实上，不仅我国的税收制度如此规定，其他国家和地区也都大略如此。这与国家职能的多元化，以及税收政策目标的多元化密切相关。由于存在着多元化的价值取向，因而就不可能像过去那样片面地考虑唯一的获取收入的职能，而必须力求实现各项职能的兼顾。

在税收优惠制度中，税收减免采行最为普遍。无论是哪种优惠，都是出于不同税收法律政策的考虑。而在确定这些政策（不是一般的政治性的政策）时，除了经济因素的考虑之外，主要需考虑主体及其行为是否具有公益性和公平性、是否具有营利性等。在考虑公益性和公平性时，需着重考虑主体的特殊性和自然状态的特殊性等因素。

在主体的特殊性方面，本来，税收公平原则要求普遍课征和平等课征，因而在纳税方面不应该出现特殊主体。但是，征税又要求必须实事求是，必须注意横向公平。当纳税能力不平等时，就必须考虑不同主体在纳税能力方面的差异。此外，还应看某些主体的行为是否属于国家所鼓励发展的。那些具有公益性的、非营利性的主体，有利于促进经济和社会发展的主体，其行为往往是国家要在税收上予以鼓励的。正是由于存在着这些因素，才有了在税法上适用税收优惠规定的特殊主体。

通常，可能享受税收优惠的主体，主要是一些特殊的群体，如公益性的社团组织、国家机关、军队、农民、残疾人、学生、教师、外交人员、社会鼓励和扶持的群体（如获得重大奖励的人士、军属、烈属）等，这在各国立法中都有反映。对于上述通常涉及公益性、公平性考量的群体，各国税法大都给予税收优惠。①

除了主体因素以外,客观上的自然状态的特殊性也不可忽视。例如,自然灾害等不可抗力或意外事故的因素,经济和社会发展程度不同的老、少、边、穷地区的存在,等等,都会影响到税收减免制度的确定和具体实施。我国税法在这方面的规定尤其多见,这在一定程度上也反映出我国的多灾害性和经济、社会发展不平衡的特点。

在存在上述各类因素的情况下,对于相关主体依法给予税收优惠,会导致在实际上不能够对其征税,从而使纳税主体和征税对象的可税性受到影响。

(四)可税性理论与相关问题的解决

可税性理论及其所蕴涵的可税性原理具有一定的应用价值,若能深入进行研究,则会对税收立法、执法等产生很大影响,从而有助于解决许多重大的税法理论问题和实际问题。

在税收立法方面,依据可税性原理,对影响征税范围可税性的三个要素进行合理配置,有助于更好地在立法上对纳税主体、课税对象等作出界定,从而实现合理、合法的有效课税;同时,还能够进一步提高对征税权的认识,实现税权的有效配置与合法行使,从而完善税收体制法(它是税收征纳法的基础)。此外,还能够在具体的税收立法过程中协调征税范围与税收优惠方面的规定。这些对于解决现行税法中的许多问题都是有积极意义的。

在税收执法方面,特别是在具体的税收征管方面,明确可税性原理,有助于全面贯彻税法规定的基本精神,从而能够更好地知道哪些应该征税,哪些不应该征税,也能够更好地理解税法中的相关规定,同时,有助于发现税法规定的缺失,从而为堵塞税法漏洞,完善税法奠定基础。

其实,在税法的实践中可能出现的许多问题,并非单靠税法规定得详尽就能够有效解决。更何况大量立法甚至还可能导致波斯纳(Posner)所

---

① 对于我国以及相关国家有关非营利性的、公益性的组织的税收优惠规定的比较,笔者在《规制与发展》(合著,浙江人民出版社 1999 年版)一书中曾作过一些分析,恰恰是在写这部分内容时,更感到研究可税性问题的重要与必要,因为它是税法理论中长期被忽视的一个重要问题。

第四章 连接问题与主义的"可税性理论"

指出的一种状态：税法规定得越详尽，漏洞就可能会越多。① 因此，许多问题并不能都指望通过立法的完善来迅速地得到形式上的解决。同时，在立法不可能有效地解决各类问题的情况下，当然也需考虑如何通过理论的指导，通过法理的指引，来解决这些问题。

例如，前些年理论界和实务界曾广泛而热烈地探讨的一个问题，就是对所谓的"灰色收入"应否征税和如何征税的问题②，许多人士都参与了这场讨论。人们普遍认识到，这个问题不仅关系到对中国过去并不明显的灰色收入应如何征税的问题，也关系到社会的公平分配问题，还关系到对税法基本理论应如何构建的问题。事实上，之所以会发生这样的争论和问题，一方面因为这是中国经济、社会发展出现的新问题，另一方面还因为中国过去对个人收入以及相关的征税问题重视得很不够，以至于在发生问题的时候，理论界和实务界顿然不知所措。其实，如果能在平时的理论建设方面注意到可税性的研究，则对于这类灰色收入究竟是否应当征税，自不难作出判断。可见，可税性理论对于解决实践中的问题是非常重要的。

事实上，根据上述的可税性原理便不难发现，灰色收入实际上也是一种收入，它完全符合收益性、营利性的标准，属于"绝对可税"的领域，不存在不应当征税的问题，因而可以认为，对于此类收入是必须要征税的。但问题的关键是，一方面，人们都知道对此类收入应当征税，但另一方面，又担心对此类收入征税，会构成对所谓非合法收入的承认。因此，这又涉及对可税性与合法性问题的认识，也由此涉及对税法的又一个基本理论问题的认识。

可税性所包含的征税的合理性和合法性，是对国家或其职能部门的要求，特别是对税收立法机关和执法机关的要求。而上述对灰色收入征税的合法性问题，则是指该收入本身的合法性以及征税是否会导致该收入的合法化问题。应当说，既然通常有收入即可征税（收益性是征税的基础），因而对于并不具有公益性，从而也不存在减免情节的灰色收入（只不

---

① 法律经济学的集大成者波斯纳（Posner）曾对税收问题进行过深入的分析，他认为，尽管税法和管制都是精工细作的，然而恰恰由于其精密细致才造成一些漏洞。参见〔美〕波斯纳：《法理学问题》，苏力译，中国政法大学出版社1994年版，第73页。

② 所谓灰色收入，并不存在十分明确的定义，但通常是指法律并未明确禁止，但也未明定为合法的那些收入。当时人们探讨最多的是对所谓"从事特殊服务的人员"的收入应否征税的问题，因为这是一些城市的税务机关在具体征税过程中遇到的非常棘手的实际问题。

过是收入的一种形式)征税,当然也完全可以,并不会由此产生因征税而导致对纳税人行为的合法性予以认同的问题。至于纳税人取得收入的行为是否合法,并不取决于是否征税,而取决于是否符合相关法律的规定。而税务机关主要应审查是否符合相关的税法,至于其收入是否符合相关的法律,则是其他部门的职责,征税机关对此并不负有实质审查的义务。因此,可税性与合法性并不矛盾,它们是针对不同主体及其行为而言的。在征税机关通常依据"形式课税原则"(只在特殊情况下才适用实质课税原则作为补充)进行征税的情况下,收入是否合法,并不是征税的前提。因此,即使是"黑色收入",在征税机关并不知其为非法收入时,同样也要依据税法来征税,并不会因此发生"洗钱"效应。

可见,征税机关主要需关注是否合乎税法规范,至于纳税人的行为、纳税人收入的获取等是否符合其他法律的规定,并不是征税机关的任务。此外,征税机关也必须关注征税的效率,这也是现代立法在强调传统的公平理念的同时必须要考虑的。只要征税范围的确定被认为是合法的,具有可税性的,则依法征税就不存在是否合法的问题。至于对其是否违反其他法律的审查,则不是征税机关的任务和职能。

除了上述对"灰色收入"征税这样一个有典型意义的问题以外,还有一个"通知"(或"批复"等)过多、过滥的问题,也非常值得注意。本来,上级征税机关下达一些"通知"之类的文件,以对税法在执行过程中出现的问题作出解释,指导下级的工作,这本无可非议。但是如果这些"通知"不规范、数量过大且缺少协调性,则会带来很多问题。一方面,如果在这些"通知"之类的文件中,涉及课税要素的改变,就会影响到纳税人的实体财产权,这是与税法最基本的原则——税收法定原则相抵牾的[1];另一方面,大量"通知"的下达,也会加大管理成本或征税成本,增加纳税人的奉行费用,因而对于整个社会整体福利的提高是非常不利的。另外,这种做法不仅影响了税法的安定性和可预测性[2],而且未必有助于执法水平的提高和税法意识的普遍增强。

---

[1] 其实,从税法原理上说,不规范的授权立法都是违反严格的税收法定原则的。至于一般的规章、通知等,如果规定有关的课税要素,则当然更是违反税收法定原则的。参见张守文:《论税收法定主义》,载《法学研究》1996年第6期。

[2] 税收常常被学者们概括为具有固定性的特征,它说明征税标准应当具有明确性。由于税收与税法存在着一一对应的关系,因此,税法也自然更要求具有安定性和可预测性,这其实是许多法律制度的共同要求。只不过税法的要求更加明显而已。

第四章 连接问题与主义的"可税性理论"

针对上述情况,如果能够明确可税性的原理,就能够在很大程度上解决上述在税收执法过程中出现的问题,特别是有助于解决频繁地通过"通知"等形式来进行指导等问题。在此需要注意的是,可税性原理需要同税法的宗旨、原则等税法原理结合并用,才能对征税的标准等有更准确的把握。例如,某市开了一座营利性的海洋博物馆,对其是否应该征税?如果简单地从名称上来看,它是博物馆,因而其营业税是应当免征的。① 但从实质上看,该博物馆又不同于一般的公益性很强的博物馆,它是营利性的,是有收益的。根据可税性原理,应当对其征税。如果征税人员懂得这些道理,则自然就会依据实质课税原则和有关可税性的原理,强调"实质高于形式"(substance over form),并据以进行征税。但由于这一原理尚未被各级税务机关掌握和运用,因而国家税务总局还是不得不下发一个专门的《批复》,以明确对此类情况应否征税的问题。② 诸如此类的情况还有很多。因此,透过目前大量存在的财税机关下发《通知》《批复》等现象,就足以看到可税性问题的重要性。

此外,上述的"通知"之类的文件,有些还可能有弥补税法漏洞的作用,但其合法性却值得怀疑。需要再次强调的是,在可税性问题上,合法性占有很重要的地位。要解决可税性方面的合法性问题,应更多地倾力于立法阶段。至于在执法阶段,则主要应解决如何严格依法执行的问题。因为只要严格依法执行,就可以维系原来立法上的合法性。否则,就可能导致实质上的不法或形式上的不法。如果形式上不法而实质上合法,则需要修法。

不论认为法律是演进的结果,还是认为法律是建构的产物,在现代国家强调税收法定原则的情况下,税收立法必须加强。即必须把一些"自然习惯"或"人为设计"确定下来,这种确定,本身也需要合法性。其实,这又回到了前面谈到的征税权问题。

---

① 根据我国当时实施的《营业税暂行条例》的规定,博物馆等具有公益性的文化事业单位,是享有免税待遇的。而我国现行税法中过多的税收优惠规定,则往往成为一些纳税人进行税法规避的重要手段。由此不难理解为什么一些纳税人巧立名目,争相把自己变成可以享受税收优惠的纳税主体。

② 参见国家税务总局于1996年11月21日下发的《关于"免征营业税的博物馆"范围界定问题的批复》(国税函发[1996]第679号)。该《批复》强调:"对虽冠以博物馆的名称,但不是经各级文物、文化主管部门批准并实行财政预算管理的博物馆的单位,不得给予免征营业税的照顾"。纯粹的博物馆是具有公益性的,在这里提出纳入财政预算管理的要求,表明了对非营利性的强调。

(五) 小结

税法上的可税性问题是一个很有理论价值和现实意义的问题。前面主要从"主体可税"的角度分析了征税权与可税性方面的问题;从"客体可税"的角度着重分析了确定征税范围的标准问题,提出了衡量是否可税需要全面考虑的"三要素";其后又分析了税收优惠制度对于依据可税性标准所确定的征税范围的影响或称限制。以上几个方面,构成了可税性原理的基本框架,在此基础上,还探讨了该原理的应用价值问题,以说明理论的"有用性"。

在可税性理论中,涉及征税权行使的合法性的判断问题,以及征税权的分配问题,因此,该理论同两权分离主义、税收法定主义、财政联邦主义等各类"主义"都有一定的关联,渗透着一系列财税宪政方面的问题;同时,由于可税性理论给出了确定征税范围的"三要素",明确了税收优惠等因素对于现实中的征税范围的具体影响,因而对于具体的税收立法,以及税法的有效执行,对于降低税法上的各类执行成本,以及相关的具体税法制度的完善,都有重要价值。其实,可税性理论之所以能够具有一定的解释力,正是因为它能够实现"问题"与"主义"的理论连接。

应当说,可税性理论需要研究的问题还有很多,例如,在收益性方面,可税的收益究竟包括哪些形式,是否包括非金钱的收益?在公益性方面,如何才算具有公益性?同样,营利性活动又该如何界定?税收优惠制度对可税性原理的限制是否合理,非法因素对可税性的影响如何?怎样才能在更高层次上确保征税权的合理性与合法性等。在上述诸多问题中,收益的可税性是一个非常重要的问题,有必要在下面单独探讨。

三、收益的可税性分析

上述的可税性理论,作为税法理论的重要组成部分,其研究的着重点是如何在立法上有效界定征税范围,确保国家征税具有可行性和合法性;其核心是对各类收益可否征税作出取舍。因此,要深入研究可税性理论,就必须探讨收益问题。

作为一般概念的"收益",因其内涵较为丰富,故在多个相关学科的研究中对其都会有所涉猎。例如,经济学上的一个基本假设,就是主体对收

第四章　连接问题与主义的"可税性理论"

益最大化的追求①，由此足见收益问题的重要性。即使在法学上，由于收益涉及对不同主体的财产权以及其他相关权利的保护②，影响公平分配，以及如何通过法律对收益的调整来引导人们的行为等问题，因而它同样是法学应予深入研究的重要问题。只不过法学上的研究还相当欠缺。

由于"收益"与社会财富的分配直接相关，因而有关收益问题的研究，在税法之类的"分配法"中也就占有重要地位。从一定意义上说，税收就是国家的一种收益，即国家以税的形式从纳税主体那里收取的利益，实际上是对私人收益的分配或再分配；而纳税人所关注的，则是纳税之后的收益，以及不纳税或少纳税，会使自己增加多少收益。因此，如果仅从一定时点的收益分配来看，在国家与纳税人之间确实存在着一种"你失我得"的"零和博弈"（这并不排除在较长时期可能存在非零和博弈），而税法也就是规范上述收益分配活动的法。因此，收益问题也就成了税法研究上的一个非常基本的问题。

其实，上面说到的收益，主要是结果意义上的收益。无论是国家获取的税收收益，还是纳税人关注的排除了国家征税影响之后的收益，都是一个阶段的终结。而作为可税性理论所关注的收益，则并非上述那种"尘埃落定"的收益，而恰恰是在"刀俎"上尚待"宰割"的作为"鱼肉"的一类收益，即处于征税对象阶段的收益，而不是已成为国家税收收入的收益，也不是纳税人的税后收益。

上述处于征税对象阶段的、对于可税性研究至为重要的收益，才是下面所要探讨的收益。在把"收益"作为税法上的专门概念的情况下，有必要讨论以下相关问题：收益对于税法理论，特别是可税性理论有何价值？为什么在税收立法上要对不同类型的收益作出选择和取舍？影响收益可税性的因素有哪些？这些因素与国家征税的价值取向和税法的宗旨、原则有何关联？等等。之所以要探讨上述问题，主要是意在说明研究收益的可税性问题对于税法理论和实践的重要价值。

---

① 从传统的主流经济学的观点来看，收益的最大化，是各类主体所追求的目标。例如，厂商追求利润的最大化，消费者追求效用的最大化，等等。而无论是利润还是效用，都不过是收益的具体表现形式而已。

② 例如，在民商法学上，收益本身就是所有权的一项权能，也是民事主体所追求的目标，并且一般认为现代社会更加"重用益，轻占有"，无论是民事主体还是商事主体，其从事相关行为的重要目的，往往都是为了获取一定的收益。

(一) 收益对于可税性理论的重要价值

在前面提出和探讨对"可税性理论"的一般认识的过程中曾强调,收益性是确定征税范围的基础性要素。根据国内外的立法实践、税法理论以及相关分析,可以发现,国家在确定征税范围时,主要应考虑的因素是收益性、公益性和营利性,只有综合考察这三个方面,才能在理论上有效地确定某类行为和事实是否具有可税性,在立法上或执法过程中才能判断是否可以对其征税。但在三个因素之中,最基本、最重要的,则是收益性。

对收益性的强调,是各国税法在确定征税范围方面的共性。需要不断重申的是,由于税收活动实际上是对社会财富的分配和再分配,因此,只有当存在收益时,才可能有收益的分配问题;同时,也只有存在收益,才可能有纳税能力;而只有在向有纳税能力的人课税,真正实行"量能课税"的情况下,课税才会被认为是合理的,才是具有合法性的,从而也才是可税的。

主体的收益是多种多样的,对于不同类型收益的征税选择,会对税收法律制度的形成和发展产生一定的影响。仅从税收学通常的收益分类来看,适合作为税源的收益主要有三类,即商品(包括货物与劳务,下同)的销售收入、各类主体的所得、源于财产的收益,这与公认的商品税、所得税和财产税这三大税类是相对应的,由此形成了各国税法体系的基本结构。此外,如果对上述各类收益作进一步的划分,还会形成与其相对应的不同税种。可见,对上述收益不断"细分"的过程,也就是对税收体系不断"细分"的过程。而在税收法定原则及"一税一法"原理的要求之下,这样的"细分"恰恰有助于认识税法体系的形成,对于认识税法规范的结构与分类,以及分析税法制度的优劣得失,也都会有所助益。

上述的"收益",是与征税对象的整体相对应的,作为一种较为广义的理解,它是指相关主体"得到的利益",或者说是其"经济能力或某种福利的增加"。这不同于有些论者将"收益"仅仅等同于"所得"的认识。上述的广义理解,使收益本身可以成为对税收进行分类的基础,从而也成为研究税法体系和税法制度的重要入口;同时,由于收益的分配,是整个分配制度的基础,从而也是税收制度的基础,因此,研究收益问题对于税法理论的发展具有重要价值。

依照上述对收益的广义理解,如前所述,在通常情况下,从纯经济理

第四章　连接问题与主义的"可税性理论"

论上说,"有收益就可以征税"。从这个意义上说,是否存在收益,是确定可否征税的一个非常基础性的因素。

但与此同时,基于税收在分配收入、配置资源、保障稳定等多方面的职能,无论是事实上,还是在法律规定上,"有收益即可征税"的命题并非总能成立。因此,对于收益还需区别对待,而不能一概而论。从总体上的可税性来说,将收益分为营利性收益和非营利性收益,将有收益的主体分为营利性主体和非营利性主体,甚为必要。通常,对于营利性主体的营利性收益,应当征税;而对于公益性主体的非营利性收益,则不宜征税。同时,对于营利性主体的公益性活动和公益性主体的营利性活动,也要区别对待。这既是一个基本原则,也是可税性理论的重要内容。

此外,从历史和现实来看,由于多种因素的影响,国家始终存在着获取收益的动机,这已是一个不争的事实。但国家获取收益必须"取之有道",而不能横征暴敛。这就要求国家征税必须考虑纳税主体的"纳税能力";而是否具备纳税能力,则又是以收益的存在为前提的。

上述的分析表明,收益不仅具有与征税对象总体相对应的基础地位,而且还是在总体上判断可税性的最基本的因素,同时,也是衡量纳税主体纳税能力的有无和多少的前提。因此,收益对于可税性理论乃至整个税法理论的研究都非常重要。有鉴于此,在以往研究总体上的可税性理论的基础上,还有必要研究具体收益的可税性问题,以便按照一定的判断标准,确定对哪些收益可以征税。这就需要进一步分析在税收立法上,对于各类收益的选择或取舍问题。

(二) 税法对于不同类型收益的选择

探讨税法对于不同类型收益的选择问题,实际上也就是要回答:在经济上的收益或者其他意义上的收益,是否都能够成为税法规定的征税对象?如果不是,则哪些可以成为法律上的征税客体?立法者在判断某类收益可否成为征税客体时,需要考虑的问题或影响因素有哪些?这是需要探讨的核心问题。

从一般的逻辑上说,在对可税性理论的总体研讨的基础上,只有集中讨论收益的可税性问题,才能在税收立法时,更好地对各类收益是否可以征税作出判断和选择。但这方面的判断和选择注定会存在争议,而且必将长期难以达成一致。因为税法的宗旨并非单一,税收的职能是多重的[①],这就必然导致基于不同立场和观点的人们,会得出不同的结论。尽管探讨此类问题会存在研究风险,但毕竟有助于总结人们可能达成的一些共识,因而对于税法理论和实践发展都有基础性的价值。

探讨税法对不同类型收益的选择,首先涉及对收益的分类。由于收益的来源、形态、性质等的复杂多样,因而收益的分类标准和相关类别也可以是多重的和多样的。其中,有些分类对于税法学研究很有意义,如货币性收益和实物性收益、有形收益和无形收益、既得收益和预期收益、合法收益和违法收益、公共收益和私人收益、隐性收益和显性收益、营利性收益和非营利性收益,偶发性收益与经常性收益[②],等等。对于这些不同类别的收益,国家在征税时就需要作出选择,确定哪些可以征税,哪些不能或不适合征税。而对于上述问题,只有在理论上探讨清晰,在税收立法上先予确定,才能在税法的实际执行过程中,做到有法可依,有理可循。在上述的诸多收益类别中,对于论题的研讨更有直接价值、更有助于说明税法上的取舍标准的,主要有如下几类收益:

1. 货币性收益与实物性收益

从普通人的经验来看,现实的收益,可能是货币性的,也可能是实物性的。但这些收益是否都可以征税,是否都适合征税,却值得认真思考。尤其应关注对上述收益征税在经济上是否有效、合理,即是否具有可税性的问题。事实上,现代国家,基于降低征税成本、提高税收效率的考虑,一般主要是对货币性的收益征税,因为实物性收益的运输、保管、储藏、变现等成本都比较高。鉴此,有的学者甚至认为税收只能是政府获取的金钱性收益。[③] 这种观点固然略显偏颇,但足见货币性收益在征税方面的分量。而至于实物性收益,是否绝对不具有可税性,确实难以一言以蔽之。

---

① 税收所具有的分配收入、配置资源或宏观调控,以及保障稳定的职能,会影响到税法的目标,从而使税法的调整目标也是多元的。而这种非单一性,又会影响国家立法的价值取向、税法原则的确立等;同时也会影响到对收益的可税性的判断。

② 上述各类收益在税法研究上都各有其价值。例如,偶发性收益与经常性收益的分类,在所得税法理论上是非常重要的。特别是在所得理论上影响颇大的两种理论,即以德国的 G. Von Schanz 和美国的 R. M. Haig 为代表的"纯资产增加说",以及以 Carl Plehn 为主要代表的"周期说",都与上述的分类有一定的关联。

③ 许多学者都认为,税收是对于具备法定课税要件的人所课征的一种金钱给付。参见〔日〕金子宏:《日本税法原理》,刘多田等译,中国财政经济出版社 1989 年版,第 7 页;陈清秀著:《税法总论》,台湾三民书局 1998 年版,第 3 页。

第四章　连接问题与主义的"可税性理论"

从历史和现实的制度规定来看,对实物性收益征税,在历史上曾经是征税的一种重要方式,但在现代的市场经济社会,它仅在个别的税种或个别的情况下有意义。例如,在农业税、遗产税领域,不仅直接的收益可能是实物,而且直接交纳的也可能是实物。特别是农业税领域,在历史上曾长期采取纳粮或"交皇粮"、公粮等形式①,由此才形成了普遍接受的"皇粮国税,天经地义"的纳税意识。一个国家之所以可能会存在对实物性收益征税的情况,在很大程度上与该国的经济、社会、法制发达水平等都有密切的关联,因而往往有现实的需要。但值得注意的是,应把征税对象和缴纳对象分开,应看到对实物性收益征税,并不意味着以实物形式缴纳就具有很大的合理性。事实上,即使承认可以实物纳税,一般也要求此类实物可以"货币化"。如针对福利分房、实物发放等情况,因其可以货币的形式量化,故而才可以对其征税。② 这再度表明,纳税义务的量化是税法上的一个关键问题;同时,也只有对纳税义务以货币的形式量化,才能够降低征税成本,实现有效征收。

总之,从货币性收益与实物性收益的分配来看,基于征收和保管的效率③,基于征税对象的流动性、变现力等考虑,各国一般倾向于货币性收益征税,因此,作为将征税对象量化的计税依据,应当是能够量化为货币价值形式的商品销售收入、利润收入、财产收入等;即使交纳的是实物,一般也都要对实物进行量化处理,使其税基可用货币价值额衡量,这也是计税依据本身的要求。从总的发展趋势来看,随着工商业的发展,市场化或货币化程度的不断提高,工商税制本身也会得到相应的发展。以实物收益(如农产品)作为征税对象或缴纳对象的情况,应当越来越少,至少也是将其进行货币量化后再征税。这既是税法突出的"可计算性"的要求,也是现代社会效率特征的要求和体现,同时,与法律经济学的基本原理的要求也是一致的。可见,效率性是影响上述的制度安排的重要因素。

---

① 例如,田赋在我国明朝时是国家财政收入的最主要的来源,在征收上沿袭前代的"两税法","夏税"以麦为主,"秋粮"以米为主。参见黄仁宇(Ray Huang):《十六世纪明代中国之财政与税收》,阿风等译,台湾联经出版事业公司 2001 年版。正由于以实物形态存在的粮食是缴纳对象且税负日益沉重,因而在明代末期的农民以"闯王来了不纳粮"来迎接税收减免的新时代。

② 金子宏曾指出,税收以金钱给付为原则,虽然在例外情况下可以实物纳税,但主要是着眼于实物的金钱价值,而不是其使用价值。参见〔日〕金子宏:《日本税法原理》,刘多田等译,中国财政经济出版社 1989 年版,第 7 页。因此,能够以货币的形式量化,是一个基本的要求。

③ 参见陈清秀著:《税法总论》,台湾三民书局 1998 年版,第 97 页。

2. 有形收益和无形收益

对有形收益与无形收益是否可税作出评判，也是较有难度的。从经济与社会的发展来看，有形与无形已经越来越成为影响行为客体或权利客体划分的重要因素。从征税对象的形态来说，货币性收益和实物性收益都以"物化"形态存在，都属于有形收益，是可以征税的。而与之不同的另外一些收益，诸如闲暇、声望、舒适等，都无形中提高了人们的生活质量、收益能力和收益水平，因而对于相关主体来说，同样是一种收益，只不过它是一种"无形"的收益，并且其度量往往具有更强的主观色彩。从技术上说，这些无形收益往往很难以货币的形式来加以量化，有的是用货币无法换取的，因而很难确定它的税基，一般不宜、不易征税。但也有一些学者认为，如果不对这些无形收益征税的话，就不能很好地体现税收公平原则，因为它们确实是相关主体的一种收益，确实增进了纳税人的效用，提高了生活质量，有的甚至是"金不换"的或"无价"的。对于包括了上述的无形收益的广义收益，法律经济学的集大成者波斯纳法官曾作过一些分析，并强调对其进行征税的必要性。① 但就现实可行性而言，对无形益征税无疑会举步维艰。这再次体现了人们对应然和实然的认识差距。

从上述对有形收益和无形收益征税的具体做法及其困难程度不难看出，作为税法上的收益，应当具有客观性、有形性、可量化性或称可确定性。由于有形收益满足这些要求，因而可以对其征税；而无形收益则因其无形性，以及由此带来的较为突出的主观性和不易量化的特点，实际上很难对其征税。尽管从理论上说，对无形收益征税可能会有利于公平，但如果量化不当，则可能恰恰不利于保障公平；同时，由于对其征税难度较大，从而会加大征税成本，影响征税效率，因而从真正的公平与效率目标来看，也需要立法者和执法者对此作出全面、有效的权衡，并且，尤其应考虑可确定性因素。

3. 既得收益和预期收益

以取得收益的时间为依据，可以把收益分为既得收益和预期收益。前者就是已经实现的收益，后者就是预期可能实现的收益。这种分类在民法或具体的财产法、侵权法领域同样很有意义，在涉及损害赔偿的领域

---

① 波斯纳虽然没有提出可税性的概念，但从波斯纳对一些税法问题所进行的经济分析来看，他所关注的一个重要方面，却恰恰是本章所探讨的收益的可税性问题。参见〔美〕波斯纳：《法律的经济分析》，中国大百科全书出版社1997年版，第635—641页。

第四章 连接问题与主义的"可税性理论"

尤其重要。税法与民法的共性之一,就是都关乎私人的财产权。税法作为侵权性规范,与民法面临的一个共同问题,就是如何有效保护私人的财产权;而无论是民法还是税法,其调整都要以一定的法律事实为基础。从税法上说,一般以应税主体既得收益的发生为基础,以既得收益为征税对象。因为只有收益已经发生或实现,才能够形成纳税人新的纳税能力;对既得收益征税,才能体现量能课税的原则或税收公平原则。而预期收益则只是形成一种纳税能力的可能性,它还未转化为实际上的纳税能力,还未满足课税要件;其税基还无法现实地、准确地量化。由于依据税收公平的原则和相关原理,对预期收益征税不甚公平,因而未实现收益不宜作为征税对象。假如某税种以其为征税对象,则该税种的合理性是值得怀疑的。

可见,在征税对象的确定上,不仅要体现上述的效率性、可确定性,而且还要体现一种现实性或真实性,即收益必须是已经存在的,具有"既存性"。只有已经真实发生的事实,而不是尚未发生的预测性事实,才能成为课税的事实。因此,从时间维度的要求来看,收益不能是未来的。这样才能使税收法制建立在事实的基础上,否则征税就是无的放矢。

4. 合法收益与违法收益

通常,以取得的依据是否合法为标准,可以把收益分为合法收益和违法收益。严格说来,在法律存在罅漏的情况下,在上述两者之间还可能存在灰色收益。对于上述收益,是否都可以征税,在理论上和实践中都一直争论未已。事实上,对于合法收益应当依法征税,已殆无异议,关键是对于所谓违法收益或非合法收益是否应当征税,则歧见尚存。事实上,合法与非合法,在此并非指是否符合税法,而恰恰是指取得收益的法律依据是否存在,或者这些收益的取得本身是否合法。而此类合法性的审查,并不是税务机关的职能,在多数情况下,税务机关也无法准确地知道这些收益是非合法的。因此,税务机关征税通常是采取形式课税原则[1],按照外观主义或形式主义的原则来征税,而不问收益的来源是否合法,这本身也是现代社会对税收效率的要求。由于要坚持征税客体的"无因性",即税务

---

[1] 现代法律往往具有突出的形式主义或外观主义的特征。形式课税原则是税收法定原则的最主要的表现,只是在特定条件下,才需要由实质课税原则来作补充。为此,一些国家的法院已通过"实质高于形式"(substance over form)原则来确认旨在规避税法的行为无效。参见〔美〕波斯纳:《法律的经济分析》,中国大百科全书出版社1997年版,第634页;张守文:《论税收法定主义》,载《法学研究》1996年第6期。

机关对征税对象(收益来源)的合法性并不进行实质审查,因此,对于各类收益,在并非明知其为非法收益的情况下,税务机关都可以直接依据税法的规定征税。

可见,对各类收益征税时,应强调收益来源或依据的无因性,这使现代国家的税务机关能够回避棘手的"收益合法性"问题,摆脱为作出判断而耗时费力的困扰,从而可以高效率地从事日常的征税工作。这同总体上的可税性原理和效率性的要求是一致的。

从总体上看,上述对不同类型收益的选择和取舍的简要分析,实际上已从几个主要的侧面,反映了对收益征税所应具备的条件,体现了税务机关在征税时所应当考虑的各类因素。对于这些较为重要的问题,我国过去在税法理论上还缺少提炼;而理论界和实务界若能通过不断探讨使其更加明确,则无论对于立法还是对于执法实践,都会具有参考价值。

从各国的税法规定来看,各国一般都把货币收益、有形收益、既得收益、合法收益纳入征税范围,而对于实物收益的规定则相对较少,对无形收益、预期收益则基本不列入应税范围。此外,征税机关对不知其为违法的收益也征税,则是普遍的情况。各国在税收法制实践中所形成的上述格局,与前面的分析是一致的。由于上述收益类型具有典型性和代表性,因而它们有助于说明影响收益可税性的因素,同时,也有助于说明国家征税的价值取向等问题。

(三) 影响收益可税性的因素与征税的价值取向

1. 相关的影响因素

上面探讨了在税收立法上对各类收益的选择或取舍,而这些取舍,则取决于立法者对影响收益可税性的各类因素的把握。根据前面的探讨,从税收法治特别要求的"可计算性""可预测性"的角度来看,影响收益可税性的因素,主要是效率性、可确定性、既存性,至于是否具有合法性,则不在考虑之列,即强调无因性。

在上述各类影响因素中,没有谈到公平性,但这并不意味着在确定收益的可税性时不需要考虑公平性。公平性作为一种影响"综合平衡"的因素,它可能涉及不同种类的收益,以及不同层面的目标。事实上,公平性在总体的可税性理论中往往更受关注,但它对微观的收益层面也会产生影响。收益是与获取收益的主体、主体行为的性质都存在关联的,如果从纯粹的经济意义上的课税公平,即仅强调纳税能力的角度来说,则只要是

第四章 连接问题与主义的"可税性理论"

收益,无论是哪类主体获得的、无论是什么性质的收益,都应征税,这样才是公平的。因此,无论是团体收益还是个人收益,无论是勤劳所得还是懒惰所得,无论是公共收益还是私人收益,都应当纳税。

然而,如前所述,税收的职能是多重的,税法的目标也并非单一,需要考虑到其他的社会、政治、伦理等诸多目标,这使得公平性本身的衡量也就变得更为复杂,并与人们的价值取向产生了直接关联,从而导致人们对是否公平也会有不同的认识。例如,对于无形收益、福利性的实物收益不征税[①],以及股票转让收益不征税[②],是否公平?对于勤劳所得和懒惰所得依据同样的税率征税,对于不同的收入实行累进税率[③],是否不公平?等等,人们都会有自己的评判。但如果不能对公平的标准和价值有大体上的公判,则必然会带来人们的观念和征税实践的混乱。因此,对于已有的一些制度性的共识,即使它是基于一定的假设而形成的,也应予以尊重。

例如,收益的公平性问题,体现在多种分类之中。而在公共收益和私人收益的分类中,按照可税性理论,公共收益具有公益性,它不是从事营利性活动而获得的收益,是不应征税的。这是对一般经济意义上"有收益即应征税"的看法的一种否定。因为无论是财政供给的各类国家机关还是其他组织,只要它们都是非营利的组织,只要其从财政获取公共收益是为了实现公共目的、提供公共物品[④],就不应对其征税。一般认为这是符合公平性的要求的,对此前已述及。

可见,在确定具体收益的可税性时,实际上仍要考虑公平性。此外,

---

① 实际上诸如福利分房等在我国社会公众之间形成了巨大的隐性收益差距,而对这些隐性收益征税是存在很多困难的,由此又会进一步加剧分配上的不公平。

② 依据税法规定,对于股息、红利等投资所得应当征税,但国家基于股票市场稳定发展的政策性考虑,曾多年通过下发"通知"的形式对税法规定作随性修改。对于这种行为是否违反税收法定原则姑且不论,仅从是否违反税收公平原则的角度来说,就值得探讨,并且事实上已经引起了人们的关注。

③ 累进税率曾被许多人认为是保障征税公平性的重要制度创新,但也有人反对这种制度安排,例如,哈耶克就认为累进税制违反了征税的普遍性这一基本原则,并在其名著《自由秩序原理》中进行了较为充分的讨论。可参见〔英〕哈耶克:《自由秩序原理》(下),三联书店1998年版,第71页以下。此外亦可参见〔美〕布坎南:《公共财政》,赵锡军等译,中国财政经济出版社1991年版,第167页。

④ 公共收益的特质,就在于它是为了公共目的而获取的非营利性收益,其用途是提供公共物品(包括准公共物品)。因此,各类政府性的团体,非政府、非营利性的第三部门,其公共收益是免税的。参见张守文:《略论第三部门的税法规制》,载《法学评论》2000年第6期。

从表面上看,上述的对公共收益不征税,是一个征税的公平性问题,但实质上它也是一个效率性问题。其实,为什么征税者不向自己征税,这既有"自己的刀不能削自己的把"的问题,也有即使征税,税款或相应收入最后还是要再返还给被征者的"劳民伤财"的问题,因为这些组织本身就是需要财政供养或者扶持的。因此,无论是从公平的角度,还是从效率的角度,对于政府或其他公益性主体的公共收益,都不应征税。这不仅说明在收益的可税性方面应考虑公平性因素,而且也说明公平性与效率性并非是截然分开的。

探讨至此,可以认为,影响收益的可税性的因素,或者说判定某类收益是否具有可税性所需要考虑的因素,主要是效率性、公平性、可确定性、既存性或称现实性。但上述各类影响因素,并非在同一层面。其中,效率性和公平性,是判断某类收益是否具有可税性时,需要在总体上考虑的因素;而可确定性和既存性,则是对具体收益本身的要求,是收益自身应具有的特点。事实上,公平性和效率性因素,既可上达宏观层面,也可下至微观层面;而可确定性和既存性因素,主要是限于具体的微观层面,因为它们都直接对税基产生影响。

从可确定性因素来看,现实中的税法调整面临着许多不确定的因素,或者说是在"信息不完全"状态下的调整,但只要这种"不确定"未达到"无法确定"的地步,从而使税基仍然能够明确即可。因此,只要经过努力,收益的形式及其度量能够确定,该收益即具有可税性。这既是公平性的考虑,也是效率性的考虑。因为如果税基无法确定,就去征税,等于在尚未满足课税要素的情况下去征税,因而是不公平的;同时,对诸如无形收益之类的无法确定税基的收益去征税,如果花费很多成本去确定其税基,本身也是无效率或低效率的。因此,可确定性的因素,在一定意义上,可以与公平性、效率性的要求统一起来。

此外,既存性因素也是如此。既存性要求收益已经现实地、真实地、客观地存在,因为只有对已经存在的对象,才可能谈及如何对其征税。对于未来的预期收益,因其尚未实现,尚未增加纳税人的纳税能力,因而对其征税是违反税收公平原则的;同时,对于未实现的收益如何确定税基,这本身就是困难的,而克服困难就会加大征收成本,降低效率;同时,对于未实现的收益征税,也将给资源配置和经济运行、市场主体的积极性带来损害,从而会严重影响市场经济的运行效率,因而也是违反税收效率原则的。可见,从一定意义上说,既存性的要求,也体现了公平性和效率性的要求。

　　这样,从总体上说,影响收益可税性的至为重要的因素,是公平性和效率性,并且,两者通过上述的可确定性和既存性,已经产生了一定的交叉和联系。而事实上,两者之间更为直接的联系,在前面探讨有关公共收益的征税问题时已经涉及。这些联系有助于人们认识到:公平与效率并非总是对立,而是可以统一起来的①,因此,在对可税性问题作出判断时,必须坚持税法的宗旨,兼顾效率与公平。②

　　2. 影响因素与国家征税的价值取向的关联

　　上述影响收益的可税性的因素,与国家征税的价值取向有关。国家征税,当然应当考虑效率、公平等价值目标,而这些目标在确定对具体的收益征税时,又会体现为具体的简明、易行、真实等目标。前面探讨的影响收益可税性的各类因素之间的内在联系,实际上导因于国家征税的各类价值目标之间的内在关联。例如,强调对货币性收益的征税,对各类收益的合法性不作实质性审查,以及对无形收益的征税除外,在一定程度上都体现了对效率这一价值目标的追求。而尽量排斥主观因素的影响,强调征税对象的可确定性和既存性,则是对简明、易行、真实价值的强调,等等。

　　具体说来,从效率目标来看,如果对某类收益征税会严重影响征税机关的征税效率、纳税人的经济活动或纳税效率,则该收益就不具有可税性;从公平目标来说,收益是否应当征税,还应当看收益的来源、性质和用途。例如,来源于财政的收益,或者是非营利性的收入,或者是用于公益事业,意在实现公共目标的收益,一般是不具有可税性的。此外,需要再次强调的是,收益的可确定性和既存性,本身也体现了公平性的要求,因为只有基于纳税人已经存在的、可确定的纳税能力来征税,才能更好地体现量能纳税的原则,这正是税收公平原则的核心;同时,也只有基于确定性和既存性来征税,才符合实质课税原则,才能够更好地保障实质公平。

　　可见,与收益可税性的影响因素的层级结构相一致,上述的目标也是

---

　　① 对于效率与公平的兼容性,当代著名财税大师马斯格雷夫曾经从个人、国家和世界等不同层面上探讨过。参见〔美〕马斯格雷夫:《比较财政分析》,董勤发译,上海人民出版社 1996 年版,第 229—235 页。

　　② 税法的宗旨与经济法的宗旨存在着内在的一致性,因为它们都要解决个体营利性和社会公益性的矛盾,都要在"公私二元结构"中进行协调。参见张守文:《税法原理》,北京大学出版社 1999 年版,第 44 页;张守文:《经济法学的基本假设》,载《现代法学》2001 年第 6 期。

分层次的。为此,既要在总体上考虑到效率与公平的价值,又要看到体现这两类基本价值的具体目标之间的内在关联。可见,即使仅在这个意义上,效率和公平原则或价值目标之间也是可以协调起来的。而按照税法宗旨的要求,恰恰要把两者兼顾、协调起来,才可能完成或实现税法的多重价值目标。

另外,前面的探讨还暗含着一个问题,即影响收益可税性的各类因素,不仅与国家征税的价值取向有关,也与税法的原则直接相关,并且其本身就体现了税法原则的精神。由于税法宗旨的多元化,国家征税的价值取向与相关的税法原则都应当是内在协调一致的整体,因而与其相一致,影响收益可税性的各类要素,也应构成一个系统。据此,在确定对某类收益是否可以征税时,应综合地考虑各类影响因素,以期在总体上能够作出一个较为全面、妥当的权衡和判断。

(四) 小结

对于收益的可税性的探讨,是对税法的可税性理论总体讨论的延续。由于收益在可税性理论中居于基础性的地位,因而收益本身的可税性便是一个重要问题。鉴于收益在税法理论研究中的重要价值,本书以几种重要的收益分类为线索,探讨在税收立法上对各类收益作出是否征税的选择、取舍时所需考虑的问题,从而探寻影响收益可税性的主要因素,并探讨这些因素之间的内在联系,以及其与税法价值或宗旨、税法原则等方面的内在联系,进而强调对于这些因素进行综合考虑,对于确定某类收益是否具有可税性的重要性。

前面所探讨的收益,并不是一般的接近于"所得"概念的狭义的收益,而是放在整个征税对象视野中的一种广义的收益。只有这样的收益的探讨,才能更好地体现国家在法律上确定征税对象时所作的一些基本考虑,从而对于税收立法,以及在税收执法过程中理解税法的立法背景、立法宗旨等,才更有益处,才能在税收执法过程中对税法作出更加全面、有效的解释。

影响收益可税性的几个主要因素——效率性、公平性、可确定性和既存性,为在税收立法和执法实践中判断某类收益是否可税提供了一定的标准,同时,也为纳税人维护自身的权益提供了一定的参照。特别是在某些制度违反税收法定原则等情况下,对于保障纳税人的权益,防止对国民财产权的侵害,保障依法征税,都很有意义。同时,也有助于理解国家为

第四章 连接问题与主义的"可税性理论"

什么在征税方面要有一定的克制,要有一定的"谦抑性"。其实,这不仅是"拉弗曲线"所体现出的基本原理的要求①,而且还有各类因素对收益可税性的制约。

例如,效率性和公平性的因素,在宏观层面和微观层面都可以作为重要的评判标准,因而征纳双方都对其较为重视,而且其基本精神也已融入税法的基本原则。此外,可确定性和既存性的因素也是很重要的。本来,法律本身就应当具有安定性、可预见性,这样人们才能对规则和行为的确定性有自己的把握;而税法就更是要求具有确定性,要求课税要素法定和课税要素明确,同时,要求课税要素(特别是其中的税基)一定是可确定的,否则,按照税法的一般原理,是无法征税的,因而当然就不具有可税性。另外,在实践中,有许多地方的税务机关为了完成税收计划,不惜征收"过头税"(典型的如"寅吃卯粮型"的"跨世纪征税"),其违法性是不言而喻的。而如果用收益的既存性来衡量,就更加可以清楚地解释,为什么不能对未来的收益征收"过头税"。

再有,明确税务机关没有义务对收益来源的合法性作出经常性的判断,对于实践的影响尤为巨大。在影响收益性的因素中,之所以不包括合法性,而强调无因性,与税法的现代性,与现代税法所要解决的问题,都是直接相关的。②

与收益的可税性问题相联系,还有必要对可税性问题进行拓展研究,即从税收收入和非税收入的角度,来进行可税性分析,这就是下面需要进行的一些探讨。

四、税收收入中的可税性问题

税收收入历来都是政府最为关心的财政收入项目。在现代税收国

---

① 美国供给学派的重要代表人物拉弗(Arthur B Laffer)提出的拉弗曲线(Laffer Curve)的核心思想是,国家征税不能进入"课税禁区",即税率不应定得很高,税负不应很重,这样才能使纳税人得到的更多一些,从而使税源也更丰富,进而使国家的税收相应增加,并形成税源与税收之间的良性循环。这种理论曾经在美国等一些国家得到采纳,并获得成功。

② 合法性是否应成为影响可税性的因素,近些年来在理论和实践中都存在很大的争议。不过人们已经开始越来越倾向于不考虑收益的合法性问题。此外,税法同整个经济法一样,都具有突出的现代性,这对于理解为什么要实行无因性原则很重要。相关探讨可参见张守文:《论税法的可税性》,载《法学家》2000 年第 5 期;张守文:《论经济法的现代性》,载《中国法学》2000 年第 5 期。

家,税收收入基本上决定了财政收入的总额。税收收入应当是在符合可税性原理、符合税法的各项基本原则和规定下获取的,因而透过税收收入,可以进一步理解可税性原理,发现其中存在的可税性问题。

从税收收入的角度看,2003年是值得记住的一年,因为正是这一年,我国的税收收入首次突破2万亿元大关,从而使我国的"岁入"也首次超越了2万亿元的高程。与此相随,2004年的税收收入再乘势而上,又比2003年新增5000多亿元,超过了1994年税制改革前全年的税收收入。事实上,中国的税收收入曾连续多年高速增长,在全球性金融危机爆发前,每年的税收收入增速都大大高于同年的GDP的增速①。税收收入增长如此之快,是否存在什么问题?对此,经济学界、法学界的研究者,以及实务界的人士,一直都很关注。② 随着税收收入数量剧增的不断出现,广大的社会公众的关注度也大为提高。通常,人们更为关注税收收入(或新增收入)的成因、真实性、合法性、变易性等问题,关心税法的制度变迁对税收收入的影响问题,而这些问题,其实都与可税性问题直接相关。

(一) 影响税收收入的因素与可税性

分析税收收入的既定形势(定势),探讨税收收入的未来走向(走势),必须先分析税收收入的成因或称影响因素。在通常情况下,诸如经济增长、政策调整、税收博弈、地下经济、税收监管等,历来是人们较为关注的影响税收收入变化的重要关联因素。有关上述各类因素对税收收入的影响,需分别说明如下:

1. 经济增长因素

经济增长因素历来被认为是影响税收收入增长之根本。正是在大量的生产、交换、分配和消费活动中,在社会个体和总体的收益中,在整体的蛋糕不断做大的过程中,各类主体具有可税性的收入也在不断增加,税收收入亦如影随形地会"水涨船高"。应当说,经济增长因素是影响税收收入增长的最基本、最持久的因素,如果我国的税收收入增长不是主要导因

---

① 我国2015年的财政收入已经突破15万亿,税收收入已突破12万亿;在个别年份,如2010年、2011年,税收收入的增速甚至高达22%以上。

② 在我国连续多年召开的"中国税收收入形势分析会"上,许多理论界和实务界的专家对于我国税收收入的"疯长"问题都非常关注,并越来越多地提出了一些质疑。目前,已经有很多人把这个问题归咎于税制本身,认为是现行税制所导致的重复征税,才使得我国的税收收入大大地高于GDP的增速。

于该因素,则其增长就值得怀疑,而且也不会长久。

事实上,人们之所以通常认为一个国家的总体税收收入或财政收入要与 GDP 的总量大体相当,强调一国国家的税收收入的增长要与 GDP 的增长大体同步,是因为经济增长或者总体上的经济收益,是现代国家征税的基础和前提。正是经济增长的因素,使得国家征税具备了可税性原理所要求的收益性。由于收入或者收益,直接影响着纳税人的纳税能力,纳税能力大小不同,征税的多少也应当不同,因此,经济增长因素直接决定着是否"可税"以及课税的多少。

2. 政策调整因素

对于政策调整因素,人们历来比较重视。特别是在我国,政策多变,如果政策是向有利于国库税收收入的方向变化,则自然是"增收"的重要影响因素。但随着对税收法定原则的强调,随着对可税性问题的重视,无论是广义上的各类经济政策,还是狭义上的税收政策,其调整都不应成为直接影响税收收入变化的主要因素,即使要影响,至少也要在形式上完成"政策法律化"的过程,从而使税收收入与税法的制度变迁产生关联。

"政策调整"只是经济学家的通常用语或普遍说法,但经济学家所指的政策调整,往往不只是一般的经济政策的调整,而恰恰体现为重要的税法制度的变迁[①]。在不重视法治的时代,政策的频繁调整既是常态,也是用来解决许多制度问题的重要手段,并由此使人们更加重视政策调整,更加关注"政策面"的动向。在忽视法治的情况下,一个国家作出的所谓政策调整,极可能是不具有合法性的,即可能是违背宪政精神或法治精神的,在可税性方面可能是有瑕疵的,从而会引发很多矛盾和问题。随着人们的法治意识的逐渐提高,对于政策调整过程中所涉及的可税性问题,也必然会给予越来越多的关注。

3. 税收博弈因素

博弈是在许多领域都存在的普遍现象。不同的主体及其各不相同的利益的存在,是博弈发生的前提。在现实的税收征纳活动中,如果主体利益多元化,税收监管松弛,税收博弈普遍,地下经济充斥,则会使许多具有可税性的收入没有被征税,从而国家的税收收入必然会受到很大的影响。

事实上,由于各类税法主体都有自己的利益,因此,在追求各自利益

[①] 对于我国税制变迁的相关探讨,可参见张守文:《税制变迁与税收法治现代化》,载《中国社会科学》2015 年第 2 期。

最大化的过程中,不可避免地会存在各种机会主义行为,如纳税人可能会从事税收逃避行为、欠税行为,甚至可能从事骗税、抗税行为等,征税机关可能征收"过头税",也可能为了某种局部利益而违法减免税或不征税,等等。要有效地解决上述机会主义行为,就需要通过税法制度来进行相应的规制,但在规制的过程中,各类博弈行为也会大量发生,有的主体可能选择遵从规制,有的主体可能选择逃避甚至抗拒规制,这些都会影响到法律的实效,影响到税收收入的多少。

上述的各类税收博弈的存在,可能会使依据可税性原理确立的征税范围受到很大的冲击,因而在正视税收博弈存在的同时,还要对博弈行为进行适度的引导,以免整体福利受到较大的损失。从"和则两利"的角度来看,如若在税收博弈中,相关主体较为合作并遵从相关法度、规则,则可能有利于税收收入的增加;反之,则可能使税收收入大为减少。与此相关,如何在强调税法意识的同时,加强税收监管,遏制地下经济,防杜税收逃避,减少税收流失[①],始终是非常重要的任务。对此在本书中的相关部分还将作进一步的探讨。

总之,上述影响税收收入的各类主要因素,都直接或间接地与可税性相关。而在可税性原理中,征税的合法性是一个非常重要的问题,因此,在对税收收入进行可税性分析时,也应当关注合法性的视角。

(二) 税收收入的合法性分析

对税收收入的合法性分析,是进行可税性分析的核心内容。这种分析,是过去在经济学界较为忽视的,随着整个法制建设的发展,随着国民的法律意识的提高,恰恰应当加强对税收收入的合法性分析。

1. 为什么引入"合法性分析"

经济发展是税收收入增长的基础,对税收收入应深入进行经济分析,这些都是殆无异议的共识。但与此同时,由于现代税收国家都强调"税收法定",且法律因素直接影响着税收收入的形成,因此,加强对税收收入的法律分析同样甚为必要。这种法律分析,不仅适用于已经形成的税收收入,而且同样适用于未来的税收收入。

[①] 对于地下经济和税收流失问题的研究,可参见〔美〕法伊格编著:《地下经济学》,郑介甫等译,上海三联书店等1994年版;贾绍华:《中国税收流失问题研究》(第二版),中国财政经济出版社2016年版。

第四章　连接问题与主义的"可税性理论"

对于税收收入的法律分析可以体现为多个方面,其中,合法性分析是一个重要维度,它同税收收入的真实性、可持续性等都有密切的关联。从合法性的角度进行分析,可以考察已经取得的税收收入的质与量,即在质上有多少是有瑕疵的,在量上有多少是应收未收的,有多少是不当征收的,等等。同时,它既可用于对已取得税收收入的事后分析,也可用于对未来的税收收入的事前分析。引进合法性分析,对于提高税收收入的质量,对于税收收入的可持续,都是大有裨益的。因此,在关注传统的经济分析的同时,还应当关注法律分析,特别是合法性分析。

税收收入的合法性分析,从狭义上说,是要分析税收收入的取得是否合乎税法(包括税收实体法和税收程序法)。从广义上说,还要分析税收收入的取得是否合乎宪法以及其他相关法律,甚至要分析税收收入的取得是否符合宪政、法治的基本精神,特别是保障人权的基本精神。基于诸多原因,目前非常重要的是从狭义上来对税收收入进行合法性分析。

2. 合法性分析的重点和依据

一般说来,征税主体的征税行为的合法性,直接决定着税收收入的合法性,因而对于征税行为是否合法的问题尤其应当关注。在合法性分析方面,违法征税行为应当是分析的重点。事实上,征税主体的违法征税行为,不仅会导致征税行为的无效,并由此产生退还税款的后果,而且还会带来合法性的危机,导致纳税人对征税机关的不信任和对税法的不遵从,产生宪法层面的危机,从而会给税收收入造成更大的损失。

违法征税行为在实践中有多种表现,例如,横征暴敛、征收过头税、违法不征税、违法减免税,等等。在税收收入的取得或形成方面,上述违法征税行为通常会产生两类外部效应,即或者有利于纳税人,或者有利于国库。

有利于纳税人的违法征税行为,会侵害国家的税收权利,减少国家的税收收入。因此,在对税收收入的合法性进行全面分析的时候,要考虑有多少应收收入因税收违法行为而没有入库。对此,一些研究者已经通过地下经济、税收流失等方面的研究,来揭示这些问题。因此,在分析既存的税收收入时,这部分未纳入的税收收入也不应忽视。

有利于国库的违法征税行为,虽然会增加国库的收入,但会损害纳税人的合法权益。这部分非合法的税收收入,因其已经成为既存的税收收入的一部分,因而比较容易引起人们的关注。

既然违法征税行为是进行合法性分析的重点,则征税主体的行为是否符合法定原则和具体的法律规范,就非常值得关注。为此,必须通过征税主体的行为是否符合税法上的实体法要素和程序法要素,来衡量相关税收收入的取得是否具有合法性。上述各类实体法要素和程序法要素,不仅约束纳税人,也同样约束征税主体,这些要素是否满足,是进行税收收入合法性分析的重要依据。

3. 影响税收收入合法性的具体要素

由于只有严格依照税收实体法和程序法规范征税,才能使税收收入的取得具有合法性,因此,各类法定的实体法要素和程序法要素,便是影响税收收入合法性的具体要素。例如,税率、税基、税收优惠、纳税期间、纳税地点等,都会直接影响到税收收入的合法性,透过这些要素,可以发现税收收入增减方面的诸多问题。

例如,在税率方面,在全部税收收入中,依率计征的比例有多大?征管实践中对税率的改变并不鲜见,哪些改变是合法的?对收入的增减有多大的影响?此外,在某些情况下,征管机关可以依法行使适度的裁量权(如裁量性减免),从而也会对收入的增减产生实质性影响,对于这方面的研究,还较为欠缺。

在税基方面,应当考察:在税收收入的形成过程中,有多少是依法扣除的;有多少属于应扣未扣,并由此导致了收入的增加;有多少是由于多扣而导致了税收收入的减少;等等。从总体上说,当税率的刚性日益被尊重和承认时,税基调整上的可行性和合法性问题,是征纳双方都很关注的问题。这也是影响税收收入的一个重要方面。只有尽量确保税基确定上的合法性,才有助于最大限度地确保税收收入在总体上的合法性。

在纳税期限方面,由于纳税期限直接影响到征纳双方的权义(如超过纳税期限而不纳税就会产生欠税问题),并会影响到国家的税收利益和纳税人的税后收益,因此,也会直接影响到对税收收入数额的判断和预期。如果纳税人大量地超过纳税期限而没有纳税,或者超过了征税期限,征税机关没有有效地征到税款,则都会具体地、现实地影响到税收收入的确定。而这方面的影响也很值得分析。

在纳税地点方面,由于纳税地点直接影响到税收管辖,并会产生税收管辖权的国内冲突(包括区际冲突)、国际冲突,因而也会在局部或整体上影响到税收收入的数额。这在进行税收收入分析时也是值得考虑的。

在税收优惠方面,由于税收优惠对于税收收入的影响非常直接,因此,对于税式支出问题,对于合法优惠与非合法优惠的问题等,人们一直比较关注。但不管怎样,要确保合法的税收收入的增加,必须强调"依法施惠"。

以上只是列举了影响税收收入及其合法性的几个具体因素,这些因素也是对税收收入进行法律分析的重要维度。不仅如此,以后还可以进一步进行广义上的合法性分析。随着税收收入的经济分析的日益深入,法律分析亦应加强,从而有助于对税收收入的分析的全面和深入。

4. 对税收收入的变易性的合法性分析

税收收入的变化趋势如何,直接关系到税收收入的未来走势,同样是政府和学者都较为关注的。要分析税收收入的变易性问题,就要分析诸多因素对税收收入可能发生的增减变动影响,并基于合法性等方面的考虑而对税收收入可能发生的损益作出具体解析。因此,在分析税收收入的变易性问题时,同样离不开合法性分析。

事实上,税收收入的变易性问题,是一个综合性的问题,它要考虑上述各类影响税收收入的关联因素,例如,对于经济增长的势头,以及政策变动的趋势等因素,究竟是有利于增加税收,还是减少税收,就需要作出具体的分析。在这方面,确实需要见微知著。譬如,出口退税政策的变化,是诸多政策中相对较小的一个,出口退税率的调低,以及各级政府负担比率的确定,在某个年度,可能是有利于增加政府的实际税收收入的。但是,这种政策调整是否具有合法性,是否违反了"零税率"的制度安排,是否侵害了纳税人的出口退税权,是否在经济上具有合理性,是否会影响出口贸易和经济增长,以及由此是否会带来税收收入的下降,是否会带来地方政府的不合作?① 诸如此类的问题,都是影响税收收入的重要问题,因而需要作更为细致的分析。

可见,要分析税收收入的变易性,或者说要分析税收收入的形势或趋势,需要综合考量各类影响税收收入的因素,尤其要考虑在税收征收过程中的合法性问题,这样才有可能对税收形势形成较为客观的判断。

---

① 我国在出口退税领域的法律问题一直备受关注。特别是出口退税率对纳税人权利的不利影响,以及相关地方政府所承担的退税负担的增加,都会带来许多法律上的问题,使相关主体对中央政府调整出口退税政策的合法性产生怀疑和抵触。为此,在中央与地方的利益调整上,国务院印发了《关于完善出口退税负担机制有关问题的通知》,明确从2015年起,出口退税(包括出口货物退增值税和营业税改征增值税出口退税)全部由中央财政负担。

(三) 税收收入与"变法"中的可税性问题

要分析税收收入形势问题,还必须关注税收收入与"变法"的关系问题。因为税收与税法的一一对应的关系,使得税收收入与"变法"的关联实在太密切。而只要涉及税法的制度变迁问题,就会涉及可税性问题。

我国以往税收领域的"变法",主要体现为税收上的"政策调整",但在强调税收法治的今天,税法的变易尤其值得注意。需要反复考虑的问题是:税收收入的需要是否应当构成"变法"的唯一动力?"变法"对于税收收入的影响及其向背如何? 这些都需要从可税性的角度进行分析。

从熊彼特—希克斯—诺斯的研究来看,税收收入历来是历朝"变法"的重要动力,中国自改革开放以来在税收领域的历次"变法"——无论是"1984 年税改""1994 年税改",还是"2004 年税改"[①],每次税法制度变革的直接的或长远的目标,都是为了增收。依据前述的"瓦格纳定律",随着政府事权的不断扩大,行政权和职能的不断膨胀,也需要收入不断增长,国家需要稳定、均衡的财政收入,收入必须保持一定的规模。在增收方面,不仅经济的增长会有根本性的影响,而且政策、制度或法律的调整,也会产生相当大的影响,增收的目标由此可能会隐含在"变法"的宗旨之中,从而使增收成为"变法"的重要动力,也使"变法"成为增收的重要影响因素。当然,在"变法"过程中,也总会有很多的减收因素。例如,基于一些社会因素、政治因素等方面的考虑,基于可税性的考虑,在解决"三农"问题、区域经济发展问题、增值税转型问题等方面,都要有"变法"举措,并且,在短时间内可能会构成减收[②],但从长远发展看,此类变法却是增收的基础,因为这些变法更符合可税性的原理。

可见,要全面分析税收收入形势,还需要考虑"变法"的因素。"变法"的效应既可能是增益效应,也可能是减损效应,需要具体分析和全面权衡。但从总体上和长远上说,"变法"可能属于增收因素。事实上,只要"变法"符合经济规律,符合法治的基本原理和要求;只要依据可税性原

---

① 我国的税改存在着"十年一变"的周期,2014 年已经启动了新一轮税改,这对于实现国家的税收法治的现代化至关重要。相关探讨可参见张守文:《税制变迁与税收法治现代化》,载《中国社会科学》2015 年第 2 期。

② 我国 2006 年废止农业税、2012 年启动"营改增"试点等,都是"结构性减税"的重要组成部分,都会产生减税效应。相关探讨可参见张守文:《"结构性减税"中的减税权问题》,载《中国法学》2013 年第 5 期。

第四章　连接问题与主义的"可税性理论"

理,合法、合理地进行制度安排,则"变法"在根本上还是会成为导致税收收入增加的因素。可以肯定地说,只要没有重大的不可抗力(自然灾害或社会事变),只要中国经济持续增长,只要税收法治进一步得到实现,只要可税性原理的要求能够得到有效贯彻,税收的收入总额就会不断提高。

(四) 小结

前面主要结合中国税收收入既往高速增长的现实情况,探讨了税收收入中的可税性问题。在探讨了影响税收收入增长的各类因素同可税性的密切关联的基础上,尤其着重探讨了税收收入的合法性问题,这是税收收入中的可税性问题的核心。此外,由于"变法"因素对于税收收入的影响较大,因而还简略地探讨了"变法"中的可税性问题。上述问题的解决,有赖于具体的财税法制度的完善,也有赖于更深层次的财税宪政的实现。

除了上述问题以外,税收收入的真实性问题也很值得注意。这是经济学家或统计学家,同时也应当是法学家、社会学家等尤其应当关注的重要问题。税收收入应当随着经济增长而"水涨船高",但经济增长是否含有水分?税收收入的水分又有多大,其中有无因某种考虑而"注水"的情况?这些只是真实性问题的一个侧面。如果再推而广之,除了"虚增"的情况以外,有多少税是在虚假交易、收益未实现的情况下征收的,又有多少是已发生了纳税义务而未征收的,有多少是人为放弃的,有多少是无力获取的,等等,这些是更为深层次的税收收入真实性问题,同样也是在对税收收入进行相关分析时应当考虑的问题,它在很大程度上已经牵涉到税收收入的合法性问题。

上述的税收收入不真实的问题,直接涉及合法性问题。税收收入的不真实,有许多都是因合法性欠缺而造成的。事实上,所谓寅吃卯粮的"过头税"问题,相关机关之间的"空转"问题,等等,是对税收收入的真实性和合法性都会产生负面影响的问题。因此,加强税收征管,真正依法征收,非常重要。

上述的真实性,也与可税性直接相关。如果严格遵循可税性的要求去征税,就可以有效解决前述在虚假交易、收益未实现情况下的征税问题,以及"应税未税"等问题,从而更好地保障所获取收入的真实性。

五、非税收入及其可税性

非税收入是整个社会分配领域的一个重要范畴,但却是一个容易引起歧义的概念。对于非税收入,人们可能存在不同的理解。从政府的角度来看,非税收入基本上可以认为是除税收以外的政府性收入;而从纳税人的角度来看,纳税人没有权力征税,当然没有税收收入,同时,也就没有与税收收入相对应的非税收入。

但是,从收入是否源自税收的角度来看,纳税人的收入应当都不是来自税收,因而都是非税收入。此外,对于纳税人来说,还可能存在已纳税收入和未纳税收入,或称已税收入和未税收入。如果把非税收入理解为非经课税的收入,即未税收入,则在这个意义上,纳税人也可以有非税收入。可见,在把"税"理解为名词或动词的情况下,含义会有很大的不同。因此必须先加以界定,这样才可能有针对性地进行可税性分析。

在人们所理解的各类非税收入中,相对说来,对纳税人非税收入的可税性问题已经有了一些研究。例如,由于纳税人的全部收入都不是税收收入,即都属于非税收入,因而前面关于可税性一般原理的探讨,主要就是针对纳税人的非税收入的探讨。纳税人的各类非税收入,从宪政的一般精神,从合理性和合法性,以及现实的法律规定上看,只要是可以征税的,就都是具有可税性的。对此前面已经有了不少探讨,此不赘论。

在财政领域,人们通常比较关注的是政府的非税收入,因此,下面有必要着重探讨政府的非税收入的界定及其可税性问题,其后再简要探讨社会保障基金的可税性问题。

(一) 对政府的非税收入的界定

从政府收入的角度来理解非税收入,目前在财政领域已有很大共识。由于过去对非税收入缺乏统一认识,对于非税收入的范围始终不够明确,且相关的法制建设滞后(这同我国整个财税法制建设的落后是一致的),因此,各级政府对非税收入的管理十分混乱,效率低下,未能有效解决政

第四章　连接问题与主义的"可税性理论"

府收入分配领域的"失序"和腐败问题,已产生很大的负面影响①。在这种情况下,财政部于2004年7月23日发布了《关于加强政府非税收入管理的通知》,虽然该文件的效力级次不高,但与"无法"的状态相比,总要好一些。同时,对于在制度上厘清一些基本的概念,也有一定的助益。随着非税收入在整体财政收入中的占比的不断提高,财政部又陆续发布了一些规范性文件,以规范非税收入的设立、征收、监管等行为,其中,2016年发布的《政府非税收入管理办法》更为重要。

根据上述《办法》的规定,所谓非税收入,是指除税收以外,由各级国家机关、事业单位、代行政府职能的社会团体及其他组织依法利用国家权力、政府信誉、国有资源(资产)所有者权益等取得的各项收入。

从国家财政部门的思路来看,随着非税收入概念的使用,以及非税收入管理制度的健全、完善和有效施行,特别是预算制度的完善和财政监督力度的加强,原来的预算外资金的概念亦逐渐被取代。

再比较一下财政部在2004年《通知》中给出的非税收入的定义:"政府非税收入是指除税收以外,由各级政府、国家机关、事业单位、代行政府职能的社会团体及其他组织依法利用政府权力、政府信誉、国家资源、国有资产或提供特定公共服务、准公共服务取得并用于满足社会公共需要或准公共需要的财政资金,是政府财政收入的重要组成部分,是政府参与国民收入分配和再分配的一种形式。"

上述定义显然过于冗长,这与非税收入所包含的范围太广有一定的关联,但也与立法者的提炼不够有关;同时,上述定义中也存在着一些不恰当的地方,如将各级政府与国家机关并列等。立法者试图想说明政府非税收入的获取主体、获取依据、获取目的、获取范围和资金性质等,但在一个定义中包含这么多的内容,既会徒增难度,也实无必要。

相对说来,明确政府非税收入范围更有价值。按照财政部的《办法》规定,政府非税收入具体包括:行政事业性收费收入、政府性基金收入、罚没收入、国有资源(资产)有偿使用收入、国有资本收益、彩票公益金收入、特许经营收入、中央银行收入、以政府名义接受的捐赠收入、主管部门集中收入、政府收入的利息收入等,但不包括社会保险费、住房公积金(指计

---

① 长期以来,非税收入包括预算内的非税收入、预算外的非税收入,以及游离于财政管理之外的政府各部门的收费和集资、摊派等,管理十分混乱且规模在不断上升,成为"三乱"和腐败滋生的重要根源。

入缴存人个人账户部分)。

可见,非税收入的范围非常广泛,以至于难以穷尽。但如果按照相关性和重要性来归类,其中最重要的是如下几类,即收费基金、国资收益、罚没收入、捐赠收入、彩票收益等。社会保障基金、住房公积金的主体复杂,性质特殊,因而确实不宜简单地归入"政府性"收入中。

(二) 几种主要的政府非税收入的可税性

如前所述,政府非税收入虽然类型很多,但相对较为重要的主要是收费基金、国资收益、罚没收入等。从收入的基础来看,无论是税收收入,还是非税收入,都要以经济的发展为基础,都是来源于私人经济部门所创造的财富。因此,作为各类非税收入的源泉的各类私人收益,既是征税的重要税源,也是其他各类非税收入的形成前提,它是非常重要的决定可税性的必要条件。只不过政府的各类非税收入,按其定义,在获取目的、资金性质等方面具有突出的公益性,因而按照前述的可税性原理,从总体上说,对这些非税收入,或者不能征税,或者要免税。下面就以在非税收入中占有重要地位的收费基金、国资收益为例,来对其中的可税性问题略作说明。

1. 收费基金的可税性问题

行政事业性收费(简称收费)与政府性基金(简称基金)在整个政府非税收入中占据很大的比重,这既是前些年出现"费挤税"、政府分配秩序混乱的重要原因,也是国家进行"费改税"的重要动力。按照财政部的定义,行政事业性收费是指国家机关、事业单位、代行政府职能的社会团体及其他组织根据法律、行政法规、地方性法规等有关规定,依照国务院规定程序批准,在向公民、法人提供特定服务的过程中,按照成本补偿和非营利原则向特定服务对象收取的费用。① 由于至少从上述定义上说,行政事业性收费不具有"营利性",其获取目的仅是成本补偿,因而虽然在表面上有收益,但并无增益,更未获取营利性收入,因而按照可税性原理,是不应征税的。

与上述的行政事业性收费类似,按照财政部的定义,政府性基金是指各级政府及其所属部门根据法律、行政法规和有关文件规定,为支持某项

---

① 本定义和下面的几个"财政部定义"均引自财政部于 2004 年 7 月 23 日发布的《关于加强政府非税收入管理的通知》。

第四章 连接问题与主义的"可税性理论"

公共事业发展,向公民、法人和其他组织无偿征收的具有专项用途的财政资金。可见,基金的无偿征收性和公益性很类似于税收,只是在其名称和用途的专门性上与税收不同,大体上可以视为一种"准税收"。对于缴纳基金的主体,如果再对其征税,则有些类似于重复征税,会大大加重基金缴纳主体的负担。基于基金的公益性和负担的公平性,从可税性原理来看,对基金是不应征税的;同时,在立法上和实践中,把税收与基金有效分开是非常重要的。

按照规定,征收政府性基金必须按照国务院规定统一报财政部审批,重要的政府性基金项目由财政部报国务院审批。严禁各地区、各部门越权审批行政事业性收费和政府性基金项目、扩大征收范围、提高征收标准,禁止以行政事业性收费的名义变相批准征收政府性基金。这些规定,似乎是比较严格的限定。但从可税性所要求的合理性和合法性上看,从对市场主体权益的全面保护来看,从收费与基金领域的混乱来看,似乎上述看似严格的限定还不足以有效地解决问题。在实践中,由于有的部门擅自将行政事业性收费转为经营服务性收费或者将行政事业性收费作为经营服务性收费进行审批,也有的部门将国家明令取消的行政事业性收费、政府性基金转为经营服务性收费继续收取,因而国家才不断地清理整顿收费基金,努力取消不合法、不合理的行政事业性收费和政府性基金项目,使行政事业性收费和政府性基金规模更趋合理。

2. 国资收益的可税性问题

国资收益,既包括国资的使用收益,也包括国资的经营收益。前者包括国有资源和国有资产的有偿使用收入,后者则是指国有资本的经营收益。在国资收益中,如何看待收益性与营利性,如何看待国资的可税性,也是可税性理论中需要研究的重要问题。

在上述的国资使用收益中,国有资源有偿使用收入,包括土地出让金收入,新增建设用地土地有偿使用费,海域使用金,探矿权和采矿权使用费及价款收入,场地和矿区使用费收入,出租汽车经营权、公共交通线路经营权、汽车号牌使用权等有偿出让取得的收入,政府举办的广播电视机构占用国家无线电频率资源取得的广告收入,以及利用其他国有资源取得的收入。从理论上说,这些收入是国家依据自己的物权而获取的,直接地就构成自己的收入,而不是像税收、基金等那样,是从私人收益中攫取,对于自己的收入,国家当然不需要课税。

此外,按照现行规定,国有资产有偿使用收入,包括国家机关、实行公务员管理的事业单位、代行政府职能的社会团体以及其他组织的固定资产和无形资产出租、出售、出让、转让等取得的收入,利用政府投资建设的城市道路和公共场地设置停车泊位取得的收入,以及利用其他国有资产取得的收入。此类收入的共同特点是:获取收入的主体都是在代行政府职能,而且获取收入的途径都是对国有资产的利用。按照《预算法》的基本精神,行使政府职能的各类组织利用国有资产所获得的收入,同税收收入等一样,也是预算收入的重要组成部分,对于预算收入,国家不再征税。

另外,国资收益中的另一大部分,即国有资本经营收益,主要包括国有资本分享的企业税后利润,国有股股利、红利、股息,企业国有产权(股权)出售、拍卖、转让收益和依法由国有资本享有的其他收益。事实上,企业的税后利润、国有股股利、红利、股息等,都已经是税后利益的分配,即使从避免重复征税的角度讲,也不应对其征税。同时,作为国家的财政资金,而不是私人的收入,当然不能对其征税。我国已经建立了国有资本经营预算体系,将国有资本经营收益纳入国家预算管理,以确保国有资本经营收益的安全和有效使用,促进国有经济结构调整和国有企业健康发展。

与上述的各类非税收入情况类似,彩票公益金、罚没收入等非税收入,由于都属于财政性资金,都是国家的财政收入,因而基于"国家不对自己征税"的原理,它们也都不具有可税性。

如前所述,由于上述各类非税收入是政府性收入,属于财政性资金,因而才不能再对其征税,但作为非税收入的源泉和基础的那些收入,则是具有可税性的,因而从合理控制非税收入的规模,从征税与收费的合理性的角度来看,完全可以把那些具有"税"的性质的"费",通过"清费立税"的途径,转化为更为规范的税收,以免大量地发生"费挤税"以及政府分配秩序混乱、市场主体负担过重等问题。

(三) 社会保障基金收入的可税性

社会保障基金(包括与其类似的住房公积金)不同于一般的商业性基金,它对于保障弱势群体的基本人权具有重要的价值,其社会性和公益性十分突出。因此,虽然其资金来源是多元的,而且从最终归属上看也不属于政府收入,但鉴于其重要的公益价值,对其不能像对待一般的商业性基金那样去征税。

由于我国的社会保障制度起步较晚,资金积累严重不足,统筹层次和覆盖面都不够。近些年来,随着各项制度的逐渐建立和完善,社会保险事

第四章　连接问题与主义的"可税性理论"

业也取得了长足进步,社会保险的资金总额和基金规模都有了较大增长。对于这些资金或基金是否应该征税,也是一个值得从可税性角度探讨的重要问题。

我国《社会保险法》第 5 条第 2 款、第 3 款规定:"国家多渠道筹集社会保险资金。县级以上人民政府对社会保险事业给予必要的经费支持。国家通过税收优惠政策支持社会保险事业。"此外,我国《社会保险费征缴暂行条例》第 14 条规定:"征收的社会保险费存入财政部门在国有商业银行开设的社会保障基金财政专户。社会保险基金按照不同险种的统筹范围,分别建立基本养老保险基金、基本医疗保险基金、失业保险基金。各项社会保险基金分别单独核算。社会保险基金不计征税、费。"①

社会保险基金实行"收支两条线"管理,由财政部门依法进行监督。由于社会保障基金具有重要的分担社会成员风险的功能,其社会公益性突出,因而有缴纳义务的主体必须依法缴纳,但为了减轻缴费主体的负担,防止发生类似于重复征税的效应,国家在相关的税法中规定其缴纳的社保费用可以依法扣除。我国《企业所得税法实施条例》第 35 条规定:"企业依照国务院有关主管部门或者省级人民政府规定的范围和标准为职工缴纳的基本养老保险费、基本医疗保险费、失业保险费、工伤保险费、生育保险费等基本社会保险费和住房公积金,准予扣除。企业为投资者或者职工支付的补充养老保险费、补充医疗保险费,在国务院财政、税务主管部门规定的范围和标准内,准予扣除。"

由此可见,我国在法律上已经明确规定,国家通过税收优惠,支持社会保险事业的发展;同时,对社会保险基金不征收任何税收和费用;对于企业缴纳的社会保险费,则可以在计征所得税时依法扣除。而上述规定,正是基于社会保险事业和社会保险基金所具有的社会公益性,这与可税性原理的要求是一致的。

此外,在税收优先权方面,在《企业破产法》《商业银行法》《保险法》《民事诉讼法》等许多法律中,都规定税收的征收要劣后于社会保障费的征收,即社会保障费的征收在清偿顺位上更为优先②。

---

① 该《条例》于 1999 年 1 月 22 日由国务院发布。
② 我国 2007 年 6 月 1 日起实施的《企业破产法》第 113 条第 1 款规定:"破产财产在优先清偿破产费用和共益债务后,依照下列顺序清偿:(一)破产人所欠职工的工资和医疗、伤残补助、抚恤费用,所欠的应当划入职工个人账户的基本养老保险、基本医疗保险费用,以及法律、行政法规规定应当支付给职工的补偿金;(二)破产人欠缴的除前项规定以外的社会保险费用和破产人所欠税款;(三)普通破产债权。"可见,该规定更强调对个人的社保收益的保护。

另外，为了多渠道地筹集和积累社会保障资金，我国还在 2000 年 9 月决定建立"全国社会保障基金"。该基金是全国社会保障基金理事会负责管理的由国有股减持划入资金及股权资产、中央财政拨入资金、经国务院批准以其他方式筹集的资金及其投资收益形成的由中央政府集中的社会保障基金。[①] 它是中央政府专门用于社会保障支出的补充、调剂基金。

为了实现基金的保值增值，全国社保基金可以采取直接投资和委托投资的方式，具体投资范围包括银行存款、国债、证券投资基金、股票、信用等级在投资级以上的企业债、金融债等有价证券。社保基金投资运作的基本原则是，在保证基金资产安全性、流动性的前提下，实现基金资产的增值。

由于全国社保基金涉及投资经营问题，因而也涉及可税性问题。在这方面，国务院专门对其有关税收政策问题作出了规定：

第一，在"营改增"以前，对社保基金理事会运用社保基金买卖证券投资基金、股票、债券的差价收入，暂免征收营业税。

第二，在所得税方面，对社保基金理事会管理的社保基金银行存款利息收入，社保基金从证券市场中取得的收入（如买卖证券投资基金、股票、债券的差价收入，股票的股息、红利收入，债券的利息收入及其他收入），暂免征收企业所得税。[②]

第三，在印花税方面，对社保理事会委托社保基金投资管理人运用社保基金买卖证券应缴纳的印花税实行先征后返。[③]

可见，基于全国社保基金的突出公益性，在各相关税收领域，国家给予了很多税收优惠，这对于社会保障基金的稳定发展以及保值增值，是非常重要的。如前所述，上述的税收优惠，同样是对可税性原理所确定的征税范围的一种限定。

（四）小结

非税收入是一个比较复杂的概念，人们可能对其存在着不同的理解。

---

① 参见《全国社会保障基金投资管理暂行办法》，该《办法》经国务院批准，由财政部、劳动和社会保障部于 2001 年 12 月 13 日发布。

② 可参见财政部、国家税务总局《关于全国社会保障基金有关税收政策问题的通知》（财税[2002]75 号）。

③ 可参见财政部、国家税务总局《关于全国社会保障基金有关印花税政策的通知》（财税[2003]134 号）。

第四章　连接问题与主义的"可税性理论"

但从财政的角度，从拓展可税性研究的角度来看，政府的非税收入是更为重要的。为此，前面着重探讨了政府的非税收入的可税性问题，并对不属于政府非税收入的社会保障基金的可税性问题也略作了简要分析，从中不难发现，政府的非税收入作为具有政府性的财政资金，是不具有可税性的，否则就会违反"政府不对自己征税"的原理，也违背了可税性原理；此外，社会保障基金虽然不属于政府的非税收入，但它具有突出的社会公益性，因而对于政府获取的社保费收入，不应征税；对于缴费主体交纳的社会保障费用，则允许依法进行税前扣除；而对于从事经营的"全国社保基金"，则要给予税收减免。这些方面，同前面的可税性的一般原理也是一致的。

　　有些非税收入具有准税收的性质，因此，实施"费改税"是很必要的。同时，对这些非税收入不征税，也是类似于避免重复征税的考虑。但是，对于形形色色的名目繁多的基金，人们仍然比较关注。从政府获取收入的合理性和合法性的角度来看，不仅要在税收领域关注"可税性"，而且也要在收费领域关注"可费性"，即要在总体上关注政府的可征收性。这样，才能使政府的各类征收行为，建立在合法的基础之上，才能使国民的财产权得到较为充分的保障，才能在完善各类具体的财税法制度的过程中，有效地解决财税宪政问题。

第五章　财税法制度中的权利配置与保护

财税法制度的重要任务,是对各类具体的权利进行配置和保护。尽管各类具体的权利,因主体的不同而有所不同,但都需要通过财税法制度上的有效配置来使其得到应有的保护。

例如,从国家与国民的"二元结构"来看,国家依据其征税的权力而享有的税收权利,同样要通过具体的制度安排来予以保护,其中,税收优先权制度、税收保全制度、反欠税制度等具体制度的设置,都是保护国家税收权利的重要制度安排。此外,国民在总体上享有税收权力,不仅对国家是否征税有权赞同或反对,就其个体而言,在税收领域也同样享有一系列的权利,如退还请求权、生存保障权等,这些权利同样需要得到充分保护。只有充分考虑各类主体的各类具体权利,财税法制度的设计才可能被认为是较为可取的。

又如,从中央与地方的"二元结构"来看,财权的有效分配非常重要。在地方财力不足的情况下,特别是在地方债务负担较为沉重的情况下,如何完善分税制,如何保障地方的财政收入权,特别是如何确保地方政府的举债权,同样是非常值得研究的问题。

为此,本章将探讨财税法制度中的权利配置与保护的相关问题。例如,在国家与国民的"二元结构"下,从国家的角度看,国家税收权利的性质是什么?对于国家的税收权利应当如何保护?在保护国家的税收权利方面,税收优先权制度能够起到什么作用?税收优先权同其他相关权利是什么关系?此外,从国民的角度来看,国民享有的具体税权中,退还请求权非常重要,对于此类权利,应当如何保护?为什么要给予人本理念来保护纳税人权利?等等,这些问题都需要作出回答。又如,在中央与地方的"二元结构"下,如何解决好财权与事权的划分问题,如何使事权与支出责任真正相对应,如何确保地方的基本财力,确保其举债权的依法正当行使,等等,都是值得研究的重要问题。

第五章 财税法制度中的权利配置与保护

一、对国家税收权利的强调与保护

(一) 问题的提出

从税权理论上说,国家的税权实际上包括税收权力和税收权利两个方面,在税收权力的背后,是国家的税收权利。① 对税收权利的单独强调,体现了近年来税法理论及制度实践的发展实际。但有关税收权利的研究还非常不够,从而使得相关的权利保障制度也多有缺欠。

人们一般都承认这样的事实:虽然国家拥有税收权力,但在现实中侵害国家税收权利的情况,同侵犯纳税人权利的情况一样普遍。为什么在国家拥有重要的、垄断性的税收权力的情况下,其税收权利亦会屡遭侵犯?这确实值得从多个视角进行研究。但上述事实的存在至少说明,税收权力与税收权利表里有别,即使握有税收权力,如果不能很好地通过制度保障相应的税收权利,则再用权力高压也是无济于事的。这就促使我们不得不去思考税收权利本身的有关问题。

长期以来,虽然许多研究者很重视国家的税收权益,并力图对此予以强化,但实际上更多的是在强调税收权力,特别是国家征税机关的权力,这在立法和执法上都有突出的体现。② 对此也有人提出了一些批评性的意见,认为这容易强调"国库主义",而忽视"纳税人的权利"。事实上,在国家与纳税人之间,不仅存在着国家权力与纳税人权利之间的关系,也存在着国家的税收权利与纳税人权利之间的关系。③ 但由于国家的税收权利往往被忽视或遗忘,因而人们往往更关注国家税收权力与纳税人权利之间的冲突。在国家税收权利与纳税人权利也存在冲突的情况下,不应一般地、泛泛地说这两类权利哪个更重要,而应当根据其实际的情况作出权衡,并对各类权利从制度上给予应有的保护。

过去以至今天,许多国家的有识之士,都曾提出或正在力倡对纳税人

---

① 从广义上说,国家和国民都可以享有税权,其中,国家的税权包括税收权力和税收权利。参见张守文:《税权的定位与分配》,载《法商研究》2000 年第 1 期。

② 例如,在我国《税收征收管理法》和其他相关税收法律的立法过程中,都曾有过这种倾向;至于执法过程中的此类倾向,自然更为明显。

③ 事实上,与国家的税收权利相对应的,主要是全体国民在整体上所拥有的税收权力。现时对于纳税人权利的某些探讨,有的实际上已经包含了纳税人整体权利的一些内容。

权利的有效保护,这无疑有其积极意义和进步意义。[①] 特别是在纳税人事实上处于弱者地位的情况下,在纳税人受到国家的某些权力威压的历史时期,这种提法曾经得到了许多人的响应。与此同时,当国家的税收权利受到侵扰之时,也许因其属于公共物品的领域,对其关注者似乎并不多。在一些国家,由于诸多的历史、法律、文化等方面的原因,对于侵犯国家税收权利的行为,在民间甚至可能存在嘉许、支持甚至纵容的情况。由此便产生了一个值得思考的问题:如果认为纳税人的权利和国家的税收权利都属于权利,那么,为什么它们会受到不同的对待?这两类权利是否存在着性质上的不同?而其性质上的不同,是否又因其与相关权力联系的紧密程度不同有关[②],从而带来了对权利保障从观念到制度上的不同?

要研究上述问题,就必须研究税收权利的性质,因为它直接关系权利的相关保护制度,以及对权利保护的态度,同时,它对于相关理论的推进和实践问题的解决也都很重要。因此,下面将着重探讨国家税收权利的法律性质,以及相应的法律保护问题。

基于征税对象和税权客体的特殊性,以及税法调整的特殊性,可以认为,对于税收权利的性质,不能一概而论,而应当像历史上对待税收法律关系的性质一样,采取"分阶段"的方法来分别加以确定,这样才能对具体的税收权利的性质有较为准确的判断和界定。而这种"分段论"的方法的采行,实际上是导因于税法问题的复杂性。只有透过分析税收在不同阶段的不同特点,才能更好地理解和认识税收权利的性质。

(二)税收权利及其客体性质的多维性

税收权利的主体和客体的特殊性,会影响到税收权利本身的性质。由于税收权利的主体是单一的,因而可以考虑从不同角度去认识税收权利的客体,研究税收权利客体性质的多维性,并进而研究税收权利性质的多维性。

---

① 在修改我国《税收征收管理法》的不同立法阶段,都曾有许多的专家提出要加强对纳税人权利的保护,但从最终结果看,专家的许多很好的意见并没有被接受,这一方面体现了"公共选择理论"的某些观点的正确性,另一方面也说明我国税收法治之路确实还有漫长途程。

② 例如,人们一般认为,国家的税收权利与国家的公权力联系更加紧密,甚至认为不可能把两者相区分;而纳税人权利主要与纳税人的私人财产权联系更加密切,它离私权更近、更有亲和力,而离国家的公权更远,并极可能成为公权力的侵害对象。这对于形成人们对国家的税收权利的观念和意识,特别是对于国家税收权利的戒心和不亲近,都可能是很重要的原因。

第五章　财税法制度中的权利配置与保护

1. 税收权利客体性质的多维性

由于我们要探讨的是国家的税收权利,因而权利的主体是明确的;同时,税收权利的客体是税收,这似乎也是清晰的。但事实上,由于"税收"一词在不同的语境下差异很大,因此,要研究税收的法律性质,首先必须对税收作出界定。通常,人们往往在许多不同的意义上使用"税收"一词,但最主要的是集中在静态和动态这两种意义上。其中,静态意义的税收,是指税收收入或称税收收益;动态意义的税收,是指税收活动,有时甚至专指征税活动。[①]

由于"税收"一词用法多样,极易出现歧义,因而在研究相关问题时,需要事先加以甄别和界定。在此探讨的作为税收权利客体的"税收",主要是侧重于上述静态意义上的税收。因此,税收的法律性质,并非指税收法律的性质,而是指征税机关未取得的和已取得的税收(或称税收收入)是什么性质的问题。

静态意义上的税收,其法律性质具有多维性。这与研究所引入的参照系的多维性有关。如果把税收收入放到税权、公课及其自身形成的不同阶段上来审视,则税收的法律性质就会有不同的呈现:

首先,由于静态意义的税收收入的享有者是国家,因而税收收入实际上是国家与国民之间的税收征纳法律关系的客体,或者说,是国家税权的客体。这就是税收的一种法律性质,它直接影响着国家税收权利的法律性质。

其次,从政府收入或国民负担的角度来看,作为政府收入的税收收入,实际上是国民的一项负担。作为公法上的负担,税收往往被认为是纳税人在公法上的金钱给付义务[②],它同规费等一样,都是一种公共课征(或简称为"公课")。这也是它的一种法律性质。税收作为国家或政府依据法律而课征的一种金钱给付,同其他公课相比,具有更为突出的法定性、强制性和公共性,而不具有惩罚性和直接的受益性。

再次,从收入所处的不同阶段来看,税收收入的性质也会有不同的体

---

① 税收一词,在不同的语境中还可能是指税收权利或税收义务,或者税收手段、税收杠杆、税收政策,有时甚至是指税收法律或税收立法、税种、税制、税收制度、税收体系,等等。在税收被作为政府各类收入的代称的情况下,往往易使人将"税"与"费"混为一谈。

② 许多学者都认为,税收是对于具备法定课税要件的人所课征的一种金钱给付。参见〔日〕金子宏:《日本税法原理》,刘多田等译,中国财政经济出版社1989年版,第7页;陈清秀著:《税法总论》,台湾三民书局1998年版,第3页。

现。在相关主体的行为或事实满足课税要素,从而使纳税义务成立的阶段,此时的税收还只是抽象的;通常只有在征税机关进行具体的征管以后,才能成为具体的税收。此外,在税收入库以前,对于国家来说,还是一种未实现的税收,而在入库以后,则是已实现的税收。可见,在上述不同阶段,税收体现为不同的性质:它可能是抽象的税收或具体的税收,也可能是已实现的税收或未实现的税收,而对于这些不同性质的税收,国家所享有的权利是不一样的,从而会进一步影响国家税收权利的性质。

2. 税收权利性质的多维性

税收权利客体的多维性,在很大程度上影响着税收权利的性质,并使其同样具有多维性。下面仅以在不同阶段的税收收入的性质为例,来说明税收权利的不同性质。为此,有必要引入"分段论",以求在税收收入的不同阶段,来认识税收权利的不同性质。[①]

在抽象的税收阶段,国家对符合课税要素的特定纳税人,有请求其履行税收债务的权利,因而国家的税收权利,一般被认为具有债权性质,只不过税收债权不同于私法上的债权,它是一种公法上的债权——这是因为享有请求权的债权人,毕竟是为社会公众提供公共物品的国家;在要求纳税人履行债务方面,国家不是一般的消极等待,而是依法定制;同时,国家还确定由专门的政府职能部门(即征税机关)来负责接受和督促纳税人债务的履行,并且,这些征税机关享有税收债务人并不享有的专门的征收权和管理权。可见,这里的债权人与债务人并非处于同等的地位,并且,这种债的履行实际上在特定的时空范围内是无偿的和无对等给付的。只不过在对特定人的请求权以及请求权的内容方面,与一般的债的原理是一致的,从而体现为一种实体法上的债权债务关系。正因如此,可以认为,对于抽象的税收,国家享有的是一种公法上的债权。

在税收由抽象转为具体的阶段,征税机关实施了一系列的管理行为,从而不可避免地存在着行政权力的渗入。但这些权力是辅助税收实现的权力,并不是直接针对税收的权力。因为纳税人的纳税义务是否成立,以

[①] "分段论"是针对能够分为若干阶段的复杂问题所采取的具体分析方法,这种理论在公法领域已经有了越来越多的采用。例如,在德国行政法上有所谓"两阶段理论",以便对某类行为中所包含的公法性质和私法性质分别作出界分。参见〔德〕平特纳:《德国普通行政法》,朱林译,中国政法大学出版社1999年版,第99—101页。在税法理论上,一般对税收法律关系也分阶段来作具体定性,可参见〔日〕金子宏:《日本税法原理》,刘多田等译,中国财政经济出版社1989年版,第20—21页;张守文:《税法原理》,北京大学出版社1999年版,第36—37页。

第五章　财税法制度中的权利配置与保护

及义务的大小或多少等,都是由税法来加以规定的,而不是依行政权力来裁量的。① 这个阶段恰恰是体现一国法治水平的关键阶段,因而也往往是问题的多发阶段。②

在税收已入库的阶段,或者说已实现税收的阶段,国家税收权利的性质,已由公法上的债权转变为一种物权,任何机关和个人都不得侵犯,对不依法使用税款的人必须追究。这样,国家对税收的权利就由针对特定纳税人的对人权,转化为一种针对不特定多数人的对世权;由一种税收债务的请求权,转化为一种入库税款的支配权。当然,国家对税款的支配权,必须依预算法等公法行使,同样不能滥用。

可见,针对不同阶段的不同性质的税收,国家所享有的税收权利是不同的,税收权利的性质自然也不相同。如果对此不加区分,不分具体阶段,在不同阶段不恰当地以行政权代替债权,或者以债权代替物权,都会对实践和法治造成很大损害。

(三) 对不同性质的税收权利的保护

上面主要探讨了与不同阶段的税收相对应的税收权利的不同性质,与此相关的是不同阶段的不同性质的税收权利的保护问题。而研究这些问题,对于解决现实的税法问题是非常有意义的。为此,下面主要依循税收权利的债权性质和物权性质,来分别探讨相应的权利表现和权利保护问题。

1. 税收权利的债权保护

从整个学界的研究来看,人们在很大程度上更关心在抽象税收阶段的税收债权债务关系,也就是说,在多数情况下,人们更倾向于把税收界定为公法上的债权。如果对税收权利作出这样的定性,则相当于把税收关系视为一个公法上的契约关系,由此就涉及如何在税收契约的债权人与债务人之间配置权利,并对相关权利作出保护的问题。

---

① 在这方面,德国行政法鼻祖奥托·梅耶(Otto Mayer)在税法发展早期所主张的"权力关系说",已经被普遍承认的"债务关系说"所取代,这实际上是人们对于国家税收权利的认识的一种深刻变化,也是将税收权力与税收权利相区分的开始。

② 我国的税收立法虽然还存在着相当多的问题(包括多次修改的《税收征收管理法》也有许多不尽如人意之处),但毕竟比过去有了许多进步,相比之下,在税收执法方面的问题更为突出。前些年出现的"金华税案""远华税案""潮汕税案"等大量涉税案件表明,在税收的具体化阶段,确是问题的多发阶段。

(1) 基于税收权利的债权性质的探讨。

在把税收权利定性为"公法上的债权"的情况下,国家或政府是债权人,而征税机关则是其代理人。由于债权的内容已由税法作出了具体规定,因而征税机关的主要权利,就是要求纳税人依法履行税收债务。为此,征税机关的主要任务,就是确定纳税人的行为和事实是否满足课税要素,并具体确认税收债务的具体种类、数量、履行期限、履行地点等,负责接受债务人的债务履行。征税机关的税收权利,具体表现为其依法享有的税额确定权(包括核定权)、税款征收权、税负调整权等具体权利。[①]

此外,在强调税收权利的债权性质的情况下,需要对各类税收权利进行债权保护,在税法上设定相关的保护制度是很必要的。其中,税收的优先权制度以及代位请求权制度等,都是有关税收债权的重要保护制度。对此,《税收征收管理法》已经作出了规定。[②] 这说明我国的现行立法虽不像有些国家的立法那样用"税收债权"之称谓,但事实上对税收的债权性质已经肯认。

例如,在代位权、撤销权方面,按照我国《税收征收管理法》的规定,欠缴税款的纳税人因怠于行使到期债权,或者放弃到期债权,或者无偿转让财产,或者以明显不合理的低价转让财产而受让人知道该情形,对国家税收造成损害的,税务机关就可以依照《合同法》的有关规定行使代位权、撤销权。

上述规定,实际上是通过把税收权利作为一种债权,按照一般的合同法原理,来实现对国家税收权利的保护,以弥补对"国家税收造成的损害"。而至于税收债权的优先权,则是把税收债权同一般的无担保的债权、确定时间劣后的担保物权或其他相关公课相比较,来确定国家税收权利的优先地位及其相对特殊性,对此在后面还将探讨。

值得注意的是,与国家相对应的另一方——作为税收债务人的纳税人,也不是完全消极、被动的债务承担者,即并非仅是被强制者、被剥夺者。如果承认存在税收债权债务关系,则在国家与纳税人之间就必须和必然有一定的平等成分,而不是完全、绝对的命令服从关系。这表现在,

---

[①] 税务机关对农业税以及其他法定情形的税额核定权、对关联企业的税负调整权,以及一般意义上的税款征收权,是我国《税收征收管理法》中有关"税款征收制度"的重要内容,但在核定应纳税额等相关制度的操作程序上,还有待于进一步明确。

[②] 参见我国《税收征收管理法》第45条、第50条。

第五章　财税法制度中的权利配置与保护

税务机关对于自己的过错以及由此而给纳税人造成的损害,同样要负相应的责任,从而使纳税人又拥有了一系列的权利,如退税请求权、损害赔偿权、利息补偿权等。这些权利都是作为税收债务人的纳税人所应享有的权利。而事实上,这也是各国在其税收立法中一般都要规定的纳税人权利。

例如,在纳税人基于债权债务关系而享有的诸多权利中,退税请求权是一项非常重要的权利。所谓退税请求权,或称税款的退还请求权,是纳税人在多纳、误纳税款的情况下,而依据公法上的不当得利的法理或合法性原则,所享有的对于多纳或误纳税款的退还请求权。可见,不当得利之债的原理,是纳税人享有退税请求权的重要理论基础。

从立法依据上看,我国现行的《税收征收管理法》第51条规定,纳税人超过应纳税额缴纳的税款,税务机关发现后应当立即退还;纳税人自结算缴纳税款之日起3年内发现的,可以向税务机关要求退还多缴的税款并加算同期存款利息,税务机关查实后应立即退还。这一规定是纳税人退还请求权的体现。同时,该规定比修订前的《税收征收管理法》的进步之处在于,它不仅确定了纳税人对税款的退还请求权,而且还新设了纳税人的附随性权利,即利息补偿权。只有新增设该权利,才能使纳税人的税收权利,同其不履行或不完全履行税收债务所承担的缴纳滞纳金的附随性义务大略对应。而这些制度上的安排,实际上都是基于国家税收权利的债权性质而作出的。

为了真正确保国家的税收债权,按照债权的一般原理来设定征纳双方的债权债务,构筑一种和谐的税收征纳关系是很重要的。因此,不仅应对国家的税收权利加强保护,同时,对纳税人的权利也不能忽视或漠视,而恰恰应依法进行有效的保护,尤其应避免通过立法或执法行为,来隐蔽或公开地实施侵犯纳税人退还请求权等权利的行为。[①] 从这个意义上说,强调征纳双方的债权债务关系,对于提高法治水平,建立和谐的征纳关系、"取予关系",保障国家的长治久安,都是很重要的。

此外,还应当申明一点,强调税收权利的债权性质,并不意味着就赞同"税收协议",它们实际是两个不同层面、不同性质的问题。税收权利的

[①] 对于纳税人的退还请求权的侵犯,是近些年来在立法和执法上都很突出的一个问题,这在增值税的出口退税领域表现得尤为突出。可参见张守文:《略论纳税人的退还请求权》,载《法学评论》1997年第6期。

债权性质,是从广义的社会契约思想、一般的债权原理(该原理属于一般法理,并非仅限于部门法意义)出发而作出的判断;征纳双方的债权债务,是由法律来加以确定的,而不能由双方径行约定。因此,在没有法律规定的情况下,税收协议是一种违反税法基本法理的无效的协议。[1] 事实上,税收协议已成为在实践中侵犯国家税收权利的重要形式。尽管此类协议在形式上符合债的要求,但它是约定的,在实质上并不符合税法通常所具有的强行法的特征,有悖于税收法定原则中的课税要素法定原则的要求,有违于税法所确定的征纳双方应有的税收债权债务。[2] 在中国依法治税的漫漫征途上,如何有效解决各种正式的或非正式的税收协议问题,对于保护国家的税收权利,恰恰是非常重要的。

(2) 基于税收债权的公法性质的探讨。

以上着重基于税收权利的债权性质作了一些探讨,但在分析税法主体的具体权利时,还应当看到,税收作为国家的一种公法上的债权,既具有符合债的原理的一面,又具有符合公法原理的一面。例如,正因为具有公法性,作为债权人一方的征税机关才不仅享有征收权,而且享有管理权、检查权,甚至还享有强制执行权。不仅如此,税法还赋予征税机关以追征权。按照我国《税收征收管理法》的规定,无论是因税务机关的责任,还是因纳税人的失误,只要纳税人未缴或少缴税款的,税务机关都可以在3年内要求其补缴税款或依法追征;有特殊情况的,追征期可以延长到5年。而对于偷税、抗税和骗税行为,则可无限期追征。[3] 这同一般私法上的规定也是不同的,体现出了突出的公法特征。

此外,正由于税收债权具有公法性质,因此,当税收债权与其他相关权利发生冲突时,何者优先受偿,是否要赋予税收债权以一定的优先效力,便是一个重要问题。从税法的法理和相关国家的立法来看,在通常情

---

[1] 当然,在法律有特别规定的情况下,允许在征纳双方之间订立协议,最典型的就是"预约定价制度"。例如,我国《企业所得税法》第42条规定:"企业可以向税务机关提出与其关联方之间业务往来的定价原则和计算方法,税务机关与企业协商、确认后,达成预约定价安排。"但这是基于转让定价的复杂性和征税效率的考虑,所采取的一种"没有办法的办法"。参见张守文:《税法的困境与挑战》,广州出版社2000年版,第304—305页。

[2] 参见〔日〕金子宏:《日本税法原理》,刘多田等译,中国财政经济出版社1989年版,第24—25页、第50—51页;张守文:《论税收法定主义》,载《法学研究》1996年第6期。

[3] 参见我国《税收征收管理法》第52条。该条对过去的追征期限有所修改,但与一般私法上的时效、期间之类的规定完全不同。这种对于税收债权的公法性的强调,在很大程度上是与公共目的、公共利益、公共物品等相联系的,而税收债权与税收债务的对等性体现得则较少,只是在对因征税机关的责任而导致的未缴或少缴的税款不得加收滞纳金方面,才略有体现。

况下,由于税收与国家利益、社会公共利益直接相关,因而它至少要优先于私法上的一般债权或称无担保债权;同时,它也应优先于其他非税公课。在法律有规定的情况下,它甚至还要优先于担保物权。①

我国 2001 年修订的《税收征收管理法》的一个重要成果,就是对税收优先权首次作出了规定。尽管在行文上有一些问题,但所确立的基本规则是可取的,即税收债权通常优先于无担保债权,同时,只有发生在抵押权、质押权、留置权等担保物权之前的,才能够优先受偿。此外,如果存在各类公课权利的冲突,例如,在对同一纳税人同时存在税收权利和收取所罚款项的权利的情况下,要优先保障税收权利的实现。在制度上作出这样的安排,一般也是基于一个重要的假设,即税收权利比其他公课权利对于公共利益更为重要。对此在后面还将进行探讨。

强调税收债权的公法性质,也并不就意味着赞成"税收计划"的普遍适用。税收计划作为国家为加强和协调税收、预算工作而事先作出的设计和安排,确实有一定的必要性。但在实际工作中,由于税收计划及相应的税收任务被"刚性化",因而税收计划的效力在实际上甚至超过了税收法律,从而可能导致行政权力以及具体的征收权、管理权等税权被滥用,由此所带来的破坏依法治税的恶果,已经比比皆是,屡见不鲜。②事实上,既然税收是公法上的债权,在征纳双方之间的债权债务关系是由法律加以确定的,而不是由行政命令或计划来确定的,因此,必须强调税法的权威性,使税收计划服从于经济和社会发展的现实,服从于税法的明确规定。唯有如此,才能更好地提高税收的法治水平,有效地保护各类主体的税收利益。

2. 税收权利的物权保护

税款一旦征收入库以后,就成为国家的库款,国家对于有效取得的税款收入享有物权,任何组织和个人都不得擅自动用,否则就等于是侵犯了全国人民的物权。对于税收的物权保护,主要体现在财政法(特别是预算法)等公法性质的法律规范之中。根据我国《预算法》的规定,违反该法规定拨付预算支出资金,办理预算收入收纳、划分、留解、退付,或者违反

---

① 税收的优先权涉及很多方面的问题,一般地从总体上说,税收仅具有一般优先权;作为债权,税收权利通常不能优先于担保物权或其他物权;作为公法上的债权,它优先于无担保的债权。

② 关于税收计划问题的一些探讨,可参见张守文:《税法的困境与挑战》,广州出版社 2000 年版,第 14—16 页。

该法规定冻结、动用国库库款或者以其他方式支配已入国库库款的,责令改正,对负有直接责任的主管人员和其他直接责任人员依法给予降级、撤职、开除的处分。当然,这种惩罚的力度还是微乎其微的。

入库后的税收权利保护问题,通常不在税法学者的视野之内。但强调对税收的物权保护,其实在我国有非常重要的意义,这就需要适当打通学科的壁垒。事实上,入库的税款是国家的,同时也是全体人民的,更是"纳税人整体"的。对税款的支配权如何行使,对税款如何使用、收益、处分,事关重大。从理论上说,税收物权既是属于全民的,同时又是对世的,这种对世权是对于个体的人或集团的权利,是阻止滥用税款支配权的权利。

要有效地保护税收物权,不仅要强化国家的相关职能和权限,而且也需强调纳税人的权利。特别是纳税人的知情权等重要权利的保障,对于全面保护税收物权,加强税权监督,真正体现"取之于民、用之于民"的思想,是非常重要的。从这个意义上说,对于国家税收权利的物权保护,恰好又同纳税人的权利在根本上达成了一致。可见,在强化纳税人权利的同时,其实也是在强化国家的税收权利的保护,因而两类权利的保护是并行不悖的。

(四) 研究税收权利性质的方法

在上述探讨税收的法律性质的过程中,主要探讨的是税收的公法债权性质和物权性质,这些性质体现在税收的不同阶段。但从传统法学的观点来看,有关债权、物权的概念主要是民法等私法上的概念,对于税法这种典型的公法的相关问题,是否可以适用这些概念来解释,确实是一个需要讨论的问题。因而有必要在此略作探讨。

事实上,由于长期的法学分科研究,已经使人们的思考深受部门法观念的禁锢。应当说,部门法的划分,有其重要的价值;但如同任何事物都不应绝对化一样,对部门法的划分也是如此。其实,即使有关公法与私法的划分,也都是一种人为的分割;而作为一个法律整体,实际上存在着一些共通的法理,即"一般法理",而这些一般法理,正是进行相关研究的重要分析工具。在税收权利性质的研究方面,一般法理分析是很重要的方法。

在整个法律体系中,税法与宪法、行政法等相关部门法都有着非常密

第五章　财税法制度中的权利配置与保护

切的关系①,但在此需要着重探讨一下通常容易被忽视的与民法的关系。民法因其发展较早,涉及各类主体最基本的权利,因而学术研究历史较为悠久,理论也相对较为成熟,并概括和总结出了一些一般法理,从而被一些民法学者称为"万法之基"、"万法之源"。但是,并不是说民法所涉及的一般法理,就只能在其一个部门法上适用,恰恰相反,它提供的一般法理分析工具,可广泛用于其他私法和公法的研究之中。

例如,民法上的一些重要原则,如诚实信用原则、情势变更原则等,因其具有"普适性",许多学者已将其用于公法研究。又如,债权的一般原理,反映了互赖互动的人们进行交往和交换的一般规则,因而也有着非常广泛的适用领域,等等。有鉴于此,作为发展较为晚近的税法学,同样可以向其他法学学科一样,适用民法或传统私法提供的一般法理,同样可以从传统民法中借用相关概念和原则,来研究相关问题,或构筑自己新的理论体系。

其实,不仅是在理论上,而且在制度上,税法与民法也有着非常密切的联系。有的学者认为,虽然税法曾被作为公法上的"干预行政法"的典型,但实际上从1918年德国设立独立的帝国财政法院并受理税务诉讼开始,税法即已开始独立于行政法。从历史上看,在第一次世界大战时期,税法曾被认为是民法的附随法,由于当时一些无道商人"大发国难财的行为"因在民法上无效而未被征税,因而广大纳税人非常不满,从而引发了德国的财政危机。为了解决此类问题,贝克尔(Becker)在1919年起草德国《税法通则》时,引入了著名的"经济观察法"(即实质课税原则)。由于经济观察法、对税收规避行为的否认,以及税收理性化和对税收正义的考虑,都使税法开始有别于民法,因此,税法理论开始独立于民法理论,税法制度与民法制度之间也几经调适,形成了既有联系,又有区别,共同统一于宪法秩序之下的关系。② 上述理论和制度的发展历程,说明了民法与税法的密切关系,也说明民法上的一般法理必然会对税法的发展产生一定的作用。

尽管在税法理论中可以借鉴债法原理,尽管在某些具体税法制度上可以借用私法制度来实现税法上的目标,但并不能因此就认为"税法私法

---

① 对于税法与相关部门法的关系,可参见张守文:《税法原理》(第六版),北京大学出版社2012年版,第32—33页。
② 参见葛克昌:《税法基本问题》,台湾月旦出版公司1996年版,第16—18页。

化"了。事实上,从公法与私法的各类主要划分标准来看,税法仍然是典型的公法,其调整目标同样也可以通过私法的调整方式来实现。此外,现代税法作为高级法,当然要以私法的调整为基础,同时,税法上的某些理论,当然可以借鉴基础性的私法理论。

此外,还应看到,税法作为经济法中的宏观调控法的一部分,其调整的对象和基础是在市场经济条件下形成的税收关系。如果没有私法活动,没有创造社会财富的行为,就不可能有社会财富的交换和分配,也不可能有以收益性和营利性为前提所进行的收入分配和宏观调控活动。而创造财富的营利活动,离不开私法的调整,离不开基本的私法秩序。随着社会经济的发展,私法秩序对于公法秩序的形成越来越重要;同时,公法秩序也在相当大的程度上影响着私法秩序的形成,税法对于私法主体的活动的影响就是突出的例证。另外,在税法上,为了防杜税收规避行为,也禁止私法上的形成权的滥用,即纳税人不得以私法上的合法形式去从事税收逃避的活动,这一般被认为是公权力对私权利的必要限制。

从税法与民法的关系,以及税法与宪法、行政法等部门法的关系来看,由于人类本来就是在"互赖与互动"中共存,因而各类社会关系本来就存在着普遍联系,相应地,调整各类重要社会关系的法律,自然也存在着内在的关联,这种内在的关联不应人为地割断。此外,由于现代税法及税法学都较为年轻,因而不可避免地要以传统部门法和传统法学的既存的理论作为必要的依托和分析工具;同时,由于具有现代性的经济法是一种"高级法",因而必然要在传统的基础法之上有所超越,去解决比传统部门法所解决的问题更为"高大"的问题,因此又需要对各类部门法的特殊性有所认识,需要看到传统部门法理论在分析现代法方面的一些局限,看到现代法在"法的现代化"的过程中所作出的一些突破。

(五)小结

如前所述,之所以提出独立的税收权利并对其性质进行探讨,主要是因为这一问题长期被忽视,而对理论和实践又都很重要。这种重要性尤其表现在:明确税收权利的法律性质,对于有效地确定和保护国家以及相关主体的税权,对于税权在不同阶段的有效实现和相关的制度完善,都有着重要的实践价值。

基于国家的税收权利与其税收权力的差别,以及税收权利的性质对于相关法律制度形成的重要性,本章从税收权利及其客体的性质的多维性出发,按照"分段论"和一般法理分析的方法,着重分析了税收权利的债权性质和物权性质,以及与此相关的具体权利形式和相应法律保护问题,并对前面所运用的一般法理分析方法作了一些讨论。这些探讨力图表明,对于不同阶段的不同性质的税收权利,应当通过不同性质的制度来给予相关的保护;同时,在对国家的税收权利提供法律保护的同时,也不能忽视或漠视其他主体的相关税收权利,这样才能更好地实现各类主体的税收权利和税收利益的平衡,才能建立起和谐的税收关系或良好的"取予关系"。

由于税收与税收权利的性质具有多维性,因而在前面的探讨中,不可能对其各个维度的性质都予以揭示,而只是分阶段地运用一般法理工具,着重分析了税收权利的债权性质和物权性质,虽然它们至为重要,但显然也只是问题的一个侧面。因此,在税收权利的性质以及税收权利的其他领域,值得探讨的问题还非常多,从而为相关研究提供了很大的剩余空间,还需要研究者不断去探索。

二、税收优先权的适当定位

在前面探讨国家税收权利的法律保护的过程中曾谈到,国家税收权利的性质较为特殊,需要通过税收优先权制度等加以保护,但对于税收优先权问题,并没有展开研讨。事实上,税收的优先权问题是一个很具有理论价值和现实意义的问题,有必要在此作进一步的延伸探讨。[①]

如前所述,税法与公法、私法的各部门法均有牵连,且更侧重于分配领域。这与税收所具有的分配收入、配置资源(宏观调控)和保障稳定这三大职能是联系在一起的。由于税收与各类经济活动密不可分,且是国家在公共经济领域向社会提供公共物品的最重要的财源;而这部分财源又是来自私人经济领域,是参与市场主体分配的结果,因此,税收是联系公共经济与私人经济的桥梁。与此相适应,在分配过程中,须对获取税收收入的权利(即征税权利)同各类公法、私法上的权利加以协调,明确各类权利的实现何者优先,何者劣后,这就涉及税收的一般优先权问题。

---

① 对于优先权的性质,在民法领域曾一直存在争论。一种观点认为,优先权属于法定担保物权,如法国民法上的先取物权、日本民法上的先取特权等均属之;另一种观点认为,优先权不是一种担保物权,而只是债权的一种特别效力,我国和德国持此观点者较多。

所谓税收优先权,或称税收的一般优先权[1],通常是指征税主体的税收请求权与其他主体的债权共存于同一债务人,且债务人有不能足额清偿之虞时,征税主体可依法优先受偿的权利。即当国家征税的权利与其他债权同时存在时,税款的征收应依法优先于其他债权,故也有学者径称为"税收债权的一般优先权"[2]。尽管国外学者对其已有一些研究(国内学者近些年也开始重视该问题的研究),但这仍是一个存在诸多问题的问题。

例如,与其他债权相比,税收为什么应享有一般优先权?为什么国家的税收权利会具有优先地位?与其他物权相比,税收权利是否优先?与其他非民法上的财产权相比,税收权利是否优先?此外,当各类权利发生冲突时,存在权利行使顺序上的优先与劣后的区分,这种区分直接涉及各相关主体的利益,而在法律上配置权利时,为何要确立税收权利的优先地位?这样是否会损害其他主体的权益?如果把其他债权放在税收权利之前,是否更公平、更有效率?与此相联系,国家征税的依据是什么?是否亦会构成不当得利或侵权?诸如此类的问题,难以一一枚举。它们涉及传统的公法和私法中的许多理论和实践问题,尤其同宪法、民商法、劳动法、金融法、社会保障法等密切相关。但对其中的许多问题,学界尚缺乏专门、深入的研究,为此,下面有必要结合这些问题,对税收的一般优先权方面的有关问题略加研讨。

(一) 税收优先权的相对性

税收优先权是相对而言的。对于税收的优先地位问题,学者认识不尽一致,立法上也不尽相同。自 20 世纪 90 年代至今,我国一直在时断时续地制定《税收基本法》,在国家税务总局起草的《税收基本法(草案)》(讨论稿)的总则部分,曾规定了"国税优先的原则",其具体条文为:"中央税优先于地方税,中央有优先选择税种和税源的权力。当纳税人的财产不足以清偿其全部税收债务时,应当优先清偿中央税。"

上述条文表明,立法者对税收优先权的认识是,当国税与地税发生冲

---

[1] 一般认为,特殊优先权是在债务人的特定财产上存在的优先权,如船舶优先权即属之。而一般优先权是在债务人的不特定财产上存在的优先权,学者大都认为把税收优先权界定为一般优先权更合适。

[2] 〔日〕金子宏:《日本税法》,战宪斌等译,法律出版社 2004 年版,第 477 页。

第五章　财税法制度中的权利配置与保护

突时,国税享有优先权。这种优先权反映在立法上,是中央有优先选择税种和税源的权力;反映在税收征管上,就是国税优先于地税获得清偿。这一原则是以中国社会所实行的分税制为背景,尤其是在考虑到了中央财政赤字连年居高不下的情况下提出的,目的在于优先确保国税的征收。这种国税优先于地税的原则虽然体现了形势和政策的迫切需要,但却受到了较为广泛的批评和指责。在理论上,它被认为是不符合税收法定原则的;在实践中,在现行的分税制条件下,它可能甚至必然会遭到地方政府的反对。

其实,在分税制条件下,不仅存在着纳税人与征税机关之间的博弈活动,而且也存在着国税机关与地税机关的博弈活动。[①] 仅从保障国税收入的角度,将优先权无条件地配置给国税,而忽视地税机关的征收权益,轻视地税机关的因应对策,在总体上肯定是不会取得预期的财政效益的;同时,国税的优先权也会受到实质性损害(如国税税基被侵蚀,对共享税的征收采取不合作的态度等)。因此,在制度设计上,为了减少博弈过程中的不确定性,保障国税收入的稳定和均衡,并在实质上怀柔地增进国税收入,不应无条件地确定国税优于地税的原则,即国税与地税之间原则上不存在优先劣后的问题。由此亦可推知,税收优先权首先应是税收权利对税法以外的某些法律上的权利的优先。

虽然国税优于地税的原则不能成立,但并不能因而认定"国税优先原则"或"地税优先原则"亦不存在。事实上,这两个原则不仅可以在法律上存在,而且恰恰是税收优先权的原则体现。例如,在税收立法较为健全的日本,其《国税征收法》就定有国税优先原则。该原则是指对纳税人的总财产,除法律另有规定者外,国税优先于一切捐税和其他债权而予以征收。在这里,国税主要是对一般债权和地方税以外的捐税(是一种可依滞纳处分之例征收的债权)优先[②],因而原则上不存在国税与地税何者优先的问题,即在国税之间、地税之间以及它们相互之间,原则上都不存在优先劣后关系。但这只是人们较为晚近的认识。作为反面例证,在1950年以前,日本的《国税征收法》亦曾规定国税优于地税,这种规定因遭到许多

---

① 胡鞍钢认为,实行分税制与否,效果是不一样的。不同的制度安排改变了中央与地方的博弈关系,初步形成了"主—从博弈关系"。参见胡鞍钢:《分税制:评价与建议》,载《税务研究》1997年第2期。

② 参见日本的《国税征收法》第8条、第2(5)条。

人的反对（理由与前述类似），最终被废除了，从而确立了符合时势和法理要求的有关税收优先权适用范围的正确认识。①

此外，在税收的具体征收程序上，还存在着"扣押优先主义"和"交付要求在先者优先主义"，前者是指采取扣押措施的税收优先于仅有缴纳要求而未采行扣押措施的税收；后者是指对纳税人财产的强制变卖价款，先有交付要求的国税优先于后有缴纳要求的国税或地税而予以征收。② 这两者体现的都是各类税收在具体征收程序上的优先劣后关系，同前述国税与地税之间不存在优先劣后关系似有不同，因而也有人以此为反例。但是，两种"主义"中的优先权与通常理解的税收的一般优先权并不相同。

上面的国税优先原则表明，国税优先在通常意义上并不是针对地税而言的。同样，地税优先在通常意义上也不是针对国税而言的。例如，韩国的《地方税法》规定了地方税的优先原则，但地方税的优先权仅是对国税以外的各类债权而言的，国税与地方税的征收是依相应的法律进行的，是并行不悖的。此外，先行抵押的、有各类担保的地方税同样也优先于其他地方税和国税，其原理与前述的"扣押优先主义"等的原理是一致的。③

总之，各类税收（国税与地税）之间不存在一般的优先权，只有作为抵偿税款的物上设有担保物权，以及交付（缴纳税款）要求先后不同时，才存在先行征收（也是一种先取特权）的问题。正因如此，在实践中存在的片面强调国家利益和国税征收，忽视地税征收权益，片面追求国税征收计划的完成，征"过头税""跨世纪税"等在纳税期限之前提前征税的做法，不仅违反了税收法定主义原则④，违反了税法的宗旨和具体规定，而且也并不符合国税优先原则的本意，是对"国税优先"的歪曲、偷换或滥用，因而是极其错误的。应当看到，在分税制条件下，国税与地税各有其存在的理由和价值，两者之间互不存在一般的优先权，因而税收的优先权首先是对其他法律上的权利而言的，应当着力研讨税收权利与其他法律上的权利的关系。

（二）税收权利对其他权利的优先与劣后

税收权利对其他权利的优先与劣后，主要是指在税收权利与其他权

---

① 参见〔日〕金子宏：《日本税法》，战宪斌等译，法律出版社2004年版，第479页。
② 日本的《国税征收法》第12、13条即有此类规定。
③ 参见韩国的《地方税法》第31、34、35条。
④ 参见张守文：《论税收法定主义》，载《法学研究》1996年第6期。

第五章 财税法制度中的权利配置与保护

利同时并存时,究应先保障税款的征收,抑或先保障其他财产性权利的实现。这实际上是分配领域的问题,并且,与分配有关的权利均与税收权利密切相关。要研讨税收权利与其他权利何者优先,需先界定税收权利的性质。众所周知,对于税收法律关系的性质,历史上曾长期存在"权力关系说"和"债务关系说"两种观点;相应地,也就分别存在把实体法上的税收权利视为行政权与视为债权两种观点。在德国《税法通则》(1919 年)通过以后,把税收权利视为一种公法上的债权的观点逐渐占上风,并逐渐为一些大陆法系国家的学者所接受。① 因此,国家的征税权利在某些税法学家眼中不过是一种公法上的债权而已,或将其称为税收债权,并且,这种认识已体现在某些国家的立法之中。

在把税收权利视为一种债权的情况下,与其相关的某些问题可以适用有关的民法原理来分析,但因其毕竟为公法上的债权,因而仍有一些与私法上的债权不同的地方。税收权利作为债权,其行使劣后于物权性质的抵押权、留置权等,即它不能优先于物权受偿;而税收权利作为公法上的债权,它又优先于私法上的一般债权,即优先于那些不存在担保物权的债权。以上仅是一种概括性的说法,为此,还需作一些具体分析。

1. 对税收债权的一般优先权的理解

优先权制度实际上是各类法律中规定得较为普遍的一种制度,即使在税法领域,亦多有体现。如在税收征管方面,既涉及国内法上的税收的一般优先权问题,也涉及国际层面上国家之间的税收管辖权何者优先的问题。为了解决因跨国经济的发展所产生的各国之间的税收管辖权的冲突,需要确定哪个国家的税收管辖权是优先的。经过反复的实践,国际社会逐渐认识到,在所得税领域,把税收管辖的优先权配置给东道国(收入来源国)是更有效率的,由收入来源国优先行使属地管辖权,可以真正实现鼓励跨国投资、推进贸易自由化等目的,可以从现实和长远两方面对各国更有利。于是,这样的优先权配置便经常地出现在双边或多边的条约之中。

那么,在国内法领域,在涉及诸多债权的实现时,为什么把优先权配置给税收?为什么税收对其他债权仅能享有一般优先权?从公法、私法的一些基本原理出发,有助于回答这些问题。众所周知,人类不仅存在私

---

① 参见〔日〕金子宏:《日本税法原理》,刘多田等译,中国财政经济出版社 1989 年版,第 18—21 页。

人欲望,而且存在公共欲望。公共欲望只能经由公共经济,通过国家或政府的财政手段来得到实现。为了满足公共欲望和公共需要,必须由国家这个非营利的组织体向营利性的私人经济主体(企业、居民)课征税收,以此向社会公众提供公共物品。这使得税收成为满足公共需要的最主要的手段①,从而使其具有很强的公益性。而税收的公益性正是在立法和学说上承认税收的一般优先权,或将优先权赋予税收债权而未赋予一般债权的理由。②

尽管基于公共利益和公共需要,在法律上将优先权配置给了税收债权,但这种优先权不能过分强调,即这种优先权仅是一般优先权。如前所述,税收债权作为一种债权,仅是因其具有公益性,才被作为公法上的权利来加以对待,它并不能优于由物权予以担保的债权。事实上,过分强调税收债权的优先权,将损害私人交易的安全性,也不利于经济运行的效率,尤其在私债权由担保物权予以保障时,更是如此。既然税收的优先权主要是相对于一般的私法上的债权而言的,因此,有必要认真研究税收债权与私债权之间的协调问题,较为合理地配置税收的一般优先权,以求在解决个体营利性(私人债权)和社会公益性(税收债权)的矛盾、冲突的过程中,兼顾公平与效率③,既充分地考虑到各方的权利,又有效地配置权利。

2. 税收债权与私债权的协调

对税收债权与私债权加以协调,就是要合理地界定税收债权的一般优先权的行使范围。税收债权作为一种公法上的债权或称公债权(不同于国家公债领域的公债权,两者方向相逆),它是国家作为债权人所享有的要求纳税人给付税款的权利。在经济流转日益复杂化的今天,同一主体同时负有多种债务或多个主体对同一主体同时享有债权的情况是较为普遍的。在多数债权同时存在的情况下,这些债权是同时还是按先后次序行使,直接关系到各方的权利和利益,直接体现着法律的宗旨、价值以及对各类法律所保护的法益的协调。事实上,当同一债务人不能足额清偿各个债权人的债权时,必须确定清偿的顺序。如果将优先受偿的权利

---

① 参见张守文:《财税法学》(第四版),中国人民大学出版社2014年版,第8—11页。
② 参见〔日〕金子宏:《日本税法》,战宪斌等译,法律出版社2004年版,第477页。
③ 对于这些问题的探讨,可参见张守文:《经济法原理》,北京大学出版社2013年版,第26—29页。

第五章 财税法制度中的权利配置与保护

(或称先取特权)配置给一般的债权人,则国家的税收就有可能得不到保障,这与当前大力强化税收征管,努力增加国家税收收入的精神是相违背的(当然,学术研究并不只考虑这些具体的政策导向)。如果说,公共利益是社会公众共同的、根本的利益,真正保障公共利益也就是在保护和满足每个债权人共有的利益,则税收作为满足这一公益的最重要手段,便应当优先予以保障。

然而,若片面地将优先受偿权全部配置给税收债权,则有时可能会严重损害某些私法上的债权人的利益。因此,在这两类不同性质的债权之间,确需作出权衡,以求尽量合理地、妥当地在立法上或司法上配置优先权。

在立法上配置优先权是大陆法系国家的普遍做法。尤其是各类大陆法系国家民法典的规定,对优先权制度的确定及其在其他法律中的发展以及相关的法学研究,均具有重要的价值。在大陆法系国家的民商事立法中,优先权作为依债务的性质而给予债权人先于其他债权人而受清偿的权利,是一种合法的优先受偿权[1],或称先取特权。享有先取特权的主体不仅在一般意义上可以依法就其债务人的财产有先于其债权人受偿的权利,而且对债务人因其标的物变卖、租赁、灭失或毁损而取得的金钱或其他物,亦可行使。[2] 但值得注意的是,国库的优先权及其行使的顺位应依有关法律的规定,同时,国库不得因取得优先权而损害第三人早先取得的权利。[3] 这些规定和法理在研究税收优先权方面是非常重要的,在税收立法上亦应体现其基本精神。

根据前面的分析,税收债权原则上优先于一般债权,但不能因片面追求国家利益或社会公益而将其片面夸大或绝对化。为了谋求私法上交易的安全,保护善意第三人的利益,必须根据具体情况,对税收优先权加以适度限制。为此,在肯定税收债权对一般债权的优先权的同时,尤其应对税收债权与质权、抵押权、留置权、先取特权等几类特殊的权利的关系加以协调,依据有关法理,结合有关立法例,合理地确定其行使顺序。据此,在理论上可以有如下认识:

---

[1] 参见《法国民法典》,李浩培等译,商务印书馆1979年版,第2094条、第2095条。
[2] 参见《日本民法》第303条、第304条。虽然民法上并未直接规定税收的优先权,但在法理上可以认为税收优先权是基于公法而产生的一种先取特权。
[3] 参见《法国民法典》,李浩培等译,商务印书馆1979年版,第2098条。

第一,在纳税人的财产设有质权或抵押权的情况下,若设定时间在法定纳税期限之前,则有质权或抵押权担保的债权优先于税收债权受偿。由此可见,确定两类债权的优先与劣后的时间标准是法定纳税期限,而该期限则需要在立法或司法上作出具体的解释,不同的解释会直接影响到税收债权人与享有担保物权的债权人的权益。

第二,在纳税人的财产上设定了留置权的情况下,如对该财产进行滞纳处分,则由留置权作为担保的债权优先于税收债权从该财产的变卖价款中受偿。留置权与抵押权、质权不同,它无需进行登记,而仅依法律规定和事实为依据即可确定其存在。由于上述对税收债权的优先权存在于滞纳处分领域,且滞纳处分费是优先的,因而在一些学说和立法上认为,留置权所担保的债权不仅优先于税收债权,而且也优先于质权、抵押权、先取特权所担保的债权。①

第三,在某些特别法(如各类商事法律)规定有先取特权的情况下,这些先取特权(如海商法上的救助者的先取特权、船舶债权人的先取特权、船舶先取特权等)亦优先于税收债权受偿。我国《海商法》规定了船舶优先权制度,强调船舶优先权是海事请求人对产生海事请求的船舶所享有的优先受偿的权利。根据该法规定,具有船舶优先权的海事请求包括以下几项:(1)在船上工作的在编人员根据劳动法律、行政法规或劳动合同所产生的工资、社会保险费用等给付请求;(2)在船舶营运中发生的人身伤亡的赔偿请求;(3)船舶吨税、港口规费的缴付请求;(4)海难救助的救助款项的给付请求,等等。上述各项海事请求,依照顺序受偿,船舶吨税一般是劣后于前两项,而优先于第(4)项受偿的。但是,若第(4)项请求后于前三项请求发生,则应优先于前三项请求受偿。② 可见,税收债权(在此为船舶吨税的征收权)的优先受偿顺位并非绝对的和固定的。

从以上几方面来看,税收债权的优先权受到了很多限制,它仅能优先于一般债权。其实,除了上述几类特殊的权利以外,税收债权不仅还与其他民商事权利(如股权)密切相关,而且还与民商事权利以外的各项权利(如劳动权利、社会保障权利等)密切相关。只是后一类权利因其并非一般的私法上的债权,且多与基本人权或社会公益等密不可分,因而在法律

---

① 参见日本的《国税征收法》第15条、第16条;〔日〕金子宏:《日本税法原理》,刘多田等译,中国财政经济出版社1989年版,第356页。

② 参见我国《海商法》第21—23条。

第五章 财税法制度中的权利配置与保护

上一般亦规定其优先于税收债权受偿,这在我国法律的相关规定中亦不难得见。

(三) 我国法律中的相关规定

1. 我国现行《税收征收管理法》中的相关规定

我国《宪法》对十分重要的财税制度未作出具体规定,因而由此而引发的问题只能经由法律的制定来加以解决。税收的一般优先权是与税收的征管联系在一起的,因此,《税收征收管理法》在 2001 年作出修订的时候,专门增加了有关税收优先权方面的规定。这比原来有了很大的进步,前述理论界的一些研究成果,在现行的立法中也多有体现。

例如,根据我国现行《税收征收管理法》的规定,税务机关征收税款,除法律另有规定的以外,税收优先于无担保债权。纳税人欠缴的税款发生在纳税人以其财产设定抵押、质押或者纳税人的财产被留置之前的,税收应当先于抵押权、质权、留置权执行。此外,纳税人欠缴税款,同时又被行政机关决定处以罚款、没收违法所得的,税收优先于罚款、没收违法所得。

对于上述规定的基本精神,税收实务界还是较为肯定的。但在理论界,也有一些不同的声音,主要是强调对税收优先权应该作出适当的限定。从法学理论的角度来看,人们比较关注的有以下几点:第一,税收债权作为公法上的债权,从公益的角度说,当然可以优先于无担保的普通债权,但是,为什么在一定的条件下可以优先于担保物权,这是否有悖于物权优先原则的一般原理?第二,对于税收优先权的行使范围是否要限定,尤其在适用的税种、财产等方面是否要加以限制?第三,为了确保税收优先权的行使尽量不影响交易的安全,是否要将征税机关的税收债权事先公告?第四,欠缴税款的时间与各类担保物权设定的时间如何确定,可操作性如何?第五,对于税收优先权制度应当如何定位,是否应当进一步弱化,以更好地保护相关主体的利益,等等。对于上述问题的关注,表明人们对于税收优先权制度的研究已经日益深化。尽管对于上述问题的认识尚很不一致,而且相关国家或地区的立法也很不统一,但对其进行深入研究,无疑有助于税收优先权制度的完善。

2. 其他法律、法规中的相关规定

在我国于 2001 年修订《税收征收管理法》以前,在该法中对税收的一般优先权亦无相关规定。但即使如此,也并不意味着就没有税收优先权

制度。基于我国长期因袭的制定法传统以及在税法领域中必须坚持的税收法定原则,有必要到相关的制定法中去探寻有关税收优先权的法律规范,以通过这一"找法"过程来揭示我国税收优先权制度的概貌。

既然税收的一般优先权是相对于一般私债权而言的,因而有必要先对民商法进行考察。我国的《民法通则》以"简明"著称,它虽确定了以抵押权、留置权等担保的债权的优先受偿权,但并未规定该优先权与税收债权的关系。《担保法》也是如此。这可能是立法上只注意解决私法上的问题,而并不重视传统的私法与公法的联系的缘故,也可能是为了保持法律的"纯粹性"或无暇顾及与其他法律的协调,等等。不管怎样,上述制定法对于解决税收的一般优先权方面的问题均无直接助益。

鉴于税法是分配法,且税收的一般优先权是与权益分配联系在一起的,在仅考虑制定法,并把它仍作为决定权益分配的最重要根据的情况下,有必要从涉及利益分配的有关市场主体的立法以及与其密切相关的立法中"找法"。为此,各类企业立法及与之密切相关的破产法、诉讼法等都是应予考察的。

企业是最重要的市场主体。在企业立法方面,我国过去曾长期按企业的所有制形式来立法,只是在实行市场经济体制以后,才开始注意按照现代企业制度下企业的三种法律形态的区分标准分别立法。但不管怎样,各类企业立法均涉及企业进行终止前的清算时如何清偿各类债务(其中包括税收)的问题,其相关规定在各个时期虽不尽相同,但从税收债权的角度说,实质上都是关于税收的一般优先权的规定。

例如,依据我国《公司法》规定,公司财产在分别支付清算费用、职工工资、社会保险费用和法定补偿金,缴纳所欠税款,清偿公司债务后的剩余财产,有限责任公司按照股东的出资比例分配,股份有限公司按照股东持有的股份比例分配。① 由于只有在公司财产不足清偿债务时,才涉及清偿顺序,从而才涉及税收的一般优先权问题,因而有必要再考察有关破产程序的规定。

在《企业破产法》颁布以前,我国的《企业破产法(试行)》仅适用于全民所有制企业,其历史局限性及多方面的缺陷受到了多方面的批评,但该法对破产财产清偿顺序的规定却对相关法律产生了广泛的影响。根据该法规定,破产企业的破产财产按下列顺序清偿债务:(1)破产费用;(2)所

---

① 参见我国《公司法》第186条。

欠职工工资和劳动保险费用;(3) 所欠税款;(4) 破产债权。与此相联系,我国《民事诉讼法》在 2012 年修改前,还规定了企业法人破产还债程序,适用于全民所有制企业以外的企业法人,其中,有关破产财产清偿债务的顺序的规定,与上述《企业破产法(试行)》的规定完全相同。① 这些规定表明,税款仅优先于一般的破产债权受偿(设有担保物权的债权在此清偿顺序之前优先受偿),即税收仅具有一般优先权。

此外,在按企业的所有制形式立法的情况下,同样也涉及税收的一般优先权问题。例如,作为《全民所有制工业企业法》的重要补充,《全民所有制工业企业转换经营机制条例》规定,要逐步试行税利分流,实行税后还贷。② 这一规定是对以前的"税前还贷"的做法的否定,同时,它实际上也确定了税收债权对贷款(银行债权)的一般优先权。

又如,依据我国《城镇集体所有制企业条例》,企业终止时,清偿各种债务和费用的顺序是:(1) 清算费用;(2) 所欠职工工资和劳保费用;(3) 所欠税款;(4) 所欠银行和信用合作社贷款以及其他债务。③ 可见,该《条例》的规定与前述《企业破产法(试行)》等的规定是一致的,并且,税收对包括各类贷款在内的诸多债权同样具有一般优先权。

另外,由于各类企业的清算均涉及财务问题,因而我国的《企业财务通则》亦规定了企业财产清偿债务的顺序,该顺序与前述《企业破产法(试行)》等法律、法规的相关规定也都是一致的。④

但是,企业清算时的债务清偿顺序同样也不是固定不变的,相应地,各类债权的优先受偿权也会发生变化,如同前述《海商法》中的船舶优先权的行使顺序亦需视具体情况而作调整一样。例如,我国的《商业银行法》规定,商业银行破产清算时,在支付清算费用、所欠职工工资和劳动保险费用后,应当优先支付个人储蓄存款的本金和利息。⑤ 即本属一般债务的个人储蓄存款本息,因其与个人利益、社会稳定等关系密切,法律才赋予其优先于国家税收受偿的权利,这实际上也是从社会秩序、公共利益出发所作的考量。既然税收也是为了公共利益,并且与保障社会公众的权

---

① 参见我国《企业破产法(试行)》第 37 条;2012 年修订前的《民事诉讼法》第 204 条。
② 参见《全民所有制工业企业转换经营机制条例》第 7 条。
③ 参见《城镇集体所有制企业条例》第 18 条。
④ 参见《企业财务通则》第 58 条。
⑤ 参见我国现行《商业银行法》第 71 条。此外,我国现行《保险法》第 91 条也有类似规定,只不过该法是把赔偿或者给付给保险金置于所欠职工工资和劳动保险费用之后,所欠税款之前。

利（个人储蓄存款的本息）相比，作用更为间接，因而把个人本息从其他银行债务中独立出来，确定其优先于税收的权利，也是适宜的。因此，税收债权对于个人储蓄的还本付息请求权这种一般债权，在法律有特别规定的情况下，就不具有一般优先权。

通过对上述各具代表性的法律、法规中的相关规定的介评，不难得见，这些规定的共同之处是均对税收债权与其他权利的关系加以界定，明定各类权利得以实现（获得清偿）的先后顺序，并且，该顺序大略为共益费用（如共同的破产费用、清算费用）、职工工资和社会保险或劳动保险费用、税款、一般债权（当然，其中偶尔亦可穿插某类特殊的具体权利），从而可以看到，税收债权仅处于优先于一般债权受偿的序位。

此外，在有某类特殊权利需要考虑的情况下，上述的一般清偿顺序可能会因之发生相应变化，这也是正常的。其实，如何在各种法律中具体地配置相关权利，确需考虑诸多因素。如上述《商业银行法》的规定，恐怕考虑更多的是政治因素、社会因素、国民心理因素等。并且，随着时势、政策的变化，在各类权利的具体实现方面，肯定会有诸多不同，从而会出现背离强行法规定的情况。这也迫使人们去思考一系列问题：强行法究竟能否强行，法律在具体的权利配置方面究竟能起多大的作用，应如何看待不同利益主体之间的预期、博弈活动和某些主体的机会主义行为以及国家承受的"道德风险"，等等。这些问题不仅会使税收的一般优先权打折扣，而且有时甚至会导致"制度失灵"。

事实上，影响税法以及其他法律的实施的因素很多。在现实生活中，各类市场主体大量的、名目繁多的偷税、避税、欠税等行为，就常常使税收的一般优先权得不到有效保障。① 例如，某些不法企业在其经营活动中通过虚列成本、费用或转移定价等逃避税收的手段减少名义利润，从而少缴企业所得税，而其因少纳税而保留的利润则是去用于还贷或清偿一般债务；当企业破产时，某些债权人在法定纳税期限后违法设定担保物权，以求优先受偿，等等。这些行为都是对税收一般优先权的侵犯。为了有效地保障税收的一般优先权，必须在充分考虑纳税人的预期及其可能从事的博弈活动的基础上，针对需加防范的各类"道德风险"，不断地完善税制。同时，也应对税收的一般优先权予以正确"定位"以妥善协调各类权

---

① 为了更有效地保障税收的一般优先权，打击日益严重的涉税犯罪，我国 1997 年修订的《刑法》专设一节，规定对"危害税收征管罪"的处罚。

利,实现权利资源的有效配置。

仍需说明和强调的是,税收优先权制度只是各类法律中的优先权制度的一个分支,税收通常仅对于一般债权或称普通债权具有优先受偿的权利,对该优先权既不能过分强调,也不能违法贬损。税收的一般优先权问题虽看似一个小问题,但其所涉领域甚为广阔(不仅涉及相关部门法,甚至还涉及整个法律体系),对这样的问题从不同角度、不同领域展开研究是甚为必要的(前面的探讨还远未展开),仅仅局限于税法领域或公法领域是很难得到全面认识的。此外,税收的一般优先权的配置和保障问题,在理论上和实践中都应引起足够的重视,这对于实行市场经济不久、正处于转型时期的中国,也许更具有现实意义。

(四) 小结

如前所述,尽管基于公共利益,基于保护国家税收债权的需要,在法律上确立了税收优先权制度,但对于税收的优先权应当给予适当的定位,而不宜过分强调。事实上,既然优先权制度是用来解决权利冲突时的顺位的重要制度,就必须对各类权利予以大略准确的定位,以确保基本的、有效的秩序的形成。

从我国现行的税收优先权制度来看,税收优先权作为一般优先权,仅是优先于无担保的一般债权,或者优先于设定担保时间相对较晚的债权,但并不优先于在特别法上有特别规定的特殊债权,如共益费用(包括破产费用、清算费用等)、职工工资及社保费用、个人储蓄存款的本息等。将优先权配置给上述特殊债权而不是税收债权,具有特别的意义。此外,我国现行制度还规定税收与其他公课之间的优先顺位,即税收优先于罚没,这与各类财政收入的性质、对公益影响等方面的差异是有关的。

对于上述关于税收优先权规定,人们主要有两种不同的担心:一种是基于更有力地保护国家税收权利的立场,担心仅规定税收的一般优先权,且劣后于某些特殊债权,是否能够有效地保护税收债权;另一种是基于保护私人利益、市场交易安全的立场,担心依设定时间先后来确定税收债权对有担保债权的优先权,可能会加大交易的风险,而这种不确定性可能会给市场主体造成更大的损害。由于上述两种担心分别更倾向于国家利益和私人利益,且在不同国家或地区的相关立法中也都有一定的体现,因而如何结合经济和社会的发展情况,如何结合税法与其他法律的发展趋势,在税收优先权制度上对不同主体的利益进行有效协调,是一个很重要的问题。

由于在现行的税收立法中,诸如税收保全制度、欠税公告制度等保护国家税收权利的制度安排越来越多,征税机关征管的权力在加大,同时,由于在一些国家的立法中,出现了缩小税收优先权的适用范围、提高税收优先权的适用条件、降低税收优先权的地位的情况,因此,在学术研究中,也有人主张应当对税收优先权予以限缩,以免影响市场交易安全,侵害善意第三人的利益,等等,这些都是对税收优先权的适当定位的强调。

纵观各类对税收优先权的研究,人们在强调对税收优先权的适当定位时,主要是考虑如何在国家的税收债权与私人主体的各类债权之间,在国家利益、社会公益与私人利益之间,在财政收入与交易秩序之间等诸多二元结构中寻求平衡。可见,在具体的财税法制度的权利配置及制度的完善方面,同前面的两权分离主义、财税宪政问题等同样都是密切相关的。

有鉴于此,在探讨了国家的税收权利,以及税收优先权等问题的基础上,还应当进一步从纳税人的角度,来探讨纳税人权利的问题。

三、从退税权看纳税人权利的保护

(一) 问题的提出

无论是税收立法抑或税法研究,相对说来,纳税人的权利都往往易被忽视,尤其在片面强调"国家本位"和不当理解"国税优先原则"的情况下,更是如此。如何有效地配置征纳双方的权利,如何公平地确定纳税主体的各项义务,始终是税收法制建设和法学研究方面的重要课题。

我国的税收实体法对纳税人的义务规定得较为充分,而对其权利则规定相对不足,税收程序法也是如此。这对于纳税人更好地履行其纳税义务是很不利的(纳税人从事的大量的规避法律的博弈活动即为一种证明)。因此,应对纳税人的各种权利予以充分重视。通常,纳税人权利的类型主要有:限额纳税权、税负从轻权、诚实推定权、获取信息权、接受服务权、秘密信息权,等等。其中,有些纳税人权利需要特别强调,因为这些权利同后面将要探讨的问题直接相关。

按照宪法和税法的规定,依法纳税本是纳税人的主要义务,但在法定的限额内纳税,则是纳税人的权利,此即限额纳税权。据此,税收征纳活

第五章 财税法制度中的权利配置与保护

动必须依法进行,纳税人有权拒绝一切没有法律依据的税收义务,也没有义务在依法计算的应纳税额以外多纳税。对于多纳的税款,纳税人享有退还请求权。

此外,纳税人不仅有权在法定限额内纳税,而且还有权依法承担最低的税负,可以依法享有减税、免税等税收优惠,可以进行旨在降低税负的税收筹划活动,此即税负从轻权。尽管如此,纳税人不能从事与法律规定或立法宗旨相违背的逃税、避税活动。

另外,除非有足够的相反证据,纳税人有权被推定为是诚实的纳税人。这项诚实推定权与纳税人的申报义务和整个税收征管制度都是密切相关的。作为税收征纳活动中的重要主体,纳税人享有知情权,即有权了解税制的运行状况和税款的用途,并且可以就相关问题提出质询,同时,纳税人还有权了解与其纳税有关的各种信息或资料。如果纳税人对征税主体的具体征税行为不服,则可以通过税收复议或税收诉讼等途径来获得救济,并可依法要求征税主体对自己合法权益造成的违法侵害承担赔偿责任。

随着税法理论和制度的发展,上述的各类纳税人权利已经得到了越来越多的认同。但是,在纳税人权利的保护方面,仍然存在着非常突出的问题。这从大量的税务违法案件以及大量的新闻报导中即可见一斑。由于纳税人权利所涉领域甚广,既涉及纳税人的宪法层次的权利,又涉及纳税人在具体税法上的权利;既涉及纳税人整体性权利,又涉及纳税人个体性权利,等等,且在具体类别上各不相同,因而需要作出较为细致的分析和研究。为了使论题的探讨更为集中,在此拟从纳税人的退还请求权的角度,来研讨纳税人的权利保护问题。

所谓退还请求权,又称退税请求权或返还请求权,简称退税权。它是在纳税人履行纳税义务的过程中,由于征税主体对纳税人缴付的全部或部分款项的保有没有法律根据,因而纳税人可以请求予以退还的权利。如前所述,在诸多纳税人权利中,有一项是限额纳税权,依据该权利,纳税人没有义务在依法计算的应纳税额以外多纳税;对于多纳的税款,纳税人享有退还请求权。

对于与纳税人的退还请求权相关的基本问题,还需学者展开广泛的研讨。例如,退还请求权的产生基础或原因是什么?在该权利的具体实现方面应遵循何种原则,在时间上和数量上如何加以量化?在立法和执法方面,应侧重于何种法律的保护,应如何防止侵犯退还请求权的行为?

等等。由于其中的许多问题并非仅属于传统的公法或私法上的问题,因而较为复杂。限于篇幅,下面拟仅就上述相关问题,略为探讨。

(二) 退还请求权的产生基础

为了有效地研究退还请求权问题,在研究方法上应当承认,对于各个部门法不宜过分强调其差别而忽视其内在联系。从内在联系的角度说,某些法理并非专属于某个部门法,而可能为某几个部门法,甚至各个部门法所共有。例如,诚实信用原则等就不仅适用于私法领域,而且也适用于公法领域。同样,不当得利的法理也并非仅为民法独占,它同样也可用于解决公法上的问题。此外,从部门法的差别的角度说,超越部门法甚至整个法律体系,在保持其应有的部门法个性的同时进行普遍联系的研究是非常重要的。这种认识对于深化税法问题的研究尤其具有现实意义。

其实,上述认识不过是一种经验的总结。如前所述,对于税收法律关系的性质,在历史上曾长期存在"权力关系说"与"债务关系说"之争,后以德国1919年《税法通则》之制定为契机,"债务关系说"渐占上风,并为一些大陆法系国家的税法学家所接受。这些学者认为,虽然在税收法律关系中也包含一定的权力关系(如在税收征管方面),但其最基本的部分(即税收实体法上的税收征纳关系)则是债权债务关系。因此,税收债权被认为是一种公法上的债权,征纳双方的债权债务关系除法律有规定者外,适用于债法的一般法理。[①]

上述关于税收法律关系性质的观点打破了传统公法与私法的界限,它有助于研讨纳税人退还请求权的产生基础问题。根据税法上至为重要的税收法定原则,征税主体行使征税权必须要有法律上的根据,并适用"法律保留原则"或议会保留原则,且征纳双方不得就税收实体权利义务进行约定(这主要是在于税收规范是侵权规范以及保障税法的安定性和妥当性的考虑)。[②] 如果征税主体没有合法根据,取得不当利益,从而使纳税人发生损失,则同样应将其取得的不当利益返还给因而受损的纳税人。[③] 亦即根据不当得利的法理,对于征税主体的不当得利,受损失的一

[①] 参见〔日〕金子宏:《日本税法原理》,刘多田等译,中国财政经济出版社1989年版,第286、18—21页。

[②] 参见陈清秀:《税捐法定主义》,载《当代公法理论》,台湾月旦出版公司1993年版,第589页;张守文:《论税收法定主义》,载《法学研究》1996年第6期。

[③] 这与我国《民法通则》第92条的规定在实质上是一致的。

方(纳税人)享有不当得利的返还请求权,此即税法上的退还请求权。可见,纳税人退还请求权的产生基础或原因是征税主体不当得利。

不当得利应予返还。纳税人行使退还请求权的直接后果就是"退税"(但确切地说,并不是退"税","退税"只是通俗说法在某些不严谨的立法上的体现)。如何退税,即如何使纳税人退还请求权得到具体实现,是研究退还请求权制度时不容回避的一个基本问题。

(三) 退还请求权的具体实现

退还请求权的具体实现,在税法理论上涉及退还请求权的标的、权利在时间和数量上的量化、权利行使的原则等问题,在税收实务中则直接体现为如何退税的问题。在税法规定中,涉及退税的情况是很多的,其中最为普遍的是因纳税人超纳、误纳税款所引起的退税,只是在广泛地推行增值税制度以及由此而引发的问题日益突出后,与增值税等有关的出口退税问题才日益受到人们的普遍重视。在上述情况下应退的"税"(确切地说应为"应退款项")即为退还请求权的标的。

事实上,在各类税收的征管过程中,纳税人超纳或误纳的情况是普遍可能发生的。超纳金(即超纳款)与误纳金(即误纳款),是征税主体自其征收之时起就没有保有的正当理由的利得。其中,超纳金也称溢纳款,是纳税人超过其应履行的纳税义务的部分,因该部分无法律根据,因而应予返还。误纳金与超纳金不同,它是在没有法律根据的情况下,基于一方或双方的错误而缴纳的税金,因而应全部退还纳税人。

可见,超纳金与误纳金的区别类似于越权代理与无权代理的区别。此外,两者在退还请求权的行使步骤上还是有所不同的:超纳金是在有效的纳税义务的基础上发生的,且超纳部分与有效的纳税义务部分原来是被作为一个统一的整体看待的,因此,要实现不当得利的返还,必须在法定的期限内,提出取消原课税决定的申请。而误纳金则由于是自始缺乏法律根据的利得,因而可直接行使不当得利的返还请求权,要求退还误纳金。①

有关超纳金和误纳金的规定在我国税收立法上亦有体现,它们使退还请求权成为了一种"内含的权利"。作为各类税法中较为普遍的问题,

---

① 参见〔日〕金子宏:《日本税法原理》,刘多田等译,中国财政经济出版社1989年版,第288页。

有关超纳金和误纳金的退还请求权当然可规定于基本法律之中。我国国家税务总局起草的《税收基本法(草案)》的"讨论稿"列举了纳税人的诸多权利,其中包括"纳税人可以依照税法规定,书面申请税务机关减税、免税和退还溢纳税款",这实际上体现的就是纳税人的退还请求权。但从合理设计退还请求权的角度说,仅限于退还溢纳税款(超纳金)是不够的,同时,负有退还义务的也不应仅是税务机关,还应包括所有不当得利的征税主体。上述"讨论稿"中有关退还请求权的规定,其实也反映了税法学界的一部分人的认识,但这种狭隘的认识确有改变之必要。

虽然我国的《税收基本法》尚未出台,但有关对超纳金等应退款项的退还请求权的规定仍可散见于各类法律、法规之中。由于行使退还请求权的直接后果是退税,因而有关退税的规定往往与退还请求权相关。另外,由于退税是税收征管中的问题,同时,它还直接影响到征纳双方的实体权益,因此,在税收程序法与税收实体法中均可找到隐含退还请求权的规定。透过这些规定亦不难看出法律对退还请求权在时间上和数量上是如何量化的。

例如,依据税收法定原则,我国的《税收征收管理法》规定,税收的减、免、退、补,依照法律(包括法律授权国务院制定的行政法规)的规定执行。任何机关、单位和个人不得违反法律、行政法规的规定,擅自作出退税、补税的决定。凡违法征收不应征收的税款的,应予退还,并由上级机关追究直接负责的主管人员和其他直接责任人员的行政责任;构成犯罪的,依法追究刑事责任。[①]

此外,我国《税收征收管理法》还明确规定,纳税人依法享有申请减税、免税、退税的权利。据此,退税权已不仅是理论上的一项应然权利,而且已经成为纳税人的一项法定权利。具体说来,在超纳金的退还方面,纳税人超过应纳税额缴纳的税款,税务机关发现后应当立即退还;纳税人自结算缴纳税款之日起 3 年内发现的,可以向税务机关要求退还多缴的税款并加算银行同期存款利息,税务机关查实后应当立即退还。[②] 可见,对超纳金的退还请求权在时间上已被量化,即必须在 3 年的除斥期间内行使,这是一个总的原则。同时,为了保障退还请求权的有效实现,税务机关的退还必须及时。

[①] 参见我国《税收征收管理法》第 3 条、第 84 条。
[②] 参见我国《税收征收管理法》第 8 条、第 51 条。

第五章　财税法制度中的权利配置与保护

除了上述的税收程序法外,在税收实体法中亦有退还超纳金等方面的规定。例如,在商品税(流转税)领域,在 1994 年税制改革前已批准设立的外商投资企业,因改征增值税、消费税、营业税而增加税负的,经企业申请和税务机关批准,在最长不超过 5 年的期限内,退还企业因税负增加而多缴纳的税款。[①] 这里考虑的主要是原有优惠政策的延续、对外商投资企业的信赖利益的保护以及向统一的新税制的过渡,因而有其特殊性,即不适用上述的 3 年除斥期间,而是最长在 5 年的期限内可以行使退还请求权。

此外,我国《进出口关税条例》也专门规定了退税的问题。根据该《条例》规定,已征进口关税或出口关税的货物,因品质或规格原因,原状退货复运出境或进境,或者征收出口关税后因故未装运出口而申报退关的,均可自缴纳税款之日起 1 年内,书面向海关申请退税。这种退税,是由于征税对象的客观情况而产生的。此外,在征纳双方超纳或误征的情况下,如果海关发现了多征税款的问题,则应当立即通知纳税义务人办理退还手续。纳税义务人发现多缴税款的,自缴纳税款之日起 1 年内,可以书面形式要求海关退还多缴的税款并加算银行同期活期存款利息。[②] 需要注意的是,海关退税的期限在此不是上面的 3 年或 5 年,而仅限于 1 年,这主要是基于经济效率以及关税征管的特殊性而作的规定。

可见,在退还请求权的行使期限上,基于不同的考虑,权利的行使期限及其受保护的充分程度亦不尽相同,例如,上面的个别法律、法规中,基于保护信赖利益和提高经济流转效率的考量,分别作出了不同于一般期限(3 年)的特殊规定,而其中实质上也蕴含着对公平的考虑。这与税法的安定性和妥当性也是密切相关的。

除了上述的期限问题以外,在退还数量上还有应退款项是否全额退还,它可否与纳税人的其他纳税义务或同质的纳税义务相抵消(或称抵缴)的问题,这其实又涉及如何兼顾效率与公平的问题。

一般说来,在退还数量上,应退款项原则上应是"应退尽退",并且,"任何税款余额都应当在当期立即退还"[③],这样才能有效地实现纳税人的

[①] 参见全国人大常委会于 1993 年 12 月 29 日通过的《关于外商投资企业和外国企业适用增值税、消费税、营业税等税收暂行条例的决定》。

[②] 参见我国《进出口关税条例》第 50 条、第 52 条。

[③] 参见〔美〕爱伦·泰特:《增值税——国际实践和问题》,国家税务局财政科学研究所译,中国财政经济出版社 1992 年版,第 306 页。

退还请求权,对纳税人才是公平的。但在立法上,有时则更侧重于税收的效率,规定以超纳金来抵缴纳税人尚未发生的继发性纳税义务,这在企业所得税领域里表现得更为明显。

例如,我国曾实施过的《企业所得税暂行条例实施细则》规定,纳税人在年终汇算清缴时,多预缴的所得税税额,在下一个年度内抵缴。这种在企业所得税领域里超纳金抵缴未来的纳税义务的做法,主要是考虑到了企业经营的连续性与所得税按年汇算清缴的周期性(这些同流转税的缴纳方式、周期等确是不尽相同的),同时,也考虑到了降低税收成本和提高税收效率的问题,因而有其合理性。但值得注意的是,货币的时间价值如何计算?若将超纳金退还纳税人,则纳税人可以得到资金上的好处,也可得到相应的利息(或减少贷款的利息损失)。从保障纳税人的权利的角度出发,许多税法学者都认为,税务机关多征的税款除应退还外,还应当依法向纳税人支付利息。这种精神,在2001年修订的《税收征收管理法》等立法中已经有所体现。① 这首先是从经济公平(而不仅是经济效率)方面的考虑。此外,上述的抵缴只是在征管上方便而已,若企业下年度发生亏损,无所得税可缴,则该超纳金是否还继续留存?从保护纳税人权利和解决现实的具体问题的角度看,不如将超纳金直接退还更好。

另外,即使有人仍坚持本年度的超纳金可以抵缴下年度的应纳所得税(因其毕竟为同质税,且是连续的),但还是不能将这种抵缴推而广之。即在抵缴的对象和范围上,对于非同质的、非连续的税种是不能适用抵缴的。也就是说,把两个完全不同税种的纳税义务和征收混合起来并不是一项很好的原则。②

作为与上述的抵缴规定相反的一种立法例,我国《个人所得税法》及其《实施条例》规定,个体工商户的生产、经营所得以及对企事业单位的承包经营、承租经营所得应纳的个人所得税税款,同企业应纳的所得税税款一样,也是按年计算,在年度终了后的法定期限内汇算清缴,但有所不同的是,企业多缴的所得税税款在下一年度内抵缴,而个人所得税在汇算清

---

① 在我国《税收基本法(草案)》的讨论过程中,许多学者对讨论稿中的这一规定,均持赞成态度。2001年修订的《税收征收管理法》、2004年开始实施的《进出口关税条例》,都已经体现了上述精神。

② 参见〔美〕爱伦·泰特:《增值税——国际实践与问题》,国家税务局财政科学研究所译,中国财政经济出版社1992年版,第306页。

缴地多退少补。① 这种多退少补的制度不仅体现了征纳双方的债权债务关系,而且也说明在立法上考虑到了企业与个人以及企业所得税与个人所得税的差别,尤其是注意到了对个人利益的充分保护以及及时退还超纳款项的必要性。

除了上述的抵缴以外,退还款项的币种也会影响退还数量,从而也会影响到纳税人的利益(这实际上涉及汇率风险由谁承担的问题),因而亦需在法律上加以明确。为了避免在退税时因汇率变动而引起的损失或增益,我国在税法上规定有按历史汇率计算退税的制度。② 例如,外商投资企业和外国企业所得为外国货币的,在其折合为人民币缴纳税款,并发生溢纳而另办理退税时,可按原缴纳税款时的外汇牌价折合成外国货币,再将该外国货币数额按照填开退税凭证当日的外汇牌价折合成人民币退还税款。③ 这种制度的实行实际上是一种恢复原状,即在未发生超纳或误纳,因而不存在退税的情况下,纳税人持有的等额外币应当与存在退税情况持有的等额外币兑换等额的人民币,从而使退税因素对纳税人的损益的影响尽量趋于中性,或者说,把这一因素的影响降为最低。

通过上面的分析研讨不难得见,纳税人退还请求权的具体实现,确需在法律上加以量化或具体化。通过上述对退还请求权在时间、数量上的量化的分析,还可以概括出保障退还请求权实现的一般原则,这些原则在退税实务中,亦是必须予以遵循的。

从总体上说,保障退还请求权实现的总的基本原则仍是税收法定原则,即征纳双方在退税方面的权利义务,必须有法律上的根据,退还请求权在时间、数量等方面的具体实现,亦必须严格依法为之。此外,与国有化的补偿原则类似,在保障退还请求权的具体实现方面,亦应遵循"充分、及时、有效"的原则。所谓"充分",就是在数量上依法应退尽退;所谓"及时",就是在法定期限内一经发现并查实,便应立即退还;所谓"有效",就是退税行为必须能够给纳税人带来效益,而不能额外增加其成本、负担。为此,退还的标的应是可利用、可执行的(在币种上应是可兑换的)。上述原则对于保护纳税人的退还请求权是非常重要的,正因如此,在退税实务中,应努力防止违反上述原则的行为。

---

① 参见我国《个人所得税法》第9条。
② 参见王选汇:《中国涉外税收实务》,中信出版社1996年版,第75页。
③ 参见我国曾实施过的《外商投资企业和外国企业所得税法实施细则》第98条。

(四)出口退税领域的退还请求权问题

如前所述,纳税人行使退还请求权的直接后果是退税。在超纳金、误纳金的退还以及再投资退税等各个涉及退税的领域,都不同程度地存在着一些尚待解决的问题,其中,以出口退税领域的问题最为突出。

对于在出口退税领域存在的诸多问题,学者往往站在征税主体的立场上,从经济的角度来加以阐述;而从法律的角度进行研讨的,则微乎其微(尤其是很少有人从退还请求权的角度研究这一有重要影响的社会、经济问题)。出口退税的问题,无论是理论方面还是实践方面,都可谓问题多多。限于篇幅和论旨,下面仅就其中与纳税人退还请求权相关的问题略为研讨。

根据税收原理和税法规定,出口货物一般适用零税率(或免税),其实质是使出口商品的税负为零。在增值税领域,由于当期销项税额为零,使得应纳增值税额为负数,因而对纳税人出口环节以前环节已纳的增值税税款均应予退还(消费税也是如此),从而使纳税人享有了出口商品已纳税款的退还请求权,这是出口退税制度的核心。作为一种通例,出口退税能使出口的商品以不含税的价格参与国际竞争,从而在客观上能够起到鼓励出口,增强企业国际竞争力的作用。我国在 1994 年税制改革以前,就已经实行了出口退税制度,并遵循"征多少,退多少""未征不退"的基本原则,该原则与税收原理和税法法理都是相符合的。

值得注意的是,在 1994 年税制改革以后,国家税务总局依据《增值税暂行条例》和《消费税暂行条例》的规定,制定实施了《出口货物退(免)税管理办法》。但在其实施过程中,却出现了退税规模增长过猛,骗取出口退税日益猖獗,导致国家财政收入大量流失,出口企业应退款不能及时足额到位等问题。有鉴于此,国务院于 1995 年先后两次作出调低出口退税率的规定。[①] 这些决定对扼制财政收入的大量流失和整顿失控的外贸秩序是有一定的积极作用的,但从保护纳税人的退还请求权的角度说,确实存在着一系列值得考虑的问题。

例如,从立法的角度来说,由国务院或国家税务总局作出的一些有关出口退税的规定,内容上已涉及退税范围、退税率等与纳税人利益直接相

---

① 国务院先后于 1995 年 5 月和 10 月分别作出决定,自 1995 年 7 月 1 日和 1996 年 1 月 1 日起,分别实行逐渐调低的出口退税率。

第五章　财税法制度中的权利配置与保护

关的税法构成要素,但是严格依据税收法定原则,未经全国人大的特别授权,国务院及其职能部门是无权就此作出规定的。同时,《增值税暂行条例》等《暂行条例》的立法级次已经很低(且其立法的合理性也值得研究),再据此作涉及纳税人实体权利的退税规定,确不合适。[①] 事实上,由于观念上的原因,在立法上往往容易以保护征税主体的权益为基点,这就会使纳税人的退还请求权在立法过程中极易受到忽视。

此外,从有关退税规定的内容来说,仅是调低出口退税率这一个方面,就会使退还请求权受到极大的负面影响。根据税法法理和规定,增值税实行零税率,就应当"征多少,退多少""不征不退""应退尽退"。在作为立法依据的《增值税暂行条例》有关零税率的规定未作修改的情况下,直接作出广泛调低退税率的规定,与出口货物一般适用零税率的原理与规定是不符合的。同时,调低出口退税率会直接影响退税数量,但它并不能全面地解决出口退税领域存在的各类问题。从根本上说,骗税的激增和国家财政收入的大量流失,应通过加强管理和加强打击力度等途径来解决,而不应由守法经营的纳税人来承担该损失。应当看到,调低出口退税率会导致退税不彻底,它使纳税人出口商品的税负不再是零,而且,由于增值税税率与退税率之间的差额越来越大,因而纳税人由此承担的税负也越来越重。这同前述保障退税权利实现应遵循的税收法定原则和"充分"原则也是相违背的。

另外,从退税规定的实施效果看,由于退税规定繁杂且内容多变[②],不仅使纳税主体的信赖利益和预期可得利益受到了损害,而且也使得征税主体的征收成本和纳税主体的奉行成本均大为提高。尤其是退税的拖延和不彻底,更使各种投机行为、败德行为、逆向选择等博弈活动大为增加(曾出现过"突击出口"与"相机观望"交替出现的情势)。这样的退税因其不能及时足额到位,且增大了社会成本,因而是违反前述的"充分、及时、有效"的原则的,不利于纳税人退还请求权的有效实现。

当然,国家制定并实施有关退税的规定,主要是基于防止国家财政收入大量流失,缓解财政压力,并在一定程度上整顿出口秩序的立场,自有其合理性。但在充分考虑国家利益和社会公益的同时,如何兼顾纳税人

[①] 参见张守文:《论税收法定主义》,载《法学研究》1996年第6期。
[②] 国务院、财政部、国家税务总局已发布了多个规定繁杂且内容多变的有关退税的"规定""通知""办法"等,即使是专业人士,掌握起来也有一定的困难。

个体的利益,如何协调它们之间的矛盾,亦应充分考虑。这个问题的核心就是如何保护纳税人的退还请求权。应当说,我国现行的退税制度设计对纳税人的退还请求权是欠缺考虑的,为此,有必要依据前述的税收法定原则和"充分、及时、有效"原则,对现行的退税制度予以改进。

(五) 退还请求权的保护不容忽视

退还请求权是纳税人的一项非常重要的权利,不可小视,不容忽视。由于退还请求权的法理基础是不当得利的法理,而该法理反映的也是各类主体之间待人接物的基本道理,具有广泛而深厚的道德认同基础,因此,代表国家的征税主体更不应违背该法理,且应当更加模范地依照法律的规定,在退税的实践中体现不当得利的法理。

别人的钱不能拿,这是孩童都知道的非常浅显的道理。而在保护纳税人的退还请求权方面,实际上就是要求征税机关把在法律上不属于自己的钱归还给它的主人,使纳税人的产权得到保护。退还请求权的保护,小而言之是纳税人个体的财产权保护问题,大而言之,则是涉及两权分离主义、税收法定主义的财税宪政问题,如果处理不好,就会带来多个方面的问题。

对于退还请求权的重要性,通过多年来实践中产生的诸多问题,人们有了更为深刻的认识。仍以出口退税为例,如前所述,在出口退税方面,非常突出的问题是退税的不及时、不足额问题,这是与国家的财力、各级政府的职责、退税率的设计、外贸效益、GDP 的增长,甚至国际关系都密切相关的问题。

当年,为了解决出口退税猖獗,国家财力难支的问题,国务院曾经多次调低出口退税率,其结果是出口退税不足额,纳税人的负担加重,从而使出口以及相关的经济、GDP 等都受到了很大的影响。在这种情况下,我国开始不断调高出口退税率,加大及时、足额退税的力度,减轻出口企业的税收负担,使得我国的出口规模迅速扩大,对于拉动经济增长起到了很大的作用。与此同时,国家的进出口关税收入和进出口环节的增值税、消费税收入都大大增加,从而为出口退税制度的完善提供了很好的财力支持,也大大提高了国家能力。这就是小小的出口退税率这样一个杠杆的调整,所能够起到的巨大作用。

事实上,诸如退还请求权之类的纳税人权利的保护,有时确实能够起到"四两拨千斤"的作用,甚至能够产生良性的"蝴蝶效应"。因此,无论是

第五章　财税法制度中的权利配置与保护

从法律上的权利保护的角度，还是从权利保护所产生的积极的经济效益和社会效益的角度，都应当注意加强对各类纳税人权利的保护。这对于建立征纳双方之间的良性"取予关系"是非常重要的。

（六）小结

相对说来，退还请求权是一项容易被忽视的纳税人的重要权利，因而有必要对其进行剖析，以说明纳税人权利保护的一些共通性问题。前面的探讨，仅是就纳税人的退还请求权的产生基础及具体实现问题略为研讨，并着重分析了出口退税领域突出存在的退还请求权保护不充分的问题，但这些探讨显然还是很不够的，与纳税人的退还请求权相关的大量现实问题，还需要从不同的角度给予更多的重视，并应在理论上作出有效的解释。

同退还请求权一样，纳税人的各项权利都是非常重要的。在纳税人权利保护方面，涉及大量的财税宪政和具体财税法制度完善方面的问题，而且许多问题是互相牵连的。事实上，纳税人权利本来就是分为不同层次的，有的纳税人权利是宪法层面的，而有的是具体的财税法制度层面的。充分保护不同层面的纳税人权利，本来就是宪法、财税法的重要任务，它不仅事关单方面的基本人权的保护，也影响在"两权分离"框架下的"两权保护"；既关乎两类主体关系的协调，也涉及对各类具体的纳税人权利的平等保护。

四、人本理念与纳税人权利

尽管财税收入来自国民，尽管财税法的调整直接涉及国民的基本权利，但财税法也并不仅是"侵权性规范"，它同样是保护国民财产权的重要制度，因为它界定了国民对国家的财产义务。应当看到，在国家与国民的关系中，国民是根本、是国家的载体。具体到税法领域，纳税人是根本。在税法领域，以人为本，就是以纳税人为本；只有在税收法制建设中有效地体现人本理念，才能更好地保护纳税人权利。

（一）人本理念与税本、法本的关联分析

经过不断的试错，人类已经清晰地认识到，税本乃征税之根本，国家征税只能触及税源，不能伤及税本，这已成为理论上的共识。对此，过去

更多地是从经济的角度进行解释,强调对生产力的保护,以及经济的可持续发展,并没有或缺少从人本与法本的角度的分析,而事实上,这两个角度恰恰是非常重要的。

从税收关系的角度来看,征税之所以不能伤及税本,是因为如果伤及税本,就会直接伤及人权与人心。从历史上看,在不同国家的不同历史时期,只要伤及税本,就会民不聊生,从而导致民怨沸腾,甚至会带来社会的大变革,引发政权更迭、王朝兴替。因此,如何避免伤及税本,是各个国家都必须关注的重要问题。

从表面上看,税本的问题是经济问题,因而在如何避免伤及税本方面,人们往往更关注从经济方面寻找对策。从总体上说,经济活动和经济发展,作为人类社会存在和发展的基础,毕竟是为人而展开的,其合理性的评价,自然要考虑是否有利于人本身。事实上,只要真正以人为本,树立人本的理念,并将其贯穿于具体的活动之中,就能够在很大程度上避免伤及税本的问题。毕竟,税本是人本在税收上的体现。要解决好税本的问题,就必须先解决好人本理念的问题。

强调人本理念,是人类认识到自身价值之后的必然选择。早期的启蒙思想家已经在这方面作出过杰出贡献,但这并不意味着人本理念已经可以自动地"随风润物",自动地转化为人们的实践。特别是涉及公权力与私权利的衡平的领域,涉及诸多"公私二元结构"的领域,人本理念能否得到体现,问题往往十分突出。上述领域,借用著名法学家耶林的名言,是人们需要长期地"为权利而斗争"的领域。事实上,人类致力于争取人权的一切活动,都是贯彻和实现人本理念的具体努力。

税收和税法领域,同样是涉及公权力与私权利衡平的重要领域,尤其需要对财政权(特别是税权,下同)与财产权作出均衡保护。其中,财政权同人类的公共欲望、公共物品、公共利益等直接相关,并直接体现为公权力;而财产权则同人类的私人欲望、私人物品、私人利益等直接相关,并直接体现为私权利。如何在公权力与私权利、财政权与财产权之间进行衡平,历来被认为是一个难题。

要破解上述难题,可能会有多种办法或路径,其中,强调以人为本,是一个不容忽视的路径。事实上,无论是公权力的行使还是私权利的实现,都是为了人本身。只要真正关注人,关注人的权利、利益,关注人自身的发展,就能够更好地解决国家财政权与国民财产权的均衡保护问题。

法律是用来保护各类权利的,而各类权利的核心是人权。法律作为

第五章　财税法制度中的权利配置与保护

规范人类行为,解决人类机会主义问题的规则,从某种意义上说,其根本是人权。可见,人权的保护,是法律的根本,即"法本"。在整个法制建设的过程中,都需要体现人本理念。人本理念,一般会体现在法的价值中;保护人权的目标,一般会体现在法的宗旨中;人本理念和保护人权目标,一般要通过在相关的具体制度中的"溶解"来体现。从这个意义上说,离开了人本,法便没有了自己的根;没有人本,也就没有法本。

在税收法定原则之下,要求一税一法,从而使税本、人本与法本联系更为密切。由于税本对应于经济基础,法本对应于上层建筑,因而两者之间联系自然非常密切;同时,由于无论税本或是法本,都要以人为本,因此,人本既是联系税本与法本之间的桥梁,也是保护税本与法本的归宿。只有坚持人本,才能解决好税本和法本的问题,而不至于舍本逐末,或者本末倒置。

(二)人本理念在税收征管制度中的体现

强调税本、人本与法本这"三本",恰恰要反对在这三者关系上的"本本主义",而是要结合具体实际,摆正三者之间的关系。在具体的征管制度实践中,人本是核心,是征税之本,也是立法之本。如果将以人为本的征管理念融入具体的征管立法和征管执法活动中,则对于解决大量的现实问题,是大有裨益的。

事实上,人本的理念或思想,在我国的税收立法中已经有了一定的体现,这同过去相比,确实是一种进步。下面就以我国《税收征收管理法》中的一些规定为例,作以简要说明。

在我国的《税收征收管理法》中,体现人本理念的规定有多处,其中,以下几个方面的规定是非常值得注意的:

(1)对税收法定原则在实质上作出了规定。税收法定原则,是对政府恣意征税的一个限定性原则,是对人权,特别是其中的基本财产权的重要保障。为此,该法规定,保护纳税人的合法权益是该法的一个重要宗旨。同时,该法第3条还规定,税收的开征、停征以及减税、免税、退税、补税,依照法律的规定执行;法律授权国务院规定的,依照国务院制定的行政法规的规定执行。任何机关、单位和个人不得违反法律、行政法规的规定,擅自作出税收开征、停征以及减税、免税、退税、补税和其他同税收法律、行政法规相抵触的决定。此外,该法第9条还规定,税务人员不得索贿受贿、徇私舞弊、玩忽职守、不征或者少征应征税款;不得滥用职权多征税款或者故意刁难纳税人和扣缴义务人。这些规定,都在一定程度上体现了人本理念,而人本的核心,在此则是以纳税人为本。

(2) 对纳税人的各项基本权利作出了较为集中的规定。例如,对于纳税人的知情权、保密权、减免权、退税权、求偿权等权利,都作出了具体规定。而纳税人权利,在各个法治发达的国家,都备受重视。对纳税人权利的尊重和保障,是人本理念的具体体现。这样规定,不仅有利于保障相关纳税人的财产权等相关权利,而且也有利于保障税本。此外,该法还规定,纳税人因有特殊困难,不能按期缴纳税款的,经批准可以延期缴纳税款。这也是人本理念的体现。

(3) 对生活必需品的课税除外。为了保障纳税人的基本人权,在实行一些对纳税人不利的特别措施时,涉及生活必需品的,税法可以除外适用。例如,依据该法规定,在税收保全制度中,在实行扣押、查封应税商品或财产、冻结存款等税收保全措施时,个人及其所扶养家属维持生活必需的住房和用品,不在税收保全措施的范围之内。在强制执行措施方面,个人及其所扶养家属维持生活必需的住房和用品,不在强制执行措施的范围之内。税务机关采取税收保全措施和强制执行措施,必须依照法定权限和法定程序,不得查封、扣押纳税人个人及其所扶养家属维持生活必需的住房和用品。上述规定,都体现了人本理念。

(4) 对个人财产的保护力度增强。例如,依据该法规定,税务机关滥用职权违法采取税收保全措施、强制执行措施,或者采取税收保全措施、强制执行措施不当,使纳税人、扣缴义务人或者纳税担保人的合法权益遭受损失的,应当依法承担赔偿责任。又如,纳税人超过应纳税额缴纳的税款,税务机关发现后应当立即退还;纳税人自结算缴纳税款之日起 3 年内发现的,可以向税务机关要求退还多缴的税款并加算银行同期存款利息,税务机关及时查实后应当立即退还。此外,税务机关、税务人员查封、扣押纳税人个人及其所扶养家属维持生活必需的住房和用品的,责令退还,依法给予行政处分;构成犯罪的,依法追究刑事责任。这些规定,也很好地体现了人本理念。

透过以上的简略说明,不难发现,在税收征管法律制度中,对于以人为本的理念,已经有了更多的强调。这些规定的有效执行,对于保障纳税人的合法权益,对于保护税本、体现法的根本精神都很重要。

（三）人本理念在税收立法中的进一步体现

如前所述，在我国的现行立法中，对于人本理念已有一定的体现，但从总体上的要求来说，则还很不够。事实上，民主、法治与人权是直接相关的，同时，也是与人本理念直接相关的，并由此构成了法律的根本。因此，在税收立法上，也要体现人权、人本、人性的理念和思想，把宪法中所规定的"尊重和保障人权"的基本精神，把以人为本的税收征管理念，在税收立法中具体地体现出来。

要在税收征管中体现人本理念，首先要求在税收立法中必须体现人本理念。例如，在税收基本法中，在各类具体的税收制度中，都要体现以人为本的理念，这样，才能在具体的税收征管立法和税收征管实践中，把人本理念进一步贯彻下去，以保护税本，实现法本。这些应当是整个税收法制建设的根本。

要具体地体现这些制度，尤其需要注意以下几个方面：第一，在税收立法中，要引入除外制度，即基于人的纳税能力，把不具有纳税能力的人真正排除在外；第二，基于实质课税原则，把不应当承担税负的人排除在外；第三，基于经济政策和社会政策，基于经济规制和社会规制的需要，对特定人群适用税收特别措施，给予税收优惠；第四，对于生计需要的物质资料，要免予课税。等等。这些方面，虽然已经在现实的立法中或多或少地有了一定的体现，但还应当进一步加强。

（四）小结

强调和引入人本理念，对于纳税人权利的保护是非常重要的。前面分别简要探讨了人本理念与税本、法本的关联及其在税收征管制度中的体现，并认为在税收立法中应当进一步体现人本理念，这些探讨其实并非仅着眼于具体税收征管制度的完善，而是更关注财税宪政等根本性的问题。

保障人权是所有法律的根本，保障纳税人权利则尤其是税法的根本。只有在税收立法上，全面融入以人为本、保障人权的基本理念，税收立法才更具有合宪性或合法性；只有在具体的税收征管实践中，有效地贯彻人本理念，才能更好地保护税本，更好地体现法本，真正地形成征税机关与纳税人之间的良性"取予关系"、征纳关系，才能更好地保障税收的持续增长和税法的有效实施。

五、政府举债权的配置问题

前面主要从国家与国民的"二元结构"的角度,探讨了各类税收权利的配置与保护问题,在此基础上,还有必要从中央与地方的"二元结构"的角度,探讨财权分配的问题。在这方面,国家已经充分认识到事权与财权的紧密关联,强调事权与支出责任要相匹配。因此,分税制的完善是非常重要的。从财权分配的角度看,我国目前不仅要解决好税权的分配问题,还需要解决好举债权的配置问题,这对于化解债务风险,解决地方财政的可持续问题,都有特别重要的意义。

(一) 为什么要研究举债权配置问题

对于许多国家曾发生的债务风险和债务危机,人们大都记忆犹新。无论是美国的"债务触顶""财政悬崖",还是欧洲多国的主权债务危机,以及更早爆发的发展中国家债务危机,其带来的震荡和危害至今仍令人心有余悸[1]。防控债务风险,尽量避免发生债务危机,既是各类"债务国家"的重要任务[2],更是经济和法律研究必须关注的重大问题[3]。

自2008年全球金融危机爆发以来,我国已连续多年实施"积极的财政政策",公共债务的举借规模不断扩大。随着经济进入下行周期,财政收入增幅下降,赤字持续增加[4],政府债务负担愈加沉重,债务风险不断累积。尤其是巨额的地方政府债务,早已超过全国的岁入,大大加剧了整体

---

[1] 有的学者认为,爆发债务危机的根源,是过于廉价的资金和过度负债,因此,对于政府的过度负债及其引发的风险必须关注和警惕。参见〔德〕丹尼尔·施特尔特(Daniel Stelter):《21世纪债务论》,胡琨译,北京时代华文书局2015年版,第95—96页。

[2] 与著名学者熊彼特等对"税收国家""财政国家"的研究,以及王绍光等对"预算国家"的探讨相关,从债务依存度(当年举债总额与当年财政支出总额之比)的角度看,许多国家的财政已经高度依赖举债,这样的国家都可称为"债务国家"。在公共债务规模方面,发展中国家公共债务占GDP的30%左右,而发达国家则占GDP的90%以上。参见〔法〕皮凯蒂(Thomas Piketty):《21世纪资本论》,巴曙松等译,中信出版社2014年版,第557页。

[3] 早在1919年,阿尔弗雷德·曼纳斯就强调应从经济与法律的角度研究债务问题,并在其所著《国家破产:经济与法律的反思》中认为,从长期看,国家债务的历史完全可以称为一部国家破产的历史。参见〔德〕哈诺·贝克、阿吕斯·佩里兹:《为什么国家也会破产》,原龙译,中国电力出版社2013年版,第1页。

[4] 我国近几年财政赤字持续增加,2016年的财政赤字为2.18万亿,已占GDP的3%,创历史新高,政府债务总额也由此进一步加大。

债务风险①。在此情势下,无论认为债务风险是否可控,都必须重视地方政府债务过高所带来的债务风险,并应结合债务的成因,做好债务风险的防控。

对于地方政府债务过高的原因,不同学科的研究可谓见仁见智。从法律的角度看,地方政府事权不清,财政体制分权不明,举债权的行使缺少法律约束,是导致地方债务风险积聚的重要原因。而上述三个密切相关的问题,直接涉及政府职能转变、中央与地方关系,以及现代财政制度的构建,都需要通过深化改革和推进法治建设来着力解决。从解决问题的"差序"或"顺位"看,依法界定各类主体的举债权,并确保其行使能够受到应有的法律约束,是防控债务风险的更为直接的法律保障,而另外两个方面则是与政府举债行为和举债权行使密切相关的更深层次的问题。

近年来,对于是否应赋予地方政府举债权,学界已有较多探讨。随着我国2014年修订的《预算法》对地方政府举债权的明晰,相关研究亦需超越预算法层面,至少应扩展至财政法、金融法乃至经济法、宪法层面。事实上,要解决举债权不当行使所导致的债务风险问题,不仅涉及预算法层面,还涉及相关的"宪法制衡"框架;同时,政府债务因事关财政和金融而可能引发区域性或系统性的双重风险,如果防控得当,则会有助于推进经济结构优化和区域经济协调发展,促进经济和社会的良性和稳定运行。因此,唯有拓展到多个法律领域,才能更好地解释债务风险与举债权的法律约束之间的重要关联,并有效解决相关的法律问题。

基于上述考虑,需要思考和论证如下问题:为什么债务风险的防控,需要加强对举债权的法律约束,确保其依法正当行使。此外,为什么要强调举债权必须法定,任何主体都不能超越或滥用举债权?为什么对法定的举债权应进行有效配置,以体现宪法上的分权制衡精神?只有明晰上述问题,国家才能针对中央与地方分税制,以及政府职能等影响债务风险的深层次因素,结合地方举债存在的突出问题,进一步完善相关制度,从而更有效地防控债务风险。

(二)举债权的性质及其法定

政府和市场都是资源配置的重要系统,政府的举债行为作为重要的

---

① 我国全国人大批准的2016年地方政府一般债务余额限额107072.4亿元,专项债务余额限额64801.9亿元,合计超过17万亿(比2015年多1万亿),如果加上地方政府或有债务(2014年已达8.6万亿),则地方政府显然存在较大的债务风险。

公共经济行为,对经济和社会都会产生重要影响。因此,要更好地发挥政府的作用,就像对政府征税、政府采购等公共经济行为一样,对政府的举债行为亦须加以规范。而要规范举债行为,就必须强调政府的举债权法定,并确保其正当行使。

举债权为什么必须法定?这与举债权的性质和重要性直接相关。对于举债权的性质,可以从多种角度和不同层面加以解析。仅从国内层面看,举债权事关国家的财政权和国民的财产权,与国计民生联系密切,为此,美国等国家都把举债权直接写入宪法,使其成为宪法上的权力。由于举债的原初功能是弥补财政赤字,最终仍需靠税收收入偿还,因而举债权与征税权密切相关。对此,不仅有经济家的诸多分析[1],还有国家在宪法上将征税权与举债权同时作出规定[2]。因此,对于具有宪法意义的举债权,应当与征税权一样严格法定。

举债权作为宪法上的权力,必然涉及在国家立法机关与行政机关之间的分配,并且,举债权的分配与预算权或征税权的分配一起,共同构成了一国"经济宪法"的重要内容。由于举债权与预算权、征税权都是宪法上的重要权力,因而其分配原理有诸多共性。此外,举债行为作为公共经济行为,与预算行为、税收行为具有共同的性质;同时,举债收入作为附条件的收入,它最终要以税收偿还,因而它与税收、预算均密切相关。之所以会存在上述诸多紧密关联,是因为作为举债行为和获取举债收入基础的举债权,与预算权、征税权一样,都是国家财政权的重要组成部分[3]。

举债权作为一种专属的财政权,其行使既涉及相关国民的财产权,又涉及纳税人权利。为了切实保护国民或纳税人的权益,有效解决举债行为所涉及的实体问题和程序问题,防止举债权的不当行使,举债权必须法定。为此,对于中央与地方、立法机关与行政机关等不同主体、不同类型的

---

[1] 对于税收与国债的紧密关联,许多经济学家都有相当的研究。例如,李嘉图(David Ricardo)曾提出税收与国债的"等价定理";布坎南(James M. Buchanan)则认为,税收与国债(强制性借贷)在许多方面具有同一性,两者可以被归类为"国家"的内部筹资手段。参见〔美〕布坎南:《宪政的经济学阐释》,黄文华等译,中国社会科学出版社2012年版,第290页。

[2] 例如,美国《宪法》第1条第8款规定:国会有权规定并征收税金、捐税、关税和其他赋税,用以偿付国债并为合众国的共同防御和全民福利提供经费;有权以合众国的信用举债。在这一规定中,体现了税收与国债之间的紧密联系,同时,也明确规定了国会享有国家层面的举债权。

[3] 从国际经验看,"举债权是规范的分税制体制下各级政府应有的财权,这是几乎所有实行分税制财政体制国家经过长期时间得出的经验。"参见李萍主编:《地方政府债务管理:国际比较与借鉴》,中国财政经济出版社2009年版,第63页。

第五章 财税法制度中的权利配置与保护

举债权,以及各类举债权的横向与纵向分配,必须在法律上作出明确规定。

可见,从性质看,无论是作为宪法上的权力,还是作为财政权的重要类型,政府的举债权都是重要的公权力,会直接影响国计民生,因而应当法定①,这也是财政法定原则的基本要求。据此,只有享有举债权的主体,其举债行为才具有合法性;在不存在法定资格和权限的情况下,任何主体都不能随意举债,否则势必加大债务风险,并对财政秩序和金融秩序造成巨大冲击。为此,我国早在1994年颁布《预算法》时,就对举债权的主体作出了明确限定,以体现举债权法定的精神。

当然,在2014年修改《预算法》之前,我国法律上规定的仅是中央的举债权,并特别强调"除法律和国务院另有规定外,地方政府不得发行地方政府债券"②,由此可见,当时只有中央才享有更为宽泛的举借债务的权力,在法律上并未直接赋予地方政府举债权,即地方政府不能成为举债权的主体。

当时之所以将举债权上收中央,主要还是为了防控债务风险,这非常类似于将税权上收中央的考量,其实都是为了保障财政秩序,维护经济的稳定运行。由于地方政府的经济行为容易产生影响整体经济稳定的倾向,从而加大财政、金融等诸多领域的风险,因此,必须对其举债权作出法律限制。但在实践中,随着地方政府事权的增加和财力缺口的加大,其举债需求日益强烈,为了使其能够获取债务收入,我国曾作出变通处理,即如果地方确需发债,可由财政部代发。在这种情况下,中央实质上对地方债务承担着担保责任。这无疑增加了中央财政的压力和风险。

面对上述问题,对于是否应赋予地方政府举债权,一直存在不同认识。基于对地方举债行为和债务风险的担忧,在我国《预算法》修改过程中,否定赋予地方举债权的意见一度占上风,并体现在修改草案中。但最终通过的修正案还是作出了折中处理,即基于现实的需要,既要赋予地方政府举债权,又要在举债的主体、规模、程序等方面加以限定,从而形成与

---

① 例如,《丹麦王国宪法》第43条规定,除法律另有规定外,任何公共债务不得被提出。据此,举借公债必须依循法律规定,举债权必须法定。

② 我国2014年修订前的《预算法》第27条规定:"中央预算中必需的建设投资的部分资金,可以通过举借国内和国外债务等方式筹措,但是借债应当有合理的规模和结构。"据此,对国债的规模控制和结构控制是债务法治的重要内容。

美国、巴西、英国、德国等类似的"制度约束型"地方政府债务管理体制[①]。

依据举债权法定的要求,我国现行《预算法》第34条规定了中央的举债权,即"中央一般公共预算中必需的部分资金,可以通过举借国内和国外债务等方式筹措",而该法第35条则规定了地方的举债权,即"经国务院批准的省、自治区、直辖市的预算中必需的建设投资的部分资金,可以在国务院确定的限额内,通过发行地方政府债券举借债务的方式筹措"。不难发现,两类举债权所涉及的举债主体、预算类型、限额要求、举债方式等存在诸多不同,对地方举债权的限定明显更为严格。从目的解释的角度看,我国《预算法》力图通过对举债权的限定,来实现既能促进地方经济和社会发展,又能有效防控债务风险的目标。

随着举债权法定的落实,我国覆盖中央和地方(省级)的举债权体系得以建立。但地方政府仅有严格受限的、"不完整"的举债权,因为享有举债权的主体在形式上仅限于省级政府,而债务规模非常大的市县,在法律中并未被赋予举债权。为了化解基层政府的债务风险,国务院单方面规定,若市县确需举债,可以通过省级政府代为举借[②],这基本是仿照过去财政部的"代发模式"。从经济的角度说,市县的债务问题突出,迫切需要解决,因而"代发"确有其合理性;但从法律的角度看,预算法并未授权国务院可以规定市县的委托举债权,因而"代发"实质上已突破了预算法上的形式规定。这已涉及形式与实质意义上的举债权,或者显性与隐性的举债权的区分,也是完善债务法治值得关注的一个重要问题。

举债权作为典型的公权力,必须严格受限并依法正当行使。"举债权"三个字,包含了举债的主体、客体以及举债的决策权和执行权等诸多内容,体现着举债法律关系的基本要素。从我国现实情况看,举债权事关全国人大及其常委会、国务院及财政部、地方人大和政府等多重权力配置,由于举债权在一定程度上类似于美国马歇尔大法官所说的征税权,也是"事关毁灭的权力",其行使稍有不慎,就会带来巨大风险甚至危机,因而必须在法律上严格限定。事实上,举债权的归属、集中或分散,以及权

---

① 所谓"制度约束型"地方政府债务管理体制,即通过明确的法律条款管理地方政府债务的体制,包括规定地方政府债务总额、限制债务用途、规定最大偿付比率等。实行此种体制的国家,也可能同时辅之其他类型的体制,如市场约束型、共同协商型、行政控制型等。参见李萍主编:《地方政府债务管理:国际比较与借鉴》,中国财政经济出版社2009年版,第23—29页。

② 国务院《关于加强地方政府性债务管理的意见》(国发〔2014〕43号)规定,经国务院批准,省级政府可以适度举借债务,市县级政府确需举借债务的由省级政府代为举借。

力行使的程序限制,都是影响债务风险的重要因素。

依循法治的一般原则,无论是中央还是地方,都必须依法正当行使其法定的举债权,既不能滥用,也不能越权。由于举债规模的大小、举债类型的不同,都会影响政府的财政承受能力,影响债权人的利益,因此,必须对举债规模、举债类型、举债审批、举债监督等方面作出明确规定,严格举债审批,并进行切实有效的监督。这对于防范债务风险,保护债权人权益,保障经济和社会的稳定发展,都非常重要。

(三)举债权的配置与"宪法制衡"

基于举债权的特殊性,举债权必须法定;同时,法定的举债权必须有效配置,这既是宪法上的分权制衡或称"宪法制衡"的基本要求,也是举债权与征税权等财政权的相通性与差异性的重要体现。

从我国《预算法》的规定看,基于防控债务风险的考虑,以及一定的举债公平的考虑[1],在中央举债权的行使过程中,要"控制适当的规模,保持合理的结构",为此,一方面,对中央"举借的债务实行余额管理,余额的规模不得超过全国人民代表大会批准的限额",从而使全国人大可通过国债限额的批准权来约束政府的举债行为;另一方面,"国务院财政部门具体负责对中央政府债务的统一管理",从而使财政部享有对中央债(国债)的具体的管理权。这样的举债权配置,体现了立法机关与行政机关在举债权方面的横向配置,符合基本的宪法原理和财政原理[2]。

例如,我国历史上特种国债的多次发行,特别是 2007 年的 1.55 万亿国债的发行,都由全国人大常委会专门作出决议[3],这至少在法定程序方面是严格遵守了举债权横向配置的要求。其实,举债行为与预算行为、税

---

[1] 有的学者认为发行公债会影响代际公平,甚至其本身就是不公平的,因为所有纳税人要为主要由富人所持有的国债支付利息。参见〔德〕丹尼尔·施特尔特:《21世纪债务论》,胡琨译,北京时代华文书局 2015 年版,第 109 页。

[2] 这些原理在宪法规定上也要有所体现,例如,《日本国宪法》第 85 条规定,国家费用的支出,或国家负担债务,必须根据国会的决议。又如,《芬兰共和国宪法》第 82 条规定,国家借贷须经议会同意,议会应指明新借贷或国债的最高额度。

[3] 例如,在这些方面我国全国人大会常委会作出的较为重要的决议有:《关于批准国务院提出的由财政部发行特别国债补充国有独资商业银行资本金的决议》(1998 年 2 月 28 日通过)、《关于批准国务院增发长期建设国债和今年中央财政预算调整方案的决议》(2000 年 8 月 25 日通过)、《关于批准财政部发行特别国债购买外汇及调整 2007 年末国债余额限额的决议》(2007 年 6 月 29 日通过)。

收行为一样,都有突出的政治性、经济性、法律性[①],而法律性的突出体现则是程序的法定性。通常,举债会涉及预算调整,需要严格遵循调整程序,而为应对金融危机,我国增发了大量国债,仅 2009 年和 2010 年实际发行的内债就分别达 1.62 万亿和 1.77 万亿,如此大规模的国债发行,却并未看到全国人大常委会作出相关决议,这是有悖于法定调整程序的。中央举债权的依法正当行使不应有任何瑕疵。

此外,对于地方举债权的行使,我国《预算法》同样有规模限制和程序要求,一方面,地方政府"举借债务的规模,由国务院报全国人大或者全国人大常委会批准",从而使地方举债权的行使与国家立法机关的规模批准权直接关联;另一方面,"省、自治区、直辖市依照国务院下达的限额举借的债务,列入本级预算调整方案,报本级人民代表大会常务委员会批准"[②]。在上述规定中,蕴含着国务院的限额分配权、省级人大常委会的批准权和省级政府的举债权。由此可见,地方举债权的行使,涉及中央、地方各自的横向分权,以及中央与地方之间的纵向分权,这既体现了财政体制或债务管理体制的特殊性,又体现了宪法上的分权制衡。

因此,对上述举债权的法律配置,可以从"宪法制衡"的分析框架加以解析。虽然由于诸多原因,我国在宪法层面,对地方债乃至各类公债的举借都没有规定,但并不妨碍在具体立法中体现宪法上的分权制衡的精神。

依据财政法定原则,不仅举债权要法定,与举债相关的重要事项,如举债的规模、结构或类型等,都要经过立法机关的批准,因此,各级人大在举债权的行使过程中都要发挥重要作用,从全国人大对债务限额的总量控制,到省级人大对本地具体举债数额的批准,都体现了立法机关对政府的公共经济行为的重要影响。

与此同时,各级人大毕竟不能具体实施举债行为,政府才是执行主体,因此,在规定人大行使批准权的同时,还需要授权政府及其职能部门

---

① 艾伦·希克(Allen Schick)认为,预算变化是政治、政策和程序(过程)的混合,这是有道理的。参见〔美〕艾伦·希克:《联邦预算:政治、政策、过程》(第三版),苟燕楠译,中国财政经济出版社 2011 年版,前言,第 1 页。与此相关联,由于上述的政策主要是经济政策,程序主要是法定程序,因而可以认为,在财政领域,举债权与征税权、预算权的行使一样,都具有政治性、经济性和法律性。

② 财政部《关于对地方政府债务实行限额管理的实施意见》规定,市县级政府确需举借债务的,依照经批准的限额提出本地区当年政府债务举借和使用计划,列入预算调整方案,报本级人大常委会批准,报省级政府备案并由省级政府代为举借。由此可见,对市县人大常委会的权力行使问题亦需关注。

第五章　财税法制度中的权利配置与保护

从事具体举债行为,即国务院在全国人大确定的限额内,行使各省举债额度的分配权,而政府职能部门则行使举债方案的确定权,等等。只有把权力配置与相关的授权相结合,才能使横向分权与纵向分权纵横交错,构成可实施的举债权体系。

上述体现"宪法制衡"的举债权体系的确立,有助于在制衡过程中控制债务风险,防止债务违约,增加举债的信用①,有助于保护债权人利益,使举债行为可以有效持续,从而实现中央与地方层面的举债目标,更好地提供中央级次和地方级次的公共物品。

在上述举债权配置的架构下,地方人大的权力行使问题尤其值得关注。随着地方政府举债的合法化,地方人大又增加了审批地方债的权力,这与近年来地方人大权力扩大的趋势(如在我国《立法法》中规定设区市的某些立法权)是一致的。由于我国幅员辽阔,地区差异性较大,为了在实质上更好地促进各区域的有效发展,解决不应有的差异过大的问题,扩展地方立法机关的权力确有其必要性,由此也会凸显地方立法的独立性和差异性(这与经济法上的差异性原理相关)。而基于地方立法的独立性,需要国家确立一个重要原则,即中央和地方的"经济独立原则",或者中央对地方债务"不救助原则"②。通过明确各级政府的经济独立责任,中央可以在地方政府债务方面,不再承担无限连带责任。因此,举债权的有效配置,有助于使法定的举债权更加明晰,从而更好地规范举债行为和追究相关举债责任,有利于各类主体在法治框架下,独立自主地从事相关经济行为。

此外,虽然省级人大享有举债的批准权,但它能否独立审查,能否有效作出合理性和合法性的判断,能否依法否决政府提出的举债方案,这对省级人大是一个很大的考验。对此,充实相关专门委员会的力量,并严格把关,也许是一种可行的路径。

事实上,各级人大切实真正行使审批权,包括全部或部分的否决权,是防范风险的重要保障;政府在行使举债权的过程中,真正自我约束,把

---

① 有的学者认为,宪法上的分权制衡能够提高政府在公债领域承诺的可信性,但即使有宪法制衡,在债务的不履行方面也可能不发挥作用。参见〔英〕大卫·斯塔萨维奇(David Stasavage):《公债与民主国家的诞生》,毕竞悦译,北京大学出版社 2007 年版,第 2 页。

② 在国际层面,"不救助原则"的确立更早。例如,美国 19 世纪 40 年代在一些州发生债务危机时,就确立了该原则,以加强预算约束。参见刘俐俐主编:《地方政府债务融资及其风险管理:国际经验》,经济科学出版社 2011 年版,第 20 页。

举债和用债紧密结合,科学合理地使用资金,是防范风险的必要条件。只有不滥用举债权,不随意举债,注重"举用结合",才能真正体现政府公共经济行为的公益性、公共性,才能与公共物品提供、政府职责相对应[①],进而体现政治性、经济性与法律性的统一。

(四) 举债权依法行使的制度保障

上述举债权的法定及其配置,始终把防控债务风险作为重要考量。正因如此,无论是中央还是地方,其举债权的行使均应受到法律约束,而不应恣意行事,随意举债。但就现实情况而言,仅在法律上作出一般规定还不够,要保障举债权的依法正当行使,还需要进一步通过外部制度和内部制度的建设,加强对举债权的法律约束,这样才可能更有效地防范和化解债务风险。

1. 外部制度保障

如前所述,从法律上说,影响我国巨额地方债务形成的直接因素,是举债权的法律约束不够。对此,国家在《预算法》等规范性文件中,已对举债权的具体配置作出了新的安排,但仅此还不足以防控债务风险。毕竟,影响举债权行使和债务风险防控的深层次问题,是财政体制和政府职能方面的制度缺失,因此,必须弥补上述两个方面的制度缺失,为举债权的依法行使提供外部制度保障。

首先,在财政体制方面,我国 1994 年确立的中央与地方的分税制经过不断演化,现已成为收益分配更多向中央倾斜的"共享型"分税制[②]。尽管在 2013 年中共中央《关于全面深化改革若干重大问题的决定》中,特别强调深化财税体制改革,并将中央与地方的事权划分同相应的支出责任承担提到了相当的高度,但至今仍无实质进展。许多国家的宪法,对于中央与地方的事权以及相应的财政支撑,都有非常明晰的划分[③],但到目前为止,我国的宪法或具体的财政法律,都未对此作出明晰规定。地方政府

[①] 赤字和债务不仅带来了多方面的经济影响,还产生了多方面的政治影响。相关分析可参见〔美〕彼得斯:《税收政治学:一种比较的视角》,郭为桂等译,江苏人民出版社 2008 年版,第 128—133 页。

[②] 相关探讨可参见张守文:《论"共享型分税制"及其法律改进》,载《税务研究》2014 年第 1 期。

[③] 如《巴西联邦共和国宪法》的第 21 条至第 30 条,对联邦、各州、市的事权有明确规定,此外,该法还在第 153 条至第 159 条对上述各级政府可征税收的类型及相关的税收分配等有非常具体的规定,从而使各级政府的事权行使能够有对应的财力支撑。

第五章 财税法制度中的权利配置与保护

承担的多种职能,与其称之为"事权",还不如称之为"事责"。从现实的权责分配看,中央与地方的财政收入大体相当,但在承担的事责方面,地方政府却远多于中央政府,尽管有中央对地方政府的大量转移支付,但地方财政的缺口仍然较大。地方政府在我国 2014 年《预算法》修改前不能直接举债,因而只能靠土地出让收入等非税收入作为其履行职能的财力补充;随着经济下行和土地财政受限,地方政府通过各类融资平台大量变相举债,以致债台高筑,这是形成地方债务风险的重要原因[①]。

可见,对分税制的财政体制必须作出调整,切实明晰中央与地方各级政府的事权或事责,以及相应的财力保障。为此,国家已多次重申要使事权与支出责任相匹配,但目前还远未落实,长此以往,债务风险还会持续增加。此外,目前实施的发新债还旧债的"置换"做法,只是暂缓型的权宜之计,并不能从根本上解决问题。

其次,与上述事权与财权的划分相关联,还必须真正转变政府职能。地方政府的职能究竟是什么?在简政放权的过程中,如何真正形成有限的、有效的、有为的政府?这些问题还需要认真思考。如果各级政府仅重视 GDP,仅强调通过城镇化或大量投资来拉动经济增长,而不回归政府职能的本质,就永远不能解决入不敷出的问题,财政赤字和巨额债务就会持续存在[②]。因此,必须强调地方政府不能进入竞争性领域,不能成为经营主体,而应着重于提供地方性公共物品,并通过其公共经济活动,确保公共利益。

举债是地方政府经济职能的重要体现,由此形成的政府债务,是为提供地方性公共物品而负有的债务。此类债务作为"公债",从"公"的角度,要体现公共性和公益性;从"债"的角度,要体现偿还性和私益性。因此,在地方政府举债过程中必然涉及政府权力与债权人权利、财政与金融、经济与社会等诸多方面的关系,需要对其中涉及的矛盾或冲突加以化解。但无论从政府职能还是从举债权行使的角度看,都应当更关注公共性和公益性。

地方政府债务,相对于企业债务或其他私人债务,具有政府性或公共性;相对于税收债权,具有偿还性;相对于中央政府债务,具有地方性。这

---

① 可参见孙秀林、周飞舟:《土地财政与分税制:一个实证解释》,载《中国社会科学》2013 年第 4 期。
② 可参见张平、刘霞辉:《城市化、财政扩张与经济增长》,载《经济研究》2011 年第 11 期。

种地方性,与地方政府的职能行使和地方性公共物品的提供,以及地方的经济发展水平、需要、财力等直接相关,它决定了举债的必要性、规模、可行性等问题。只有转变政府职能,真正明晰地方性公共物品的范围,才能更好地确定地方举债的规模,才能够更好地防止由于不当扩大地方性公共物品的范围而带来的债务风险。

2. 自身的制度建设

要确保举债权的依法正当行使,还要加强政府债务方面的制度建设,尤其应注意提升立法层级和质量,厘清债务类型,将各类债务的依法举借、使用和偿还综合考虑,对举债权的行使实施系统控制。

(1) 提升立法的层级和质量。

化解债务风险,必须加强制度建设,并严格遵循相关制度。从国外情况看,有些国家是通过财税法、金融法的相关规定来约束举债权,如美国的《证券交易法》《税收改革法案》以及各州法律,对地方政府债务管理都有较为详细的规定。此外,也有不少国家针对地方政府债务专门立法,如新西兰的《地方政府债务法》、日本的《地方公债法》等。

从总体上看,许多国家都侧重于从财政法的角度规范地方的举债行为。例如,波兰不仅在宪法中规定公共债务限额[①],还制定了专门的《公共财政法》对债务管理权限、债券发行、公债限额等作出规定。又如,巴西制定了专门的《财政责任法》及其配套法案,建立了政府债务预算和报告制度,并通过量化指标对地方政府债务进行约束。

就我国情况而言,尽管已通过《预算法》的修改,构建了中央和省级的举债权体系,但从债务法治的系统性看,除了《预算法》关于地方政府债务的原则性规定外,其他涉及地方债务的规定主要都是以文件的形式体现[②],整体的立法层次偏低,相关的制度体系很不健全。为此,我国有必要结合《预算法》的规定,将国务院及其职能部门的相关债务政策予以法律化,并构建专门的地方政府债务制度,对政府债务的限额审批、限额分配、规模控制、结构管理等作出规定,这是确保举债权依法正当行使的重要制度基础。

---

① 波兰《宪法》第 216 条第 5 项规定:"如果借贷、提供担保和财政担保导致国家公共债务超出国内生产总值(GDP)的 3/5,则是不被允许的。"

② 例如,国务院《关于加强地方政府性债务管理的意见》(国发〔2014〕43 号)、财政部《地方政府一般债券发行管理暂行办法》(财库〔2015〕64 号)及《关于对地方政府债务实行限额管理的实施意见》(财预〔2015〕225 号)等。

第五章　财税法制度中的权利配置与保护

（2）厘清债务类型。

举债权的依法行使，涉及不同的债务类型，对于中央债和地方债以及它们的各种具体类型，应分门别类地适用相关的制度，这对于避免发生区域性和系统性风险，防范和化解财政金融风险都非常重要。

地方政府债务问题的解决，尤其应当强调疏堵结合，分清责任，规范管理，为此，需要对地方政府债务作出相关分类。例如，从举债合法性的角度，应区分依法行使举债权而形成的合法债务，以及因举债行为不合法而形成的非法债务，并坚决遏制非法举债行为。又如，从债务主体的角度，还应注意区分政府债务和企业债务，切实做到谁借谁还、风险自担。此外，从发行与偿还渠道的角度，还应注意区分一般债务和专项债务，前者由地方政府发行一般债券融资，以一般公共预算收入偿还，而后者则由地方政府通过发行专项债券融资，以对应的政府性基金或专项收入偿还。可见，要保障举债权的正当行使，就必须厘清债务类型，并根据相应的制度安排，既保障发债目标的实现，又保障举债风险可控。

（3）系统控制举债权的行使。

国家对举债权的行使实行规模控制、用途控制和预算控制，并在各类控制中贯穿程序控制，而覆盖举债、用债和还债全过程的系统控制，本身也是对举债权行使的重要约束。为此，国家提出对地方政府债务要实行规模控制，严格限定政府举债程序和资金用途，把地方政府债务分门别类纳入全口径预算管理，实现"借、用、还"相统一。

在举债资金的使用方面，我国《预算法》要求地方政府举借的债务只能用于公益性资本支出，不得用于经常性支出，从各地的支出情况看，交通运输、市政等基础设施和能源建设等方面的投入占比相对较大，这有助于提升举债资金的使用效益。此外，在债务偿还方面，《预算法》要求地方政府举借的债务应当有偿还计划和稳定的偿还资金来源，国务院也相应规定了许多具体措施，以保障债务的偿还。为此，还需关注财政的承受能力问题[①]。地方政府举债权的行使只有与其财政承受能力相匹配，才能更好地防控风险，这与公私合作制（PPP）的情况也有类似之处。

举债权的行使是以政府的信用为前提的，因此，必须考虑偿还的风险。在对地方政府债务实现"借、用、还"的系统控制的基础上，建立地方

---

① 在经济法领域，市场主体在纳税方面的承受能力、社会公众在价格方面的承受能力、政府主体在财政方面的承受能力等各类"承受能力"，都是非常重要的，需要特别关注。

政府债务风险评估和预警机制、应急处置机制以及责任追究制度,无疑有助于防范和化解债务风险,因此,上述各类制度的建设也都亟待加强。

(五) 小结

环顾全球,债务危机的阴霾至今仍笼罩着欧洲诸国,对此,斯密早已作出了预言[①]。历史的经验一再表明,如果不对举债权进行切实有效的法律约束,则债务危机就可能近在眼前。

为了有效防控债务风险和债务危机,必须基于举债权作为宪法上的权力以及重要的财政权的性质,对其严格加以法定,同时,对于在法律上明确作出规定的举债权,还应依据宪法上的分权制衡框架,对各类举债权依法配置;各类法定主体均应依法正当行使其举债权,既不能滥用,也不能越权。上述各类主体举债权的行使,都需要有相关的制度保障,为此,国家既要从外部完善中央与地方的分税制,并切实转变政府职能,又要从内部加强举债制度的自身建设。

由于债务风险会影响政治安定、经济稳定和法律秩序,因此,在举债权的确立和行使过程中,始终贯穿着债务风险防控的考虑,并在制度设计上体现着政治性、经济性和法律性的统一。其中,从法律的角度看,面对突出的地方债务问题,必须进一步强调对举债权的法律约束,强调其依法正当行使。

此外,在举债权的行使过程中,"宪法制衡"的框架非常重要。各类主体日益复杂的举债权的配置和运行,都应当遵循宪法上的分权制衡的精神,以及具体的债务体制框架。针对实践中存在的突破现行法律规定的问题,必须通过完善相关制度予以解决,否则就可能会引发或加大债务风险。为此,各级人大应切实发挥其在全国的债务总额确定或本级政府债务额度审批方面的重要作用,真正发挥监督的功能,使政府举债权的行使切实受到应有的约束。这样,随着政府债务法治水平的不断提升,以及相关制度的系统性和协调性的增强,债务风险的防控才可能更为有效。

目前,我国存在着政府负债和企业负债"双高"的问题,过高的债务负担对经济、社会、政治、法律等各个方面都会产生重要影响。面对"债务国

[①] "巨额债务的增积过程,在欧洲各大国,差不多是一样的;目前各大国国民,都受此压迫,久而久之,说不定要因而破产。"参见〔英〕亚当·斯密:《国民财富的性质和原因的研究》(下卷),郭大力、王亚南译,商务印书馆 1974 年版,第 474 页。

家"时代存在的诸多问题,不仅要加强公债、预算、税收等财政法治的建设,还需要整体经济法层面的金融、产业、规划等方面的法治完善,以及基于政府职能转变所带来的相关体制的改革和宪法分权制衡的落实,这些都是我国未来相当长的时期需要着力解决的重大问题。

第六章 税法规制问题的典型探讨

法律的重要功用,是调整一定的社会关系,而这种关涉相关主体利益的调整,则是通过对相关权利的保护,对相关主体行为的规制来实现的。相应地,在财税法领域,对财税关系的调整,是通过对相关主体的合法的财权、税权的保护,以及对相关主体的财税行为的规制来实现的。

在财税法领域,通过相关的法律规制来保护相关主体的权利,尤其具有重要价值。为此,下面将着重从税法的角度,来探讨对相关主体的特定行为的规制,包括对一般主体的税收逃避行为、欠税行为的规制,对关联主体的内部市场行为的规制;此外,还将对营利性组织和非营利性组织的规制问题分别作简要探讨;在此基础上,对税法规制方面有共通性的博弈问题再作简要分析。

可见,本章对于税法规制问题的探讨,从规制客体的角度,主要是选取了税收逃避等几类有代表性的行为;而从受制主体的角度,则主要选取了营利性的组织(以金融业为代表)和非营利性组织(以第三部门为代表)。之所以如此,是因为这几个方面比较具有典型意义。此外,鉴于博弈问题普遍存在,且直接影响税法调整的实效,因而有必要在最后对税法规制问题进行总体上的博弈分析,这些分析有助于更好地理解整个财税法领域的相关问题。

一、对税收逃避行为的规制

各国的历史与现实一再表明,随着现代国家职能的扩张,广义政府的规模也在不断膨胀,对税收的内在需求也日益提高。因此,如何顺应经济与社会的发展,努力挖掘课税潜力,堵塞征管漏洞以防税收流失,已成为当今各国共同的目标。[①]

[①] 影响一国课税潜力的因素是多方面的,其中,法制的因素是一个重要的因素。我国近些年来海关收入大增,充分说明了海关税收潜力的巨大和严格执法的重要性。尽管如此,挖掘课税潜力还需要严格遵循法治原则,做到"取之有据,取之有道",切不可竭泽而渔。

第六章 税法规制问题的典型探讨

要防止税收的流失,就需要先分析和查寻导致流失的原因,以做到"未雨绸缪"或"亡羊补牢"。事实上,导致一国税收流失的原因是多方面的,如合法的税收优惠,违法的逃税、地下经济,被认为合法性不易确定而又大量存在的避税,等等,都是导致税收流失的重要原因。只有对这些原因进行缜密的分析,才能分别进行相应的税法规制。限于论题,下面不探讨税收优惠和地下经济问题,而是着重探讨影响较大的税收逃避问题。

税收逃避作为一个综合性的概念,是为了避免税法上的某些模糊概念的交叉使用而提出的(外国也有学者提出过类似的概念)。税法学不同于历史悠久的传统学科,其许多概念需要随着人们认识的深化而不断厘清、重新概括和界定。税收逃避就属于这样的概念。事实上,税收逃避问题历来都存在,它是关系到具体的税收征管、税法的实效,以及税法秩序的重要问题,因而在国内和国际两个层面都广受重视。

在税法理论或税收征管实践中,两个重要问题必须有效解决:一个是重复征税问题,一个是税收逃避问题。其中,重复征税问题对于纳税人的权益保护更加重要,而税收逃避问题则对于国家利益的保护,以及对全面实现税法的宗旨更加重要。由于税收逃避问题包罗甚广,而对其许多基本问题尚存诸多争论和模糊认识,因此,有必要提出对税收逃避的一般理解,并从税收逃避的各个基本类型中,揭示税收逃避行为的复杂性,在此基础上,才能有针对性地进行相应的税法规制。当然,对于税收逃避,还可以进一步探讨其影响因素,同时还可以对其进行规制的成本—效益分析,并提出税法的详细设计方案等[①],这些问题也都很重要,但限于篇幅,在此不作具体探讨。

(一) 对税收逃避的一般理解

所谓税收逃避,是相关主体通过采取一系列的手段,逃脱已成立的纳税义务,或者避免纳税义务成立,从而减轻或免除税负的各类行为的总称。由于税收逃避行为会直接影响国家的税收收入,同时,又会减轻相关主体的税收负担,因而是各类税法主体都非常关注的一类行为。

---

① 相关主体从事税收逃避行为的影响因素是多方面的,由于各类影响因素的治理成本不同,规制税收逃避的综合效益也不同,因此,对于税收逃避行为的"规制弹性"亦应有所体现,这直接关系到税法的具体设计。但这方面的综合性研究尚显不足。关于规制逃税的政策问题,可参见〔美〕杰克逊主编:《公共部门经济学前沿问题》,郭庆旺等译,中国税务出版社2000年版,第102—112页。

税收逃避,与相关主体的纳税义务直接相关。由于税收是私法主体的一种负担,因此,各类市场主体或其他相关主体,从自身的利益出发,都希望税负尽可能低,从而使其税后的收益最高。因此,对于各类纳税主体来说,实际上都普遍地存在着降低自己税负的动机,这是任何一个理性的"经济人"都会存在的一种利益驱动,从经济意义上说,这是无可厚非的。

依据课税要素理论,纳税义务是否成立,取决于相关主体的行为和事实是否满足税法规定的课税要素。只有在满足课税要素的情况下,相关主体才负有纳税义务,从而才能成为具体的纳税人,才需要依法去履行具体的纳税义务。① 可见,纳税义务的成立要件是法定的,而纳税义务的数量,也是需要依法进行量化的。纳税人要降低自己的税负,就必须改变那些影响税负的课税要素,或者使自己的行为/事实不符合课税要素。

对于上述影响课税要素的行为,在税法上的评价是,主体的行为可以影响课税要素,但前提是必须合乎法律的规定、合乎税法的原则和宗旨。由于纳税人有依法降低自己税负的权利,因此,通过影响课税要素来降低税负是符合经济性原则的;但该降低税负的权利只能依法行使,尤其要符合税法的宗旨和基本原则。可见,对依法降低税负的纳税人权利同样不能滥用。这对于理解税收逃避问题非常重要。

在上述税收逃避的定义中,并未具体指出相关主体逃脱纳税义务或者避免纳税义务发生的行为的合法性,以及税收逃避的具体手段、方式等问题,从而也并未说明相关主体行为的合法性问题,而只是强调这一类行为的总称。由于上述问题很复杂,并非单一性质的问题,在一个定义中难以作出直接的、简练的概括,因而需要在下面通过具体的分类和相关概念的比较来揭示和说明。

(二) 税收逃避行为的复杂性

由于税收逃避是一个综合的范畴,是一个包含了多种具体行为类型的上位概念,因而税收逃避行为具有突出的复杂性,需要通过多维度的界分,才能够逐渐将其理清。为此,下面有必要通过税收逃避行为的各种不同类型,来揭示税收逃避行为的复杂性的一面。

税收逃避行为,通常可以分为以下几类,即逃脱行为和避免行为、合法的税收逃避和违法的税收逃避、国内税收逃避和国际税收逃避、逃税行

---

① 参见张守文:《略论纳税主体的纳税义务》,载《税务研究》2000年第8期。

第六章 税法规制问题的典型探讨

为和避税行为等。这些分类本身就已经说明了税收逃避行为的复杂性。

1. 从行为的目的看税收逃避的复杂性

行为的目的对于行为的性质具有直接的影响,因而也是法律归责的重要考量因素。根据前述税收逃避的定义,可以依行为的目的,将税收逃避行为分为逃脱行为和避免行为。其中,逃脱行为,就是为了逃脱全部或部分纳税义务而采取的各种欺骗性行为;而避免行为,则是为了避免纳税义务成立而采取的各种正当的和不正当的行为。

上述两类行为的目的不同,而且发生的具体情形也不同。逃脱行为是在相关主体的行为或事实满足课税要素,因而抽象的纳税义务已经成立的情况下,为了逃脱该义务,而制造假象,企图使人误以为其纳税义务没有成立的行为。而避免行为则与之不同,它是通过采取一系列的行为,使行为人的相关行为或事实不能满足或不能充分满足法定的课税要素,从而使纳税义务不能成立,进而不承担相应的纳税义务的行为。由于两类行为的目的各异,因此,在进行具体的税法规制时,也要区别对待。

2. 从行为的合法性看税收逃避的复杂性

行为的合法性会直接影响到法律上的评价,从而会直接影响行为的效果和相关主体的利益得失。依据税收逃避行为的合法性,可以将税收逃避行为分为合法的税收逃避和违法的税收逃避。在各类税收逃避行为中,相关主体所从事的正当的、符合税法宗旨的不违反税法规定的行为,是合法的税收逃避;相关主体从事的不正当或欺诈性的、违反税法宗旨的不合乎税法规定的行为,是违法的税收逃避。

确定税收逃避的合法与违法,不仅在理论上十分重要,而且在实践中尤其有重要意义,它涉及对相关主体义务的认定,以及税法对其行为是否作出肯定的评价等问题,直接关系到各类主体的具体利益。

3. 从行为发生的地域看税收逃避的复杂性

行为发生的地域不同,直接影响管辖问题,甚至会带来主权方面的问题;行为发生的地域不同,对于合法性的认定等也可能会有所不同。依据税收逃避行为发生的地域的不同,税收逃避可以分为国内税收逃避和国际税收逃避。凡是税收逃避行为发生在一国境内的,即为国内税收逃避;凡是税收逃避行为的发生超越一国国境的,即为国际税收逃避。作出上述分类,有助于进一步认识税收逃避行为的主体、客体的地域分布,也有助于确定税收利益的变动空间和在哪些主体之间发生转移,对于认识税收逃避的具体方式及应采取的规制措施,也有帮助。

需要注意的是,实施国内税收逃避的主体未必都是该国的居民,实施国际税收逃避的主体也未必都是外国的居民。也就是说,两类税收逃避的划分标准并不是主体的国籍,而是逃避行为所涉及的空间范围。

4. 从双重标准看税收逃避的复杂性

从上述依据单一标准所作出的一些分类,已经可以窥见税收逃避行为的复杂性,如果把上述标准进行组合叠加,把单一标准转化为双重标准,就更能够进一步说明税收逃避行为的复杂性。

例如,依据税收逃避行为的目的和合法性双重标准,可以把税收逃避行为大略分为逃税行为和避税行为。这是非常重要、非常普遍的一种分类。其中,逃税行为,或称偷税行为、税收偷逃行为,是为了逃脱已成立的纳税义务,不缴或少缴应纳税款,而采取的各种欺诈性的行为,它具有突出的违法性;而避税行为,或称税收规避行为,则是为了规避税法,避免纳税义务成立,而采取的各种正当的和不正当的行为。

上述的避税行为较为复杂,对于其是否合法,无论在国内还是在国外,在理论界还是实务界,一直都存在不同的认识,从而对于相关的法制建设也会产生不同的影响。其实,对于避税行为的合法性,确实不能一概而论,而是需要区别对待。

为了说明避税行为的合法性及其具体内涵,可以把上述的避税行为称为广义的避税行为,而后再把它分为狭义的避税行为(tax avoidance)和节税行为。这两类避税行为在性质上是不同的,需要作具体的分析。

所谓狭义的避税行为,是指相关主体为了降低或免除税负,利用税法规定的罅漏而实施的避免纳税义务成立的各种行为。狭义的避税行为与上述的逃税行为不同,它不具有直接的违法性,并不违反税法的直接规定,因而也有人认为它是不违法的甚至是合法的。应当说,狭义的避税行为在形式上确实不违反税法的直接规定,因为它只是利用了税法上的罅漏,但如果从税法上有关加强征管、堵塞漏洞等立法宗旨考虑,则该罅漏恰恰是需要补充的,因此,这种狭义的避税行为实际上是违反税法宗旨的,正是在这个意义上,有许多学者认为,它同样是具有违法性的。

所谓节税行为,是指相关主体为降低或免除税负,依法作出的符合税法宗旨的各类避免纳税义务成立的行为。节税行为的直接效果是使纳税数额得到节减,从而使总体税负得到降低或免除。与狭义的避税行为不同,节税行为不是利用税法上的漏洞去实现税款节省的效果,而是有意不去从事那些导致纳税义务发生的行为;它不仅在形式上合法,而且在实质

第六章　税法规制问题的典型探讨

上也与税法的宗旨相一致,甚至还是国家鼓励的行为,因此,它还具有实质上的合法性。

可见,税收逃避行为确实较为复杂,不仅可以分为逃税行为与避税行为,还可进一步分为逃税、避税(狭义)与节税三种行为,通常在对这三种行为进行比较时,人们对于合法性的问题更加关注。为此,学者一般认为,逃税行为是违法行为;狭义的避税行为是形式上合法,但实质上不合法的行为,也有人称其为形式合法但不合理的行为;节税行为是形式上合法,实质上也合法的行为,也有人称其为既合理又合法的行为。

此外,由于狭义的避税行为、节税行为的合法性,与是否违反税法的宗旨,是否违反国家在经济上对于相关主体的行为的预期等有关,因此,狭义的避税行为因其违反税法的宗旨,有时被称为"逆法避税";而节税行为则因其符合税法的宗旨,有时被称为"顺法避税"。[①] 这些具体的分类及对各类行为的具体性质的认识,有助于加深对税收逃避概念的理解。

(三)在比较中把握税收逃避行为

如前所述,在财税法领域,由于诸多原因,有些概念的使用较为混乱,这种情况在税收逃避之类的概念使用上也存在,因而有必要将容易混淆的概念相比较,这有助于更全面地认识和把握税收逃避行为,也有助于更有针对性地对税收逃避行为进行规制。

1. 税收逃避与税收遁脱的比较

美国著名学者塞利格曼认为,税收遁脱(tax escape)是指纳税人实际并没有负担税收的一部或全部的现象,具体包括给政府带来收入的税负转嫁行为,以及不给政府带来收入的各种税收逃避行为。[②] 显然,税收逃避与税收遁脱是不同的,税收逃避的概念,更多地关注相关主体逃避行为的目的及其合法性,而税收遁脱的概念,则更多地关注政府的收入及其对税收收入的影响或可控性。如果说税收遁脱的概念更关注税收的经济意义,则税收逃避的概念更关注法律对税收活动的规制。

此外,由于税收逃避行为都是使政府收入减少的行为,而这些行为不过是税收遁脱的体现,因此,税收遁脱的概念要大于税收逃避的概念。

[①] 参见王传纶、朱青编著:《国际税收》(修订版),中国人民大学出版社1997年版,第104—105页。

[②] 参见〔日〕井手文雄:《日本现代财政学》,陈秉良译,中国财政经济出版社1990年版。

2. 税收逃避与税收违法的比较

税收违法行为，或称税收脱法行为，与税收逃避行为联系十分密切，因为在税收逃避行为中，存在着大量的税收违法行为。但是，两者之间只是一种交叉关系。因为税收违法行为中也有一些不属于这里的税收逃避行为。例如，从主体来看，税收违法的主体不仅可以是纳税人，还可以是扣缴义务人等相关义务人、征税机关及其工作人员等各类主体；而税收逃避行为的主体则主要是已经发生了纳税义务或可能发生纳税义务的相关主体。

又如，从行为性质来看，在税收逃避行为中，虽然有许多属于违法行为，但也有合法行为，还可能有较为模糊的非合法行为；而税收违法行为则均为违法行为。此外，从行为方式来看，由于税收违法行为的主体更加多样，因而方式也更加复杂，其中的某些行为是税收逃避行为所不能包含的。

3. 逃税与偷税的比较

在税收逃避行为中，逃税行为是影响很大的一类行为。一般认为，逃税（tax evasion）作为一个外语语词的直译，与我国税法上所称的"偷税"并无实质区别。如前所述，逃税通常是指纳税人采取虚报、隐瞒、伪造等非法手段来向征税机关实施欺诈，以达到减轻或免除纳税义务的目的的各种行为。为此，它又被称为"税收欺诈"（tax fraud）。而依据我国税法的规定，偷税是纳税人伪造、变造、隐匿、擅自销毁账簿、记账凭证，在账簿上多列支出或者不列、少列收入，或者经税务机关通知申报而拒不申报或者进行虚假的纳税申报，不缴或者少缴应纳税款的行为。[①] 可见，通常的逃税概念与我国的偷税概念基本上是一致的[②]。

此外，我国过去在税法上曾有偷税行为和漏税行为之分，这是依纳税人是否存在故意或过失所作的区分，有时也合称偷漏税。由于纳税人的主观过失不易界定，因而在税法上已不再适用漏税的概念，从而使同样强调违法的主观故意的偷税与逃税这两个概念更加可以一致起来。

---

① 参见我国《税收征收管理法》第63条。
② 我国《刑法修正案（七）》专门对逃避缴纳税款罪（简称逃税罪）作出规定：纳税人采取欺骗、隐瞒手段进行虚假纳税申报或者不申报，逃避缴纳税款数额较大并且占应纳税额10%以上的，处3年以下有期徒刑或者拘役，并处罚金；数额巨大并且占应纳税额30%以上的，处3年以上7年以下有期徒刑，并处罚金。

第六章 税法规制问题的典型探讨

4. 节税与税收筹划的比较

节税(tax savings)与税收筹划(tax planning)往往是被互换使用的概念。所谓税收筹划,通常是指通过依法事先作出筹划和安排,来尽可能取得更多的税收利益的行为。在把税收筹划的特点概括为筹划性、目的性和合法性的情况下,税收筹划一般被认为与节税并无实质差别。

此外,也有人认为,应当把税收筹划与节税区分开来。从广义上说,税收筹划是更大的概念,它可以采取节税手段,但也可以采取其他手段。无论是采取哪种意在少纳税或不纳税的手段,实际上都需要作出筹划。因此,从广义上说,各种税收逃避行为都需要事先作出理性的安排,都属于税收筹划。[①] 但是,在通常情况下,各国政府所认同的税收筹划,都是鼓励合法节税的税收筹划,而不是狭义的避税或逃税的筹划,从而使各国鼓励的税收筹划可以与节税一致起来。

(四) 税收逃避是否属于纳税人权利

相关主体是否有权利进行税收逃避,对于纳税人的逃避行为是否一律要加以禁止?这涉及对纳税人权利的认识问题,也涉及对税收逃避行为如何进行有区别的规制的问题。如前所述,纳税人享有依法降低自己税负的权利,没有超过法定标准多纳税的义务。对此,在一些著名的判例和判决中,早就作出了比较明确的回答。

例如,美国著名的汉德法官曾指出:人们通过安排自己的活动来达到降低税负的目的,是无可非议的。无论他是富翁还是穷人,都可以这样做,并且,这完全是正当的。任何人都无须超过法律的规定来承担税负。税收不是靠自愿捐献,而是靠强制课征,不能以道德的名义来要求税收。此外,英国议员汤姆林也曾针对"税务局长诉温斯特大公"一案指出:任何人都有权安排自己的事业,以依据法律获得少缴税款的待遇,不能强迫他多纳税。[②]

上述著名的法官和议员的观点都说明,人们可以为了节税,对自己的活动事先作出安排,以实现依法降低或免除税负的目标。

可见,从纳税人权利的角度说,纳税人有权依法进行税收筹划,国家不能用道德的名义劝说纳税人选择高税负,纳税人有权作出缴纳低税负

---

① 参见葛惟熹主编:《国际税收学》,中国财政经济出版社1999年版,第188、212页。
② 参见唐腾翔、唐向:《税收筹划》,中国财政经济出版社1994年版,第13—14页。

的决策。对于税收筹划行为,税法的规制方式应当是积极地鼓励和促进。但是,相关主体如果违法逃避税收负担,则是税法所不允许的,在税法规制的方式上,就应当是消极地限制和禁止。因此,在税收逃避的问题上,在把税收逃避分为合法逃避与违法逃避的情况下,对于合法的税收逃避行为,要充分考虑纳税人的权利,允许其从事意在节税的税收筹划;对于违法的税收逃避,则应要求纳税人必须依法履行纳税义务,同时应对税法的罅漏及时采取弥补措施。这样,才能体现出税法规制方面的区别对待的精神。

(五)从行为方式看税收逃避

税收逃避作为规制受体的一类行为,其具体的行为方式如何,很值得研究。通过研究税收逃避的行为方式,有助于进一步认识税收逃避的合理性、合法性、正当性的问题,从而能够更好地区分相关主体的经济意愿与国家的立法考虑之间存在的差异,为有效地规制税收逃避行为提供重要的前提。

在税收逃避行为的诸多分类中,逃税、避税(狭义)与节税的分类是比较重要和有代表性的,因为它把税收逃避的目的性标准和合法性标准结合在了一起。为此,在研究税收逃避的方式方面,也有必要以这种分类为基础,分别探讨税收逃避的具体方式。

在上述三种税收逃避的方式中,逃税的方式主要是用各种虚假的现象掩盖其纳税义务成立的真实本质,因而其具体的方法主要是采取隐瞒、伪造、虚报等欺诈性的手段。避税的方式主要是寻找和利用税法上的漏洞,使相关的行为或事实恰好在税法调整的空白区域,从而避免纳税义务的直接成立。节税的方式主要是用各种合法的手段,通过事先系统地作出安排,利用纳税义务的成立相对于经济活动的滞后性,来依法降低实际税负或推迟纳税时间,实现获取税收优惠的节税效果。上述方式对于国内税收逃避和国际税收逃避一般都是适用的。

由于各类税收逃避的方式甚为复杂,实施的领域、范围和影响都不尽相同,且逃税行为和节税行为的基本方式相对较为清晰,因此,人们对影响较大且不易辨别的避税行为的基本方式研究较多。其实,国内避税和国际避税的基本方式大略是相同的。只不过由于国际避税涉及不同的税收管辖权和不同的税制,且实施的范围更加广阔,因而在方式上比国内避税可能更加多样化。

第六章　税法规制问题的典型探讨

由于各国只是对符合课税要素的跨国纳税人才征税,因此,只要改变课税要素中的纳税主体、征税客体要素,就可以实现避税。事实上,国际避税的主要方式就是以变更居民身份为主的主体转移方式、以转让定价为主的客体转移方式①,以及作为两种方式的结合的避税地方式。对此已有许多学者进行过探讨。

在开放条件下,国内避税与国际避税的方式越来越类似。在一个主权国家内部存在不同的税收管辖区,或者存在不同"税境"的情况下,由于其基本格局与国际格局类似,即都存在高低不同的税负区,都存在着不同级次和/或类型的税收管辖权,因而避税活动同样会在"高税区"与"低税区"之间展开。这些国内避税的问题在我国已经存在,对其进行深入研究是非常必要的。

对于税收逃避的行为方式的把握,为进行具体的税法规制提供了重要的前提。事实上,税收逃避行为的性质各不相同,情况复杂,只有全面把握相关主体的行为目的、方式,才可能有效地实施具体的税法规制。

(六) 对税收逃避行为的具体规制

对于税收逃避行为,各国都非常注意依据具体情况,通过税法进行规制。但对于不同类型的税收逃避行为,各国在税法上的规定也不尽相同。这既与各类税收逃避行为本身的差异有关,也是税法规制性的体现。②

对各类税收逃避行为的规制,体现了税法对这些行为的态度和评价。一般说来,逃税行为因其本身具有非常突出的违法性,因而各国都对其严加禁止。各类逃税行为,轻则构成违法,重则构成犯罪,因而对逃税行为的处罚,始终是税法、刑法等法律中有关涉税处罚规定的重要内容。

此外,节税行为因其本身具有突出的合法性、顺法性,或者说与税法宗旨或立法目的存在着一致性,因而是各国在税法上都加以鼓励的。对

---

① 针对日益普遍、复杂的转让定价行为,美国率先确定了转让定价制度。各国有关转让定价的立法越来越多。例如,英国、加拿大都于1997年推出了转让定价的新法规;韩国于1995年开始施行《税收国际协调法》,对转让定价、避税港等问题作出专门的规定;墨西哥、印度、保加利亚、南非等国,也都增加了有关国际税收管理的法规。此外,经合组织等一些重要的国际组织也非常注意在相关的法律文件或范本中不断完善转让定价税制,以更有效地规制复杂的转让定价行为。

② 税法有两个最基本的特征,即经济性和规制性,这也是经济法共有的基本特征。参见张守文:《税法原理》(第六版),北京大学出版社2012年版,第37—38页;张守文:《经济法原理》,北京大学出版社2013年版,第78—82页。

于逃税行为的禁止与对节税行为的鼓励,恰好构成税法规制性的两个方面。

在上述两类行为之间,是处于过渡地带的避税行为。由于狭义的避税行为虽然在形式上不违反税法的规定,但在实质上有悖于税法的宗旨,因此,一般认为它是非合法的行为。避税行为虽然不会像逃税行为那样受到直接处罚,但可能存在税额调整并补足税款的问题;同时,也不会像节税行为那样受到鼓励。由于避税行为毕竟使国家的税收利益受到损失,因此,国家必须通过立法等途径,来弥补税法罅漏,从而做到亡羊补牢,避免再为避税者不当利用。

1. 各国在税法规制方面的通行做法

各国对税收逃避行为的规制必须依法进行,通常,人们比较关注两个方面,即单边立法规制和国际协调规制。

税收逃避的单边规制,是一国通过单方面的税收立法所进行的规制。单边规制的立法,主要体现为两个方面,即制定专门规制税收逃避的条款,以及强化纳税人义务。① 各国税法中规制税收逃避的条款,可以分为两类,即一般条款和个别条款。所谓个别条款,就是在某些相关税法中规定的旨在解决个别税收逃避问题的条款;而一般条款则是在税法中作出总体规定的适用于规制各类税收逃避行为的条款。由于个别条款存在一定的缺点,因此一些国家在税法中着重规定了一般条款或称概括条款,其中最为著名的是德国《税法通则》的规定。

根据德国《税法通则》第42条规定,任何主体均不得滥用法律事实的形成自由而规避税法的适用,不得滥用私法的形式及其形成可能性来逃避或减轻纳税义务,否则应依据与其经济活动相当的法律事实,予以适当调整后再对其征税。该条规定尤其强调,规避税法行为的实质,是滥用了税法以外的其他法律(主要是私法)赋予相关主体的法律事实的形成权,特别是滥用了契约自由的原则。此外,税法上所要规制的,是相关主体用私法允许的形式(如合同形式)来掩盖影响税负的经济事实的情况,强调对于滥用私法权利进行税收逃避的主体,必须依据实质课税原则,对其进行征税,同时,还应依法对其进行处罚。②

---

① 参见葛惟熹主编:《国际税收学》,中国财政经济出版社1994年版,第307—310页。
② 参见葛克昌:《税法基本问题》,台湾月旦出版公司1996年版,第22—30页;〔日〕金子宏:《日本税法原理》,刘多田等译,中国财政经济出版社1989年版,第81—82页。

第六章　税法规制问题的典型探讨

此外,为了加强对税收逃避行为的规制,一些国家还在税收立法和相关判例中进一步强化了纳税人的义务。这些义务主要体现为:第一,纳税人负有延伸提供税收信息的义务,特别是要向居民国提供其在国外从事经营活动的情况。第二,纳税人对某些交易行为有事先征得征税机关同意的义务,否则就要受到惩处。① 第三,纳税人在国际避税案件中负有证明义务,即实行"举证责任倒置"原则。②

除了上述的单边立法规制方式以外,通过国际协调方式来规制税收逃避行为也日益重要。国际协调规制,无论是双边方式还是多边方式,都主要体现为在税收协定中制定相应地规制税收逃避的条款,特别是反避税条款。

事实上,相关国家签订税收协定的一个重要目的以及税收协定本身应有的重要作用,就是防止税收逃避。正因如此,许多税收协定的名称中,就有"防止偷漏税"的字样。在这些税收协定中,一般都规定各国要注意交换国际偷漏税的情报,且情报的交换并不局限于缔约国双方的居民,必要时也可以涉及第三国的居民,并允许缔约国将收到的情报用于法院诉讼。当然相关国家同时也要尽到对情报保密的义务,尤其不得要求对方缔约国提供泄露跨国纳税人商业秘密的资料,以及违反相关法律和公共利益的情报。

值得注意的是,近些年来,国际税收协调规制进一步加强,尤其是《多边税收征管互助公约》的签署和实施,具有非常重要的意义。作为一项旨在通过开展国际税收征管协作,打击跨境逃避税行为,维护公平税收秩序的多边条约,该《公约》自1988年由经合组织(OECD)与欧洲委员会共同发起并向成员方开放签署,1995年4月1日生效。2010年5月,经合组织与欧洲委员会响应二十国集团号召,按照税收情报交换的国际标准,通过议定书形式对《多边税收征管互助公约》进行了修订,并向全球所有国家开放,该《公约》修订后,于2011年6月1日生效。

中国政府于2013年8月27日签署了《多边税收征管互助公约》,成

---

① 例如,英国税法就规定,法人将住所迁往境外,或者将国内资产转移到由其支配的外国子公司名下,必须事先报经财政部同意,否则就要对其予以处罚,这对于防止税收逃避无疑是很有力的一项措施。

② 例如,比利时所得税法规定,除非纳税人能够提供相反的证据,否则,纳税人向纳税地支付的费用即被认为是虚假的,因而不能从应税利润中扣除。这种义务的规定,对于有效地规制税收逃避行为,有一定的积极意义。

为该公约的第 56 个签约方。自此,二十国集团成员全部加入了该《公约》。我国的全国人大常委会已于 2015 年 7 月 1 日作出批准加入该《公约》的决定。

2. 我国对税收逃避行为的规制

随着我国的开放和经济的迅速发展,税收逃避问题也日益突出,对其进行税法规制非常重要。为此,我国也非常注意对其进行单边规制和国际协调规制。

在国际协调规制方面,我国已经同一百多个国家和地区签订了"避免双重征税和防止偷漏税"之类的税收协定,这对于解决国际税收逃避问题是非常重要的。此外,我国还通过单边的税收立法,规定了许多旨在解决税收逃避问题的个别条款。例如,在一系列商品税立法中规定,在某些可能存在税收逃避的情况下,征税机关享有从高适用税率权、应纳税额的核定权或确定权。[①] 又如,在各类企业所得税立法以及税收征管法中,征税机关对于关联企业的应税所得额享有合理调整权。[②] 此外,诸如《个人所得税法》中的"临时离境制度",《刑法》和《税收征收管理法》等重要法律中有关偷税等涉税犯罪,以及违反税收征管制度的违法行为的规定,也都是规制税收逃避制度的重要组成部分。

在诸多的规制税收逃避的制度中,有关规制关联企业转让定价行为的制度是最为健全的。我国不仅在相关法律中有相关的反避税条款,而且国家税务总局还于 1992 年发布了专门的《关联企业间业务往来税务管理实施办法》。此后,随着反避税的经验的逐步积累,国家税务总局又于 1998 年正式颁布了《关联企业间业务往来税务管理规程》,2009 年又发布了《特别纳税调整实施办法(试行)》,从而确立了我国较为系统的转让定价税制,为有效地规制国内或国际的税收逃避行为,提供了重要的制度保障。

此外,在我国转让定价税制的完善过程中,还应加强国际合作。在经济全球化的背景下,由于各国和地区(各个税收管辖区)存在着税法差异和规则错配,跨国纳税人便利用相关国家和地区之间存在的征管漏洞,进

[①] 参见我国《增值税暂行条例》第 3 条、第 7 条,《消费税暂行条例》第 3 条、第 10 条,以及《进出口关税条例》第 17 条。

[②] 参见我国《企业所得税法》第 41 条、第 44 条、第 47 条,以及《税收征收管理法》第 24 条等。

第六章 税法规制问题的典型探讨

行税收逃避,由此形成了广受关注的"税基侵蚀与利润转移"(BEPS,Base Erosion and Profit Shifting)问题。

产生 BEPS 问题的原因主要有三种:第一,各国独立行使税收管辖权,造成各国国内税制不匹配。第二,国际税收规则不健全。随着数字经济和现代科技的发展,原来普遍适用的征税原则和方法已不能完全适用;第三,国际税收合作机制缺失,如情报交换和征管互助机制没有有效实施等。针对上述问题,2012 年 6 月,二十国集团(G20)财长和央行行长会议同意通过国际合作应对 BEPS 问题。2013 年,G20 领导人在圣彼得堡峰会上委托经合组织(OECD)启动实施 BEPS 项目,以通过修改国际税收规则,遏制跨国企业规避全球纳税义务、侵蚀各国税基的行为。

2013 年 7 月,OECD 发布了《关于税基侵蚀和利润转移的行动计划》,该《行动计划》强调,BEPS 破坏了税制的整体性,对政府、普通纳税人和企业都造成了损害,因此,必须针对 BEPS 问题采取联合行动,加强国际税收合作,在转让定价、防止协定滥用、弥合国内法漏洞、应对数字经济挑战等一系列基本税收规则和管理制度方面达成共识,并在此基础上重构国际税收规则,这尤其有助于避免因各国采取单边行动造成对跨国公司的双重征税、双重不征税以及对国际经济复苏的伤害。

为了严厉打击国际逃避税,我国以 OECD 合作伙伴的身份,深入参与了《关于税基侵蚀和利润转移的行动计划》,同时,我国在制定《特别纳税调整实施办法(试行)》的过程中,也全面吸收了 OECD 有关 BEPS 的研究成果。这对于更好地解决税收逃避的规制难题,亦将发挥重要作用。

另外,在我国强调税收法定这一基本原则的同时,也应针对我国税收逃避现象普遍存在的现实,注意运用"实质课税原则",使之成为"形式课税原则"的必要补充,在税法上全面确立"税收逃避行为的否认制度",这对于保障守法纳税人和国家的税收利益都很有必要。

(七) 小结

税收逃避行为的税法规制问题,是税法理论和实践方面的一个重要问题,而且是世界各国共同面临的问题。前面只是对有关税收逃避的税法规制所涉及的一些基本问题略作探讨,许多方面还需要作进一步的深入研究。由于税收逃避同纳税人的义务与权利、同国家的税收利益等均密切相关,因而学界和实务部门若能对其深入研究,则无疑有助于保障各类主体的合法权益,实现税收的职能和税法的宗旨。

二、对欠税行为的税法规制

除了税收逃避行为以外,对于欠税行为如何进行税法规制,也是日益引起广泛重视的问题。对欠税行为进行税法规制,就是要"反欠税",此类规制同样要依法进行,这就需要加强反欠税方面的具体税法制度建设。此外,有关规范欠税行为的规定,一直散见于相关的财税法制度以及其他制度中,也需要加以整合。为此,下面就着重从加强对欠税行为进行税法规制的角度,来探讨我国反欠税制度的整合问题。

(一)问题的提出

经济和社会发展水平,特别是税法意识与税收征管能力,不仅是决定一国能否依法有效征税的重要因素,而且同样也是反向影响欠税规模的主要原因。与此相关,近些年来,受经济环境变动、税法意识淡薄以及征管乏力等多种因素的影响,我国的欠税规模一直居高不下,并已引起了广泛的重视。[①] 由于欠税是影响政府及时获取收入的极为重要的负面因素,而对及时、稳定的税收收入的"渴求"又是各国政府的共性,因此,如何尽量压缩欠税规模,开源节流,增收补漏,便是各国政府共同面临的问题。

要有效地规制欠税行为,解决欠税问题,相应的制度建设往往被认为不可或缺。从我国的现实来看,在经济全球化等因素的影响之下,"反避税"制度等已经受到了一定的重视,但是,在规制欠税行为方面,尚未提出建立完善的"反欠税"制度的构想。这是对一个重要问题的忽视。事实上,与税收的基本职能相一致,征税机关首要的基本任务,就是"征税",而反欠税,实际就是征税这一"工作核心"的反向体现。因此,如同反偷税、反避税、反骗税等制度一样,建立规制欠税行为的反欠税制度,同样非常重要。

从税收立法的角度来看,我国已经有了一些规制欠税行为的具体制度,并且,在《税收征收管理法》修改后又有了进一步的强化和增加。只是

[①] 我国缺少关于欠税规模的准确统计数字,"欠税规模很大""前清后欠,一欠再欠"是一个基本的估计。为此,国家有关部门一再强调并写入预算报告中的"加强征管,堵塞漏洞,惩治腐败,清缴欠税",已在全国人大会议上得到通过。此外,国务院及其有关职能部门亦曾多次专门下达关于清理欠税的"通知"。这说明欠税问题已引起了广泛关注。

第六章　税法规制问题的典型探讨

这些制度还较为零散,人们对其内在联系尚认识不足,因而对各类反欠税制度还缺少系统化或应有的整合,并由此影响了制度的整体绩效,也影响了"依法治税"目标的全面实现。

基于上述问题,应当考虑把现存的各类旨在规制欠税行为的制度加以整合,使相关制度融为一体,以发挥反欠税制度的整体效益。而要进行制度整合,就需要先明确反欠税制度的建立基础或设计理念,然后再从应然与实然相结合的角度,分析反欠税制度的构成,以及现存制度的缺失,以使反欠税制度更加完善。有鉴于此,下面将着重探讨反欠税制度整合的三个基本问题,即整合基础问题、总体制度的基本构成问题、现行制度的完善问题,以力求从理论上和制度建设上来说明反欠税制度整合方面的主要问题。

(二) 反欠税制度的整合基础

要对现有的各类反欠税制度进行整合,需要有其前提或基础,需要有总体上的设计或考虑。整合并不是把各类不相干的制度鱼龙混杂地"拼盘",也并非不加区分地都实行"拿来主义",而是要围绕欠税的性质和反欠税的需要而有所取舍。因此,必须首先明确何谓欠税,其性质、特点如何,等等,这些基本认识,恰恰是反欠税制度整合的基础,并为制度整合提供了原则和方向。

从法学的角度来看,欠税,作为纳税人欠缴税款的行为,其法律实质是在法定或约定的期限内未能及时足额履行纳税义务,亦即未能及时足额履行税收债务的行为。[①] 是否构成欠税,主要应看两个因素,一个是期限,一个是数额。由于期限(或称纳税期限)是衡量纳税义务是否依法履行的时间界限,因此,它是关系到欠税行为是否成立的要素。从制度实践来看,为了保障国家税收收入的及时和均衡,各国税法通常要求纳税人缴纳税款不得超过纳税期限,否则即构成欠税,这使得纳税期限甚至成为税法上具有普遍意义的、重要的程序法要素。[②] 此外,仅有期限的要素还不够,如果纳税主体在规定期限内只是部分地履行了纳税义务,则其行为也

[①] 对于税收义务的债务性质的探讨,可参见张守文:《略论纳税主体的纳税义务》,载《税务研究》2000年第8期。

[②] 有关纳税期限的规定,是各国税法的一般构成要素中的程序法要素,因而在各国税法中对于保障实体税收债权的实现都较为重要。参见张守文:《税法原理》(第六版),北京大学出版社2012年版,第46—51页。

构成欠税。因此,只有在期限和数额上均无欠缺或瑕疵,才不算欠税。当然,作为例外,诸如征税机关依法作出的延长纳税期限或缓税,以及税收减免等行为,因其涉及对纳税期限和纳税数额的据实调整,具有合法性和合理性,因而虽然纳税人在形式上未按原定期限或数额纳税,但该行为仍不构成欠税,这些"除外适用"的配套制度,使反欠税制度至少在设计上避免了"纯粹形式化"带来的对实质正义缺乏关照的弊端。①

此外,欠税行为既然是纳税人未及时足额履行纳税义务或称税收债务的行为,因而其性质是较为明晰的。但在纳税人税法意识较为淡薄的情况下,对其性质不可能有充分的认识,这也是导致税收征管困难的重要原因。事实上,从合法性上来说,欠税行为至少是一般违法行为,是未能有效履行税法规定的纳税义务的行为;在具备法定要件(如严重妨碍追缴欠税)的情况下,其性质还可能转化为犯罪行为。② 因此,对欠税不可小视,不应任欠税之风四处蔓延并形成法不责众之势。特别是在中国企业界,或者说在从事生产、经营的纳税人中间普遍存在的"欠税有理,欠税有利"的认识和风气③,已经贻害甚烈,如不能从相关的企业制度、金融制度等方面与税收制度协调配套地予以解决,就会严重影响税法的实效。

对于上述欠税行为的违法性,可以从不同的角度来分析。其中,从语义分析的角度来看,欠税毕竟是一种"欠",而有"欠"就要有"还",从而体现为一种债权债务关系;同时,由于欠税所欠的不是一般的资财,而是国家的"税",是一种公法上的金钱给付,因而对所欠税款的偿还,又不同于私法上的债务(或称私债)的清偿。可见,通过对"欠税"一词进行语义分析,同样可以揭示欠税关系(即欠税者与征税者之间的关系)所具有的"公法上的债权债务关系"的特点,这与通常对税收法律关系性质的认识是一

---

① 关于实质正义和形式正义等问题,许多重要学者都曾作过研究。可参见〔美〕波斯纳:《法理学问题》,苏力译,中国政法大学出版社1994年版,第393页以下,等等。

② 在这个方面,人们的认识还未尽一致,还有人认为妨碍(也有人称逃避)追缴欠税的行为才是真正的欠税行为。但是,通常,应当对欠税行为作广义的理解。对于妨碍追缴欠税的行为,我国《税收征收管理法》有专门的追究责任的规定。

③ 对于我国形成大面积欠税的原因,许多著述都曾经有过多角度的分析,其中,纳税意识淡薄,普遍存在的"欠税有理,欠税有利"的观念等主观因素,是导致欠税形成的较为公认的原因之一。特别是国有企业,往往认为企业和税收都是国家的,因此欠税也是自己欠自己的,在经济效益不好的情况下,国家提供税收优惠或自己欠一些税款,都是应该的、有理的;此外,由于制度设计和执法不严等多方面的原因,许多企业都把欠税作为解决资金周转困难的重要手段,并且往往把欠税视为"无息贷款",在客观上形成"欠税有利"的事实,并产生了巨大的"示范效应"。参见梁朋:《税收流失经济分析》,中国人民大学出版社2000年版,第200—201页。

致的。[①]

欠税关系所体现出的"公法上的债权债务关系"的特点,对于反欠税制度的形成很重要。从一定意义上说,上述特点决定了反欠税制度的构成。其中,债权债务关系的特点,决定了它在某些方面可以借用与私法相通的一些制度;而债权债务关系的公法性质,又使反欠税制度不同于一般私法上的债的制度,而是更多地体现出公权力的威势。据此,反欠税制度在其基本构成上,就可以包括两类制度,一类是公法性制度,一类是私法性制度[②],当然,这种划分仅具有相对的意义。而无论是哪类制度,都是紧紧围绕欠税问题的防杜和解决,都是为在事前和事后解决欠税问题所作出的设计。

可见,欠税行为的性质及由此而衍生的欠税关系的特点,是构筑反欠税制度的基础,同时,也是对现存各类反欠税制度进行整合的基础。作为以反欠税为目标的制度,在构成上必然是"问题定位"的综合性制度,即从总体上说,必然是对相关的公法性制度和私法性制度加以整合,从而形成以反欠税为目标的相互协调的一类制度。

(三)反欠税制度的基本构成

要对各类反欠税制度进行有效整合,需要从实然与应然相结合的角度,来探讨反欠税制度的基本构成。这样,就像研究"最优税制"的路径一样[③],可以找到现行制度与理想状态的差距,从而找到制度整合的问题所在。

从现行法律的直接规定来看,我国税法尤其在税收征收管理方面的制度设计上,在相关的税款征收制度中,对反欠税规范有较多的"倾斜性"规定,表现为在《税收征收管理法》之类的法律、法规中,除了对"正常"的征税程序作出规定以外,大量规定的恰恰是与之相对立的、"非正常"的欠

[①] 欠税关系涉及公法上的金钱债务的履行,因而具有公法上的债权债务关系的特点。参见〔日〕金子宏:《日本税法原理》,刘多田等译,中国财政经济出版社1989年版,第20—21页;张守文:《税法原理》(第六版),北京大学出版社2012年版,第88—90页。

[②] 公法性制度如解决欠税问题的强制执行制度、离境清税制度、欠税报告制度等,私法性制度如代位权制度、撤销权制度、滞纳金制度等,在我国现行的税法中都已有规定,对此在后面还将涉及。

[③] 对于"最优税制理论"的研究,拉姆齐(Ramsey,或译为拉姆塞)、埃奇沃思(Edgeworth)等都曾作出过重要贡献;维克里(Vickrey)和莫里斯(Mirrlees,或译为米尔利斯)还因其对激励条件下最优所得税问题作出的经典性研究,而荣获诺贝尔经济学奖。

税问题。因为从某种意义上说,对反欠税制度的规定如何,会在很大程度上影响税款的有效征收;一国反欠税制度的质量,可谓税收征管制度能否取得成功的重要条件。

上述法律、法规中的直接规定,是对反欠税制度进行整合的规范基础。从理论上说,反欠税制度应当由一系列体现反欠税目标的各类制度组成。因此,凡是旨在防止纳税人拖欠税款的各类制度,无论是从期限,还是数量角度作出的规定,也无论是从强调征税机关的权力,还是从保护纳税主体权利的角度作出的规定,等等,都可归入反欠税制度。依据相关税法原理和我国现行的税法规定,从不同的角度可以把具有反欠税功用的相关制度,大略分为以下几类:

1. 有关期限和数量的制度

从期限的角度来看,与反欠税有关的,主要涉及纳税义务的履行期限、缓税的期限、税收减免的期限,以及对"误欠行为"的追征期限的规定。其中,对纳税义务的履行期限的规定是最为基本的,因为只有超出规定的期限或者依据该期限而具体确定的期限,仍未履行纳税义务,才有可能构成欠税;此外,有关缓税期限和税收减免期限,都是对基本纳税期限的例外或补充性的规定,因为在缓缴或减免期限内未履行相应的纳税义务,并不构成欠税。另外,由于失误而造成的欠税行为,是一类特殊的欠税行为,因为它是在发现存在失误以后才能确定的,因而才有事后的追征问题。虽然追征的期限一般为 3 年,但造成失误的主体不同,不仅其应承担的法律责任不尽相同,而且有时追征期限也不相同,从中不难发现公法上的债权债务关系中的不平等性。①

从数额的角度来看,与反欠税有关的,主要是有关纳税义务的量化,以及延期履行纳税义务的补偿(滞纳金)等方面的规定。纳税义务作为一种法定义务,可以通过法定税率和依法确定的税基来量化为应纳税额;而欠税的数额,则是以应纳税额为基础的。在欠税的情况下,纳税人可能是未履行全部的纳税义务,也可能只是部分履行纳税义务,但无论哪种情况,从公法上的债权债务关系的角度说,都涉及因未履行法定义务而给国

---

① 例如,依据我国现行《税收征收管理法》第 52 条规定,因税务机关的责任,致使纳税人未缴或者少缴税款的,税务机关在 3 年内可以要求其补缴税款,但是不得加收滞纳金;但若因纳税人计算错误等失误,未缴或者少缴税款的,税务机关在 3 年内可以追征税款、滞纳金,有特殊情况的,追征期可以延长到 5 年。对偷税、抗税的,税务机关追征其未缴或者少缴的税款、滞纳金,不受上述规定期限的限制。

第六章 税法规制问题的典型探讨

家造成的损失如何补偿的问题,或者说涉及滞纳金的问题。一般认为,基于债的一般原理,因欠税而承担的滞纳金,其性质基本上应是一种对债的迟延履行的补偿;当然,有时在理论上,也可能会基于税的公益性或税收之债的公法性,而认为滞纳金也可以带有一定的惩罚性。在把滞纳金基本定性为补偿金的情况下,因欠税而承担的滞纳金的比率就不可能太高;同时,在认为税款更具有公益性,因而欠税是对公益的一种侵犯的情况下,滞纳金的比率就不可能低于一般的银行利率。从数额的角度说,无论纳税人欠税的数额多大,都应依照一定的滞纳金比率来承担相应的责任[①],这也是对公法上的税收债权的一种保护。

2. 有关征纳双方的权力与权利的制度

基于税收是用以满足公共利益需要的假设,从强调征税机关权力的角度,我国税法规定了一系列有助于解决欠税问题的制度,如纳税担保制度、税收保全制度、强制执行制度、离境清税制度以及其他一些相应的法律责任制度。这些重要的具有反欠税功用的制度,有些适用于纳税期限届满以前,侧重于对欠税发生的事前防范;而有些制度则适用于纳税期限届满以后,侧重于对已发生的欠税问题的解决。

例如,纳税担保制度[②]、税收保全制度,都适用于纳税期限届满以前,意在防止欠税的发生,以使税收债权的实现能够得到充分的保障。因此,此类制度安排,主要是未雨绸缪,防患于未然。而强制执行制度和离境清税制度,则都适用于纳税期限届满以后,是在欠税发生后所采取的补救措施,因而更强调纳税人的实际履行,更追求"亡羊补牢"的效果。

以上几项制度,是为了解决欠税问题,或者说为了强化税收征管,而从征税机关权力的角度所作的规定,是实现税收债权的重要保障。如果说上述有关权力的制度属于公法性制度,那么,以税收债权为基础的一些

[①] 依据我国《税收征收管理法》第32条规定,纳税人未按照规定期限缴纳税款的,税务机关除责令限期缴纳外,从滞纳税款之日起,按日加收滞纳税款5‰的滞纳金。这一比例已远比过去的日2‰(相当于年息73%)为低,比较强调欠税行为的损害赔偿性质,更有可执行性,因而多认为是较为合理的。

[②] 这里的纳税担保是指在纳税期限届满前缴纳税款的担保,但纳税担保在广义上还包括对已经发生的欠缴税款作出的纳税担保等。对此在我国《税收征收管理法》第44条规定的离境清税制度中已有体现。

制度,则可称为私法性制度。其中较为典型的是优先权制度[1]、代位权制度和撤销权制度。之所以称其为私法性制度,是因为在这些制度中更强调税收的"债权"属性,并且,更多地体现的是一般的私法原理。当然,由于税收债权毕竟是由征税机关代国家来具体享有和行使,因而上述制度中仍然包含和体现着一些公法性因素。

譬如,根据我国现行的代位权制度的规定[2],欠税人因怠于行使到期债权,或者放弃到期债权,或者无偿转让财产,或者以明显不合理的低价转让财产而受让人知道该情形,对国家税收造成损害的,税务机关可以依照《合同法》第73条、第74条的规定行使代位权、撤销权。这一规定实际上是把税务机关作为"税收契约"的一方来看待的,因而更体现了代位权制度的私法性;但同时,我国的代位权制度还规定,税务机关依照上述规定行使代位权、撤销权的,不免除欠缴税款的纳税人尚未履行的纳税义务和应承担的法律责任。而在相应的法律责任中,则不仅包括补偿性的,还包括惩罚性的,因而同样具有公法性因素。

此外,在反欠税方面,除了要强调征税机关的权力或权利以外,同时也要保障纳税人的相关权利。即并非一谈反欠税,似乎纳税人(包括欠缴税款的纳税人)就毫无权利。恰恰相反,在构建反欠税制度的过程中,必须全面地体现出各类权力的平衡,这样才能使反欠税制度更具合理性和可操作性。

对纳税人权利的保障,同样也应是反欠税制度中重要内容。例如,前述的缓税制度或称延期纳税制度,就是基于纳税人的利益而作的考虑,作为欠税制度的例外,其存在是合理的。事实上,现行税法已经越来越重视对纳税人权利的保护,这在具有反欠税功用的相关制度中都有体现。例如,基于对纳税人权利的保护,前述的税收保全制度在具体实施时要受到多重限制,即必须在具备法定的各项条件之后[3],才能实施,并且,个人

---

[1] 同其他国家的规定类似,我国的税收优先权制度也强调税收具有优先于普通债权受偿的一般优先权;同时,税收也优先于其他的"非税公课"。相关规定可参见我国《税收征收管理法》第45条。相关探讨可参见张守文:《论税收的一般优先权》,载《中外法学》1997年第5期。

[2] 参见我国《税收征收管理法》第50条。

[3] 根据我国《税收征收管理法》第38条之规定,实施税收保全需具备一系列的条件,包括:(1)在纳税期限之前;(2)有确认逃避纳税义务的根据;(3)先责令限期缴纳应纳税款;(4)在限期内发现纳税人有明显的转移、隐匿其应税资财的迹象时,应责成其提供纳税担保;(5)在其不能提供纳税担保时,需经县以上税务局(分局)局长批准,方可采取冻结存款、查封、扣押相关财产等税收保全措施。

第六章 税法规制问题的典型探讨

及其所扶养家属维持生活必需的住房和用品,不在税收保全措施的范围之内。此外,如果纳税人在限期内缴纳税款,税务机关就必须立即解除税收保全措施;如果因税务机关未立即解除税收保全措施,而使纳税人的合法利益遭受损失,则税务机关应当承担赔偿责任。类似的规定在强制执行制度中同样存在。[①] 从这个方面来看,立法者已经越来越认识到,对纳税人权利的保护与对征税机关权力的约束是一致的。应当承认,对纳税人权利的日益关注,是税收立法上的一个重要进步。

3. 相关的配套制度

反欠税并非孤立的,它同样要"嵌入"一定的"网络"之中,要同相关的领域发生联系。[②] 因此,要有效地反欠税,除了前面谈到的相关制度以外,还需要一系列配套的制度,以从各个方面来规范欠税的行为。这些制度包括纳税人的重大经济活动报告制度、欠税披露制度,税务机关的欠税公告制度、与相关部门的协助配合制度,等等。作为新的制度安排,它们体现了立法者在总体上的"整合"考虑,对此可以分别从纳税人和征税机关的角度来进行分析。

从纳税人的义务来看,为了防止欠税的发生和扩大,当纳税人有合并、分立等重大经济活动时,就依法负有一种报告的义务;同样,欠缴税款数额较大的纳税人在处分其不动产或者大额资产之前,也应当向税务机关报告。[③] 这种"重大经济活动报告制度",对于监控和解决欠税问题是很重要的。此外,根据我国现行税法的规定,纳税人不仅负有报告的义务,而且还负有欠税信息披露的义务。特别是当纳税人有欠税情形而以其财产设定抵押、质押时,应当向抵押权人、质权人说明其欠税情况;同时,抵押权人、质权人可以请求税务机关提供有关的欠税情况。[④] 这样,对于明确和保障税收的优先权,对于所欠税款的收回,以及经济秩序的稳定,都

[①] 此外,我国的税法规定还强调,税务机关采取税收保全措施和强制执行须依照法定权限和法定程序,不得滥用职权违法或不当地采取税收保全措施、强制执行措施,否则,如果给纳税人的合法权益造成损失,即应依法承担赔偿责任。参见我国《税收征收管理法》第38、39、40、42、43条。

[②] 从"嵌入"的角度,发展出"网络分析方法"以及"新经济社会学",是对传统经济学的重要挑战。参见张其仔:《新经济社会学》,中国社会科学出版社2001年版,第6—7页。从发展的角度来看,网络分析法对于法学研究同样也会很有价值,因为事实上,与该分析方法密切相关的制度经济学、博弈论等已经对法学研究产生了重要影响。

[③] 参见我国《税收征收管理法》第48条、第49条。

[④] 参见我国《税收征收管理法》第46条。

有其裨益。

从税务机关的角度来看,为了加强对欠税的监督和管理,更好地解决欠税问题,我国现行税法规定,税务机关负有对纳税人欠缴税款的情况定期予以公告的义务。在一个真正实行市场经济体制,特别是强调诚信的国家或社会,这种公告制度,作为解决欠税问题的一个重要手段,对于欠税人无疑会形成巨大压力,同时,对于经济秩序和社会秩序的稳定,也都有其价值。

另外,反欠税离不开征税机关同相关部门的配合,为此需要建立通报协助制度。我国现行税法已经规定了相关部门(特别是工商机关与金融机构)在与征税机关配合方面的义务。例如,为了防止出现由于地下经济或规避登记而导致的税收流失(从经济的意义上说也是一种广义上的欠税),税法规定,工商行政管理机关应当将办理登记注册、核发营业执照的情况,定期向税务机关通报。同时,为了防止纳税人利用在金融机构多头开户等手段恶意欠税,税法要求各类金融机构应当将纳税人的账户、账号与税务登记证件号码进行"捆绑式"登录,并应在税务机关依法查询纳税人开立账户的情况时,履行协助的义务。[①]

以上对三大类反欠税制度的探讨,主要是从现有的制度资源出发,从不同的角度来探寻反欠税制度的基本构成;这些制度的定位和分类是相对的,主要是为了探讨整合问题的便利。需要说明的是,上述的各类制度,都为相关主体设定了义务,因而都需要有相应的法律责任制度与之相对应,以免义务的履行因缺少应有的保障而成为"空洞的宣示"。从这个意义上说,法律责任制度,当然也应是总体上的反欠税制度中的必要内容。

上述各类制度,在反欠税制度的基本构成中是不可缺少的,因而也是进行制度整合时必须要考虑到的。从我国现行税法的规定上来看,已经比过去确实有了进步,但至今仍有一些问题或缺憾,需要在未来的立法过程中再进一步完善。

(四) 反欠税制度的完善

对各类零散的反欠税制度加以整合,是为了各类制度的运作能够更加协调,以发挥其整体功用,并不断推进制度的完善。从前面所探讨的反

[①] 参见我国《税收征收管理法》第 15 条、第 17 条。

第六章　税法规制问题的典型探讨

欠税制度的基本构成来看,反欠税制度所涉及的具体制度是比较多的,这些制度都需要随着实践的发展而不断完善,但对于其中存在的问题很难在此一一尽述。为此,下面仅以有关纳税人权利的保护问题为例,来对反欠税制度的完善略作说明。

要有效保护征纳双方的合法权益,在反欠税制度中,仍然要坚持税法的各项基本原则,特别是税收法定原则,这是整个反欠税制度的根本,征纳双方必须依循。纳税人是否欠税,欠税多少,都要有法律依据;同时,征税机关也不能擅自违法对欠税数额予以增减;对于欠税行为,从实体到程序,都要遵循税法的相关规定,或者说,都要遵循税法所确立的相关制度,这样才能更好地保护欠税人的权利。

只有充分重视和有效保护欠税人的权利,才能在纳税人与国家之间有效地实现利益均衡。其实,以往在设计反欠税的各项制度时,已经很偏向于政府或征税机关的立场,因而在权利和义务的设置上,存在着突出的"不对称结构",即对于纳税人的义务规定过多,而对其权利规定过少,甚至如果不去挖掘的话,就很难清晰地看到欠税人的权利。

但是,从欠税关系的债权债务性质出发,必须考虑过去缺少研究的欠税人权利问题。从应然的角度说,应首先明确纳税人的行为是否构成欠税,因为这与其权利直接相关。例如,纳税人在法定的缓税期间内未纳税,即不构成欠税;超过规定的时效期间,可以不纳税;对于因税务机关的计算错误而超出法定纳税义务的部分所形成的"欠税",可以不纳税;因发生不可抗力而被准予延期纳税或减免纳税义务的,其未纳相关税款的行为也不构成欠税,等等。此外,纳税人的行为即使构成欠税,并因而成为实际上的欠税人,也同样要依据前述各项反欠税制度,来保护欠税人的相关利益,如在税收保全、强制执行、权利救济等方面,都要充分考虑欠税人的权利。因此,欠税人并非全然无权。事实上,税法正是通过赋予欠税人以对抗性的权利,来寻求征税机关与纳税人之间的权益平衡。

要在反欠税制度中全面融入保护欠税人权利的内容,还需要进一步完善制度设计。例如,上面提到的时效制度,在我国现行的税法中尚付阙如,但在许多国家的税法中,却是一项重要的制度。事实上,反欠税制度一定要包括有关期限的制度。对于征税机关所享有的追征权的期限,我国和其他国家都有规定,对此前已述及;但是,对于较为重要的时效制度,我国税法却始终没有作出规定。而这项制度却对欠税人的权利保护具有重要意义。大概是由于观念上的原因或认识水平的局限,特别是仅从国家利益角度的考虑,我国至今仍不能在立法上迈出这一步。但无论是从利益和权利的均衡保护,还是从立法质量的提高等角度,迈出这一步都是非常重要的。

(五) 小结

对欠税行为进行税法规制,离不开较为完备的反欠税制度;反欠税制度作为征税制度的另一个侧面,对于实现税法的调整目标具有重要价值。我国现行税法虽然已有一些反欠税规范,但从理论研究和制度建设上看,都还缺少应有的整合。只有建立体系化的反欠税制度,并从应然和实然相结合的角度来对其加以研究,才能更好地发现和解决现行制度存在的问题,特别是对纳税人或欠税人的权利加以保护的问题,以及制度之间的内在联系和衔接问题。研究反欠税制度的整合问题,找到各类相关制度之间的内在联系,有利于增进反欠税制度的综合效益,更好地规制欠税行为。

欠税作为税收债务的迟延履行,影响较为广泛,尤其涉及纳税人、国家等各类相关主体的税收利益,涉及道德风险和逆向选择等诸多问题,需要通过一系列的制度安排来予以解决。在建构和实施反欠税制度的过程中,离不开公法原理和私法原理的协调并用。而在这方面,可能会存在观念上的冲突,因而需要有观念上的转变。这样,才能更好地解决在抽象的纳税义务发生后所形成的具体纳税义务的履行问题[①],也才能更好地解决税法基本理论的发展及其对实践的指导作用问题。

三、内部交易行为的税法规制

无论是税收逃避行为,还是欠税行为,都是需要由税法规制的重要涉税行为。此外,还有一类较为特殊的行为,即内部交易行为。通常,法律调整所关注的往往是外部行为,但是,在税法领域,内部行为同样是征税的重要基础,因此,同样涉及税法规制的问题。

无论在国际还是在国内,内部交易行为都大量地存在着,并由此形成了相关主体的"内部市场"。对于这种"内部市场",在公司法、证券法、反

[①] 参见陈清秀:《税法总论》,台湾三民书局1997年版,第218—219页;张守文:《税法原理》(第六版),北京大学出版社2012年版,第90—91页。

垄断法等领域,其实都有一定的关注。在税法领域,主要是通过规范"内部市场",来实现对内部交易行为的规制。

(一) 问题的提出

在现实的经济生活中,有一类现象可谓屡见不鲜:跨国公司分布在世界各地的各个子公司,频繁地进行着大量的国际贸易;企业集团的各个成员,在积极地进行着"互通有无"的经济活动;许多单位的后勤部门,对内部机构和职工提供着形式多样的有偿服务,等等。诸如此类的内部交易现象,可以统称为"内部市场"现象。

所谓"内部市场",是指组织体的内部机构、成员之间通过经济活动而形成的市场。它是在"内部人"之间按照一定的"内部规则"从事交易活动而构成的市场。[①] "内部市场"的核心是"内部交易行为",对于内部交易行为的税法规制,同对"内部市场"的规制是一致的。内部市场的存在,使市场经济所要求的统一市场被分成了内部市场和外部市场,使市场主体所遵循的规则被分为"内部规则"和"外部规则",这种内外有别的"二元分立",对经济发展和制度建设已产生了重要影响。[②]

过去,人们对外部市场普遍关注较多,而对内部市场的存在则多予忽视。在制度建设上,人们通常考虑的也是对市场主体之间的外部交易活动如何进行规范,而对内部交易行为的规制则疏于建构。但事实上,由于诸多因素的影响,"内外有别"的两个市场将长期延续,因此,研究两个市场及其影响,尤其应是经济学和法学领域的重要课题。[③]

从经济学上看,内部交易行为或内部市场存在的最重要原因,在于它可以降低交易成本,因而其存在是有其经济合理性的。但从法学上看,仅强调资源配置的效率,仅强调降低交易成本,减少经济摩擦,仍是不够的。

[①] 这里的内部市场,也可能是国际市场,而并非必然是国内市场。笔者认为,确定内部市场存在的关键要素,是内部人、内部规则、内部交易。这里的内部人可能分布于世界各地,也可能局限于一个地区;这里的内部规则既可能与国家法律的精神一致,也可能与之相背;这里的内部交易是内部人按照内部规则所从事的经济活动。满足上述要素,即可认定存在内部市场。

[②] 仅从法律的角度说,如果内部市场所遵行的内部规则和所追求的目标与国家法律的精神相违背,则国家就可能会以保护国家利益或社会公共利益的名义,在力所能及的范围内,对内部市场进行规范。例如,在税法方面,为了解决企业通过内部市场转移利润以逃避缴纳所得税义务的问题,许多国家都建立了规范关联交易的制度或反避税的制度(我国的《税收征收管理法》,以及《企业所得税法》等即有此类规定)。这些都体现了内部市场的存在对制度建设的影响。

[③] 从这个意义上说,不仅探讨法律的"本土化"和"国际化"等问题是有意义的,而且探讨对内外两个市场的规制也是有意义的。

因为在法律上还需考虑其他价值目标。也正因如此,内部市场在经济上的有效性和合理性,并不能替代法律上的公平性和合法性。于是,如何在法律上规制内部市场,便成为需要深入研究的一个问题。

从制度建设上看,我国在相关制度中,已经对内部市场予以关注,并通过相应的规范来进行规制。例如,我国已创设一系列税法规范,来规制内部交易行为。而国家之所以对此予以重视,最主要的目的就是要引导内部市场的良性发展,推动统一市场的建设,防止市场主体利用内部交易行为的隐蔽性来规避法律。这些制度资源为下面的探讨提供了重要的前提。

内部市场是由"内部人"操纵的,其"内部秩序"的维持需仰赖于一系列的"内部规则",因而其"内生的"许多信息很容易被隐藏和遮蔽。如果对内部市场中的内部交易行为不加以有效的规制,则该领域即可能是规避法律的重要领域,极可能严重影响法律的实效。这在任何一个法治国家都是非常重要的问题。内部市场的运行由于有一系列的"内部规则",往往是国家的制定法试图浸润其中但又难以渗透或者鞭长莫及的特殊领域,因而可能涉及各个领域的法律规避问题。其中,税法规避的问题更为突出和重要,更有代表性,因而下面将着重探讨对内部市场及其内部交易行为的税法规制问题。

为了便于分析,在此依据参加主体的不同,把内部市场分为两类:一类是"企业的内部市场",如跨国公司或企业集团的关联交易等所形成的内部市场;另一类是"非企业的内部市场",如机关内设的后勤机构因提供相关服务而形成的内部市场。对于"企业的内部市场",虽然研究尚待深入,但已有一些研究成果,如有关关联交易的研究,有关转让定价制度的研究等;对于"非企业的内部市场",则无论是经济学界还是法学界,研究都比较欠缺,故而在此并不准备仅以关联交易或转让定价问题作为重点进行讨论,而是要在通常探讨的对关联交易的规制等问题的基础上,进一步说明对非企业内部市场的制度取舍和规制选择。

基于上述考虑,下面分别探讨以下几个问题:企业内部市场的成因,以及相应的税法规制问题;非企业内部市场的成因,以及相应的税法规制问题;同时,还要提出对相关问题的若干思考。通过对上述问题的分析试图说明:内部市场或内部交易行为是引发法律规避,特别是税法规避的重要诱因,为此必须根据具体情况,努力压缩或清理内部市场,有效规制内部交易行为,逐步建立统一的市场和统一的法制,增进税法适用的普遍性。

(二) 对企业内部市场的税法规制

价格在市场经济中的重要地位是人所共知的。从经济学上说，价格可以分为外部的市场价格和内部的转让定价（transfer pricing）。① 其中，转让定价是在内部的关联交易中形成的价格。上述的价格分类，本身就是对企业内外两个市场的承认。

企业的内部市场，是通过关联企业之间的关联交易形成的。随着跨国公司、企业集团的发展，企业内部的关联交易越来越多，从而已形成规模庞大的内部市场。各类企业的内部市场，既可能局限于一国内部，也可能跨越多个国家。对此，我国税法不仅承认其存在，且规定了相应的规制措施。为了更全面、更有针对性地研究企业内部市场的税法规制问题，有必要对内部市场的成因作出分析，特别是对其中最重要的经济与法律方面的原因，更应着重探讨。

1. 企业内部市场形成的经济和法律原因

在经济全球化、信息化迅速发展的今天，企业的外部市场和内部市场的发展都非常迅猛。无论是国外的跨国公司，还是国内企业，都可能需要通过内部市场来规避外部风险，而与此相联系，对内部市场如何规制，如何防止国家税收利益受损，当然同样应予关注。由此使研究内部市场的税法规制问题的现实意义更加得以凸现。

以跨国公司为例，从 20 世纪 80 年代开始，大量的国际贸易实际上都是在其内部进行的，具体贸易额已占到世界贸易总额的 1/3 以上；同时这些内部贸易往往与跨国公司的国际直接投资有关。这种现象既说明内部市场的规模已经越来越大，同时也反映了跨国公司回避外部市场（arm's-length market）的动机越来越强烈。这促使学者必须揭示其内部贸易的经济根源，并进而探讨相应的税法规制问题。

从经济学理论来看，传统的国际贸易理论建立在完全竞争框架下，已经受到了很多批评和挑战，无论是李嘉图（D. Ricardian）著名的比较优势理论，还是后来的赫克歇尔—俄林（Heckscher-Ohlin）的资源禀赋理论，都

---

① 对于转让定价，可以从价格分类的角度作静态的理解；同时，也可以从转移利润等角度作动态的理解。税法上的规制主要是倾向于规制动态的转让定价的行为，从而控制静态的转让定价的形成，进而对有关商品和所得方面的税收进行控制。

不能完全解释当前国际贸易的现状。尤其是不能很好地解释:为什么大量的国际贸易在人均国民收入、劳动生产率和资源禀赋相似的国家间进行?为什么会形成规模可观的内部市场?这使得学者更加注意引入产业组织理论(industrial organizational theory)以及博弈论(game theory)等理论来展开分析,从而使传统理论的研究发生了重要转向。[1]

跨国公司的国际贸易为什么要内部化?与此相类似,为什么国内的企业也大量进行内部交易行为?对此,诺贝尔经济学奖获得者、法律经济学的奠基人科斯(R. Coase)早已作过经典分析。他认为,内部化的实质是通过公司这种企业组织形式来取代市场,以降低交易成本,从而实现比市场调节更高的效率。[2] 在外部市场上,由于信息不对称,充满不确定性,且各国的法制、各地的习惯等影响交易的因素差异较大,因而企业的交易成本必然过大,从而会影响其效率和效益。而如果采取内部贸易的途径,则可在很大程度上节约交易成本,减少贸易摩擦,推进贸易发展。可见,贸易或交易的内部化,有其理论基础和现实基础。[3]

事实上,不仅在跨国公司的内部存在着大量的内部贸易,即使是不从事跨国经营的企业,也可能从事一系列的关联交易。这从我国有关关联交易的定义中即可看出。[4] 事实上,企业集团的内部市场之存在自不待言,因为在集团内部的子公司之间、分公司之间或者它们相互之间极易形成内部市场;即使是非企业集团,也可能由于同其他企业存在着销售等方面的密切关系,而形成实质上的内部市场。

此外,导致企业之间关联交易大量发生的原因,除经济因素外,法律因素也非常重要。从税法的角度说,在各个主权国家之间,由于税法差异而导致的税负差别往往很大,这是诱导转让定价行为大量发生的重要根源。即使在一个主权国家内部,也可能由于税制或法制的不统一,而形成

---

[1] 例如,马歇尔(Marshall, 1920)、施蒂格勒(Stigler, 1951)等从内部规模经济的角度,埃塞尔(Ethier, 1982)从外部规模经济的角度,都作了重要的研究。
[2] 1991年的诺贝尔经济学奖得主罗纳德·科斯教授,作为法律经济学的奠基人,在其早年发表的《企业的性质》(或译为《企业的本质》)这一不朽的论文中,就已提出了这一思想。
[3] 研究和评介跨国公司内部贸易的论文已有一些,如朱刚体:《交易费用、市场效率与公司内国际贸易理论》,载《国际贸易问题》1997年第11期;卢荣忠等:《跨国公司内部贸易的几个问题》,载《厦门大学学报(哲社版)》1997年第2期。
[4] 根据我国现行《税收征收管理法实施细则》第51条的规定,关联企业,是指有下列关系之一的公司、企业、其他经济组织:(1)在资金、经营、购销等方面,存在直接或者间接的拥有或者控制关系;(2)直接或者间接地同为第三者所拥有或者控制;(3)其他在利益上具有相关联的关系。这种定义与美国《国内收入法典》第482节的规定是很类似的。

不同的税收管辖区或不同税负区,从而导致转让定价的发生。例如,我国存在着内地、香港、澳门等不同的税收管辖区,又存在着特区与非特区、优惠区与非优惠区等不同的区域,这必然使企业可能基于自己的利益考虑而进行主体/客体的转移,从而形成企业的内部市场。

明确内部市场形成的经济和法律上的成因,对于进行相应的法律规制,特别是税法规制,是很有意义的。这样才能因势利导,有的放矢。

2. 相应的税法规制

上述经济性和法律性原因的存在,使跨国公司等各类企业更倾向于通过内部市场来转让定价,这不仅改变了通常以市场价格为信号的贸易秩序,使市场关系更趋复杂化,而且也带来了国际和国内层面的垄断、不公平贸易、税收规避、逃避外汇管制等问题,从而对于一国的经济和法律产生了多方面的影响;并且,其中的负面影响尤为突出。

应当承认,在利益驱动下,企业的内部交易行为是不可避免的,因而其转让定价等活动自然会存在。但这并不意味着对其负面效应就可以视而不见,放任自流,恰恰相反,给予适度的、全面的、有针对性的规制是十分必要的。当然,规制应避免给相关主体的合法权益造成损害。

从上述的经济性原因来看,对于企业的内部化趋势,税法是不可能禁止的,但这并不意味着税法规制就不需要或不可能。从理论和实践上说,税法都可以作出一种抽象要求,即"从事内部交易的主体必须按照独立竞争原则行事,使它们像不存在关联关系一样",从而力求把内部市场变成一个法律上的外部市场,实现内部市场的"外部化"。这样才符合通常应有的市场竞争规律,才更有助于提高社会的整体效率和确保社会公平。

针对上述的法律性原因,要加强对内部市场的税法规制,就需要努力完善税制,尤其要实现一国税法的统一适用。因为税法的统一适用,在市场经济条件下非常重要。即使是由于实行一国两制而形成的特殊区域,也应通过解决"区际冲突"的办法来实现企业税负的公平。例如,可以通过一定的安排,使内部市场活动与外部市场活动的效果类似,从而解决税负不公等问题。从税法的角度来讲,国家进行相应的税法规制,所要达到的目标,就是要保障财政收入和统一的市场竞争秩序,防止税款流失和当事人之间的税负不公。

可见,从经济上说,企业要实现外部市场的"内部化";而从法律上说,国家要实现内部市场的"外部化"。两者的角度、目标不同,但都有各自的合理性。

由于企业的内部市场有经济上的合理性，可能会长期存在，因而对于税法规制来说，重要的是如何引导其发展。事实上，各国在制定转让定价税制，或者在其他领域对关联交易进行规制时，都非常强调"独立竞争原则"（arm's length principle），即强调关联企业之间的业务往来，应当像"陌生社会"的"陌生企业"所形成的外部市场一样，这样的经济交往才是符合市场经济原则的"正常交易"，也才是税法或其他相关法律所认可的。否则，如果这些"熟人企业"之间的内部市场不按照独立竞争的原则进行市场竞争，从而可能形成不同于外部市场的价格，则相关国家机关有权进行相应的调整，以使其行为同独立的市场主体之间的行为在经济效果上相一致。

上述原则已在税法规制的现实中得到体现。许多国家都建立了旨在规制转让定价行为的"反避税制度"或"特别纳税调整制度"（对此前已论及），确定了征税机关对于从事关联交易企业的应纳税额的合理调整权。这种调整权实际上是对规避税法的内部市场行为的一种否定。由于内部市场行为较为普遍，因而这种调整权也体现在各类税法中。

例如，在商品税领域，我国在关税制度中的完税价格的确定方面，就规定了海关对于相关主体所申报税额的确定权；在增值税制度、消费税制度等领域，也强调在申报税额明显偏低又无正当理由的情况下，征税机关享有税额核定权，等等。① 又如，在所得税领域，无论是内资企业还是涉外企业，如果它们与关联企业不按照独立企业之间的业务往来收取或者支付价款、费用，而减少其应纳税额的，税务机关有权进行合理的调整。②

可见，我国对内部市场的规定集中地体现在关联交易方面。对于关联企业及其关联交易，在税收征管制度、所得税制度、商品税制度中都有体现。这说明，内部市场问题已进入了现行制度的视野，并已产生了相应的制度回应。③

总之，对企业的内部市场进行税法规制，对于防止国际和国内层面的

---

① 参见我国《增值税暂行条例》第7条、《消费税暂行条例》第10条、《营业税暂行条例》第6条，以及《进出口关税条例》第17条。

② 参见我国在颁布《企业所得税法》之前实施的《企业所得税暂行条例》第10条、《外商投资企业和外国企业所得税法》第13条，以及《税收征收管理法》第24条等，都有相关规定。

③ 例如，我国以前实施的《外商投资企业和外国企业所得税法》第13条，以及该法的《实施细则》第52—58条，《企业所得税暂行条例》第10条，现行的《税收征收管理法》第36条，以及该法的《实施细则》第51—56条，均有关于关联企业制度方面的规定，当然，现行的《企业所得税法》更是集中规定了特别纳税调整制度，这说明我国对关联企业的规制已经有了重要的制度基础。

第六章　税法规制问题的典型探讨

"低税竞争",确保国家之间与企业之间的公平的竞争秩序,防止国家的"财政降格",预防财政危机,都有重要的意义。事实上,在国际层面对解决企业内部市场问题已经作出了很多的努力。从总体上看,尽管目前在制度建设上还有一定的漏洞和缺陷,但在立法规模、层次和成效方面,比规制非企业内部市场的制度建设要好得多。因此,对非企业内部市场的规制应当引起足够的重视。

(三) 对非企业内部市场的税法规制

1. 非企业内部市场的存在及其成因

可能是人们认为非企业内部市场对经济和法律的影响相对不大的缘故,从制度建设到学术研究,对非企业内部市场问题都关注不够,相关的制度资源也并不多见。我国目前对此类内部市场所作出的规范,主要是以国家税务总局的《通知》或《批复》的形式存在的。尽管对这些规范的效力、合法性等问题尚待进一步研究,但这些规范实际上确实在发挥着"规范"的作用,并已在事实上生成了一系列"类型化规范"。由于这些被忽视的"类型化"规范,具有一定的规律性,因而非常有研究的价值。

为了说明这些方面的问题,下面有必要依据已有的制度资源,举出几个有代表性的例子,以便通过个案观察并进行"类型化",总结出其中的一些共性问题。

第一个例子:财政部、国家税务总局发布的《关于高校后勤社会化改革有关税收政策的通知》[①]。该《通知》指出,高校后勤经济实体通过为师生生活和教学提供后勤服务而获得的租金和服务性收入,免征营业税;但利用高校的后勤服务设施向社会人员提供服务而获得的租金和其他服务性收入,则应征营业税。

第二个例子:国家税务总局《关于部队取得应税收入税收征管问题的批复》,强调部队对外经营所取得的收入,要依据情况,分别征收营业税、房产税、所得税;而对内经营取得的收入,则免税。[②]

第三个例子:财政部、国家税务总局《关于国务院各部门机关服务中

[①] 该《通知》由财政部、国家税务总局于2000年2月20日发布。

[②] 该《批复》由国家税务总局于2000年6月16日作出。参见《中华人民共和国税收法规公告》2000年第8期。此前,财政部、国家税务总局曾发布过《关于军队、军工系统所属单位征收流转税、资源税问题的通知》(〔94〕财税字第011号),也规定军队系统各单位附设的服务性单位对外经营取得的收入,应按规定征收营业税。

心有关税收政策问题的通知》,强调对机关服务中心为机关内部提供后勤保障服务所取得的收入,在2003年年底之前暂免征收营业税、城建税、教育费附加、企业所得税;对机关服务中心为机关以外提供服务所得到的收入,按国家的统一规定征税。省级政府机关后勤体制改革后,亦可比照上述规定执行。①

上述三个例子表明,我国实际已在有关非企业单位的税收制度上作出了内部市场与外部市场的划分,并且,对两类不同的市场还采取了"内外有别"的两套规范。这些规定是分析非企业内部市场问题的重要基础。

从各类规定来看,我国的非企业内部市场有很多自己的特色,特别是在成因上有许多不同于传统的市场经济国家的地方,这与我国的特殊发展路径,特别是同计划与市场、企业与非企业、营利与非营利、公益性与私益性等多方面的"二元分立"都有着一定的关系。

从历史源流上看,我国非企业内部市场的形成,与从计划经济向市场经济转轨有关。长期的计划经济使市场分工、社会化的发展受到了很大的影响。例如,高校、部队等非营利性的组织,长期是不面向外部的公开市场的,其后勤保障长期没有实行社会化,因而形成了面向"内部人"的"内部市场"。从近些年的发展历程来看,人们对企业这类典型的市场主体应当面向市场(即外部市场)是殆无异议的;而对于具有一定公益性的学校、部队等非企业性、非营利性的主体是否应面向市场,则始终存在争议。这实际上也是上述单位得以存在"内部市场"的重要原因。

从主体的角度说,学校、部队等主体的内部市场之所以能够长期存续,还因为这些组织体内部存在着需要大量的、较为稳定的商品供应的群体,并且该群体与组织体存在着地位上的不平等关系,或管理与被管理的隶属关系,这是形成内部市场的直接动因。

与上述历史的、主体的原因相联系,我国非企业内部市场的存在还有经济的、体制的等多方面的原因。例如,从经济的角度说,非企业单位在理论上是非营利性的组织体,因而本来是不应从事经营性活动的,特别是不应对外从事经营活动;但由于存在着体制上的原因,这些单位往往是具有公益性的组织体,且负有为内部成员提供一定福利的任务,同时又要养一批不能推向市场的冗员,因而不得不从事一些经营活动。这样至少可以实现自我服务,如果能够同时解决一点财政经费不足的问题,则当然更

---

① 该《通知》由国家税务总局于2000年8月30日发布。

第六章 税法规制问题的典型探讨

是"锦上添花",并且这种对经费的需求有时甚至还是内部市场形成的重要动力。而在法律上,恰恰对这个领域的立法是比较欠缺的,于是非企业性的内部市场便大规模地发展起来,以至于发展到不仅对内经营,而且也开始对外发展,于是又产生了如何"脱钩""停办"等较为棘手的相关问题。

从上面的分析来看,非企业内部市场的成因是比较复杂的,如果不进行较为全面的、根本的变革,则非企业的内部市场就必然会发展,并可能使非企业主体发生性质上的转变。因此,全面深化各类体制改革,对于解决内部市场问题尤为必要。

针对上述的历史和经济原因,必须注意全面建立市场经济体制,改变计划经济的观念和影响,并调整好非企业单位在市场经济中的地位和角色,解决好"市场准入"和"市场禁入"的问题;针对上述主体和体制方面的原因,必须深化各类体制的改革,使非企业单位能够获得从事其根本经济活动的经济来源,理顺各类主体之间的关系。唯有如此,税法规制才能起到应有的作用。

2. 对非企业内部市场的税法规制

根据人们的通识,成熟的市场经济要求有统一的市场、统一的法制,这样才可能确保法律的普遍、统一适用,才可能使市场竞争更加公平。一种主体,不管它在性质上、设立宗旨上属于哪一类,只要它从事的是实际上的经营活动,就应当把它作为一般市场主体来对待,而不应对其有特殊待遇。

事实上,内部市场毕竟也是市场,其收入与税法规定的各项应税收入并无本质差异。也就是说,依据可税性理论,凡是具有非公益性的营利性收入,一定是可以征税的。① 因此,这些收入同样也是可税的。而各类《通知》和《批复》作出的内外有别的规定,与税法本意是否相合,对这些非企业性单位的营利性收入是否应当全面采取免税政策,都是值得探讨的。

应当说,在税法上承认非企业内部市场的存在,并进行相应的规制,是在经济过渡或称转轨时期不得已的现象,但此类市场的存在实际上是不合理的,相关的制度也不过是对特定时期的特殊现象的一种描述和确认。对非企业的内部市场之所以给予优惠,主要是因为这些非企业单位

---

① 如前所述,可税性理论主要说明,征税对象具备哪些条件才是可以征税的,或者说对其征税才是具有合理性和合法性的。一般说来,影响征税对象可税性的因素主要有三个,即收益性、公益性和营利性。通常具有收益性和营利性,就是可税的。

是具有一定公益性的非营利性组织体,它们或者不具有可税性,或者应当受到一定的扶持和帮助,甚至在一定意义上说,对其给予优惠也是对财政供给不足的一个补充。因此,在税法规制方面,就不可能对以营利为目的的外部市场给予完全相同的税法待遇。

随着各个方面的体制改革的深入,非企业单位的内部市场转化为外部市场是一个基本的趋势。虽然在实践中有许多特殊情况,因而对这个问题不能"一刀切",但统一的市场、统一的法制不允许有太多的"特殊"。法律能够对各类营利性的主体(不管在性质上是否属于纯粹的企业)普遍适用,是实现法治、实现"依法治税"的重要基础。因此,从税法规制的角度说,并不是要强化内部市场,对其发展给予过多的鼓励和优惠,而恰恰是要对其进行与外部市场相同的规制。这样才有利于市场的统一化、社会化、专业化的发展。

在发展趋势方面,由于非企业的内部市场从社会福利或整体发展的角度来说,并不具有合理性,与市场经济的一般发展规律也不相符合,因此,随着中国改革的进一步深入,这些非企业的内部市场应当逐步转为外部市场,使整个市场的发展更趋于合理。对于在过渡期间所需要的补贴,可以通过其他的财政支持的方式来体现,而不一定要通过税法上的不公平待遇来实现。因为法律的正当程序、平等征税,对于税收法治的实现是非常重要的。

其实,改变非企业的内部市场,已经有了相关的努力。这也是为建立统一的市场而作出的努力。例如,在上述《关于国务院各部门机关服务中心有关税收政策问题的通知》下发后,北京市又作出了补充规定,要求国务院各部门机关服务中心,按照《税收征收管理法》的要求,到所在地税务机关办理税务登记手续,并依法纳税。这样,才可能使其从缺乏规制的内部市场的状态转为外部市场。此外,为了防止税法规避,北京市还规定,各中心必须分别核算和申报对内、对外提供的服务收入、成本,以合理确定应税收入及免税收入,对划分不清的,一律视同对外服务征税。[①] 这表明,北京市税务机关对统一市场、统一税制是有认识的,并且,对内部市场可能造成的税法规避问题也是有考虑的。因此,北京市的补充规定比税务总局的《通知》要更加完备一些。

[①] 参见《北京市地方税务公报》2000年第13期,第203页。

第六章 税法规制问题的典型探讨

（四）相关的思考

在内部市场的税法规制方面，除了上面涉及的问题以外，还有一些相关的问题值得探讨：

其一，综合规制问题。"内部市场"或内部交易行为的存在，不仅加大了税法规制的难度，而且也增加了其他法律调整的难度。在税法上如何来规制内部交易行为，在很大程度上取决于"内部市场"自身如何发展。而其自身的发展则涉及多方面的问题，如体制问题等，这是单靠税法所不能解决的。即使仅从法律的角度说，税法的调整也有赖于其他法律的调整。因此，从系统论和综合控制的角度来看，加强对内部市场的综合规制是非常必要的。

其二，规制方向问题。内部市场的发展方向是值得注意的一个问题。非企业的内部市场应逐步社会化、外部化，对此殆无异议；而作为企业的内部市场，由于它本身就是经济发展的结果，也是市场主体的需求，因而这种内部市场是不会很快消失的。为此，税法必须针对这种情况，进行相应的制度创新，尤其应针对国际和国内的诸多转让定价问题，制定相应的制度，以进行有效的规制。通过规制，引导内部市场的发展方向，使其更能够符合通常的外部市场的一般原则。在这方面，各国的认识是比较接近的。

其三，规制的内部化问题。外部的市场价格与内部的转让定价的区分，不仅已承认了外部市场与内部市场的划分，而且对法律的调整所产生的影响是很大的。由于关联交易大量存在，而法律在设计上又主要用来调整外部关系，因此，如何实现法律规制的"内部化"，以提高法律调整的实效，同样是一个值得重视的问题。

过去，法律的调整存在着许多"外部性"或外部化的问题，一方面，法律调整本身是要"外向"的，但同时也会影响到该法所调整的社会关系之外的相关主体的利益，从而产生社会福利的损失问题。因此，如何使法律调整更加"内敛"，使社会成本的分担更加公平，还是一个值得深入研究的问题。

其四，规制政策问题。规制涉及许多政策性问题，如对公益性问题如何看待和解决，如何解决政策与法律之间的冲突，等等。其中，如何规制第三部门，尤为重要。根据可税性原理，如果属于第三部门的机构从事营利性活动,当然也要按市场主体来对待。这样就可以有效地解决相关问题。①

其五,挑战传统问题。内部市场的税法规制也带来了税法理论的发展。特别是对税法的特征提出了一定的挑战。例如,为规制内部市场而形成的转让定价方面的"预约定价制度"(APAs)②,就已经对税收的强制性特征提出了挑战。对于这些问题应如何认识,非常值得进一步研究。

其六,内外有别问题。随着WTO等所确立的国际经贸规则的日益深入人心,人们都认识到国民待遇原则的重要性,都认识到税制对于各类主体的一视同仁的应然性。因此,对于在内资企业与涉外企业之间存在的内外有别的两套税制,人们一般都认为应当废除;而对于在内部市场和外部市场之间存在的内外有别问题应当如何处理,与基于涉外因素的"内外有别"应否属于同一性质等问题,还应进一步深入研究。

(五) 小结

内部市场是重要的经济现象,加强对内部市场及内部交易行为的法律规制很有必要,这是法学研究的一个新领域,尤其是财税法研究的一个重要领域。前面分别对企业内部市场和非企业内部市场的成因以及相应的税法规制问题进行了探讨,并进行了拓展思考。由此不难发现,不仅研究国际化与本土化问题是必要的,而且研究错综复杂的内部市场与外部市场的问题也是十分需要的。现实的人类活动以及法律的规制、规则与制度,是犬牙交错的,而不是泾渭分明的截然分割的"板块"。这是研究内部市场的法律规制以及其他相关法律问题时需要注意的。

此外,内部市场存在的道德风险问题值得关注。事实上,即使国家给予许多优惠,内部市场的实际操纵者,也极可能置国家利益于不顾,而只关注自己的小群体或族群的利益。更何况国家的优惠,还会引诱许多本来不应享有这些优惠的组织体来"挂靠""沾光",最后可能把国家的良好

---

① 对于第三部门应否征税,应当像对其他主体的分析一样,重要的是看他在具体活动中是什么角色,如果从事的是市场活动并形成了课税对象,则当然应依法征税。对此在有关第三部门的税法规制方面还将探讨。

② "预约定价制度"(APAs)由美国于1991年率先推行。它规定由纳税人将关联企业转让定价的做法事先向税务主管机关报告,经征纳双方协商认可后签订协议并共同遵行,从而把事后审计改为事先协商,以求有利于减少征纳双方的争议,降低征收成本,提高征税效率,实现双方的互利互惠。德国、加拿大、澳大利亚、日本、英国等国家也都先后实行此制度。

愿望和利益全部击破、沾"光"。这是违背国家给惠初衷的。由于内部市场的存在不仅会引发税收逃避、导致国家税收流失,而且也是产生本位主义和腐败的重要渊薮,因此,必须根据具体情况,对内部市场予以清理、转化,以逐步形成"外部化"的、可控的统一市场,并实行统一的法制。从税法规制的角度说,必须使税法制度与补贴制度等相关制度有机配合,对所有市场主体一视同仁地适用税法,以增进税法适用的平等性和普遍性。

四、对营利性组织的税法规制

(一)问题的提出

营利性组织所从事的是营利性行为,只要其经济活动有收益,则依据可税性原理,就可以对其进行征税。事实上,营利性组织的诸多市场交易行为,往往都是非常重要的应税行为,且与商品税的征收密切相关,同时,营利性组织的各类收入,又是征收所得税等直接税的重要税源。因此,营利性组织在税收方面具有非常重要的地位,是需要加强税法规制的重要对象。

营利性组织的典型代表是各类企业,特别是公司企业。各类企业是商品交易行为的重要主体,同时,又是利润的最主要的创造者,因此,它们是一国税收的主要缴纳者。对营利性组织进行税法规制,实际上就是利用税法作为分配法的功能和特点,来对以利益(或利润)最大化为目标的营利性组织的行为进行规制(这里的规制同样包括积极的鼓励促进和消极的限制禁止两个方面),从而实现税法调整的目标。

在具体的税法制度中,有相当多的规范是用来规制各类企业的行为的。因此,对于规制营利性组织的各类税法制度,业内人士大都耳熟能详,其中的多种问题,也有很多研究者探讨,在此无须重述。从总体上说,对于营利性组织的税法规制问题,需要着重研究的主要有两类,一类是各类企业的共性问题,如企业税负的统一问题、企业的税收优惠问题等;另一类则是各类企业的一些特殊问题,这些问题与行业特色直接相关。

由于各行各业的情况各不相同,在税法规制上既有很多特殊性,同时,又存在着一些共通性,因此,只能选取个别行业分别作出研究,并在揭示其税法规制的特殊性的同时,说明各类营利性组织在税法规制方面可能存在的共性。下面仅以典型的营利性组织——金融企业为例,来对相关问题略作说明。

金融业在现代市场经济中的重要地位,已被论述得淋漓尽致。从规制的角度来看,对于金融企业的规制,人们主要是从金融监管的角度来进行研究[①],但有关如何对其进行税法规制,以及规制合理性与合法性等问题的研究,却微乎其微。[②] 事实上,金融行为与税收行为、金融政策与财税政策、金融法与财税法,都存在着密切的关联,对于金融企业不仅可以从金融的角度进行监管,同样也可以从税法的角度进行规制。

为此,下面将从税法规制的一般原理出发,探讨金融企业的税法规制的目标、手段等问题,同时,结合具体的税法规制手段,来探讨对金融企业进行税法规制的合法性问题,从而提炼出对金融业进行税法规制应解决的基本问题。

(二) 规制的目标与手段问题

依据经济法的一般原理,税法作为宏观调控法的重要组成部分,许多规范都是税收政策的法律化,因而具有突出的规制性;规制性同经济性密切相关,同为税法的基本特征。税法的规制性,是税收政策法律化所具有的特性的体现,同经济法的规制性一样,也包括积极的鼓励促进和消极的限制禁止这两个方面。因此,金融企业的税法规制,就是如何通过税法的调整,来对金融企业进行鼓励促进或限制禁止。

可见,对金融企业的税法规制的直接目标,是鼓励促进(简称励进)或限制禁止(简称限禁)。而在这些直接目标的背后,还可能有间接目标。例如,对金融企业的励进或限禁,还可能是为了实现增加财政收入的目标,或者宏观调控的目标,等等。在间接目标中,有些目标往往是更高层次的目标。

上述税法规制的直接目标,一般并非针对整个金融业,而往往是针对金融业中的某个领域、某个业态,或者是某类金融机构的某类行为。例如,税法的调整,对于商业银行或者非银行金融机构的金融活动,对于证券公司、保险公司、信托投资公司的市场活动等,在不同的时期甚至不同

---

① 金融监管是对金融业的一种非常重要的规制,是市场规制的一种特殊形态,即对金融市场的规制。这种规制是由相关的金融主管当局作出的,在理论和实践上都备受重视,因而研究成果也非常多。

② 现有的有限的研究成果,主要涉及对具体的金融领域的税法规定及其合理性的探讨,但尚未从税法规制理论、可税性理论等税法理论的提炼的角度,来进行研究。

的地域,都可能有不同的励进或限禁,从而在不同时期,推动或阻碍着相关的金融机构乃至整个金融业的发展,并进而调整整体经济的发展速度,调控整个经济和社会的运行。

对金融企业进行税法规制的间接目标,与税法的职能是一致的,主要体现为保障分配收入、宏观调控和保障稳定这三大目标。在不同时期和不同阶段,对于分配收入或宏观调控等目标的侧重亦不同,有时也可能不分伯仲。事实上,间接目标毕竟是间接的,它应当以直接目标的实现为首要考虑。因此,对于金融企业的税法规制,应当以金融业本身在宏观经济中的定位、需要等诸多因素来确定。当直接目标与间接目标存在冲突时,应当在立法上加以协调。事实上,在强调法定原则的情况下,两者之间在一定时期的冲突应当是能够得到缓解的。这有助于防止政府为了短期的财政目标而去侵害行业或行业内的相关市场主体的利益。

在规制目标明确以后,规制手段便是非常值得关注的问题。对金融企业的税法规制,主要是运用税法上的规制手段,通过税法上的制度安排来实现的。例如,各类金融机构作为税法上的纳税主体,在满足纳税要件的情况下,就要依法纳税,因此,可以通过税率、税基确定标准的调整、税收特别措施等,来实现对金融企业乃至整个金融业的鼓励促进或限制禁止。

(三) 对金融企业的不同向度的规制

与上述税法规制的目标和手段相联系,由于金融企业的情况各不相同,在国家的经济和社会发展中的地位、受重视程度以及由此得到的扶持程度等各不相同,因而对于银行、证券、保险等领域的各类金融企业的具体规制的向度也不同,有时可能是积极的税法规制,有时则可能是消极的税法规制。从现实的情况来看,在不同的历史时期,基于不同的需要和具体情况,对金融企业的税法规制,可能并非完全服务于金融调控的目标,而是可能服务于财政政策,特别是服务于获取收入的目标。

例如,我国1994年大规模的税法变革以后,在企业所得税方面,绝大多数企业都实行了33%的税率(在名义税率上与涉外企业所得税的总名义税率是一致的),但金融业却仍然实行55%的税率,并持续了很长的一段时间。这种对金融业不利的负面规制,主要还是基于收入目标的考虑。

类似于上述所得税领域的负面规制,在营业税领域也曾存在。由于金融业所提供的金融服务,是营业税的重要税目,因而在诸多商品税中,营业税对于金融业是非常重要的。但是,在个别年度,政府为了确保收入任务的完成,曾将金融业的营业税的税率从5%提高到了8%,其中5%的收入仍然归地方,而新增加的3%的收入则归中央。应当说,这纯粹是基于收入目标而对金融企业作出的负面规制,对于金融企业的发展存在着一定的不利影响。同时,上述的税率调整行为也说明,中央与地方的收入分配并没有严格的法律依据,也没有严格地执行税收法定原则。上述所列举的所得税和营业税方面的调整,都是在税率方面所实行的负面规制,亦即这种规制的向度是负方向的。

其实,负面的规制不仅体现在上述税率的不当调整方面,而且也体现在税基的确定方面。由于税法制度不完善,关于税前扣除的一些规定尚有不合理之处,这已经在很大程度上影响到了税基的确定,并会由此影响到企业的税负,金融企业同其他很多行业的企业一样,都要承受这种负面影响。上述对金融企业的消极的负面规制,也已经引起了许多研究者的注意。[①]

除了上述的负面规制以外,我国对于金融企业也有一些正面的税法规制。在"入世"以后,如何对相关的银行进行商业化、股份化,有效地化解相关的金融风险,如何使相关的证券公司、保险公司等不断提高自身的竞争力,有效地保护相关主体的权益,已经受到了广泛关注。加强对金融企业的规制,特别是加强金融监管,已成为人们的普遍共识。与此同时,我国也开始注意运用税法规制的手段,来对金融业进行积极的鼓励和促进,以应对金融业可能受到的冲击。

例如,我国曾经把金融企业适用的营业税税率从5%调高到8%,但在"入世"以后,考虑到金融企业大量的不良资产的存在,考虑到金融业的竞争力的提升,有关政府部门不得不决定把营业税的税率再按照每年降低1%的速度,逐渐恢复到原来的5%的税率水平。这种税法规制,相对于原来的状态,是一种积极的正向的规制。此外,为了应对证券市场的变化,特别是股市的持续低迷问题,我国曾经多次调整证券交易印花税的税率。相对说来,对于证券交易和证券市场,这种调低税率的行为无疑有助于降低相关主体的交易成本,因而也是一种积极的鼓励和促进。

总之,从税法规制的向度上,主要涉及两个方面:一方面,是负面规

[①] 可参见国家税务总局金融税收政策研究小组:《关于我国金融税收政策若干问题的研究》,载《税务研究》2002年第11期,等等。

制,体现为对金融企业消极的税收重课,它具体通过前述的在税率、税基等方面的调整来实现;另一方面,是正面规制,体现为对金融企业积极的税收优惠,它主要通过税率的降低、税收减免等来实现。

(四)税法规制的合法性问题

无论是正面的规制还是负面的规制,都必须注意规制的合法性。因为如果缺少合法性,就不仅会影响规制的依据,也会影响到规制的实效。

从前面所谈到的情况来看,在我国对金融企业进行税法规制的过程中,有些规制行为的合法性是值得研究的。例如,为了确保财政收入,而单独将金融业的营业税税率从5%提高到8%,在"入世"以后,又从8%逐渐降至5%,这前后的调整变化,虽然正是税收调控和规制(调制)的一种形式,但依据"调制法定原则",在具体的税法领域里,税法的调控、规制也必须贯彻法定原则,这也正是税收法定原则的要求。事实上,税率作为至为重要的课税要素,直接关系到市场主体的具体权益,因而其变动必须严格执行"课税要素法定原则",而不宜简单地经由行政机关的"决定"而任意变化,更不应单纯地为解决财政收入问题而提高某一类企业的税率。因此,金融企业的营业税税率的不断调整,从上述的意义上说,就是有悖于税收法定原则或者经济法上的调制法定原则的。金融企业后来执行的营业税税率与税法规定的税率再度一致,这只是对法定原则的一种复归。

此外,上述的证券交易印花税的征收,也是关涉合法性问题的一个突出例证。证券交易印花税税率曾频繁调整,这在很大程度上也是我国证券市场发展曲折历程的一个写照。基于不同时期证券市场发展的不同需要,我国的证券交易印花税的税率,曾经反复沉浮。例如,从1990年11月起,对股票交易双方征收印花税的税率分别调整为0.6%、0.5%、0.4%、0.3%、0.2%,到2005年终于降至0.1%[①],虽然中间曾经有过反弹,但总体趋势是下行,这同政府试图通过调低税率来降低交易成本、振兴资本市场的想法有关。

作为一种调节证券市场的杠杆,证券交易印花税的规制作用是很突出的,在某些时期也起到了一定的积极作用。但是,作为税法规制的重要

---

① 经国务院批准,财政部决定从2005年1月24日起,调整证券(股票)交易印花税税率,由原来的2‰调整为1‰。即对买卖、继承、赠与所书立的A股、B股股权转让书据,由立据双方当事人分别按1‰的税率缴纳证券(股票)交易印花税。

手段,证券交易印花税的合法性问题,一直备受质疑。已经有许多学者提出了征收证券交易印花税的依据是否合法的问题。人们的疑问主要集中在以下几个方面:第一,证券交易印花税是否属于一个新税种?如果是新税种,则应当由哪个机关决定开征,现在的征收是否合法?第二,如果该税不是一个新税种,而只是套用我国的《印花税暂行条例》中的"产权转移书据",则这种套用是否合适?如果同意"产权转移书据"这一税目所对应的是不动产,而证券属于动产,则在税目的套用上并不合适。第三,征收证券交易印花税本来就是权宜之计,是证券交易税出台前的替代,但为什么1994年税制改革时就提出要开征证券交易税,但迟至今日仍未开征?等等。诸如此类的问题,确实说明证券交易印花税的征收,存在着合法性上的瑕疵。

此外,即使可以对其法律依据问题置之不理,但对该税的税率的频繁变动,以及变动主体的频繁变易问题,也应当予以关注。其实,证券交易印花税的税率变动,所涉及的市场主体众多,且直接关系到其财产权,因而虽然从调控市场运行、规制相关主体行为的角度,似应及时地、灵活地变动税率,但是,如果对于这种变动税率的行为没有制约,如果对变动主体的合法性不假思索、不加审查,则相关的市场主体的权益就可能受到很大的侵害。事实上,在某些年份,证券交易印花税是相关地方的财政收入的重要来源,当然,享受到分成待遇的中央收入也随之大为提高。因此,其规制作用有时可能已经被淡化。

即使认为税率的频繁变动在经济上,或者在应对市场的变化上具有一定的合理性,但从长远看,从法律应有的基本程序看,从主体的合法性看,受众甚广的税率的调整,不应由一些部委自行作出,而应严格执行税收法定原则,至少是议会审批原则,这对于实现税收领域的法治,对于真正有效地保护相关主体的合法权益,是非常重要的。

无论从法理上还是从法律规定上看,没有直接的、明确的法律依据,就不能去征税,已经是人所共知。因此,严格说来,上述证券交易印花税的征收,确实存在许多问题,尤其是基本的合法性问题。这些问题,既涉及前述的财税宪政问题,也涉及具体的证券税收制度的完善问题,需要在制度建设上进一步予以解决。

此外,上述的合法性问题还与合理性问题直接相关。从纯经济意义上说,某些方面的税法规制,对于有效调控金融市场,化解金融风险,稳定金融秩序,确有一定的合理性,而且,及时、有力的税法规制,对于解决相关金融领域的问题,引导金融企业的发展,也确有必要。但是,如何把具有合理性的税法规制做得更加合法,如何使税法规制具备基本的合法性,确是一个非常值得注意的问题。其实,如果考虑到税法制度的周期变易,在税法制度中设置一些调控性规范,给出相关调控参数的变动空间,明确有权调控的主体,或者在程序上作出具体要求,在相关体制上作出进一步的协调和配套安排,则相关的税法规制的基本合法性问题应当是不难解决的。

对于金融企业等各类营利性组织的税法规制,有许多是通过税收优惠的形式体现出来的。税收优惠对于各类营利性组织来说,是直接的收益,从而会直接影响相关企业之间的公平竞争,因而税收优惠的合法性问题同样非常重要。从金融企业来看,如果不同区域的金融企业之间,或者同一地区的内外资金融企业之间,或者同一行业的金融机构之间,所享有的税收优惠待遇不同,则必然会影响同一类型的金融企业之间的公平竞争,此类税收优惠的合法性也会受到质疑。尽管在政策性非常强的税法领域,基于政策立场不同,对于某些问题可以也可能存在诸多不同的看法,但在上述有关合法性问题的看法上,则应当能够形成基本的共识。这对于各类营利性组织都是适用的。

考虑到税收优惠之类的规制措施可能给企业竞争带来负面影响,考虑到过多、过滥的税收优惠在导致国家税式支出大量增加的同时,对于有效实施宏观调控、推行国家经济政策和社会政策并无大益,许多人士都强调要对税收优惠制度进行完善,以使这项税收规制手段具有合法性,同时具有实益性。这样,才能通过对具体企业的引导,来实现对整个行业、产业的引导,才能真正解决一些有价值的现实问题,如金融机构不良资产的处理问题、有问题的金融机构的处理问题,等等。

(五) 小结

以上只是简要地对营利性组织的税法规制问题作了探讨,尤其以对金融企业的税法规制为例,探讨了规制的目标与手段、规制的基本向度,即正面规制和负面规制问题,在此基础上,又探讨了税法规制的合法性问题,其中包括税收优惠的合法性问题。应当说,这是对各类营利性组织进行税法规制时都会遇到的基本问题。

依据可税性原理,一般的金融机构所从事的营利性行为,只要其行为不具有公益性,就应当征税。而中央银行不是企业,其所从事的行为是与宏观调控、公益性等直接相关的,因而其从事的金融行为虽然也具有收益性,但不具有可税性,因而不能对其征税。对于一般的金融企业所进行的税收优惠,主要是基于经济政策和社会政策的考虑,对各类金融机构所进行的税法规制,一定是与经济性、社会性、公益性等几个方面联系在一起而作出的一种综合的考量。这对于其他的各类营利性组织的税法规制也都是适用的。

此外,从更为广阔的财税法的角度来看,金融业也涉及很多财税法方面的问题。例如,对于金融风险、金融危机,财政是否要兜底?对于金融机构的改制,纳税人要承担多大的责任?对于这些问题,人们往往见仁见智。例如,对于当年中国银行和中国建设银行的改制,中央财政拿出450亿元是否合适,其合法性是否有问题,等等。诸如此类的问题还很值得研究。从财税法的角度看,对于金融企业或其他企业的规制的合法性问题,是需要始终注意的一个问题。

五、对非营利性组织的税法规制

在各类税法主体中,非营利组织是比较特殊的一类。其实,该类组织不仅在税法上,在其他的一些法律领域里,也往往被视为具有较大的特殊性。对于这样的特殊的非营利组织,如何进行税法规制,是一个在理论上和实务中都很值得关注的问题。

非营利组织作为各类不以营利为目的的组织的总称,在广义上也包括政府。但通常人们在探讨非营利组织的问题时,主要还是研究非政府的、非营利性的组织,即所谓第三部门。同时,对第三部门才涉及征税问题。为此,下面也着重探讨对第三部门的税法规制问题。

(一)问题的提出

随着经济的转轨和社会的转型,新兴的第三部门的发展日益令人瞩目,从不同的角度深入研究与其相关的问题是非常有价值的。为此,有必要在社会分配的背景之下,提出并分析对第三部门进行税法规制的若干问题,以揭示对第三部门进行税法规制的特殊性。

第六章 税法规制问题的典型探讨

从时下的发展来看,21世纪也许真的会出现"全球化结社革命"[①]。因为各国在经历着较为剧烈的社会变迁的同时,其第三部门确实得到了很大的发展。第三部门作为非政府性的、非营利性的社会组织的总称,是影响一国经济、政治、社会、文化的重要力量,并且,已经构成了整个社会分配中的特殊的"一元"或称"一极"。由于第三部门同政府、市场主体一样,也需要参与社会产品的分配和再分配,并且,分配会直接影响到其存续和发展,因此,在社会分配的背景之下对第三部门的相关问题展开分析,自然是非常必要的。

在这个"多极化"的时代,社会分配的重要性已日益凸显。同时,值得关注的是,税收作为社会分配的十分重要的手段,同作为分配主体的第三部门之间,存在着密切的互动关系:一方面,税收不仅可以直接影响第三部门自身收入的多少,而且也会直接影响到市场主体的收入的多少,从而会影响到市场主体可能向第三部门投入的多少,进而关涉到第三部门的存续和发展。另一方面,第三部门也同样会对税收产生影响。因为如果第三部门被确定为纳税主体,则第三部门就可能是增加税收的重要来源;如果第三部门不被确定为纳税主体,或者是享受减免税的待遇,则第三部门就会成为减少可征税收的重要主体。

上述互动关系表明,税收与第三部门不仅密切关联,而且是影响第三部门的存续和发展的重要因素,因此国家可以运用法律化的税收手段来对其进行规制,由此产生了有关第三部门的税法规制的一系列问题。限于篇幅,下面着重分析对第三部门进行税法规制的侧重点、出发点和作用点等问题。

(二)税法规制的三个要点及典型分析

1. 对第三部门进行税法规制的侧重点

由于规制是各国普遍采取的政策,因而对规制的研究也发展迅速,并

[①] "全球化结社革命"是美国学者李斯特·索罗门在其题为《全球化结社革命》的论文中提出的概念,他认为,如果说20世纪的特点是民族国家的兴起的话,则21世纪的特点就是"结社的全球化"。参见信春鹰、张烨:《全球化结社革命与社团立法》,载《法学研究》1998年第3期。

由此在经济学领域里形成了规制经济学。[①] 规制经济学以及公共经济学等相关经济学理论,为研究第三部门的税法规制问题奠定了重要的经济理论基础。在我国,规制理论也有了一定的发展。一些学者认为,"regulation"一词,若译成通常惯用的"管制""控制""调整""调控"等,都不符合原意,因此决定引进日本学者所创造的"规制"一词(也有人认为该词实际上在我国唐朝时即已存在),就像当年从日本引进经济学、会计学、银行等名词一样。[②] 但对于规制的含义,国内外学者的认识未尽一致。例如,有人认为规制仅是指狭义上的限制或禁止。[③] 而有人则认为还应包括积极的鼓励和促进。[④] 鉴于公共规制的立法和执法实际,如前所述,对税法规制也应在广义上理解为包括积极诱导和消极压抑两个方面。[⑤] 这对于认识第三部门的税法规制问题是很有意义的。

从上述广义上的理解出发,可以认为,所谓第三部门的税法规制,也就是通过税收政策及税收手段的法律化,来对第三部门的活动进行审时度势的调节。根据其活动是否符合法律和政策的要求,来进行积极的鼓励、促进或消极的限制、禁止。因此,从一般意义上的税法规制的含义来看,对于第三部门的税法规制应强调积极方面和消极方面"两手都要硬"。

但是,各国对第三部门的税法规制的现实却是"两点之中有重点"的。由于第三部门本身具有一定的特殊性(对此在后面还要谈到),因而从宏观上看,税法的规制并不均衡,而是有所侧重。从各国的立法和税法规制的实践来看,对第三部门进行税法规制的侧重点往往并非仅是强调如何限制和禁止(即某些学者所主张的狭义的规制),而恰恰是要强调对第三部门的一些积极方面给予鼓励和促进,以使其发挥提供公共物品,保障社会公益的"替代效应"。

[①] 规制经济学是20世纪70年代以来在西方国家发展起来的一个新兴的经济学分支学科。其中较为重要的著作有卡恩(A. E. Kahn)的《规制经济学》(The Economics of Regulation, 1970)、贝利(E. E. Bailey)的《法规性制约的经济理论》(Economic Theory of Regulatory Constraint, 1973)、植草益的《公共规制经济学》(1990)等。规制一词被学者理解为"有规定的管理"或"有法规的制约"。参见〔日〕植草益:《微观规制经济学》,朱绍文等译,中国发展出版社1992年版,第304页。

[②] 我国学者马洪、朱绍文等持此种观点。可参见同上书,中译本序和译后记。

[③] 参见同上书,第1页。

[④] 〔日〕金泽良雄:《经济法概论》,满达人译,中国法制出版社2005年版,第45—46页。

[⑤] 在探讨经济法的规制性的特征和建构经济法的市场规制法时,笔者也主要倾向于对规制作广义上的理解。这样理解也许更符合经济法和国际经济法的发展现实,也与国内的经济政策和各国在经济政策上的协调能够相一致。可参见张守文:《经济法原理》,北京大学出版社2013年版,第77—82页,等等。

第六章 税法规制问题的典型探讨

税法规制的上述侧重点,与整个税法规制的出发点直接相关。而税法规制的出发点,又源于第三部门本身的特点。

2. 对第三部门进行税法规制的出发点

从总体上看,第三部门的税法规制原理与一般的税法规制原理是一致的,但同时要注意第三部门自身特点决定的特殊性。而这种特殊性,正是对第三部门进行税法规制的出发点。

从理论上说,第三部门的主要特殊性在于其非政府性、非营利性。第三部门的非政府性,使其不能像政府那样通过征税等手段获取资金、财产,以作为自身运作的资金支持,因而有别于政府;第三部门的非营利性,使其不能通过以营利为目的的经营活动来获取收入,从而维持自身的存续和发展,因而又有别于企业等市场主体。但恰恰是这个既不同于政府,又不同于市场主体的第三部门,却对经济和社会发展起着重要的作用,例如,在第三部门中,社团是人民实现结社自由这一重要人权的主要途径和形式,它是在社会多元化的情况下实现或表达多元需求的重要渠道,其适度发展,不仅有利于促进社会稳定和社会发展,而且还有利于促进社会公平分配,提高社会财富的经济效益和社会效益,等等。因此,从总体上看,第三部门在一定程度上还具有公益性。由于第三部门具有一定的公益性,在某些情况下能够代替国家提供公共物品,满足公共需求,因而各国一般都采取鼓励其发展的政策,并在相关的立法上加以体现;同时,由于第三部门一般具有非营利性,因而相应地就要对其实行税收优惠的政策,并据此在税法上作出税收减免或征税除外等制度设计。

与上述第三部门的非政府性、非营利性和公益性相联系,国际通行的惯例是免征所得税,因为其收入并非通过营业活动取得的利润。当然,如果第三部门存在营利性收入,则同样应依法纳税。对此,许多发达国家的税法都有明确的规定。例如,美国税法规定某些非营利机构为"免税机构",包括教会、慈善机构、教育机构和互助会机构(如洛克菲勒基金会、福特基金会等),依法享受免税待遇。但同时也要求免税机构的规模不能过大,不能介入企业经营和公用事业。此外,一些新兴工业国家和发展中国家或地区的税法也都有类似的规定。例如,韩国的《所得税法》及《所得税法施行令》《法人税法》《继承税法》《增值税法》[①],新加坡的《所得税法》,我

---

① 相关的规定参见韩国《所得税法》第47条,《所得税法施行令》第96条,《法人税法》第18条,《继承税法》第8条,《增值税法》第12条等。

国香港地区的《税务条例》[①]，我国台湾地区的"所得税法""遗产及赠与税法""土地税减免规则""房屋税条例""营业税法"等[②]，也均有依第三部门的公益性和非营利性而予以相应的税收减免的规定。

此外，随着经济和社会的发展，免税机构本身也可能会有一些经营性收入，为此，美国税法还在有关公司所得税的制度中明确：所有免税机构可经营性收入都必须纳税。据此，除政府机关、公众集资兴办的大学和学院以外的所有免税机构，都可能因存在"无关经营的所得"而成为具体的纳税人。[③]

由此可见，国家对第三部门免税，与第三部门的非营利性和公益性直接相关。因为从基本的税收原理来看，国家征税实际上就是参与社会财富的分配和再分配的过程。在社会上创造财富的是那些以营利为目的的市场主体，而社团或者无力去从事营利活动，或者法律不允许其进行营利活动，因而当然也就不能向它征税。同时，由于第三部门具有一定的公益性，在一定程度上帮助政府提供公共物品，因而应鼓励其发展，对其予以免税。

3. 对第三部门进行税法规制的作用点

以上主要从宏观上分析了税法规制的侧重点和出发点，它有助于从制度层面来把握如何进行具体的税法规制。为此，下面从征税对象的角度分析对第三部门进行税法规制的作用点问题。

依据税收原理，有可能作为征税对象的，是纳税主体的各类收益，特别是各种收入。第三部门的收入依其来源，可分为捐赠收入、拨款收入和经营性收入等，其中以捐赠收入为最重要。由于第三部门中的许多具体机构，一般都离不开捐赠收入，同时，一些机构又不具备捐赠收入以外的收入，因此，许多国家的税法都对第三部门捐赠收入的税收问题着重作出规定。鉴于社团在第三部门中的主体地位及其广泛的代表性，下面以社团的三种收入的税收问题为主要例证，来从征税客体上说明第三部门的税法规制问题。

[①] 相关的规定参见新加坡《所得税法》第 13 条、第 37 条；我国香港地区《税务条例》第 12B 条、第 12BA 条等。

[②] 相关的规定参见我国台湾地区的"所得税法"第 4 条、第 11 条，"土地税减免规则"第 7 条、第 8 条，"房屋税条例"第 14 条、第 15 条，"营业税法"第 8 条，等等。

[③] 〔美〕约瑟夫·佩契曼：《美国税收政策》，李冀凯等译，北京出版社 1994 年版，第 182 页以下。

第六章　税法规制问题的典型探讨

第一，捐赠收入的税法规制。许多社团可能主要是靠捐赠来维持运作，并且，这些社团可能还要把所获取的捐赠款项再转给第三者①，在与社团有关的捐赠活动中，可能涉及三个方面的关系，以及三个方面的税收政策和税收立法：其一，涉及社团接受捐赠和使用捐赠资财的税收；其二，涉及捐赠者所捐赠资财的税收问题；其三，涉及社团再把受赠资财转给其他主体时，其他主体接受和使用资财的税收问题。对于上述三类主体，即捐赠者、受赠者（社团）、受益者（接受社团转来的受赠资财的主体）的捐赠的支出或收入，国家一般都是给予税收优惠的。例如，捐赠者对于其捐赠支出，可能能够享受到一定额度的税基扣除②；而社团的受赠所得，则因其是非营利的所得，且社团本身的活动不属应税活动，其所得也不是应税所得，故其受赠所得应予免税。

第二，拨款收入的税法规制。在现实生活中，一些社团能够取得国家的财政拨款，该拨款也不属于应税所得，就像各级政府的拨款所得不属于应税所得，因而不需要纳税一样。实际上，无论是企业所得税抑或公司所得税，主要都是对公司或者企业征收的，当然，对于从事经营活动的其他主体，同样可以征收企业所得税。由于社团获得的财政拨款所得不是营利性收入，因此，不是企业所得税的应税所得，不应纳税③。

第三，营利性收入的税法规制。社团的营利性收入与非营利性收入应当分开，这基本上也是各国的通例。如果社团从事经营活动并有经营收入，则同样也应缴纳所得税。同时，经营活动如果需要缴纳商品税等，则同样应当缴纳。此外，如果社团拥有相应的财产，在税收立法上，往往是对其财产作出相应的豁免，在有关的免税部分作出相应的规定。

上述的捐赠收入、拨款收入、营利性收入，是对第三部门进行税法规制的主要作用点。其中，前两种收入由于一般都会享受到税收优惠甚至不被纳入征税范围，因而体现了税法对第三部门的积极的促进。此外，在第三部门存在营利性收入的情况下，由于已经与第三部门应有的非营利

---

① 如著名的"希望工程"在救助贫困地区的失学儿童方面，就曾长期把所获捐赠再进行转赠；此外，诸如中华慈善总会等公益性社团在对灾区实施救助活动时也是如此。
② 根据我国《企业所得税法》第9条规定，企业发生的公益性捐赠支出，在年度利润总额12％以内的部分，准予在计算应纳税所得额时扣除。
③ 根据我国《企业所得税法》第7条规定，收入总额中的下列收入为不征税收入：(1)财政拨款；(2)依法收取并纳入财政管理的行政事业性收费、政府性基金；(3)国务院规定的其他不征税收入。

性相违背,因而要对其经营行为作出消极的规制,即要视同于一般的企业来进行征税。

可见,对社团的税法规制与对企业的税法规制存在着明显的差别,这主要导因于社团是非营利性的组织,而企业则是典型的营利性组织。此外,对社团的税法规制也不同于对政府的税法规制,因为在现实中,社团可能还要从事一些经营活动,而从理论和原则上说,政府不仅绝对不应营利,而且原本就应当是不从事经营的。从总体上看,社团的税法地位介于企业与政府之间,并且,在很大程度上是偏向于政府的税法地位,这也是为什么许多国家在税法上规定社团税收的诸多豁免的重要原因。

4. 对社团的捐赠税收问题的典型分析

社团是第三部门的最典型的代表,在社团的诸多收入中,捐赠收入是非常大的一个进项,因此各国税法对于捐赠收入的规定也相对较多,并形成了社团的"捐赠税收"问题。对此有必要进一步进行具体的典型分析,这有助于进一步说明第三部门的特殊性及由此带来的税法规制的出发点和作用点的特殊性。

在社团的所得税方面,对于捐赠资财的免税是非常重要的。而税法之所以对其给予免税的待遇,其理由主要有:(1)向社团捐赠资财,尤其是向具有较强的公益性的社团的捐赠,是一种公认的善举、义举,是符合社会公认的道德的,因而国家在法律上对于这种行为应予鼓励,体现在税法上,就是对其捐赠行为要作出相应的免税规定。(2)捐赠的资财是捐赠者的所得,本来是应当构成应税总所得的组成部分一并来纳税的,但由于这部分已经捐赠出去,因而应当从应税的总所得中扣除。(3)国家之所以鼓励向社团捐赠,是因为社团是非营利性的组织,同时又具有重要的作用;但如果向营利性的组织捐赠,则国家就不予免税。(4)为了保障税基,使得所得税的计算更为合理,防止避税,税法一般要求捐赠要有一个合理的限度,包括受赠的主体、捐赠的数量及其在捐赠者应税所得中的比重等,这能够使相应的资财在国家、捐赠者和受赠者之间有一个平衡,对于经济和社会的发展也才更为有利。

可见,尽管捐赠资财本来属于应税所得,但基于上述理由,若给予捐赠者免税待遇,则可以使其免去既要捐赠又要对捐赠的资财纳税的双重负担,从而较为公平;与此同时,由于捐赠可以树立捐赠者的良好社会形象,因而在税法上鼓励捐赠对于各方都是有好处的。正因如此,许多国家对捐赠者的捐赠支出都作出了免税的规定。例如,美国税法规定,允许私人慈善捐赠作为个人开支从其"经过调整后的毛所得"中扣除。①

除了上述的对于捐赠资财的免税以外,还有对于受益者的所得免税的问题。本来受益者接受捐赠资财便产生了所得,但由于受益者恰恰是需要捐赠的主体,因而对于该所得,一般不列入应税所得之中,不予征税。通常,列入税法的征税对象的所得主要是经营所得、劳务所得、投资所得、资本利得,捐赠所得不在其中,因而在各国一般都不征税。据此,无论是社团作为受益者,还是社团又把所得捐赠转给其他受益者,受益者所得到的部分都是应当免征所得税的。例如,依据日本的《法人税法》,对于非营利组织得到的捐赠收入等所得,通常是给予免税待遇的,同时,日本《继承税法》规定,对于法定的非营利性的、公益性的事业,因继承或遗赠而取得的财产,只要用于实现其目的方面,也都是免税的。②

其实,社团的捐赠税收不仅涉及所得税,而且也包括其他税种,如社团接受捐赠的关税或进口环节税,社团财产的财产税等。在这些方面,各国在税法规定上一般都是给予免税待遇的。

(三)我国有关第三部门的税法规制问题

1. 值得研究的几个问题

由于国内对第三部门的税法规制问题的研究十分欠缺,因而可以从税种、主体等多种不同的角度来进行研讨。从主体的角度说,主要包括三个方面:一是与第三部门密切相关的企业的税收问题,包括企业向第三部门捐赠的税收问题(与此相类似的是个人向第三部门进行捐赠的税收问题),以及第三部门所属的企业的税收问题等;二是第三部门本身的税收问题,主要是第三部门自身的各种收入的税收问题;三是从第三部门的活动中受益的第三方的税收问题。

针对上述三种情况,我国 2016 年 9 月 1 日起实施的《慈善法》都有明确规定。例如,针对第三部门本身的税收问题,该法第 79 条规定:"慈善组织及其取得的收入依法享受税收优惠"。针对捐赠人的税收问题,该法第 80 条规定:"自然人、法人和其他组织捐赠财产用于慈善活动的,依法

---

① "经过调整后的毛所得"(adjusted gross income,AGI),是在个人的全部所得中扣除不予计列的项目后,再减去必要的费用开支得出的。可参见孙仁江编著:《当代美国税收理论与实践》,中国财政经济出版社 1987 年版,第 19、29 页。

② 相关的规定参见日本《法人税法》第 7 条和《继承税法》第 12 条、第 21 条等。

享受税收优惠。企业慈善捐赠支出超过法律规定的准予在计算企业所得税应纳税所得额时当年扣除的部分,允许结转以后3年内在计算应纳税所得额时扣除。境外捐赠用于慈善活动的物资,依法减征或者免征进口关税和进口环节增值税"。针对受益人的税收问题,该法第81条规定:"受益人接受慈善捐赠,依法享受税收优惠"。

可见,与第三部门相关的税收问题是很复杂的,但总体上国家都采取鼓励的态度,并在制度上作出相应安排。考虑到第三部门本身的税收问题是本部分研究的重点,因而下面特别提出几个值得关注的重要问题:

第一,纳税主体资格问题。

第三部门是否属于企业所得税的纳税主体,其收入是否属于企业所得税的征税范围,这是在探讨第三部门的税收问题时首先要涉及的。其实,这些问题既是重要的税法理论问题,也是直接关系到第三部门的切身利益和长远发展的现实问题。税法如何规定,直接反映了国家对于第三部门的态度:或者是鼓励、促进,或者是限制、禁止,或者是放任自流,不予干预。实际上,也就是反映了国家的税法规制的精神。

依据我国过去实施的《企业所得税暂行条例》及其《实施细则》的规定,事业单位、社会团体这些通常被归于第三部门的组织,只要是有应税所得,即生产经营所得和其他所得,即可成为企业所得税的纳税人。此外,依据我国现行的《企业所得税法》及其《实施条例》的规定,企业所得税的纳税人是在我国境内的企业和其他取得收入的组织,其中包括事业单位和社会团体。由上述的法律规定可知,第三部门能否成为企业所得税的纳税主体,必须视其是否符合法定条件而定。只有那些取得收入(包括过去规定的生产经营所得和其他所得)的事业单位和社会团体,才能成为企业所得税的纳税人。一旦有法定收入,作为第三部门的主要代表的事业单位和社会团体,就必须依法缴纳所得税。

第二,制度的独立性问题。

在税收立法上,我国对于第三部门的税收问题并不重视,并未确立一套适用于第三部门的独特制度,其有关规定往往是散见于各类法律、法规、规章之中,这种立法状况与第三部门迅速发展的现实是不相适应的。与立法上的滞后相适应,有关第三部门的税法问题的研究也一直是滞后的,应当说,这些都不利于第三部门的税制建设。

第三,捐赠对计税依据的影响。

无论是企业还是社会团体、事业单位,都可以依法扣除一系列的项目,其中,捐赠支出尤其值得注意。因为就一般的企业而言,捐赠支出是企业与第三部门发生联系的重要渠道。但就我国税法的规定而言,并非所有捐赠支出都可以从应税所得额中扣除,而往往是限定捐赠的性质和数额的。例如,捐赠必须是具有公益性的,才能在法定限额内扣除①。

第四,收入来源对税法规制的影响。

在我国,社会团体、事业单位(以下都统称为社团)的收入应首先分为两大类,即应税收入和非应税收入。其中,应税收入是指应当缴纳所得税的各种收入;非应税收入是指不在征税范围之内的财政拨款以及其他可享受免税待遇的收入。② 可见,我国的情况同国外的相关立法基本上是一致的,即都强调要对社团的收入区别对待。只不过国外的立法更强调在立法上对社团的非应税收入作出免税或豁免的规定,而我国立法中的此类规定则相对较少或极少,甚至更强调对社团的收入征税。这可能与我国社团发展的现实状况(包括其成熟度、资金来源等)以及经济和社会发展的水平有关。

事实上,我国的社团发展甚为迅速,但相对说来成熟度不够。在资金来源方面也甚为复杂。例如,有些社团能够获得国家的财政支持;有些社团能够得到为数不多的、不稳定的捐赠收入;有些社团则主要是靠自己的生产、经营来维持存续,而且这种社团不在少数。也正因如此,我国的企业所得税立法明确将有生产经营所得和其他所得的社团确定为纳税主体,而不是仅对企业才征收企业所得税。

根据我国以前实施的《企业所得税暂行条例》等规定,凡经依法注册、登记的事业单位和社会团体,其取得的生产经营所得和其他所得,应一律按有关规定,征收企业所得税。亦即社团除了非应税收入以外的一切收入,都应当并入收入总额依法纳税。应当说,这是对社团征税的一般原则,同对于企业的一般要求是一样的。上述原则表明,当社团存在营利性收入时,我国税法也是对其视同一般的企业来对待的。

此外,由于社团在根本上毕竟还有一些不同于企业的特殊之处,因此

---

① 例如,根据我国《企业所得税法》第9条规定,企业发生的公益性捐赠支出,在年度利润总额12%以内的部分,准予在计算应纳税所得额时扣除。而该法的第10条则规定,上述捐赠以外的其他捐赠支出不得扣除。

② 鉴于社会团体、事业单位在所得税方面存在的一些特殊性,为了弥补有关税收立法的不足,财政部和国家税务总局于1997年10月专门下发了《关于事业单位、社会团体征收企业所得税有关问题的通知》,对社会团体和事业单位的所得税问题作出了较为全面的规定。

在税法上也必须要体现出这种特殊性。这主要体现为有关对社团收入免税的一些规定。我国以前规定可以享受免税待遇的社团收入主要包括：(1) 各种财政性资金收入[①]；(2) 事业单位取得的用于事业发展的专项补助支出，以及从其所属独立核算经营单位的税后利润中取得的收入；(3) 社会团体取得的各级政府资助；(4) 按照省级以上民政、财政部门规定取得的会费；(5) 社会各界的捐赠收入。我国现行《企业所得税法》第7条规定，收入总额中的下列收入为不征税收入：(1) 财政拨款；(2) 依法收取并纳入财政管理的行政事业性收费、政府性基金；(3) 国务院规定的其他不征税收入。这些规定对于社团当然也是适用的。

上述规定体现了社团及其收入的特殊性，不仅合乎国际惯例，也在很大程度上考虑了我国的国情，特别是财政体制的情况，以及社团发展的情况等。为了确保有关免税或不征税制度的有效实施，根据实质课税原则，必须把应税收入同非应税收入分开。

2. 在税收立法上需注意的几个问题

要有效地对第三部门进行税法规制，必须注意提高相关税收立法的质量。为此，应加强立法上的协调，提高立法的级次，同时还需注意以下几个方面：

第一，在税收立法中要突出第三部门的独特地位。

第三部门不同于一般的市场主体，因而在税收立法上也应有其特殊地位。各国一般都在税收立法中用一定的篇幅来规定第三部门的税收问题，特别是有关第三部门的捐赠问题，这对我国的税收立法是很有借鉴意义的。我国过去在立法上往往只是着重规定参与市场经济活动并有相关收入、所得、财产的企业和个人的纳税义务，而随着不同于市场主体的第三部门的发展，第三部门应否成为纳税主体，以及在作为纳税主体的情况下，是否要承担具体的纳税义务，都需要在税法上作出规定。为此，应突出第三部门的地位，在有关税收优惠或者税法的适用除外规定方面，对第三部门作出专门的规定，以形成有关第三部门的一套税法制度。

第三部门的税法制度的独特性是相对的，其与普通市场主体的税法

[①] 这里所说的财政性资金，主要包括经国务院及财政部批准设立和收取，并纳入财政预算管理或财政预算外资金专户管理的政府性基金、资金、附加收入等；经省级以上政府批准，或者经省级财政、计划部门共同批准，并纳入财政预算或财政预算外资金专户管理的行政事业性收费；经财政部核准不上缴财政专户管理的预算外资金。

制度的不尽相同之处表现在:第三部门的许多活动具有非营利性或公益性,因而在税法上应确立相应的税收减免制度,或者对其收入不征税的适用除外制度;而对第三部门从事的营利性活动,则因其性质与一般市场主体的营利性活动无异,故应与普通市场主体的税收制度一体适用。

第二,在税收立法中应更好地体现国家对第三部门的政策。

从某种意义上说,税法就是税收政策的法律化,故在税收立法上应适当地体现那些稳定的、行之有效的税收政策。既然各国对第三部门一般都采取规制政策,因而对于国家实行鼓励政策的领域,就需要考虑税收优惠制度的适用;而对于国家实行限制政策的领域,则在立法上要考虑是否实行税收重课措施。

例如,我国的《公益事业捐赠法》规定,国家鼓励自然人、法人或者其他组织对公益事业进行捐赠。这实际上也是国家对公益事业实行鼓励政策的体现。为此,在税收立法上也要有相应的鼓励措施,以求既鼓励市场主体向第三部门作出捐赠,又鼓励第三部门向有关的受益主体实施捐赠或转赠。我国现行的税法尽管也有一些相关的优惠规定,但同其他的一些国家或地区的有关税法规定相比,我国的鼓励力度是相对较小的。这当然有国家税收收入政策上的考虑,但由于第三部门具有代替政府提供公共物品等特殊的公益性价值,因此,从一定意义上说,市场主体向第三部门进行捐赠,在客观效果上类似于向国家缴纳税款。正因如此,国家对这种捐赠仍然应当大加鼓励,特别是对企业、个人捐赠的扣除比例可以再进一步地提高。这样,有助于企业和个人更多地去向教育、科研、文化、卫生、体育、环保等事业进行捐赠,而这些事业恰恰是国家在很大程度上要办好的事业;这些事业得到更多的捐赠,从而更好地发展,对于国家与国民、社会与经济的发展等,都是大有裨益的。

第三,应全面贯彻税收法定原则。

由于第三部门已成为社会分配的重要一元,同样要受到税法规制,因此,如何坚持税收法定原则就显得非常重要。

事实上,税法是一种侵权性规范,它直接触及纳税主体的财产权,因而必须由代表国民的议会来决定是否可以征税。"无代表则无税",这已是被广泛接受的重要原则。因此,有关第三部门的征税问题,亦应实行"议会保留原则"。在我国,税收立法权高度集中于中央,有关第三部门的税收立法权就应当由全国人大行使(除非全国人大授权给国务院)。即使是授权立法,也不应范围过大或持续时间过长。① 从总体上看,我国在有关第三部门的税收立法上一直未能很好地贯彻税收法定原则,这是一个重要缺失。因此,必须在未来的立法上加以补足,否则会带来诸多问题。

税收法定原则具体包括的三个原则,即课税要素法定原则、课税要素明确原则和依法稽征原则,适用于税收的立法、执法、司法、守法等方方面面,只有有效地贯彻上述原则,有关第三部门的税收立法和税收活动中存在的一些问题(包括立法上的不协调等),才可能更好地得到解决。

(四) 小结

第三部门的税法规制问题是一个长期被忽视的、涉及面很广的重要问题。前面只是着重探讨了其中的几个基本问题,特别是对第三部门进行税法规制的侧重点、出发点和作用点问题,意在说明其特殊性。通过对有关第三部门的税法规制问题的探讨,不难发现这一问题的特殊性和复杂性。希望这些探讨能够起到引玉之砖的作用。

此外,在上述的探讨中,实际上还隐含着对另一个问题的探讨,即第三部门的"可税性"问题(对此前面的相关部分已有探讨)。当第三部门中的一些机构存在非营利性和公益性时,是不具有"可税性"的,一般不能对其征税,或者要给予免税待遇;但当其存在营利性、非公益性时,则是具有"可税性"的,要把它视为企业一样来征税。可见,在具有可税性和不具有可税性的情况下,对第三部门进行规制的侧重点是不同的。而对于可税性问题的探讨,实际上已涉及税法理论中的核心区域。如能深入探讨第三部门的税法规制问题,定会有助于进一步发现可税性理论的要义。

六、税法规制的博弈分析

前面从行为规制和主体规制的角度,分别探讨了不同类型的规制,但无论是对税收逃避行为、欠税行为、内部交易行为等方面的规制,还是对营利性组织与非营利性组织的规制,都涉及不同主体的利益,从而必然会存在不同主体为了自身利益而进行的税收博弈,类似的博弈在整个财政法领域的各个主体之间都存在,因此,对于上述各类税法规制,以及整个

---

① 相关具体研讨可参见张守文:《"结构性减税"中的减税权问题》,载《中国法学》2013年第5期。

财税法的调整,都可以进行博弈分析。

博弈分析作为一种重要方法,能否以及如何适用于税法规制的研究,是一个首先需要回答的问题。为此,下面将先探讨博弈分析的基础和前提,并对适用于税法规制研究的博弈分析方法作出选择,在此基础上,再运用这些方法,探讨税法规制乃至整个财税法调整方面的一些具体问题,以求有益于税法规制乃至整个财税法制度的完善。

(一) 博弈分析的基础和前提

亚当·斯密曾经指出,在人类社会的大棋盘上,每个个体都有其自己的行动规律,和立法者试图施加的规则不是一回事。如果它们能够相互一致,按同一方向作用,人类社会的博弈就会如行云流水,结局圆满。但如果两者相互抵牾,则博弈的结果将苦不堪言,社会在任何时候都会陷入高度的混乱之中。①

斯密的上述论述,揭示了政府干预对于博弈结果可能产生的影响,从而很好地说明了影响博弈的因素、政府在社会博弈中的作用,以及充分发挥个体自由作用的重要性,这有助于理解财税法调整(包括前述的税法规制)的许多问题,也有助于说明进行博弈分析的重要性。

其实,博弈论之所以能够作为一种重要的方法论,广泛适用于法学、经济学等诸多领域的研究,就是因为博弈论是以相关主体的行为为研究对象的,要研究相互影响的各类主体如何决策、如何行为,以及这些行为会有何种结果之类的问题。这种研究对象在实质上的共通性,既是在法学研究中进行博弈分析的基础,也是其他相关学科领域里能够进行博弈分析的基础。

一般说来,对税法规制问题或整个财税法调整问题进行博弈分析,需要具备如下几个基本的前提:

首先,由于整个博弈过程涉及博弈主体、博弈规则和博弈结果,因此,要进行博弈分析,就要有博弈主体存在。各类主体(如征税主体和纳税主体)之所以会从事博弈行为,主要是因为各类主体都是"理性人",都追求一定的目标和结局,都追求某方面利益的"最大化",因此,都会为实现一定的目标而采取相关的决策。只有这些主体存在自己的独立地位、独立利益或独立的目标追求,才有可能从事博弈行为。没有博弈主体及其博

---

① 参见〔英〕亚当·斯密:《道德情操论》,蒋自强等译,商务印书馆1997年版,第302页。

弈行为,就不可能进行博弈分析,这是博弈分析的第一个前提。而这个前提,同"利益主体假设"是有内在关联的。①

其次,各类理性主体之间一定要存在"互赖与互动"的关系。② "互赖与互动"的关系,是博弈分析的又一个重要前提。如果各类主体不存在任何关联,就无法发生相互之间的博弈,也就无法对其进行博弈分析。从现代社会的发展来看,"互赖且互动"是一个普遍的现象,各类主体之间的联系越来越紧密,并形成了各类网络,也就是法学研究上所关注的各类社会关系所织成的网。从财税法的角度说,财税博弈主体,也就是某种财税关系的主体,如征税主体和纳税主体、上级财税机关与下级财税机关,等等。

再次,相关的理性主体,都被作为个体来看待。这也是进行博弈分析的一个前提。据此,政府或具体的财税机关,同具体的纳税人一样,也都被作为个体来看待。博弈分析的目的,就是透过个体之间的博弈,探寻可能的博弈结果,以寻找最优的战略或解决问题的方法。

明确了博弈分析的基础和前提,就可以进一步选择和运用博弈分析方法,对税法规制问题进行博弈分析。

(二) 博弈分析方法的选择

博弈分析方法的形成,在很大程度上要依托于博弈论所提供的思想和方法,由于财税法问题还有自己的一些特殊性,因此,适用于对税法规制或整个财税法调整进行博弈分析的方法,应当是在传统博弈论方法的基础上,经过再提炼和选择而形成的一些方法。

1. 博弈分析中可能用到的一些基本概念

一般认为,博弈论(game theory),或称对策论,是研究主体行为发生直接互动时的决策以及如何实现决策均衡问题的理论。它关注的是主体在发生交互作用时的个体选择问题。由于世界是普遍联系的,人们生活在互赖且互动的现实网络之中,因此,个体的决策行为必然会发生相互影响,博弈行为也就无所不在。如国家与国家之间的关系、中央政府与地方政府之间的关系、企业与消费者之间的关系,等等,都是博弈关系,从而使

---

① 参见张守文:《经济法学的基本假设》,载《现代法学》2001年第6期。
② 这种互赖与互动非常重要,社会要通过权利的配置来控制和协调人类的相互依赖性,解决他们的利益分配问题。参见〔美〕斯密德:《财产、权力和公共选择:对法和经济学的进一步思考》,黄祖辉等译,上海三联书店、上海人民出版社1999年版,第6页。

第六章 税法规制问题的典型探讨

博弈论的方法可以有广泛的适用余地。

对于众多的博弈行为,可以作出多种不同的分类。博弈首先可以分为合作博弈(cooperative game)和非合作博弈(non-cooperative game)。一般认为,如果人们之间的互动行为能够达成一个有约束力的协议(binding agreement),就属于合作博弈,反之,就是非合作博弈。例如,在同一市场上,如果相互竞争的几个大企业之间能够达成协议,并各自执行,就是合作博弈;如果它们虽然达成了协议但却仍然各行其是,就是非合作博弈。合作博弈强调的是团体理性,非合作博弈强调的则是个人理性(或称个体理性)、个人最优决策,其结果可能有效率,也可能无效率。当前的博弈论研究一般都是侧重于非合作博弈。[①]

在博弈论中,通常较为重要的分类是,按照博弈主体的信息是否完全,把博弈分为完全信息博弈和不完全信息博弈。此外,按照博弈主体行动是否有先后顺序,还可以分为静态博弈和动态博弈。其中,静态博弈是博弈主体同时行动,或者后手不知前手采取何种行动情况下的博弈[②];动态博弈是博弈主体的行动有先后顺序,且后手能够观察到前手行动情况下的博弈。

上述两大分类,可以再组合成博弈论中的四种具体分类,即完全信息静态博弈、完全信息动态博弈、不完全信息静态博弈和不完全信息动态博弈。与这四种博弈分类相对应的,是四种重要的均衡,它们分别是纳什均衡、子博弈精炼纳什均衡、贝叶斯纳什均衡和精炼贝叶斯纳什均衡。这四种均衡,都属于纳什均衡,只不过从前向后,都是一种包含与被包含的关系;越是后面的纳什均衡,就越"精炼",因为它是从一般的纳什均衡中层层提炼出来的。

在上述的分类中,已经涉及博弈论中的某些基本概念,如博弈主体、行动、信息、均衡等。除此以外,博弈论中还涉及策略、报酬等。按照一般的解释,所谓博弈主体(players),或称参与人、局中人、玩主,是博弈中通过行动来实现自己效用最大化的决策主体(可能是个人、团体);所谓行动(actions),是参与人在博弈中某个时点的决策变量;所谓信息(informa-

---

[①] 参见张维迎:《博弈论与信息经济学》,上海三联书店、上海人民出版社1996年版,第3—5页。

[②] 这里的"静态",是指所有参与人同时选择行动且只选择一次。"同时行动",是信息上的概念,而不是通常的时间概念。只要后手不知道前手的行动,就属于同时行动。

tion),是博弈主体所拥有的与博弈有关的知识;所谓策略(strategies),或称战略、对策,是博弈主体根据相关信息决定如何行动的规则或方案;所谓收益(payoff),或称报酬、支付,是博弈主体在博弈中能够获取或期望获取的效用水平,是其真正关心的东西;所谓结果,是博弈分析者感兴趣的要素的集合;所谓均衡(equilibrium),或称均势,是所有博弈主体的最优战略或行动的组合。①

上述基本概念非常重要。在博弈分析中,它们是用来进行相关研究的基本术语;在提炼博弈分析方法方面,它们也同样是重要的范畴。从博弈论的角度来看,进行博弈分析的目的,是"适用博弈规则来决定均衡",是预测合理行为的方式;从法学的角度来说,则要分析各类法律主体可能从事的行为,以及法制建设的实效。

2. 博弈分析的具体方法

上述博弈论中的基本概念,所涉及的都是博弈过程中的一些重要问题,对于这些问题,可以展开具体分析。但从法学研究的角度来说,在对博弈活动各类要素的分析中,相对更为重要的,是博弈主体分析、博弈信息分析、博弈收益分析和博弈均衡分析,而博弈行动分析、博弈战略分析等可以分别归入上述的相关分析之中,从而形成各种具体的博弈分析方法。鉴于上述几种博弈分析方法对于税法规制的研究更为重要,下面就对其分别略作探讨。

第一,博弈主体分析。

博弈论的研究表明,各类主体都可以作为独立的个体来看待,这些主体都有自身的利益或追求,都是"理性人"。因此,各类主体为了自身的利益或追求,实现各自的目标,可能会从事各种各样的博弈活动,从而成为博弈主体。

博弈主体分析方法强调:各类主体,无论其从事哪类活动,只要是与不同的利益主体发生互动关联,就会形成博弈关系,成为博弈主体,从而就可以对其进行博弈分析。从个体主义的方法论来看,无论在理论上多么宏大、多么大公无私的主体,都是为了实现自己的博弈收益而采取相应策略的主体,都是有自己独立利益追求的博弈主体。因此,对于从事税收

---

① 博弈论中的均衡,同通常的均衡是不同的。一般均衡理论所说的均衡,实际上是均衡的结果,而不是均衡本身。均衡是一种战略组合。参见张维迎:《博弈论与信息经济学》,上海三联书店、上海人民出版社1996年版,第12、46、54页。

第六章　税法规制问题的典型探讨

规制行为的政府部门,对于从事非营利行为的第三部门,都可以像对企业或其他独立个体一样,将其等同于一个博弈主体来看待。事实上,许多重要的理论创新,如公共选择理论等,都是以这种个体主义的方法论为基础的。

　　与此同时,博弈主体的分析,还有助于进一步研究有关主体利益的问题。由于诸多原因,在涉及个体利益与公共利益关系的时候,如何来看待个体利益,往往是以往学界争论的重要焦点。而从博弈主体的角度来看,个体利益是最为基础的,如果没有个体利益,也就没有在此基础上形成的所谓的公共利益。因此,公共利益和个体利益究竟哪个应该优先,在什么情况下应当优先的问题,通过博弈主体的分析,就能够得到一定程度上的解决。事实上,即使是通常的"公共利益的代表",也同样会有自己的个体利益,只不过同一般的个体利益相比,在某些方面可能存在一定的差别而已。但是,从个体主义方法论或博弈论的角度来看,恰恰是个体的利益,才是博弈主体进行博弈行为的动力,才是其绞尽脑汁不断变换和实施博弈策略的重要推动力,也正是整个社会不断前进的重要原因。在税收博弈之中,征税机关要想方设法地把该征的税收征上来,要尽量防止税收流失;而纳税人为了其自身的利益,则普遍地存在着税收逃避或欠税的动机,这些都在一定程度上体现了运用个体主义方法论的必要性。

　　近些年来,有些研究者在比较多地运用个体主义的方法论。尽管也曾有人注意到理性的个人行为可能导致"集体的非理性",但在制度建设上,不是要否认个体理性,而是应强调设计一种适当的机制,以在满足个体理性的前提下,实现集体理性。为此,在财税领域需要解决个体利益与公共利益的问题时,在纳税人的私人利益与国家、社会公益发生冲突时,应当在前述的"两权分离主义""税收法定主义"的要求之下,有效地协调好各类矛盾冲突,解决好各类财税宪政问题。

　　第二,博弈信息分析。

　　在博弈活动中,信息至为重要,它使完全信息博弈和不完全信息博弈,成了一种重要的博弈分类。而信息是否完全,不仅会直接影响到博弈主体的战略选择,也会影响到其博弈收益,以及最终的协调和均衡。

　　信息的不完全、不对称,是普遍存在的情况。在各类主体进行的博弈中,谁拥有更完全的信息,谁就可能在竞争或博弈中居于主导地位,获取更多的博弈收益。但是,由于信息偏在问题的大量存在,使得机会主义的问题非常突出,因而在许多博弈主体之间,道德风险或逆向选择的问题加剧,并突出地体现在相关主体所从事的法律行为中。在财税法领域,如果加强博弈互动中的信息分析,特别是其中的道德风险和逆向选择问题的分析,则有助于理解财税法实施过程中的许多问题。

事实上,博弈信息分析已经带来了理论的大发展。例如,在经济学领域,博弈信息分析推动了信息经济学的产生。与此类似,法律的信息分析也很重要。如在企业法或公司法领域,在宏观调控法或市场规制法领域,在财政收支、税收征纳、政府采购等领域,都涉及大量的信息问题,因而在研究税法规制问题时,进行博弈信息分析也是比较适宜的。

第三,博弈收益分析。

博弈收益,是每个博弈主体最为关心的。如前所述,每个博弈主体作为独立的个体,都有自己的切身利益,其从事相关博弈活动的目的,就是为了获取一定的博弈收益,实现自己的预期目标。但是,博弈收益问题在传统博弈论中似乎并没有被放到很重要的位置,而在现实生活中,却恰恰非常重要。

法律调整的是人们的行为,而人们从事博弈行为,则是为了追求一定的目的。为此,法律研究必须关注人们的行为及其目的,必须关注行为、权利,以及权利背后的利益。既然人们的行为都是为了实现一定的权利,并进而获取相应的利益,因而进行博弈收益分析,就有助于更好地把握各类主体为实现其利益所作的各种努力,并可以从法律角度作出肯定或否定的评价。由于财税法是典型的分配法,对于相关主体的利益影响巨大,因而进行博弈收益分析是非常必要的。

第四,博弈均衡分析。

博弈均衡分析,是博弈分析中非常重要的一种方法。事实上,前面谈到了博弈的四种分类,每一种分类都针对一种均衡。而在各种均衡中,最重要、最基本的,就是纳什均衡。作为博弈论中最重要的概念,纳什均衡被广泛地用来揭示博弈论上的许多问题,而其他各类均衡,都是它的进一步发展。

纳什均衡,作为纳什教授在非合作博弈领域最重要的贡献,通常是指由所有博弈主体的最优战略所组成的战略组合,即如果他人的战略既定,便没有任何一个博弈主体愿意选择其他战略。由于此时每个主体自认为是选取了最优战略,是对其最有利的时局,因而没有人愿意打破这种均衡(或称僵局)。由于各方的战略势均力敌,是一种均势状态,因而是有约束力的,是可以自动实施的①。

著名的"囚徒困境",是各类博弈论著作几乎都要提及的博弈案例。在囚徒各自都选择"坦白"作为最优战略的情况下,就形成了一个纳什均衡。这个案例有助于分析财税法上的一些问题,对此在后面还会谈到。此外,为了给其他博弈主体的认识造成一种不确定性,有时博弈主体还可能采取多种战略组合,形成随机应变的混合战略,诸如"打扑克"之类的博弈,就属于混合战略纳什均衡的博弈。分析此类博弈,同样有助于解决财税法上的一些现实问题。

另外,在动态博弈的情况下,博弈存在先后顺序,这就涉及子博弈精练纳什均衡的问题。顾名思义,此类纳什均衡,是对上述纳什均衡的一种提炼和剔除,因而作为子集,它一定属于纳什均衡。德国学者泽尔腾提出的子博弈精练纳什均衡,是纳什均衡概念的一个重要改进,其目的是把动态博弈中的合理纳什均衡与不合理的纳什均衡分开。作为一种动态考察,它要求博弈主体具有一种"序贯理性",即保持一种"动态的一致性"。这种分析对于研究政府的宏观调控和市场规制的制度建设等问题,特别是财税法领域的调控或规制问题,很有借鉴意义。此外,由于此类均衡所针对的是动态博弈,可能存在多次重复博弈的情况,因而还涉及博弈主体的声誉、诚信等问题。这些问题的研究对财税法的完善同样具有较为重要的价值。

以上选择的四种博弈分析方法,对于研究税法规制问题乃至整个财税法调整问题都非常重要,下面就运用这些方法,结合财税法调整(特别是税法规制)的一些具体问题作简要探讨。

(三) 博弈分析方法的应用

上述各类博弈分析方法,均可应用于财税法研究。在四种博弈分析方法中,由于博弈均衡分析更具有博弈论的特色,因而下面将着重探讨博弈均衡分析的应用问题,然后再简要探讨其他分析方法的应用,从中不难发现借鉴博弈分析方法对于财税法研究的重要价值。

---

① 上述博弈分析方法的具体分析可参见张守文:《经济法理论的重构》,人民出版社 2004 年版,第 141—145 页。

1. 博弈均衡分析方法的应用

(1)"囚徒困境"问题。

著名的"囚徒困境"博弈模型,说明了两个犯罪嫌疑人在不能互通信息的情况下,各自基于自身利益最大化的考虑,选取了互不合作的"背叛"战略,他们坦白罪行但却未得到最佳收益。

"囚徒困境"反映了个体理性与集体理性的矛盾,反映了个体利益与整体利益的冲突。这类似于财政法上的个体营利性和社会公益性的矛盾。因此,它可以用来解释财税法上的一些问题。

例如,财税法存在的必要性,就是因为国家要提供公共物品。不仅国家需要通过财税法制度的有效实施,来向社会公众提供公共物品,而且财税法制度本身就是国家提供的公共物品。为什么公共物品需要由国家或政府来提供,为什么需要有财税法的调控或规制(这也是一种公共物品)?从博弈分析的角度来看,公共产品的供给,往往被看做是一个囚徒困境问题。[①] 尽管大家都知道,公共物品是每个个体都需要的,因而大家都应付费,但由于公共物品在消费上的非排他性和非竞争性,致使"搭便车"的博弈行为普遍存在,因此,公共物品便成了每个个体或者无法提供,或者不愿提供的东西,每个个体的最优战略都是"蹭车""借光",并形成一种纳什均衡。这种纳什均衡,是所有的市场主体都不愿意打破的。要解决由此形成的公共物品无人提供的僵局,就必须由"局外人"——国家或政府来出面解决,从而形成了国家的职能,产生了对财政、税收等方面的需求,以及对税法规制等财税法调整的需求,等等。因此,市场主体在公共物品提供方面所形成的"囚徒困境",为政府职能的形成和发挥,为财税法的调整,提供了一个分析的视角和基础。

"囚徒困境"模型表明,一种制度,无论是正式的规则还是非正式的规则,无论是什么性质的协议,要发生效力,就必须是纳什均衡。[②] 因此,财税法的实效如何,各种财税法制度的可操作性、可执行性如何,都可以看这些制度是否在相关主体之间形成纳什均衡。如果某种财税法制度收效甚微,则恐怕在很大程度上是因为没有构成纳什均衡,因此,如何形成有

[①] 由于公共物品有多种层次和类型,因此公共物品的提供,未必都是囚徒困境,还可能属于其他的博弈类型,需要视具体的公共物品而定。

[②] 参见张维迎:《博弈论与信息经济学》,上海三联书店、上海人民出版社1996年版,第17页。

第六章 税法规制问题的典型探讨

约束力的协议(制度),是很值得研究的问题。

例如,中国实行的分税制的财政体制,为什么总是在变动,为什么相关主体总有动力去变动,就是因为在中央与地方的主从博弈中没有形成纳什均衡。事实上,分税制中的非常重要的问题,就是博弈主体的博弈收益。由于中央和地方都非常注意自己的财政收益能够在多大的程度上得到保障,因而总是希望能够从总的财政收入中多分得一部分。在这个博弈中,中央政府容易凭借政治权力而占优,一些税源丰沛的重要税种,如关税、消费税、重要行业的综合性税收,都可能被确定为中央税,其收入也都可能被定为中央收入;而一些税源相对稍逊的税种的收入,则被归入地方收入。① 此外,在共享税中,最为重要的增值税的75%被划入中央收入(2016年"营改增"之后确定为50%归中央),而且,随着所得税收入的增长,原本不属于共享税的所得税,也被纳入共享税之列,从而使中央政府能够得到更多的收入,并形成了"共享型分税制"②。

中央收入增加的必要性是无须多论的,特别是在发展中国家,在经济上升时期,国家的财政支出必然呈现上升趋势,可能是一条"倒U曲线"的左边。③ 问题的关键在于,在中央与地方的博弈过程中,如果不能达成一种纳什均衡,则博弈就会不断地进行下去,并会对财政收入的稳定性,对相关博弈主体的预期,甚至对国民的财产权等,都会产生一定的影响。要确保一种纳什均衡的存在,就必须充分兼顾各个博弈主体的利益,明确界定各类主体的财权、税权,并通过相关的专门立法固定下来。在有效地兼顾了博弈各方的利益,形成了纳什均衡的情况下,才可能确保制度的相对稳定,制度的执行也才更有约束力,才能免除不断的讨价还价或经常谈判之扰,减低交易成本。

从囚徒困境或一般的纳什均衡来看,如果一种制度不能满足个体理性,不能确保博弈个体的利益,该制度就不可能有效地实施下去。因此,在解决博弈问题的时候,就不能只考虑某一博弈主体单方面的利益。因此,要协调国家与国民的关系问题,解决市场失灵等问题,不能单方面地

---

① 我国一直没有一部《财政收支划分法》,因此,在收入来源方面,中央与地方之间长期都在进行非制度化的博弈,上述的收入划分博弈,反映了多年存在的现实情况。
② 相关分析可参见张守文:《论"共享型分税制"及其法律改进》,载《税务研究》2014年第1期。
③ 在这方面,可能也存在一条"倒U曲线",就像库兹涅兹的"倒U假设"一样。当然,这还有待于进一步论证。

只考虑国家的利益,也不能单纯地主张通过政府干预来避免市场失灵,而应当兼顾两类主体的博弈收益,缓解在两者之间形成的紧张关系,形成各个方面的"良性互动"。

(2)监督博弈问题。

如前所述,在实践中,为了形成一种不确定性,有关博弈主体可能会随机采行多种博弈策略,从而形成所谓混合战略博弈。这种博弈比较多地体现在监督领域,从而形成监督博弈。

在监督博弈中,所有的博弈主体都想猜透对方而不想让对方猜透自己,都想变换不同的战略来作出应对。由于在财税法领域里,在许多主体之间都存在着这种监督博弈,因而此类博弈分析方法的适用范围较为广泛。

例如,在税务检查博弈中,博弈主体包括税收机关和纳税人。现代税法奉行税收法定原则,而该原则的具体实施,则是以形式课税为主,实质课税为辅。因此,对于纳税人缴纳税款的情况,征税机关一般会做"诚实推定",而并非都进行实质审查,但同时会保留自己的税收检查权。

在征税机关与纳税人的博弈实践中,征税机关的战略选择是检查或者不检查,而纳税人的战略选择则是逃税或不逃税。征税机关是否要选择检查战略,则主要应看纳税人逃税概率的大小。根据有关学者的研究,假设检查成本÷(应纳税款+罚款)=A,则当逃税概率大于 A 时,征税机关的最优选择是检查;当逃税概率小于 A 时,征税机关的最优选择是不检查;如果两者相等,则征税机关可以随机地检查或不检查。

一般说来,纳税人逃税的概率与处罚的轻重、被查处的可能性、税法意识等都有关联。对逃税的惩罚越重,被查处的可能性越大,检查的成本越小,纳税人逃税的概率就越小;反之,纳税人逃税的概率就越大。在一些征税机关喜欢"抓大放小"的国家,应纳税款的多少,也会对税收逃避与税收检查的选择产生影响。通常,应纳税款越多,征税机关检查的概率就越高,逃税被抓住的可能性就越大。有鉴于此,也有人以此来说明逃税问题的存在为什么小企业比大企业更普遍,低收入者比高收入者更突出。但由于现实的情况非常复杂,因而上述结论似乎并不能在各个时期都很有解释力。例如,现在的一些数据和实际情况表明,我国的许多税收收入,恰恰是低收入的工薪阶层缴纳的,而高收入阶层通过各种手段不纳税的情况普遍存在,由此才产生了诸多纳税问题大讨论。这说明我们的税收制度及税法规制还存在问题,税收执法也还有不少漏洞,还需要大力

第六章 税法规制问题的典型探讨

完善。

可见,在混合战略博弈中,由于博弈主体都有多种战略选择,因此,必须考虑到实施不同战略的概率,以相机抉择。这在监督博弈中是具有共通性、普遍性的。因此,不仅在税收检查中,而且在预算监督、国债监督、金融监管、价格监督等很多领域,也都是值得考虑的。

在中国市场经济发展的初期,产品质量问题严重,伪劣假冒产品泛滥,竞争严重失序,国家为此不断强调要加大打击力度,但许多问题却并没有得到有效解决,一些市场主体甚至以"游击战""持久战"的形式来对待政府的各类监管,不仅违反了相关法律的规定,而且也形成了较大规模的地下经济,严重影响了国家的财政收入。这些都涉及监督博弈的问题。在对上述问题进行法律规制,特别是从财税法角度进行规制的过程中,对各类违法行为是否应"真打"?是否应当用"重典"?查处率应否很高?以何种方式对市场主体进行监督更为有效?诸如此类的问题一直为人们所关注。当然,在强调配套整治的同时,还应当考虑在上述监督博弈中,政府的监管投入问题。

(3)博弈中的动态一致性问题。

依据博弈论的基本原理,在动态博弈中,博弈主体应当具有"序贯理性"(sequential rationality),即博弈主体应力争在博弈的每一个时点上使自己的战略或决策最优。在依序进行的博弈活动中前后一贯地保持自己的最优对策。

上述的最优对策或战略决策,同样可以指政府的财税政策或者财税法制度。从序贯理性的要求来看,一国的财税政策和财税法应当具有动态一致性。即国家制定的财税政策或财税法,不仅在制定时应当是最优的,而且在其后的执行过程中,也应当是最优的,除非存在重大的情势变更。如果国家不能前后一贯地保持政策法律的优质,就违反了序贯理性的要求,国民就会认为国家在执行政策或法律方面没有尽心竭力。

博弈中的动态一致性问题,直接影响到博弈主体的诚信问题,以及相关主体之间是否合作,是否有效率等问题。诚信不仅是国民、市场主体的基本素养,而首先是政府的基本行事准则。由于"其身正,不令而行,其身不正,虽令不从",因此,有越来越多的人认为,在市场经济条件下,"道之以礼,齐之以德",加强道德建设,倡行诚信之风,仍然是很重要的。

在财税法领域,动态一致性问题比比皆是。例如,我国的税法,在制定和执行方面就有很大的不同。许多税收法律、法规,在执行的过程中,已经发生了显见的或潜在的变易,有些最初很好的规定,并没有得到真正的实施,违反税收法定原则,滥开减免税的口子,违法征税(如征"过头税")的情况非常多见。这不仅没有保持税收制度在执行中的"最优",甚至连"次优"都没有做到,由此形成了国家税法从制定到执行过程中的动态不一致。这种不一致,会降低政府的诚信度评估,影响国家的法治水平和法律遵从度,导致政府合法化水平的下降,进而带来国家能力的下降。要解决上述问题,必须强调依法治税,并将其贯穿到税收法制建设的各个环节,实现国家在税法调整方面的动态一致性。具体说来,在税收立法方面存在的诸多问题必须及时解决,并应随实践的发展作出调整;在税收执法方面,则尤其应当强调最为基本的"依法办事"。

与上述征税的问题相关联,在整个分配制度上也涉及动态一致性问题。在各类主体之间如何有效分配财富,是一个事关全局的大问题。越是这样的重要问题,越应当强调"动态一致"。例如,在各级政府之间,如何划分税权和财权,就涉及动态一致性问题。① 如果中央政府的分配战略不断变化,地方政府没有预期,或者其基本权益无法保护,则同样会影响其获取财政收入的积极性,因而地方政府在中央政府对其财权关注不足的情况下,就可能一方面降低"课税努力",滥用税收减免权或越权进行税收减免,从而减少中央政府的税收收入;另一方面滥用其收费权,或者将预算内收入转为预算外收入,以确保本级政府收入。这些都是由于动态不一致所导致的。因此,不断重申完善相关立法,有效地界分各级政府的财权、税权、事权,认真遵行相关的分权规范,就会有助于防止和避免无休止的讨价还价,从而提高社会的总体福利。

此外,在国家与国民的分配关系上,也存在着动态一致性的问题,类似的问题非常多见。如前所述,在出口退税领域,按照税法的规定,一般应当实行零税率的制度,因而应当是"征多少,退多少",这既符合国际惯例,也符合增值税的一般原理,更符合国家鼓励出口的精神。但是,这种政策或法律上的规定,却没有在执行过程中保持一致性——在增值税制度的执行过程中,国家没能很好地解决出口骗税猖獗以及由此造成的中

---

① 在中央和地方的关系方面,马骏主张用动态博弈模型来解释,张维迎则主张用讨价还价模型来解释。而事实上,从不同的侧面展开的两种解释都有一定的解释力。从法律的角度来看,要解决动态不一致的问题,以及长期的非制度化的讨价还价问题,都需要通过法律的规定和有效的执行来解决。

第六章 税法规制问题的典型探讨

央财政受损的问题,在未对税法作出明确修改的情况下,国务院就决定两次调低出口退税率,致使许多出口企业由此蒙受了很大的损失。这种对涉及国民基本权利的课税要素的不严肃的调整,严重影响了国民的预期,因而导致出口下降,整体经济亦受到重大影响。本来,增值税立法在出口退税方面的规定是符合国际惯例的最优战略,但在执行过程中却没能保持最优,这种不一致性所造成的损害后果,实际上不只会影响出口企业,而且也可能影响其他相关企业;不仅会影响国民,而且也会影响国家利益和社会公益。为此,国家不得不在后来的博弈过程中,再度调高出口退税率,使之不断恢复到原来的水平。[①]

动态一致性的问题当然会影响到在动态博弈过程中的各类主体,要求博弈主体应当言必信,行必果,不能出尔反尔,毫无诚信,这对于形成博弈主体之间的有效预期,提高效率,确保公平,都很重要。事实上,各个博弈主体都应当清楚,谁都不比别人聪明多少。在一个动态的博弈过程中,谁都不会永远上当,或者永远被愚弄,因此最好是彼此诚信,彼此忠诚。在单靠个体的力量无法解决普遍存在的机会主义问题的情况下,必须重视制度建设,并使诚信原则也成为一项公法上的原则。在分配领域,尤其应当强调税收法定、收费法定等法定原则,强调用法律来有效地、公平地规范各类主体之间的分配行为,并在实践中认真地、不折不扣地履行自己的诺言。

上述的动态一致性问题要有效地解决,就需要重申法定主义,确立一系列的法定原则[②],并在实践中真正按照法律的规定去办事。同时,在实践中应当使经济法的解释和修改也按照最优的战略展开,并强调和体现国家经济法制的动态一致性。

2. 博弈主体分析方法的应用

博弈主体分析方法,对于研究财税法主体等相关问题是很重要的。事实上,在法学领域,过去一直比较重视传统的主体研究方法,如主体的权利能力与行为能力、主体的其他相关能力或者主体的资格理论,等等。

[①] 在后来的调整过程中,有很多出口商品的出口退税率回升到了原值,从而使纳税人的退还请求权得到了基本的保障,但是,国务院又于 2003 年决定开始下调出口退税率,并因而再次遭到很多批评。

[②] 如前述的预算法定原则、税收法定原则、国债法定原则等,都是财税法上重要的法定原则,也是经济法上的调制法定原则的具体体现。相关探讨可参见张守文:《经济法原理》,北京大学出版社 2013 年版,第 66—72 页。

但是,如果从博弈主体的角度来分析,就可以看到主体方面的其他关联性问题。博弈主体分析,有助于超越传统的分析框架,真正把财税法主体放到一定的关系或关联之中,放到动态的博弈中去认识。为了说明这些问题,下面简要探讨财税法主体之间的互赖与互动、财税法主体之间的利益兼顾,以及财税法主体的声誉保护等问题。

(1) 主体之间的互赖与互动问题。

博弈主体之间,是一种互赖与互动的关系。正由于各类主体既相互依赖,又相互作用,而不是单方面的决定与被决定的关系,因而没有一方是完全被动的。这对于财税法的主体也是完全适用的。事实上,无论财税法的主体采取何种分类,从总体上说,各类主体之间都是相互依赖的,如国家与国民之间、征税主体与纳税主体之间,等等,都是互相依赖的,同时,又都是互动的关系。这种互赖与互动,看似简单,但如能正确把握,就会对解决实践中的许多问题都大有裨益。

基于各类主体之间的互赖与互动的关系,法律的调整就必须关注各类主体之间的广泛联系,这样才能有效地调整各类关系。"互赖"意味着不可或缺,因而在主体构成上,就不能考虑用一个主体去取代另一个主体,而是要充分发挥各自的职能、功用,看到不同的主体各有其存在价值。在财税法领域,就必须注意通过财税法的有效调整,既要有效发挥市场主体的作用,也要更好地发挥政府的作用;既要调动中央部门的积极性,也要调动地方机构的积极性。因此,各类主体在尽享其权利的同时,还必须尽到各自的义务,包括法律化的经济义务和社会义务等。

此外,在各类主体之间,既然是一种博弈关系,就必然存在着"互动"。因此,市场主体会对政府的决策产生影响,政府的策略也会直接或间接地影响到市场主体的行为。因此,在博弈活动中,无论是哪一类主体,都不是绝对的优势,任何主体在博弈中都不是完全被动,它同样可以通过自己的对策来影响其他博弈主体。这种"互动",对于理解财税法主体的构成、地位、相互关系、行为类型,对于研究主体的权利与义务等问题,都很有助益。

(2) 主体之间的利益兼顾问题。

由于主体之间是互赖且互动的关系,因此,为了确保博弈的顺利进行,为了形成有效的纳什均衡,就必须注意主体之间的利益兼顾。

既然主体之间是互相依赖的,因而各个主体在博弈中都不可或缺;既然各个博弈主体都有自己的利益,并为了各自的利益而展开博弈互动,因

第六章　税法规制问题的典型探讨

而只有充分考虑各个主体的利益,才有可能形成有效的博弈结果,使各方各得其所。

例如,在税收领域,主体之间的利益兼顾就非常重要。国家的职能是提供公共物品,而提供公共物品的资金来源则主要是税收,因此,国家要有效实现自己的职能,切实保护纳税人的诸多权益,就必须获取足够的税款。但与此同时,税款征收本身,又是对国民财产的一种"侵害",只不过依法进行的税款征收,是一种合法侵权而已。由此便形成了一种"产权悖论"或"诺斯悖论":国家与纳税人本来是互相依赖的,但如果国家为了获取更多的税款,而不顾纳税人的利益,横征暴敛,竭泽而渔,则纳税人就会采取相应的对策,从事税收逃避,甚至抗捐抗税。相反,如果国家有效地考虑到纳税人的切身利益,适度地进行征税,则在涵养税源的同时,还会带来国家税收的持续、迅速增长。因此,如何兼顾各方利益,如何形成良性互动,在国家与纳税人之间建立起"良性取予关系",是一个具有恒久意义的问题。而从博弈主体的相互关系的角度讲,从博弈收益的角度看,不应当是"你失我得,你输我赢"的"零和博弈",而应当注意博弈主体的利益兼顾。

其实,这些问题早已引起了人们的关注。由供给学派的代表人物拉弗提出的著名的"拉弗曲线",就隐含了这一思想,而这种思想的实践,曾带来了美国税制改革的成功;同样,曾获诺贝尔经济学奖的"最优税制理论",也在一定程度上揭示了这种思想。[①]

同税法规制的适度性问题一样,如何确保宏观调控和市场规制的适度性,也是一个普遍性、原则性的问题。[②] 如金融监管的适度性、反垄断的适度性、消费者保护的适度性等,都是基于兼顾博弈各方主体利益的考虑。而这种兼顾所追求的并不只是个体利益,而恰恰更关注一种经由有效博弈所带来的总体上的博弈收益。

[①] 1897 年,英国经济学家埃奇沃思(Edgeworth)最早对最优税制问题进行了考察;到 1927 年,英国经济学家兰姆塞(Ramsey)从商品税而不是所得税的角度,提出了一种新的解决最优税收问题的思路。20 世纪 70 年代后,最优税收理论又有了突破性的进展,其中贡献最大的是维克里(Vickrey)和米尔利斯(Mirrlees),他们把信息不对称引入了税收理论中,从而使最优税收理论的探讨进入了一个全新的领域,并因而获得 1996 年诺贝尔经济学奖。由于在最优税制理论的发展过程中,已经涉及信息不对称情况下的博弈问题,因而对于分析经济法主体的一般性博弈问题也有其借鉴意义。

[②] 正是在这个意义上,在经济法的基本原则中,应当确立一个"调制适度原则"。参见张守文:《经济法基本原则的确立》,载《北京大学学报(哲社版)》2003 年第 2 期。

(3) 主体的声誉保护问题。

由于博弈主体都是理性主体,因此,还存在博弈过程中的声誉保护问题。在某些博弈活动中,有些主体很不注意自身声誉的保护,这是因为它们不需要通过声誉来给他们带来更多的利益。这些博弈,通常体现在陌生主体之间的一次性博弈中,即所谓"一锤子买卖"的情况。在那些市场秩序失范,诚信沦丧的社会里,在"劣币驱逐良币"的市场上,某些博弈主体往往并不关注自己的声誉。但是,在多次博弈中,在"熟人社会"里,就涉及如何加强博弈主体的声誉保护问题。

如同前述的序贯博弈一样,重复博弈(repeated games)同样是动态博弈的一个重要类型。为了长远的利益和目的,提高合法化水平,政府在财税法调整方面,尤其应当关注自己的声誉。只有拥有较好的声誉,政府的财税政策和财税法制度才更具有可信性,人们才能更好地予以遵从。否则,如果某届政府,治理乏力,言而无信的话,就会在很大程度上影响人们的信心。在一定的时期内,尽管法律条文的内容并无变化,但是,如果人们对政府的信心不同,信赖程度不同,则法治水平就会有所不同。因此,良好的声誉,对于国家的治理,对于财税法的有效实施,确实极其重要。

声誉的保护,不仅对于财税机关是重要的,其实,对于立法机关和司法机关,同样是非常重要的。很难想像一个无能的立法机关和一个腐败的司法机关的存在,会对一国的财税法制乃至整个法制建设带来什么积极的影响。无论是国家机关还是其他各类主体,都需要重视声誉的保护。

比方说,在市场经济条件下,企业越来越看重声誉对自己经营活动的重要性,特别是对于享受相关的优惠与信任、提高竞争力、吸引消费者的重要性。如果一个企业有优良的纳税业绩,就可能会享受到国家的某些方面的税收监管豁免;而进行税收逃避或大量欠税的纪录,则可能使企业失去很多基本的信任。与此相反,财税信用等级的下降、信誉的欠佳,对于相关的市场主体无疑是雪上加霜。可见,在博弈活动中,从长远利益出发,各类财税法主体都存在如何维护信誉的问题,其中蕴涵着各种利益,如物质利益或精神利益、政治利益或经济利益,等等。如果贬损博弈主体的声誉,则不啻是一种惩罚。

(4) 博弈主体分析方法的总结及其对理论的影响。

博弈主体分析方法强调,在博弈过程中,既然主体之间是互赖又互动的,就必须考虑其各自的追求,考虑其所追求的博弈收益或称利益;而各

第六章 税法规制问题的典型探讨

个博弈主体要有效地进行博弈活动,要在博弈中获得有利地位,就必须注意自己的声誉问题。这对于财税法理论的研究很重要。

从人类的心理层面上看,每个人作为独立的主体,都有自己的需求,尤其是对特定利益的追求,并可能通过相关的法律(包括财税法)体现出来。事实上,财税法的调整,只是提供了一个反映具体主体利益追求的基本框架,其具体实施,则离不开国家与国民之间的博弈。因为从国家的角度说,财税政策对财税法制度的形成和发展有着重要影响;从个人的角度说,个人的对策对于财税法的调整实效,对于财税法制度的变迁和调整,同样起着重要作用。

在那些不重视人和人权的时代或国度,普通的个人意志,在财税立法上往往易被忽视。尽管个人的对策实际上也在起作用,但仍然是受制于国家的高权威压,于是只能在"治乱循环"中一次次地总爆发,但对于整个社会福利的损害,对于生产力发展的破坏,却是十分巨大的。在现代社会,人自身的价值,已越来越被认识和承认,并在财税法等诸多法律制度中得到了体现,这对于财税法的调整,也会有更为直接和深切的影响。

此外,财税法的调整,寓于"互赖而又互动"的世界之中。这种互赖互动的现实,要求财税法的调整必须兼顾各方主体的利益,以维护整个互赖的共同体的协调发展。过去,人们容易以为法律或具体财税法的实施,只是国家单方面的事情,而事实上,个人对策的重要作用也不可小视。尤其是个人的预期,以及所采取的相应对策,都可能在很大程度上抵消国家法律调整的功效。

总之,国家与市场主体等各类主体,都是互赖与互动的;其各自的利益,都需要兼顾和平衡。因此,尽管国家的财税政策是形成财税法制度的主要来源,是实施相关财税法规制的重要基础,但相关主体的利益及为追求此利益而作出的对策,同样值得重视和考虑。国家有国家的政策目标,个体有个体的目标选择,如何使两者一致起来,如何对主体的行为进行有效的规制,是财税法始终面临的大问题。

3. 博弈信息分析方法的应用

在博弈的过程中,信息非常重要,它不仅会影响博弈主体的决策,也会影响博弈收益和博弈均衡。博弈信息分析作为一种方法,同样也可以应用于财税法研究。

信息问题是各类法律都要涉及的问题,在财税法领域则更为突出。在财税法领域,存在着主体、权责等多种"二元结构",博弈主体之间信息不对称的情况普遍存在,如国家与国民之间、征税主体与纳税主体之间、上级政府与下级政府之间,等等,都存在着信息偏在的问题。此类问题如不能有效解决,就会产生一系列问题,如逃税、骗税问题,预算支出不当问题,等等,这些问题需要通过财税法制度的不断完善来解决。

在博弈信息分析方面,人们非常关注的是委托—代理理论,特别是其中的两个重要问题,即道德风险和逆向选择问题。道德风险和逆向选择这两个术语,最初都是来自对保险市场的研究。由于在保险公司与投保人签约后,不能观察到投保人如何采取相应的防范措施,即无法获取投保人是否主动避免"危险"发生的信息,在很大程度上只能靠投保人的"慎独"之类的"道德约束",于是便产生了一种与道德有关的风险。这种道德风险在许多领域里都存在,因而才有人越来越强调诚信或德治的重要性。

在财税法领域,道德风险的问题是普遍存在的。如在各种财政收支的执行、税款的缴纳、国债资金的使用等方面,相关的国家机关根本无法获得充分的信息,因而面临着许多道德风险。在单靠道德呼吁不能有效解决问题的情况下,许多人都提出,一方面,要把有关道德性的规范上升为法律,另一方面,要加强制度建设,加强监管,尽量多获取相关博弈主体的信息,这样才能减少道德风险。因此,在财税法领域强化有关监督检查的制度,是有一定的积极意义的。

此外,逆向选择的问题也很重要。美国经济学家、2001年诺贝尔经济学奖得主阿克劳夫(Aketlof)早在1970年的时候,就研究了"柠檬模型"(即旧车市场模型),开创了逆向选择理论的先河。由于买者与卖者在产品质量上的信息不对称,买方只愿意按照产品的平均质量来支付价格,从而会导致质量高于平均水平的产品退出市场,结果就会使产品质量和平均支付价格不断下降,出现所谓"劣币驱逐良币"的不幸局面。

在财税法领域,应当尽量避免上述"劣币驱逐良币"的情况发生。事实上,在纳税人的队伍中,总是良莠不齐的,如果不能有效地查处从事逃税、骗税等税收违法行为,则对守法的纳税人就构成不公,就会在实质上使其受到损害,从而无法与违法者展开公平竞争。因此,从逆向选择的角度来看,必须有效地解决信息偏在的问题,依法打击各类税收违法行为,切实保护纳税人的合法权益。

第六章 税法规制问题的典型探讨

道德风险和逆向选择问题,可能同时存在于财税法调整的许多领域。① 在信息偏在的情况下,要有效解决道德风险和逆向选择问题,就需要充分发挥财税法的功用,尤其应注意把积极的鼓励促进和消极的限制禁止相结合,对相关行为实施有效的财税法规制。

为了解决道德风险问题,应当强调有效激励,进行积极的鼓励促进,以免相关的博弈主体利用信息不对称来从事消极的博弈行为。其实,在许多国家都存在的"棘轮效应"或称"鞭打快牛"的问题,就是激励不当造成的。我国在历史上,曾经不断提高国有企业的所得税税率,许多企业的税后利润几乎为零。在这样的税收制度之下,生产越多,付出越多,"鞭打快牛"的问题非常突出。为了避免被"鞭打",一些企业只好隐瞒生产能力,"保存实力",道德风险的问题便由此产生。事实上,如果企业所得税的税率规定合理,在分配上更公平,真正确保多劳多得,使企业真正得到制度激励,则上述类型的道德风险就会大大减少。这说明有效的激励还是非常重要的。我国和其他国家在历史上进行的成功税制改革,由于是"奖勤罚懒",因而大大提高了企业的生产、投资的积极性。当然,对于各种类型的道德风险,需要通过加强制度建设(如宽猛相济、恩威并施的规制措施)等途径来加以解决。

此外,为了解决逆向选择问题,对那些违法的税收逃避行为、骗税行为、欠税行为等,必须进行依法规制,绝不能放任自流。对于这些方面的税法规制问题,在前面的相关部分已有探讨,此不赘述。

除了上述的博弈分析以外,还需要特别注意国家与国民之间的信息沟通。事实上,税法规制或者整个财税法的调整,也是一个信息传递的过程,因而要更透明,使相关市场主体更易于了解,这就需要特别强调纳税人的知情权或称获取信息权。如前所述,纳税人的权利分布于不同的层面,知情权也是如此,它既包括宪法层面的获取信息权(如预算或税收支出的知情权等),也包括财税法层面的知情权(如具体纳税人的获取信息权等)。基于保护知情权的考虑,应当贯彻"透明度原则",这也是 WTO 规则所要求的。为此,国家的相关财税立法,各类具体的财税制度,必须使市场主体能够有效知悉,便于获取,这对于提高财税法的遵从度,增进

---

① 在财政法领域涉及的信息不对称问题、涉及的道德风险和逆向选择等问题,可参见〔美〕杰克逊主编:《公共部门经济学前沿问题》,郭庆旺等译,中国税务出版社 2000 年版,第 273 页以下。

财税法的实效,都十分重要。

以上简要列举了三种博弈分析方法在财税法研究上的一些应用,意在说明博弈分析方法在财税法研究上的应用价值和前景。事实上,随着人们认识的深化,特别是对财税法理论与博弈论的内在联系的认识的深化,有关博弈分析的一些方法必定还会有更为广泛的应用,从而使财税法上的一些问题能够得到更好的解释。

(四) 小结

在税法规制方面,税收博弈是一个普遍存在的问题,对税法规制进行博弈分析是很有必要的。为此,前面探讨了博弈分析的基础和前提,选择了适合于对税法规制乃至整个财税法调整进行博弈分析的具体方法,并运用这些方法研讨了税法规制乃至整个财税法调整的一些具体问题,从中不难看出,博弈分析方法作为一种重要的新兴分析方法,对于财税法的理论研究和制度建设有重要价值,主要体现在如下几个方面:

首先,它有助于增进对财税法主体的认识。财税法的各类主体,都是博弈主体,都存在着互赖与互动的关系,要实现协调共存,必须有效地兼顾各方主体的不同利益,要避免财税法的调整出现零和博弈或负和博弈(zero or negative-sum games),就应当在财税法的有效调整过程中,切实保护各类主体的合法权益,并推动两类主体的良性运行和协调发展,以实现正和博弈(positive-sum games)。①

其次,它有助于认识财税法主体之间的信息沟通的重要性。事实上,在各类主体之间,都需要有效地沟通信息,这样才能有效解释大量存在的委托—代理问题,更好地解决道德风险和逆向选择等问题。因此,要全面实现财税法的调整目标,进行有效的财政调控和税法规制,就必须加强在调控和规制过程中的信息沟通,在财税法中确立上述领域的信息规范,确保相关主体的知情权,同时,也应当依法保护其他相关的信息权利。

再次,它有助于认识个体理性的重要性。个体理性具有重要的基础性价值,如果在相关的博弈主体之间不能形成纳什均衡的话,则相关规

---

① 美国学者图洛克曾经于1967年指出,战争或盗窃只能将企业家精神引入零和博弈或负和博弈,而保护私人产权则促进着大量正和博弈。这些正和博弈将汇入总的经济增长,并使社会成员更易于实现自己的愿望。其实,要解决上述问题,不仅需要其他相关的法律,同样需要经济法的有效调整。参见〔德〕柯武刚、史漫飞:《制度经济学:社会秩序与公共政策》,韩朝华译,商务印书馆2000年版,第252页。

第六章 税法规制问题的典型探讨

则、协议等的实施就会受到很大影响。因此,国家的财税立法、执法等活动,应当充分考虑个体理性,全面兼顾各方利益,促进纳什均衡的形成;同时,应当保持动态一致性,通过诚信的财税博弈来提高经济效率和法律实效。

此外,在对税法规制乃至整个财税法调整进行博弈分析的同时,也并不排斥其他方法的运用,因为这些方法本身就是联系在一起的。例如,由于进行博弈会产生摩擦,从而会产生交易成本,因此,在博弈分析的过程中,也可以运用本益分析方法,进行相关研究;同时,还可以加入公共选择理论、理性预期理论等所提供的分析方法。另外,在财税法领域,会涉及国家利益、社会公益、私人利益等多种利益,由于各个博弈主体的利益都要兼顾,因而利益平衡的方法也很重要。

如前所述,在财税法领域里,财税宪政问题和财税法具体制度的完善问题,始终是需要关注的两大类问题,而博弈分析方法的运用,不仅对于具体的税法规制问题有一定的积极意义,推而广之,它对于上述两大类问题的不断解决,也有着重要的价值。

主要参考书目

〔美〕波斯纳:《法理学问题》,苏力译,中国政法大学出版社2002年版。
〔美〕波斯纳:《法律的经济分析》,法律出版社2012年版。
〔美〕伯德:《税收政策与经济发展》,中国财政经济出版社1996年版。
〔美〕莫里斯·博恩斯坦编:《东西方的经济计划》,商务印书馆1999年版。
〔日〕北野弘久:《税法学原论》(第四版),陈刚、杨建广等译,中国检察出版社2001年版。
〔美〕布坎南:《公共财政》,赵锡军等译,中国财政经济出版社1991年版。
陈东琪:《新政府干预论》,首都经贸大学出版社2000年版。
陈清秀著:《税法总论》,台湾三民书局1998年版。
董文泉等:《经济周期波动的分析与预测方法》,吉林大学出版社1998年版。
〔美〕法伊格编著:《地下经济学》,郑介甫等译,上海三联书店等1994年版。
〔美〕弗里德曼:《法律制度:从社会科学角度观察》,李琼英等译,中国政法大学出版社1994年版。
葛克昌:《税法基本问题》,台湾月旦出版公司1996年版。
葛惟熹主编:《国际税收学》,中国财政经济出版社1999年版。
桂世镛等主编:《宏观经济调控政策协调研究》,经济管理出版社2000年版。
国家税务总局税收科学研究所编著:《西方税收理论》,中国财政经济出版社1997年版。
〔英〕哈耶克:《自由秩序原理》,邓正来译,三联书店1997年版。
何帆:《为市场经济立宪:当代中国的财政问题》,今日中国出版社1998年版。
胡代光主编:《西方经济学说的演变及其影响》,北京大学出版社1998年版。
黄仁宇:《十六世纪明代中国之财政与税收》,阿风等译,台湾联经出版事业公司2001年版。
〔德〕加比希等著:《经济周期理论:方法和概念通论》,薛玉炜等译,上海三联书店1993年版。
〔美〕杰克逊主编:《公共部门经济学前沿问题》,郭庆旺等译,中国税务出版社2000年版。
〔日〕金子宏:《日本税法》,战宪赋等译,法律出版社2004年版。
〔日〕金子宏:《日本税法原理》,刘多田等译,中国财政经济出版社1989年版。
〔日〕金泽良雄:《经济法概论》,满达人译,中国法制出版社2005年版。

〔日〕井手文雄:《日本现代财政学》,陈秉良译,中国财政经济出版社1990年版。
〔美〕菲力普·凯甘主编:《赤字经济》,谭本源等译,中国经济出版社1988年版。
〔德〕柯武刚、史漫飞:《制度经济学:社会秩序与公共政策》,韩朝华译,商务印书馆2000年版。
梁朋:《税收流失经济分析》,中国人民大学出版社2000年版。
〔美〕马斯格雷夫:《比较财政分析》,董勤发译,上海人民出版社1996年版。
马寅初:《财政学与中国财政:理论与现实》,商务印书馆2001年版。
〔美〕墨菲等:《美国联邦税制》,解学智等译,东北财经大学出版社2001年版。
〔美〕诺斯、托马斯:《西方世界的兴起》,厉以平、蔡磊译,华夏出版社1999年版。
〔美〕诺斯、托马斯:《经济史中的结构与变迁》,陈郁等译,上海三联书店、上海人民出版社1994年版。
〔美〕约瑟夫·佩契曼:《美国税收政策》,李冀凯等译,北京出版社1994年版。
平新乔:《财政原理与比较财政制度》,上海三联书店等1995年版。
〔美〕施瓦茨:《行政法》,徐炳译,群众出版社1986年版。
〔英〕亚当·斯密:《国民财富的性质和原因的研究》,郭大力、王亚南译,商务印书馆2003年版。
〔英〕亚当·斯密:《道德情操论》,蒋自强等译,商务印书馆1997年版。
苏力等:《规制与发展》,浙江人民出版社1999年版。
孙仁江编著:《当代美国税收理论与实践》,中国财政经济出版社1987年版。
唐腾翔、唐向著:《税收筹划》,中国财政经济出版社1994年版。
〔美〕爱伦·泰特:《增值税——国际实践和问题》,国家税务局财政科学研究所译,中国财政经济出版社1992年版。
王绍光:《多元与统一:第三部门国际比较研究》,浙江人民出版社1999年版。
王绍光、胡鞍钢:《中国国家能力报告》,辽宁人民出版社1993年版。
王铁崖主编:《国际法》,法律出版社1981年版。
王传纶、朱青编著:《国际税收》(修订版),中国人民大学出版社1997年版。
王雪标等著:《财政政策、金融政策与协整分析》,东北财经大学出版社2001年版。
〔德〕韦伯:《论经济与社会中的法律》,张乃根译,中国大百科全书出版社1998年版。
吴大英、任允正等著:《比较立法制度》,群众出版社1992年版。
吴俊培:《赤字引出的思考》,中国社会科学出版社1992年版。
吴易风等著:《政府干预和市场经济》,商务印书馆1998年版。
〔古希腊〕亚里士多德:《政治学》,吴寿彭译,商务印书馆1965年版。
杨志清:《国际税收理论与实践》,北京出版社1998年版。
张明楷:《法益初论》,中国政法大学出版社2000年版。
张其仔:《新社会经济学》,中国社会科学出版社2001年版。

张守文:《经济法理论的重构》,人民出版社 2004 年版。
张守文:《税法原理》(第三版),北京大学出版社 2004 年版。
张守文:《税法的困境与挑战》,广州出版社 2000 年版。
张守文:《财税法》,中国政法大学出版社 2005 年版。
张维迎:《博弈论与信息经济学》,上海三联书店、上海人民出版社 1996 年版。
郑家亨等著:《中国经济的波动与调整》,中国统计出版社 1992 年版。
〔日〕植草益:《微观规制经济学》,朱绍文等译,中国发展出版社 1992 年版。

索　　引

阿克劳夫　308
奥茨　25,64,66,67
巴斯太保　67,68
避税行为　237—239,242,244,245
"变量规范"　92,95,98
"拨改贷"　130
波斯纳　144,154,155,250
博弈分析　234,290—292,294,296—298,300,309—311
不当得利之债　185
布坎南　2,25,64,66,67,102,111,157,222
财产税　53,61,112,116,118,139,150,285
财税法　1,2,16—20,22—24,26—35,38—47,52,63,65,81—86,88—103,105—107,112—127,131,134—136,169,170,177,178,196,204,215,230,234,239,248,270,272,278,291,292,296—298,300,301,303,304,306—311
财税法制度变迁　32,82,98,99,117,118,126,135
财税危机　1,17
财税宪政　2,17,30,31,33—35,40,48,52,63,81,82,117,127,134—136,148,169,177,204,214,215,219,276,295,311
财政分权　16,25
财政联邦主义　25,27,31,33,63—69,73,77,79—81,113,130,134,148

财政危机　1—18,30,135,189,265
"财政榨取"　36,111
裁量性减免　166
产业组织理论　262
撤销权　10,184,251,254
诚实信用原则　52,57,96,125,189,206
赤字财政　3,6,7,88
出口退税制度　123,124,212,214
代位权　184,251,254
倒U假设　7,299
"倒U"曲线　7
道德风险　202,258,270,295,296,308—310
低税竞争　20,21,25,265
迪尤　74,75
地方保护主义　20,21,25,28,75
第三部门　66,92,108,109,113,157,234,269,278—290,295
第一税案　19,20,29,112
蒂布特　67
"调控性规范"　94
动态一致性　301—303,311
"豆腐渣工程"　15
法本　94,107,113,215—217,219,267,311
法律保留原则　5,10,13,23,51,53,54,59,96,101,114,206
法律周期　7,84—87
反欠税制度　178,248—252,254,256—258

非税收入　161,169—172,174,176,177,229

非营利性组织　234,268,278,290

"费改税"　26,82,126,127,129,130,134,172,177

分税制　8,22,25—27,61,62,68,77,79,107,111,122,178,193,194,220—222,228,229,232,299

分税制的财政体制　8,10,229,299

"高级法"　190

"公法上的债权"　184

公共财产权　34—37,45,120,121,123—125

公共欲望　37,41,66,120,121,196,216

公课　181,184,187,203,253

"公私二元结构"　13,159,216

《公益事业捐赠法》　289

国家能力　24,27,42,78,136,214,302

国库收付制度　8

国库主义　43,46,179

"国民二元结构"　16

国资收益　172—174

"过头税"　11,43,161,164,169,194,302

合法性　4,5,7,15—17,19,28,31,35,40,57,78,80,90,113,115,131,136—138,145—148,150,155,156,159,161—167,169,170,173,177,185,219,223,227,231,235—239,241—243,250,260,265,267,272,275—278

合理性　3,4,16,17,25,31,40,57,74,77,78,80,82,113,120,121,125,137,138,145,148,153,155,167,170,173,174,177,210,213,216,224,227,242,250,254,259,260,263,264,267,268,272,276,277

"蝴蝶效应"　214

灰色收入　145,146

货币性收益　152—154,159

基尼系数　99,128

"棘轮效应"　309

既得收益　152,154—156

家计财政　39

"交换说"　129

节税行为　238,239,242—244

金华税案　18—22,24,25,28—30,112,183

经常性收益　152

"经济观察法"　58,189

"局部普适"　93,100,106,113,114,116

凯恩斯主义　6

科斯　262

可税性　31,104,105,108,109,136—139,142—152,154,156—164,167—170,172—177,267—269,271,272,277,278,290

"可税性理论"　32,135,149

课税要素　11,47,50—56,59,60,62,71,105,108,109,111,114,118,122,138,146,158,161,182,184,186,236,237,243,275,290,303

离境清税制度　251,253

李嘉图　222,261

《立法法》　11,13,60,79,81,90,114,227

"利改税"　130

"两个比重"　26

"两权分离"　33—35,37—46,120,121,215

两权分离主义　31,33—35,45,46,63,66,81,120,125,136,148,204,214,295

"两权分立"　35,37

量出为入　7

"量能课税"　102,150

量入为出　7,9
零和博弈　42,149,305,310
零税率　167,212,213,302
马斯格雷夫　4,25,64,133,140,159
马歇尔　123,224,262
"纳什均衡"　16,121
纳税担保制度　253
纳税人权利　52,123,167,178—180,185,188,204,205,210,214,215,218,219,222,236,241,254,255,257
内部交易行为　258—260,262,263,269,270,290
内部市场　116,234,258—271
逆向选择　95,213,258,295,296,308—310
诺思　27,28
"诺斯悖论"　39,119,305
偶发性收益　152
"帕金森定律"　16
普适性　61,82,93,96—117,135,189
欠税行为　164,234,247—253,257,258,290,309
强制执行制度　123,251,253,255
侵权性规范　155,215,289
情势变更原则　96,189
"囚徒困境"　297,298
区际冲突　107,166,263
"取予关系"　15,18,42,185,191,215,219
"权力关系说"　183,195,206
"燃油税"　126,134
人本理念　178,215—219
塞利格曼　74,75,128,239
"三大主义"　31,81,82,135
"三农"问题　124,168
商品税　18,19,75,105,116,118,139,141,150,209,246,264,271,273,283,305
社会保障基金　170,172,174—177
施蒂格勒　25,64,66,67,262
实物性收益　152—154
"实质高于形式"　147,155
实质课税原则　57,58,146,147,155,159,189,219,244,247,288
"适用除外"　109
收益的可税性　148,149,151,154,156—161
"收支两条线"　175
税本　25,101,110,139,204,215—219,276
税法规制　31,32,92,109,116,157,234,235,237,242—244,246—248,258—261,263—265,267—292,294,296—298,300,305,309—311
税法适用原则　57
《税法通则》　81,189,195,206,244
税法意识　8,20,62,113,138,146,164,248,250,300
税权的分配　68,73,79—81,148,220,222
税收保全制度　123,178,204,218,253,254
税收筹划　71,205,240—242
税收法定主义　23,31,33,46—59,63,66,72,78—81,101,105,131,134,136,146,148,155,186,194,206,213,214,295
"税收国家"　8,27,33,136,220
税收豁免权　109
《税收基本法》　33,34,81,192,208
税收利益　19,25,43,44,62,69,72,106,111,143,166,187,191,237,241,244,

247,258,261
税收权力　71,178,179,183,190
税收权利　31,32,51,71,165,178—188,
　　190—195,203,204,219
税收入库权　71,72
税收收入　19,21,24—26,62,67,74,76,
　　126,128,129,133,136,149,161—170,
　　172,174,181,182,191,197,222,235,
　　239,248,249,289,300,302
税收收益权　17,61,67,72,73,76,137
税收逃避　11,15,43,125,142,164,190,
　　234—247,258,271,290,295,300,305,
　　306,309
税收体制法　22,25,26,31,73,74,123,
　　134,138,144
税收行为　15,43,44,222,225,272
税收优惠政策　20,175
税收优先权　32,175,178,187,191—
　　194,197,199,200,203,204,253
税收债权　11,71,182—187,192,195—
　　204,206,229,249,253,254
《税收征收管理法》　50,53,108,123,
　　179,183—187,199,208,210,217,240,
　　246,248,250—256,259,264,268
"税收中性"　123
私人财产权　34—37,39,41,42,45,
　　119—125,180
私人欲望　37,120,121,196,216
斯密　120,232,291,292
所得税　18,53,54,60,62,75,76,92,
　　105,108,110,112,116,118,122,138,
　　139,141,150,152,175,176,186,195,
　　202,210,211,245,246,251,259,264—
　　266,271,273,274,281—288,299,
　　305,309
偷税行为　238,240

退还请求权　32,110,124,178,185,
　　205—215,303
退税权　167,204,205,208,213,218
"瓦格纳定律"　16,25,39,64,133,168
《维也纳外交关系公约》　109
稳定性与变易性　82,83,93,135
《稳定与增长公约》　3
无担保债权　187,199
无形收益　152—154,156—159
希克斯　2,27,28,168
狭义的税权　71—73,80
先取特权　191,194,197,198
显性赤字　8
宪政精神　2,5,7,13—18,30,31,33,163
行政事业性收费　171—173,283,288
"形式课税原则"　146,247
熊彼特　2,27,28,87,136,168,220
"序贯理性"　297,301
"一般普适"　93,100,106,107,113—116
一般优先权　187,191,192,194—196,
　　199—203,253
"依法治税"　26,99,138,249,268
议会保留原则　5,10,13,51,96,101,
　　111,114,206,289
隐性赤字　8
营利性组织　140,234,271,277,278,
　　284,290
有形收益　152—154,156
预期收益　152,154—156,158
预算调整　10,225,226
预算法　5—10,12,13,15,17,23,26,31,
　　33,34,38,44—46,90,101,113,114,
　　121,131,174,183,187,221,223—226,
　　228—231,303
预算监督　10,301
预算外资金　6,8,132,171,288

预算资金　6
"预约定价制度"　186,270
泽尔腾　297
"债务关系说"　183,195,206
征管权　14,55,61,71—73,76,108,137
证券交易印花税　89,110,274—276
政府性基金　171—173,231,283,288
知情权　14,15,71,188,205,218,309,
　　310

制度外资金　6,8
"治乱循环"　2,7,18,127,131,136,307
滞纳金　185,186,251—253
周期变易　7,83—86,89—98,122,277
转让定价　116,186,243,246,247,260—
　　264,269,270
转移支付制度　22
资源禀赋理论　261
自由主义　7,43,46,87

后　　记

　　漫天飞雪在静默中飘落着,偶尔会传来几声爆竹的钝响。伴随着人们辞旧迎新的喜庆和忙碌,对财税法问题的"疏议",也渐渐进入了"尾声"。

　　遥想当年初学财税法之时,中国国内的财税法学研究才刚刚起步,举国上下,知者寥寥。迄今转瞬已近二十载,财税法学已是雄姿英发的青年,受到了越来越多的青睐。

　　在财税法学领域,可谓"为学者日益";财税法领域的许多问题,都开始有人触及,这已同十年前大不相同。应当说,近十年是中国财税法学发展最快的十年,特别是在税法领域,更是取得了不少较为引人注目的成果。

　　尽管如此,财税法学界在整体上还存在着许多问题,例如,财税法理论的创新还很不够,对于实践的解释力、影响力和指导力尚有待提高,对于财税法内部及其与其他领域之间的"打通"研究也存在诸多欠缺,对于财税法制度建设的回应还较为乏力,等等。

　　事实上,财税法与财税法理论,尤其要扎根于本土才能有效生发,枝繁叶茂。中国的研究者在财税法理论上完全可以有较大的创新,根本无须亦步亦趋地跟随某个国家或地区的理论;在把握共通规律的基础上,中国的财税法学应当找到自己的问题,并不断去解释和解决这些问题。

　　正是基于对问题的关注,本书才提出了财税法研究中尤其应当关注的两类现实问题:一类是财税宪政问题,一类是财税法具体制度的完善问题,它们贯穿于各类具体问题之中。尽管有些具体问题若干年前就已经提出,而且有些具体问题今天已开始有人关注,但因其至今犹存,故仍有不断重申和深入挖掘之必要。

　　本书的某些内容,曾按要求以论文的形式发表过,在此应当感谢教育部"高校优秀青年教师教学科研奖励计划"对这些研究的资助;同时,也应当感谢教育部"新世纪优秀人才支持计划"对后续研究的支持。

　　感谢学界和实务界的各位同道,尤其是那些德隆望尊的先进贤达,正是其开拓性研究,才使中国的财税法学乃至整个法学的研究不断走向深入,并为本书的研究提供了重要的理论支撑。

  此外,还应当感谢北京大学出版社的一贯支持。责任编辑冯益娜女士的编审工作,素以认真、细致而广受好评,其辛勤工作确为本书增色不少。

  作为对财税法问题的"疏议",这本小册子可能不仅显得疏散、疏放,而且也定会存在一些疏漏、疏失,各种疏阔、疏忽之处,还需大家不吝匡正。

张守文乙酉新春于燕园